VOYAGE A PARIS

1657-1658

Paris. — Imprimerie de W. REMQUET, GOUPY et cie, rue Garancière, 5.

JOURNAL

D'UN

VOYAGE A PARIS

EN 1657-1658

PUBLIÉ

PAR A. P. FAUGÈRE

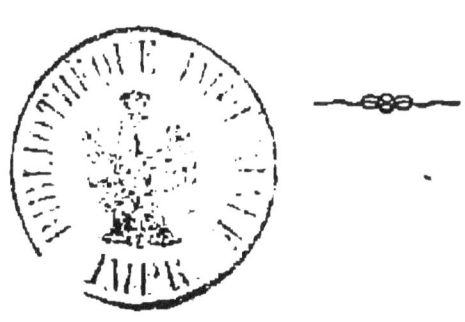

PARIS

BENJAMIN DUPRAT

LIBRAIRE DE L'INSTITUT, DE LA BIBLIOTHÈQUE IMPÉRIALE ET DU SÉNAT

Rue Fontanes (Cloître-Saint-Benoît), 7

—

1862

PRÉFACE

Voici encore un livre inédit appartenant à ce xvɪɪ^e siècle qui occupe à bon droit une si grande place dans les investigations historiques et littéraires de notre temps. Ce n'est pas cependant l'œuvre d'un auteur connu ou même d'un écrivain de profession. C'est tout simplement le journal d'un voyage fait à Paris de la fin de 1656 au commencement de 1658.

Je faisais des recherches dans la bibliothèque de la Haye, il y a plusieurs années, dans l'espérance d'y trouver quelques écrits de Pascal ou des documents ayant trait à son histoire, quand je rencontrai ce manuscrit (1). Bien qu'il eût été écrit à l'époque même des *Provinciales*, il ne contenait rien sur l'objet de mes recherches, mais il me parut assez intéressant à plus d'un titre pour méri-

---

(1) J'appris à mon retour à Paris que M. Jubinal en avait fait mention dans un rapport adressé à M. de Salvandy, ministre de l'instruction publique, en 1847.

ter d'être publié. Je l'offre donc aux lecteurs curieux du passé, en y ajoutant des notes et un appendice dont les éléments sont pour la plupart empruntés à des correspondances diplomatiques du temps.

De nos jours, où les moyens de communication, déjà si faciles avant l'invention de la vapeur, ont acquis une rapidité qui réduit la distance au quart de ce qu'elle était autrefois, rien de plus fréquent que les excursions d'un pays dans l'autre en Europe, et par suite rien de plus nombreux que les ouvrages dans lesquels les touristes se complaisent à mettre le public dans la confidence de leurs aventures et de leurs impressions de voyage. Il n'en était pas de même au xviie siècle, et si je ne me trompe, le journal de nos voyageurs est le premier exemple d'un ouvrage de ce genre, en ce qui concerne la France et surtout Paris. Il offre donc, sous ce rapport, un véritable intérêt; mais ce n'est pas le seul. On y trouve sur la physionomie, les monuments, la société, les habitudes et les mœurs du temps; sur Louis XIV, la reine sa mère, le duc d'Anjou son frère, Mazarin et beaucoup de personnages de la cour et de la ville, des détails qui, sans être des révélations inattendues, confirment cependant ou complètent sur plus d'un point ce que l'on savait déjà. Il y a, par exemple, sur le séjour de la reine de Suède à Fontainebleau et à Paris des renseignements nouveaux et qui ne sont pas sans utilité pour l'histoire. Cette princesse était venue en France précédée d'une réputation extraordinaire ; on lui reconnaissait un mérite incomparable, suivant l'expression du cardinal Mazarin (1). Le récit de nos voyageurs montre combien vue de près elle perdit de son prestige, surtout après qu'elle eut accompli dans le palais de Fontainebleau le meurtre de Monaldeschi, lamentable et mystérieuse tragédie, dont ce volume contient une relation nouvelle.

Bien différents de ces touristes d'outre-Manche ou d'outre-Rhin qui profitent des bateaux à vapeur ou des chemins de fer pour venir passer quelques heures en France, et dénigrent ensuite dans des pages superficielles un pays qu'ils n'ont pas eu le temps de connaître et qu'ils n'ont pas le droit de juger, nos voyageurs sont graves, sérieux, et de plus, ce qui est peut-être la meilleure condition pour bien voir, ils sont remplis de sympathie et d'admiration pour ce pays de France qu'ils

---

(1) Dans les instructions données à M. Chanut, ambassadeur à la Haye, le cardinal lui recommande « de vivre avec le ministre de « de Suède avec toutes les civilités convenables, tant à cause de « l'alliance qui est entre les deux couronnes qu'à cause du mérite « incomparable de la reine sa maistresse. »

considèrent, « sans faire tort, disent-ils, aux autres pays, comme un paradis terrestre, » et pour sa capitale « où l'on trouve, à leur avis, tout ce qu'il y a de plus rare au monde » et qui leur apparaît ce qu'elle était en effet pour le reste de l'Europe, c'est-à-dire le centre du bon goût, le séjour de la vie élégante et des bonnes manières, le foyer de l'esprit et de la civilisation. Ce sont deux jeunes gens appartenant à une des premières familles de Hollande (1), venus en France pour achever de polir leurs mœurs et compléter leur éducation. Ils sont reçus à Paris dans le meilleur monde, celui par exemple de madame de La Fayette et de madame de Sévigné, jeunes femmes non encore célèbres, mais dont l'esprit et la grâce étaient déjà en réputation; ils accompagnent leur ambassadeur à l'audience de Louis XIV, dans une circonstance importante, enfin ils sont en position de recueillir des nouvelles qui se trouvent confirmées par les correspondances diplomatiques du temps, et plus d'une anecdote dans le récit de laquelle ils se rencontrent avec Tallemant des Réaux, qui alors précisément colligeait ses *Historiettes*.

(1) Ils s'appelaient Messieurs de Villiers; leur oncle, M. de Sommelrdick, ancien ambassadeur des Pays-Bas à Paris, était en correspondance avec Mazarin et figurait dans son pays au premier rang des amis e la France (Voir leur généalogie, n° II de l'*Appendice*).

Ils avaient pour compagnon de voyage et pour guide un homme expérimenté et instruit qui, quelques années auparavant, avait accompagné en Espagne MM. de Sommelrdick de la Plaatte, leurs cousins, et a consigné le récit de ce voyage dans un livre connu et apprécié des curieux (1). Ils écrivent d'ailleurs dans un style véritablement français, et qui serait surprenant de la part de ces étrangers si l'on ne se rappelait que la langue française formait dès lors un élément essentiel de l'instruction dans la plupart des pays d'Europe, et qu'il devait surtout en être ainsi en Hollande.

Les rapports de la France avec ce pays étaient, en effet, il y a deux siècles, singulièrement multipliés. Sans parler des relations commerciales qui attiraient jusque dans le midi de la France de nombreux négociants hollandais, il y avait dans les Pays-Bas une colonie française très-considérable. On voit par exemple dans une dépêche de M. de Thou (la Haye, 10 mai 1657), qu'il y avait en Hollande un grand nombre d'officiers français « personnes de mérite et de valeur », et que la seule ville

(1) *Voyage d'Espagne*, contenant outre plusieurs particularitez de ce royaume, trois discours politiques, etc. (Cologne, 1667). — Le Dictionnaire des anonymes attribue cet ouvrage à M. de Sommelrdick; mais il me paraît certain, en rapprochant divers passages de ce livre de ce qui est dit dans le *Voyage à Paris*, au sujet de M. de Brunel, que ce dernier en est bien réellement l'auteur.

d'Amsterdam comptait plus de 2,000 de nos nationaux établis et mariés. Des acteurs venus de France donnaient des représentations à la Haye, comme on le voit dans une autre dépêche du même ambassadeur. « Les comédiens françois, écrit-il à Mazarin le 28 février 1658, qui ont joué icy et qui n'ont pu retourner à Bruxelles à cause des glaces, me prient de leur faire avoir un passeport de Sa Majesté pour retourner en France dans ce caresme ; je vous en envoye le mémoire. »

Il s'y trouvait de plus beaucoup d'exilés ou de réfugiés appartenant pour la plupart aux classes élevées de la société, et qui avaient quitté la France à la suite des troubles de la Fronde. Quelques-uns d'entre eux étaient venus résider en Hollande après avoir suivi le prince de Condé, qui avait alors le malheur de porter les armes contre sa patrie dans les Pays-Bas espagnols, et se trouvait placé, comme coupable de haute trahison, sous le coup d'une condamnation à mort prononcée par tous les parlements de France. Il y avait parmi cette population française si nombreuse des gens de toutes les conditions et de tous les états : des industriels, des artistes, des prédicateurs et même des faiseurs d'inventions. M. Chanut raconte dans sa correspondance avec le secrétaire d'État des affaires étrangères, qu'en passant à Rotterdam pour se rendre à son ambassade à la fin de 1653, il vit une machine composée par un Français nommé Deson. Cet inventeur se flattait de faire quinze lieues à l'heure avec cette machine qu'il avait construite pour aller sur l'Océan. Malheureusement l'ambassadeur ne nous apprend pas quel était le principe, ni quel fut le résultat de cette singulière invention, dans laquelle on peut voir au moins le pressentiment de l'une des merveilles que la science a de nos jours accomplies au moyen de la vapeur.

A l'époque où nos voyageurs visitaient Paris, cette ville, qui depuis plusieurs siècles déjà était en possession des hommages de l'Europe, s'était fort embellie dans les années précédentes, et Corneille fait allusion à ces embellissements dans les vers suivants de sa comédie du *Menteur :*

DORANTE.

Paris semble à mes yeux un pays de roman.
J'y croyois ce matin voir une île enchantée :
Je la laissai déserte et la trouve habitée.
Quelque Amphyon nouveau, sans l'aide des maçons,
En superbes palais a changé ses buissons.

GÉRONTE.

Paris voit tous les jours de ces métamorphoses.
Dans tout le Pré-aux-Clercs tu verras mêmes choses,

Et l'univers entier ne peut rien voir d'égal
Aux superbes dehors du Palais-Cardinal (1).
Toute une ville entière avec pompe bâtie
Semble d'un vieux fossé par miracle sortie,
Et nous fait présumer à ses superbes toits,
Que tous ses habitants sont des dieux ou des rois.

Combien ces vers, que Corneille écrivait en 1642, seraient plus vrais aujourd'hui, et quelle serait l'admiration du grand poëte et celle de nos voyageurs, s'il leur était donné de voir le Louvre achevé, des rues entières et des boulevards élargis et reconstruits comme par enchantement, des promenades splendides qui s'étendent des Tuileries jusqu'à l'extrémité du bois de Boulogne, enfin ces améliorations de toute sorte qui font de plus en plus de la capitale de la France la ville la plus agréablement belle, comme elle est la plus hospitalière qu'il y ait au monde!

Je me figure les deux voyageurs venant, en l'an 1861, de revoir le Jardin des Plantes, puis l'Hôtel-de-Ville qu'ils ont visité et décrit en 1657, descendant les quais ou remontant la rue de Rivoli pour arriver à la place Louis XV. Au lieu du Cours-la-Reine, unique promenade ouverte de leur temps au beau monde, ils trouveraient les parterres et l'avenue des

---

(1) Depuis nommé le Palais-Royal. Voir la description qui en est donnée page 73 de ce volume.

Champs-Élysées, puis l'Arc-de-Triomphe de l'Étoile, et ils seraient étonnés et charmés à la vue de ces merveilleuses transformations! Ils demanderaient quelle est la destination de ce vaste édifice aux formes massives qui s'élève au milieu des Champs-Élysées; et quand on leur expliquerait que c'est un palais ouvert aux produits des arts et des industries de tous les peuples, ils seraient singulièrement frappés de l'immense progrès qui s'est opéré dans les relations internationales. Ils ne le seraient pas moins des changements prodigieux survenus dans l'ordre social et politique de la France. Je ne sais s'ils voudraient tout d'abord le considérer comme supérieur à celui qui existait de leur temps; mais ils ne se refuseraient pas du moins à reconnaître un progrès général en tout ce qui appartient à la sphère des intérêts matériels et une distribution plus également répartie dans les diverses classes de ce qui constitue l'aisance et la commodité de la vie.

Si l'homme, dans le fond de sa nature morale, ne s'est guère amélioré, s'il y a toujours, dans la population diversement composée de la grande ville, des marchands trompeurs, des cochers de mauvaise foi ou querelleurs, des voleurs et des filous dangereux surtout pour les étrangers, des fils de famille désordonnés et dissipateurs, enfin les mêmes vices et les mêmes travers qui existaient il y a deux siècles, la police du moins est aujourd'hui mieux organisée, la ville est mieux éclairée, et l'on ne peut plus dire avec Boileau que

> Le bois le plus funeste et le moins fréquenté
> Est auprès de Paris un lieu de sûreté.

Nos voyageurs se féliciteraient certainement de pouvoir traverser le bois de Boulogne sans redouter les malfaiteurs, et rentrer chez eux le soir sans avoir besoin de se faire escorter par des laquais munis de pistolets et de mousquetons et portant des flambeaux. Enfin, Hollandais et protestants, ne seraient-ils pas heureux de trouver la tolérance dans nos lois aussi bien que dans nos mœurs? Quelle satisfaction pour eux d'aller au prêche en toute liberté, et non plus seulement à Charenton, dans un temple relégué hors des murs de la ville comme un établissement insalubre, mais au centre même de la capitale! A tout prendre, la vie de Paris d'aujourd'hui leur paraîtrait préférable à celle de leur temps, et notre époque, malgré ses défauts, son scepticisme et ses défaillances trop favorables aux révolutions, vaut mieux dans son ensemble que celle où ils ont vécu.

Par suite de l'inquiétude du cœur de l'homme, qui fait qu'il est naturellement enclin à placer les jours les plus heureux dans l'avenir ou à les voir dans le passé, les contemporains sont rarement contents du présent et ils deviennent aisément injustes envers les hommes et les choses qui les entourent. Rien n'est mieux fait pour les prémunir contre ce penchant que l'exacte connaissance des temps passés. De même que nous apprécions mieux notre pays quand nous avons visité d'autres contrées, nous sommes ramenés à des jugements plus équitables envers l'époque où nous vivons par l'étude des époques antérieures. C'est un des meilleurs profits à retirer de la lecture de l'histoire et surtout des Mémoires qui, mêlant la peinture des personnages à celle des événements, nous initient plus avant dans la vie intime et naïve des sociétés et nous offrent ainsi des termes de comparaison plus saisissables.

Le journal de nos voyageurs participe sous ce rapport de l'utilité aussi bien que du caractère des Mémoires : l'on y voit, par exemple que le luxe contre lequel on crie non sans raison aujourd'hui, était il y a deux siècles bien plus grand que maintenant, du moins dans les hautes classes. On ne fumait pas en 1657, mais on buvait et on jouait autant au moins qu'aujourd'hui; et plus d'une lectrice qui se plaint que les jeunes gens sacrifient à des goûts moins délicats les plaisirs du bal et ceux de la conversation, deviendra plus indulgente en apprenant que les dames faisaient déjà entendre le même reproche, il y a deux siècles.

Ces rapprochements pourraient être multipliés à l'infini. Que faudrait-il en conclure, si ce n'est que les progrès de la civilisation, tant prisés de notre temps, et incontestables dans un certain sens, ne vont pas jusqu'à changer les conditions essentielles de la nature humaine? On a fait en physique, en chimie, dans l'industrie, des découvertes et des inventions que nos devanciers n'avaient pas même entrevues. L'homme est mieux logé, mieux vêtu, la durée moyenne de sa vie s'est même, dit-on, allongée; en outre, ce qui est pour lui le plus beau titre de gloire, il vit sous des lois plus conformes au sentiment de la liberté et de la responsabilité morales, plus équitables pour tous et mieux d'accord avec les principes d'égalité et de solidarité, fondements de la société moderne. Enfin l'arbre de la science, cultivé avec une curieuse avidité par les générations successives, s'est prodigieusement accru dans toutes ses branches; mais comme toujours il porte à la fois le bien et le mal, et les fruits qu'il produit peuvent, suivant la main qui les cueille ou qui les emploie, donner la maladie ou la santé, la mort ou la vie.

P. F.

Novembre 1864.

MÉMOIRES

De ce que nous avons veu et appris
de plus remarquable pendant notre voyage commencé
le 9ᵉ de décembre de l'an 1656.

A nostre sortie de Hollande, les affaires de nostre République se treuvoient en un assez bon estat, si l'on considère la profonde paix dont il sembloit que nos provinces deussent iouïr longtemps, car après l'avoir faite avec l'Espagnol, et nous estre raccommodez avec les Anglois, qui avoient voulu troubler tout le gros de nostre commerce, nous venions de conclure un traitté avec le Roi de Suède qui nous asseuroit celui de la mer Baltique. On n'estoit plus qu'à délibérer sur sa ratification; et le Sʳ d'Opdam (1) nostre admiral, qui avoit esté envoyé avec une flotte pour secourir la ville de Dantsick, estoit de retour dans nos ports avec la pluspart de ses vaisseaux et de son monde.

On iugea qu'il n'estoit plus besoin de tenir de si grandes forces de ce costé là, tant parce qu'on n'avoit

---

(1 Appelé plus tard M. de Wassenaer, du nom d'une terre qu'il avait achetée. — (Voir plus loin, à la date du 15 mai 1657).

1

plus guère suiet d'y craindre les victoires des Suédois, qui nous avoient accordé la plus grande partie de ce que nous leur avions demandé, que parce que nous avions pourveu à la défense de Dantsic, en cas qu'ils le voulussent attaquer, et qu'il ne voulust pas estre compris dans le traitté. Pour cet effect, le S^r d'Opdam y avoit débarqué 1,300 hommes de nostre infanterie, commandée par le Sr de Perscheval qui, outre la connoissance de la guerre, possède celle des fortifications iusques à un tel degré qu'il a tousiours passé, et parmi nous et parmi les estrangers, pour très habile ingénieur. Il a conduit la pluspart des ouvrages qui se sont faicts en tant de beaux et merveilleux sièges, que le prince d'Orange Frédéric-Henri a entrepris pour l'aggrandissement de nostre Estat. Apres sa mort s'estant rendu agréable à ceux de la faction qui regne à présent, il a eu une des quatre compagnies que les Estats de Hollande ont establies à la Haye pour leur seureté, et pour changer la forme de ce corps qui de tout temps avoit esté affecté pour la garde des Princes d'Orange.

Nous laissâmes donc nostre païs glorieux et paisible en apparence, mais en effet et à le considerer au dedans, dans une forme de gouvernement qui ne peut guere durer (1) : parce que depuis

(1) La Hollande s'était, comme on sait, constituée en république depuis 1650. — « Les dissentions dont je vous escris monstrent évidemment, écrivait l'ambassadeur de France au ministre en 1655, qu'il manque une maîtresse pièce en la structure de cette république. » (Dépêche de M. Chanut au comte de Brienne, de La Haye le 22 juillet.)

qu'on y manque de chef, tout s'y fait par brigues et par factions, et ce poinct d'union que nous avions par le moyen d'une teste qui nous guidoit au moins, si elle ne nous commandoit, estant osté, il est à craindre que nous soyons pour nous brouiller entre nous, chacun voulant s'en faire accroire dans le maniement des affaires; chaque ville ne pensant qu'à son intérest; chaque province ne cherchant que ce qu'elle croit luy estre advantageux; et chaque particulier ne travaillant qu'à aggrandir sa famille aux despens du public.

Pour vivre dans un Estat comme celuy là, il ne faut pas peu d'adresse et de connoissances. Nos père et mère pour nous en faire acquérir le plus qu'il se pourroit iugeant qu'il n'y en avoit point de meilleur moyen que le voyage, où l'on apprend à vivre avec tout le monde et avec toutes sortes d'humeurs, où l'on remarque le fort et le foible des esprits, et où l'on s'instruict par soy mesme des vertus et des vices des nations, résolurent de nous dépaïser et de nous faire passer en France. Ils nous destinèrent Paris pour le lieu de nostre principal seiour, comme estant une ville où l'on peut estudier toutes les autres de l'Europe, et où, par l'assemblage de plus d'un million d'ames qui l'habitent, on rencontre tout ce qui peut façonner l'esprit et le corps, et donner de belles lumières à l'un par la conversation, et un beau port, de l'adresse et de la vigueur à l'autre, par les exercices qui s'y enseignent parfaitement bien.

Partant donc de la Haye le 9ᵉ de décembre de

l'an 1656, sur les deux heures apres midy, nous nous embarquasmes pour Delft. C'est une ville renommée pour la beauté de ses canaux, la politesse de ses habitans, et la netteté de ses ruës. Mais elle n'a rien en toute son enceinte qui soit si magnifique et si superbe que la tombe des Princes d'Orange, qui y fust commencée par le Prince Guillaume qui, en fondant nostre Estat, s'y érigea ce monument pour luy et les siens. Il ne demeura (1) pas longtemps de luy fournir le premier depost; car ayant esté tué dans cette ville mesme par la trahison d'un Bourguignon, il y fut enseveli dans ce tombeau où à présent reposent trois de ses successeurs, et de ceux qui ont commandé nos armées, avec le succès et le bonheur que toute l'Europe a admiré.

Ayant traversé la susdite ville, qui n'est qu'à une lieüe de la Haye, nous prismes la barque de Rotterdam, où estants arrivez fort tard, il nous y fallut passer la nuict, à cause de l'impétuosité des vents. C'est une belle ville et de grand trafficq; l'on y voit tousiours quantité de vaisseaux, bien que la dernière guerre d'Angleterre en ait beaucoup diminué le nombre et le commerce.

Il n'y a pas un sçavant qui ignore que ce fust en cette ville que nasquit le grand Erasme, qui le premier a découvert les abus du Clergé et crié contre la dépravation qu'il avoit introduitte dans la religion : de là vient qu'on le peint avec des lu-

---

(1) *Demeurer* pour *tarder*.

nettes de longue veuë considerant le Pape et les moines, et qu'on met aupres cette devise : *Vidit, pervidit, risit ;* et c'est pour cette mesme raison que les Jésuites le nomment la poule des heretiques, voulants dire que c'est luy qui a couvé tout le mal qu'on a fait à leur Eglise et qui après s'est esclos par la vraye doctrine qu'on a resuscitée. On luy a dressé une grande statuë sur un fort beau pont pour honorer sa mémoire et on a fait mettre en sa maison une inscription Latine, Espagnole et Flamande qui dit que c'est là que nasquit le grand Erasme.

Pour gaigner temps et passer en France le plustost que nous pourrions, nous loüasmes icy un batteau pour passer en Zélande : il y en a bien un qui en part tous les iours, mais comme ce n'est que sur le soir, il nous auroit fallu attendre près de 24 heures, avant que de nous pouvoir embarquer. Nous entrasmes en celuy que nous avions pris à 9 heures du matin, et le iour suivant nous arrivasmes à deux heures apres midy à la veuë d'Armuyde ; où estants descendus du batteau, nous fusmes contraincts d'aller à pied et dans la bouë iusques à mi-iambe au dit Armuyde. C'est une petite ville fort depeuplée et sans commerce, n'ayant plus son port qui a esté comblé peu à peu par le sable et par un vaisseau des Indes qui y est eschoüé.

D'Armuyde continuant nostre voyage par un plus beau chemin que celuy que nous venions de quitter, nous arrivasmes à Middelbourg capitale de l'Isle de Walcheren. Le commerce des vins de France et la Maison des Indes ont fort enrichi cette ville; bien qu'elle ne soit pas située sur le bord de la mer, elle a de si beaux canaux que les plus grands vaisseaux y abordent à la faveur du flus et du reflus de la mer, lequel ayant treuvé retiré, nous fusmes contraincts de l'attendre iusqu'au lendemain, pour avoir nos hardes qui estoient demeurées dans nostre bateau. Dès que nous les eûsmes, nous les fismes mettre sur un chariot, et nous estant mis sur un autre nous partismes environ les trois heures apres midy pour Flessingue.

C'est un port de mer assez fameux, pour que nous ne nous amusions pas à en dire beaucoup de choses. Il suffit qu'il est de telle importance que Charles Quint, qui connoissoit mieux nostre païs que prince qui y ait commandé, laissa par escrit à son fils de tascher de ne iamais perdre cette ville. Elle n'est qu'à une lieuë de Middelbourg, et il y a un chemin si bien pavé de briques, qu'on peut aller de l'une à l'autre tousiours à pied sec et sans incommodité. Nous prismes neantmoins un chariot pour ne nous point lasser au commencement d'un long voyage. Avant que d'y entrer il nous fallut descendre du chariot, parce qu'ayant abattu les ponts qui estoient usés, on travailloit pour les raccommoder, et en mesme temps on se servoit de l'occasion pour nettoyer le havre qui commençoit à se boucher par le limon de la mer.

Il n'y a pas long-temps que Flessingue n'estoit qu'un meschant village, ce qui se voit dans les chroniques de Zélande, que l'an 1400 il ne servoit que de passage pour ceux qui alloient en Flandres. Mais quelque temps après il fut fermé de murailles par Adolphe de Bourgogne, et depuis s'est accru peu-à-peu, particulièrement pendant qu'il a esté entre les mains des Estats : de façon que c'est aujourd'huy une des plus importantes places qu'ils ayent : car c'est une des entrées de leur païs, qu'Élisabeth, Reine d'Angleterre, voulut avoir avec la Brille (1) et Rammekens, pour seureté de quelque argent qu'elle leur avoit presté. Mais Messieurs les Estats craignants que par cet engagement, elle vinst à s'en rendre propriétaire, luy payèrent en sept ans l'argent qu'ils luy devoient : au bout desquels elle a esté obligée de leur rendre ces trois places, où ils tiennent à présent une partie de leurs vaisseaux de guerre, et principalement en celle de Flessingue et de Rammekens.

Après y avoir loué une chaloupe, nous nous embarquasmes le 13ᵉ à 6 heures du matin pour gaigner l'Escluse, où n'ayants pû arriver que sur le soir, à cause que nous avions le vent et la marée contraires, nous fusmes obligés d'y coucher. Nous eusmes pourtant assés de iour pour parcourir la ville, et rendre visite au Sʳ de Beerendrecht, qui en est commandeur : il nous fit beaucoup de caresses et offres de services, et à la façon du païs

(1) Ou *Briel*, port assez important de la Hollande méridionale.

nous fit gouster son vin (1), mesme il nous voulut obliger de loger chez luy, mais nous en estant excusez, nous luy dismes adieu et allasmes employer le peu de iour qui nous restoit à voir la ville et l'église principale, où l'on nous montra le lieu où sont enterrés les Srs de Haultain et Vander Noot, qui en ont esté gouverneurs. Ils estoient nos proches parens, et on leur a dressé d'assés beaux tombeaux, enrichis de quelques statues d'eux et de leurs femmes.

La ville est assés raisonnable, bien qu'elle soit frontière, son assiette en est fort avantageuse, et lorsque nous ne pouvions plus garder Ostende, nous la gaignasmes sur les ennemis, par où nous reparasmes assez bien la perte que nous allions faire. On y entretient bonne garnison. Elle a un double fossé, et de plus elle est environnée de forts, et principalement de celui de Saint-Donaes, que les Espagnols tiennent, et par là découvrent toute la ville, qui est à la portée de leur canon. Le Sr de Noortweyck en est gouverneur. Elle a comme un bras de mer qui l'environne de tous costés, et y forme un assés bon port. Aussi les Espagnols creurent d'y pouvoir entretenir, au commencement de nos guerres, quelques galères, et d'en retirer un grand avantage. D'abord elles firent quelque mal, et interrompirent le traffic de la Zee-

---

(1) C'est une coutume qui subsiste encore aujourd'hui dans les Pays-Bas. Le Hollandais offre volontiers du vin à l'étranger ou au voyageur qui vient le visiter et à qui il veut donner un témoignage particulier de sa courtoisie.

lande. Mais au premier mauvais temps qui les surprit en mer, nos vaisseaux leur donnèrent la chasse, en coulèrent une partie à fond, et firent que l'autre n'osa plus paroistre.

Le lendemain 14°, nous partismes à pied de l'Escluse, à l'ouverture de la porte, et passâmes à costé de Saint-Donaes, qui est ce fort dont nous venons de parler. Il est situé à l'emboucheure du canal par où l'on va à Bruges, et il s'y faut rendre pour prendre la barque, car les Espagnols en sont maistres et ne permettroient pas qu'on fist un ca-nal de l'Escluse à ce fort, qui n'en est éloigné d'environ de la portée d'un mousquet. Bruges est une des principales villes de la Flandre, et de celles qu'on nomme les quatre membres du pays. Elle est encore assez riche et bien peuplée, mais non pas à la comparaison de ce qu'elle estoit autrefois ; avant que le commerce s'establist à Anvers, c'estoit la plus marchande des 17 provinces : à présent elle est habitée pour la pluspart des riches et des gentilshommes de la campagne, qui s'y retirent pour y vivre doucement. Elle est gardée par quelques soldats qu'elle paye, et en hyver on y loge quelques troupes de l'armée qui y ont les vivres et le fourage à bon marché.

Le Roy d'Angleterre s'y est retiré depuis qu'à sa sortie de France, après avoir seiourné à Cologne, il s'est lié avec les Espagnols (1). Il en estoit parti

---

(1) Le roi Charles II avait quitté Cologne au commencement de 1655, afin de se rapprocher du littoral et pouvoir passer plus aisément en Angleterre pour se mettre à la tête d'un mouvement

depuis quelques iours pour Bruxelles, où il estoit allé en personne traitter de ses affaires avec don Juan (1). Nous n'y voulusmes point passer sans faire la révérence aux Princes ses frères, et à la Princesse royale (2) qui y est arrivée depuis quelque temps. Pour nous y introduire, nous nous adressâmes au nepveu de milord Germain, qui est escuyer du duc d'Yorc (3). Le Sr de Brunel l'avoit connu à Paris, et il nous mena de son logis à la cour, dans un carrosse qui l'attendoit devant sa porte. Son maistre nous reçut fort civilement, et autant que le peut porter le genie de la nation. Il est vray qu'ayant esté elevé en France, et ayant servi dans les armées de ce royaume là, il s'estoit accoustumé à faire bon accueil au monde et à les entretenir. Nous iouïsmes de cet honneur environ un demi-quart d'heure, et trouvasmes que passant partout pour Prince de cœur, il ne manquoit pas non plus d'esprit. Nous vismes ensuite le Duc de Glocester, qui est un fort ioli Prince et qui ressemble fort au fû Roy, son père. Nous le trouvasmes qui avoit des papillottes à ses cheveux. Il

qui devait renverser Cromwel; on sait que cet espoir fut trompé et que Charles II ne rentra dans son royaume qu'après la mort du Protecteur.

(1) Fils naturel de Philippe IV, qui commandait alors les troupes espagnoles en Flandre, avec le titre de lieutenant et capitaine général. Un agent des Etats de Hollande était accrédité auprès de lui.

(2) Henriette-Marie Stuart, fille de Charles Ier, sœur de Charles II et des ducs d'York et de Glocester, veuve de Guillaume de Nassau, prince d'Orange, et mère de Guillaume III, alors âgé de six ans.

(3) Roi en 1685, sous le nom de Jacques II.

se les défit en notre presence, et nous eusmes tout loisir de contempler sa belle chevelure. S'il estoit eslevé comme il faut, ce seroit sans doute un Prince qui se feroit beaucoup estimer. Il parle peu, mais avec esprit et jugement. Nous ne peusmes faire la reverence à la Princesse royale qu'après qu'elle fut sortie des prières où elle estoit. Elle nous reçeut à son accoustumée, c'est-à-dire froidement, et sans dire mot, ce qui ne plaist guère au temps où nous sommes, pour grands que soient les princes que l'on voit.

Toute cette maison royale est assez mal logée, et on s'y plaignoit du chancelier du Roi, qui, par ses conseils, engageoit trop son maître avec les Espagnols qui ne le reçoivent pas pour le bien qu'ils luy veulent, mais seulement parce qu'il peut nuire à l'Angleterre par ceux de son parti qui y restent, et à la France qu'il vient de quitter, en retirant les troupes de sa nation qui y servent. Il en avoit desia ramassé 12 à 15 cents, et on nous dit qu'on leur avoit donné pour quartier d'hyver Ypre et Courtray.

Nous estant ainsi acquité de nos devoirs envers ces Princes et la Princesse, nous fusmes à la Comédie françoise et y vismes représenter la *Mort de Pompée* (1), par la mesme troupe, qui avoit

---

(1) Tragédie de P. Corneille, représentée pour la première fois en 1644, et que le grand poëte considérait comme un de ses meilleurs ouvrages. Elle fut souvent jouée sous le règne de Napoléon Ier qui la goûtait beaucoup. On vient de la reprendre au Théâtre-Français (1860).

esté à fû monsieur le Prince d'Orange. La plupart du beau monde de Bruges s'y treuva, et à la verité il y avoit quelques femmes assez bien faites, et qui toutes faisoient monstre de cette blancheur Flamande, qui est tant prisée par les estrangers. Le gouverneur de cette ville est un Florentin, qu'on nomme le comte Strozzi : il est de cette maison qui a si long-temps disputé de la principauté avec celle de Medicis et de Pittei. Il s'est marié en ce païs, et c'est chez luy que l'on voit d'ordinaire les plus grandes compagnies. Aussi est-ce là où le Roi et les Princes vont le plus souvent, qui sans cela passeroient fort mal leur temps, en une ville où le malheur de la guerre laisse fort peu de moyens de se resiouïr.

Ayant ainsi passé nostre soirée, nous partismes le lendemain pour Nieupoort. Elle ne correspond en aucune façon, ni par sa beauté, ni par sa grandeur, à la renommée que luy a donnée la bataille que le prince Maurice y gaigna (1). On y va par une barque qu'il faut aller prendre hors de la porte de Bruges, et dont il faut sortir à quelques cents pas de Nieupoort. Le battelier nous voulut prendre pour duppes, nous voulant faire païer pour nos valises : nous nous en defendions le mieux que nous pouvions, mais comme il y a une espèce de cledac, et de lieu fermé où l'on met pied à terre, il en ferma les portes, et ne les voulust point ouvrir à nos laquays qui estoient

---

(1) En 1600 ; ce prince était fils de Guillaume de Nassau.

chargés de nos hardes. Nous fusmes nous en plaindre aux Consuls et au Maior de la ville, mais ils tesmoignèrent que ce lieu là ne despendoit point d'eux, mais de messieurs de Bruges, dans le territoire desquels il estoit. Cela nous obligea de retourner à la barque, où nous trouvasmes cet insolent plus doux, et qui se laissa contenter par quelques schellings, au lieu qu'il demandoit auparavant six francs. Cet incident nous obligea d'y coucher, parce qu'il nous fit manquer la barque de Furnes à Dunquerque, qui ne part que le soir et le matin, et icy on n'a pas la commodité de Hollande, de pouvoir louër une barque en payant tout le vracht (1).

Nous y arrivasmes le 16°, et au sortir de la barque nous eusmes la mesme difficulté avec le batelier, luy donnant de mesme quelques schellings, bien qu'il ne luy fust rien deu. A l'entrée de la ville un sergeant se ioignit à nous, et nous dit qu'il falloit aller chez le Gouverneur. Ne l'ayant pas treuvé, il nous mena chez le Maior qui demanda de voir nos passeports ; et bien qu'il nous promist de nous les renvoyer dès le soir mesme, parce que prétendant le lendemain d'aller coucher à Calais, nous voulions partir de bon matin, il ne nous tint pas parole, et ne les renvoya que sur les huit heures du matin. L'Aidant, à qui on les avoit donnés pour nous les apporter croyoit que nous luy donnerions de l'argent, et c'estoit

---

(1) Mot hollandais qui signifie *frêt*.

à cette fin qu'on l'avoit chargé de cette comission ; mais le S⁽ʳ⁾ de Brunel le traitta comme il falloit en le rebroüant et renvoyant comme un homme qui par son avarice et son petit interest nous avoit presque reduits aux termes d'estre necessités de coucher à Gravelines ; ce que nous avions dessein d'esviter, sçachant combien il est incommode de s'arrester en des lieux où l'on ne passe qu'à la faveur d'un passeport.

Dunquerque est une ville située au pied des dunes, mais assez bien placée pour le commerce. Le port en est assez bon, mais il n'est pas comparable aux meilleurs de cette mer, bien qu'il soit de ceux qui nous ont le plus incommodé pendant nostre guerre, car c'estoit un nid de pyrates qui nous obligeoient au commencement du printemps d'envoyer sur leur rade un esquadre de vaisseaux pour les tenir renfermés. Ses bâtimens sont assez jolis, et parmi ceux qui les habitent il y a un bon nombre de riches marchands. Nous y en vismes un nommé le S⁽ʳ⁾ Thomas Sergent, pour qui le S⁽ʳ⁾ de Brunel avoit eu une lettre, lors qu'il y passa avec le sieur de la Platte (1) nostre cousin. C'est un très honneste homme et qui ne se contentant pas de

---

(1) M. Chanut, ambassadeur de France à La Haye, fait mention de M. de la Platte, dans une dépêche au ministre, en date du 30 septembre 1655 : « M. de Sommerdick(*), que vous sçavez estre personne de mérite et très-estroictement attaché à nos intéretz, m'a demandé s'il pourroit obtenir un passeport pour envoyer sans payer le droict d'entrée huict chevaux au baron de La Platte son fils, qui passera l'hyver à nostre cour, où il veut qu'il fasse

(*) Ou *Sommelrdick*; voir plus loin, à la date du 2 mars 1657.

nous ayder à ce que nous peussions avoir de bons chariots, nous régala d'une petite collation à nostre arrivée et à nostre départ. Mais pour achever la description de la ville, il faut remarquer, qu'outre tous ses dehors et doubles palissades, que les François avoient faites pour la défendre, et la rendre plus forte, quiconque est maistre des dunes, qui sont gardées par un petit fort, est aussi maistre de la ville puisqu'on l'en découvre à plein.

Le 17°, nous estant mis en un chariot, et nos laquais en l'autre, nous prismes le chemin de Gravelines. Avant que d'y arriver nous passasmes par Mardick; c'est un assez grand fort, qui n'y a esté construict que pour garder la coste, et dominer sur la rade qui est assez bonne en cet endroict. Les François l'ont pris deux fois, et l'ont perdu autant. La seconde fois il leur cousta beaucoup de monde, et quantité de noblesse y fut assommée. Les Espagnols l'ont pris pendant la guerre civile de ce Royaume, et en ont eu fort bon marché. Le grand fort qui enfermoit le petit qui subsiste encore, a esté ruiné, et le chemin par où l'on va à Gravelines, passe au travers de ce qui en reste.

Un peu avant que d'arriver à la porte de Gravelines nous mismes pied à terre, et apres qu'on eust adverti le corps-de-garde, il vint un soldat à nous,

---

despense et paroisse. Je luy ay dit que je tenois la chose assez difficile : il m'a témoigné qu'il ne la demandoit pas par espargne, mais pour la réputation. »

Le Sr de Brunel était sans doute chargé d'accompagner nos voyageurs, comme il avait servi de guide l'année précédente à M. de La Platte, leur cousin.

qui nous mena au gouverneur. C'est un Espagnol qui a long-temps servi en Flandres, et qui a quitté une partie de l'orgueil de la nation ; aussi nous recent-il assez civilement. Après luy avoir monstré nos passeports, il les donna à son secrétaire pour y mettre le *Vidimus*. Il n'a pas ce gouvernement en chef, il dépend de celuy de Saint-Omer et n'est qu'une simple commission. Aussi Don Marqués, qui le possede, n'est pas homme de naissance, et n'est parvenu à ce poste que par ses longs services. Il est d'un assez bon entretien, encore qu'il ne parle bien ni François, ni Flamand. Pendant que le Sr de Brunel estoit à faire le marché pour des chariots, qui nous servissent pour gaigner Calais, il nous fit le recit d'un grand accident survenu par le feu qui s'estoit mis au magazin des poudres, et qui ayant emporté toutes les maisons voysines, a rendu difforme la place où nous nous promenions, qui est celle qui leur sert de place d'armes. Il adiousta que cet embrasement estoit arrivé quinze iours avant celuy de Delft. Nous finismes nostre entretien en prenant congé de luy, et retirasmes nos passeports de son secrétaire, qui nous en fit payer demi-pistole par teste, disant que c'estoit pour son maistre qu'il exigeoit cette somme. C'est une chose pitoyable de voir la pauvreté et la misère de ces villes et de leurs gouverneurs, qu'ils tesmoignent assez en demandant comme la passade aux voyageurs. La garnison n'en est guere forte, et toutes les troupes que nous avons veuës icy et à Dunquerque, sont si piétres, que ie m'estonne comment elles ont pu dénicher les François de deux si bonnes villes : mais ie croy qu'on fait à présent la guerre à dessein de la faire durer plustost que de la finir.

Au sortir de Gravelines, on treuve un bac qui sert à passer une petite rivière qui se hausse et se baisse par le flus et le reflus de la mer. On est à peine au delà, qu'on voit une redoute auprès d'une espece de digue, où les Espagnols ont comme une garde avancée de 10 à 12 soldats. Elle est située aux confins du territoire de Calais, et dès qu'on en a passé la barriere, on entre dans le païs reconquis. En avançant chemin, on s'aperçoit que l'on va insensiblement en un païs plus haut, et l'on voit tout au long de la frontiere de France une espece de cercle ou de courtine qui fait remarquer à l'œil qu'à iuste tittre on a nommé nos Provinces le Païs-Bas. En approchant de Calais nous rencontrasmes une redoute, à la veuë de laquelle le tambour que nous avions pris à Gravelines fit trois chamades, sur quoy ceux de dedans se presenterent, afin de voir nos passeports du roi de France. Après les avoir leus, ils ne firent aucune difficulté de nous laisser passer. On en fit de mesme à la seconde garde qui est à l'entrée de la porte, mais l'on nous y donna deux mousquetaires avec un sergent pour nous conduire à nostre hostellerie. Une heure apres nostre arrivée, l'hoste nous demanda nos noms pour les envoyer au Sr de Courtebonne, Lieutenant de Roi, qui y commande en l'absence du comte de Charost. Le lendemain, nous le fusmes voir et le Sr de Glarges, resident de la part de Messrs les Estats, qui peu de temps apres nous rendirent la visite, en nous faisant de grandes protestations d'amitié et offres de service.

Calais est une tres bonne place, tant par son assiete que par sa fortification : car d'un costé elle a un fort, nommé le Reysbanck, et de l'autre une terre que l'on peut inonder en ouvrant les écluses, qui sont gardées par un fort, de quatre grands bastions revestus de briques et bien terrassés au dedans, que le Cardinal de Richelieu a fait bastir. On l'appelle le Fort Mulet, et il est à environ une demi-lieuë de la ville, qui est de plus accompagnée d'une bonne citadelle; aussi faut il avouër que cette place est de grande importance, et que c'est la clef de ce Royaume tant par mer que par terre.

Le 18e, nous prismes le messager de Calais, et fismes marché avec luy, que pour quatre pistoles par teste, il nous fourniroit des chevaux, et nous nourriroit iusques à Paris. Il se treuva par bonne fortune pour nous qu'il avoit tous ses meilleurs chevaux à Calais, et que nous les choisismes sans nous y tromper, parce qu'ils avoient servi aux Srs de la Platte et de Brunel lors qu'ils s'en retournèrent en Hollande. Nous partismes sur les deux heures après midy en assez bonne compagnie : car outre que nostre bande estoit forte, il y eust un officier de Piemond, nommé Beaulogé, et le Sr de Palme de Rouën, qui se ioignirent à nous. Dès que nous commençasmes à entrer dans le Boulognois, nous treuvasmes les chemins si mauvais à cause qu'il avoit plû, que voyant bien que nous ne pourrions arriver que fort tard à Boulogne, nous prismes le devant et doublasmes le pas. Cette iournée nous fut la plus fascheuse, à cause de la nuict qui nous surprit, et du païs qui est tout semé de petits costeaux, qui font qu'il faut presque tousiours monter et descendre. Aussi comme nous allions fort viste, nonobstant l'obscurité et le mauvais chemin, l'espée de l'un de nous autres luy tomba de son costé et fut perduë, bien que le resté de la troupe et nos laquais vinssent apres nous, et qu'ils eussent pû la treuver. Si les chevaux ne nous eussent pas conduits, nous nous serions sans doute esgarés, mais ils font si souvent cette route, e .'on n'a qu'à les laisser aller. Ce que nous remarquasmes du Boulognois, est que c'est un païs d'une fort advantageuse situation : il est assez fertile dans les vallées où l'on nourrit quantité de bestail, et sur tout de ces chevaux, qui servent pour la pluspart au labourage et à la charrette. Sur le haut l'on seme des bleds, et nous remarquasmes une façon de fumer les terres, qui nous fut tout-à-fait nouvelle : on y espand une certaine terre blanche, qui ressemble à de la craye ou à du plastre ; l'air et la pluye la font fondre avec le temps, et l'incorporent avec l'autre qu'elle engraisse et fertilise merveilleusement.

Ayant enfin gaigné Boulogne, nous fusmes mettre pied à terre à la basse ville. Nous n'avons point à nous louër du logis du messager, car nous n'y fusmes aucunement bien traittés, et d'abord nous reconusmes que tout ce qu'il nous avoit promis de ce côsté là, n'avoit esté que de belles paroles pour nous obliger à prendre ses chevaux. Cela fit que nous commençasmes à nous mettre en colère contre luy, et mesme contre l'hostesse, qui eut cette impudence de nous vouloir faire coucher dans des draps peu blancs, mais le Sr de Brunel fit tant, qu'il luy fit ouvrir ses coffres, et en tirer d'aussi beaux et d'aussi blancs qu'on eût pu les souhaitter. Le lendemain nous fusmes voir la ville, qui est située sur une montagne. Elle est bastie et fortifiée à l'antique, et hors quelques demy-lunes et ravelins mal entretenus, nous n'y vismes rien qui l'ait pû faire passer pour une des plus fortes places de l'Europe. Le port est à la basse ville, et bien qu'il soit assez seur, il n'est pas des meilleurs à cause que l'entrée en est difficile. Le Mareschal d'Aumont en est Gouverneur, et de tout le païs; il estoit parti depuis quelques iours pour la Cour, car c'est l'ordinaire de ces messieurs de se retirer l'hyver à Paris pour s'y divertir. Nous n'y vismes rien qui soit fort digne de remarque, exceptez deux fontaines, qui sont en la haute ville, dont l'une se treuve dans le milieu de la plus grande place, et l'autre dans la plus petite. Autrefois on estimoit fort cette place, à cause qu'elle servoit de clef à la France, du temps que les Anglois tenoient Calais. Elle a souffert divers sieges, et a esté attaquée plusieurs fois durant les guerres civiles, et on y en voit encore quelques marques tant aux murailles et tours de la haute ville, qu'en quantité de masures de la basse.

Le 19ᵉ, nous traversames le Boulognois d'un bout à l'autre, et il n'y a guere de village qui ne paye contribution à Saint-Omer ou à Gravelines. Ceux qui sont sous le canon de la ville ou au voisinage de Monstreuil, en sont pourtant exempts. On nous raconta, qu'il n'y avoit pas long-temps que les Espagnols les voulurent obliger à contribuër, mais qu'ils s'avancerent si avant qu'on leur coupa chemin, et qu'ils y furent tous defaicts. Le païs est en quelques endroits couvert de bois, et avant que d'arriver à Monstreuil, nous en passames un, qui porte le nom du païs, où l'on court souvent risque de rencontrer quelque parti, et plus encore de tomber entre les mains des voleurs qui ne manquent d'y attendre les voyageurs et de les dépouiller, quand ils sont advertis qu'ils ne sont pas les plus forts. Pour nous, nous n'avions rien à craindre, car nous estions trop bonne compagnie et trop bien armés, pour qu'ils osassent nous entreprendre.

Avant que d'arriver à Monstreuil, nous descendismes dans un fond, qui forme une espece de maretz, et qui entournant presque cette place, la rend extremement forte. Il y a une espece de fauxbourg qui est sur la pente de la hauteur sur laquelle la ville est située ; ce fut de ce costé là que nous y entrasmes : le coteau est assez escarpé, et sans doute cette place est tres-bonne, car outre sa situation advantageuse, elle est assez bien fortifiée, et à la moderne, ayant de bons et beaux bastions et qui sont revestus de briques. La citadelle est à un bout, d'où elle commande la ville, et est, si ie ne me trompe, de cinq bastions. Pour la construire, on a abattu une partie du logement du Gouverneur, qui par là reste assez délabré, n'y ayant qu'une aile de l'ancien corps de logis. Le Comte de Lannoy l'avoit fait bastir du temps qu'il en estoit Gouverneur. Monsieur le Prince de Harcourt, qui en a espousé la fille, a à présent ce Gouvernement, et l'a obtenu comme par droit d'Heritage du costé de sa femme. Tant il est vray qu'en ce Royaume les grands ne quittent iamais les employs qu'eux ou leurs proches ont eus, sans prétendre qu'on leur fait tort de les en priver.

Le iour suivant, qui estoit le 20⁰, nous gaignames Abbeville, apres avoir passé une belle campagne qui se partage tantost en collines et tertres, tantost en vallées et en plaine, et tantost en plantages et en bois, tellement que nous pouvons bien dire avec vérité, et sans faire tort aux autres païs, que la France est un Paradis terrestre. Nous y arrivames d'assez bonne heure pour nous promener par la ville, et pour en considerer l'estenduë. Elle est raisonnablement grande et bastie à l'antique, comme la pluspart de ces premieres villes, qui sont faites de plastre et de bois. Elle est peuplée de quantité de bons artisans et gros marchands; mais ceux qui travaillent aux armes à feu se sont acquis tant d'estime que leurs pieces passent pour les meilleures de l'Europe.

Le valet du Sr Herbert nous y donna un advis qui nous surprist, et que nous treuvasmes véritable, à sçavoir que passant par devant le couvent des Sœurs-Grises, il avait parlé à la fille de chambre de mademoiselle de Montmorency, qu'on y avoit logée contre son gré : aussi s'en plaignit-elle au Sr Herbert qui luy rendit visite. Elle estoit habillée en seculière, et disoit qu'elle estoit encore de nostre religion. Il l'entretint au travers des grilles du parloir. Elle luy raconta de la façon qu'on l'avoit conduite en ce lieu, et le pria d'en escrire, afin que Messrs les Estats de Gueldre y missent ordre. Elle avoit imploré leur protection lorsqu'apres s'estre instruite en nostre religion, elle avoit quitté la romaine. Ses père et mère se sont servis d'un prestre habitant à Leyden en Hollande, nommé Pieter, et c'estoit luy qu'elle accusoit principalement; ayant encore cette bonté pour ses proches, qu'elle prioit qu'on ne retinst point les gages à son père qui est capitaine en nos quartiers : mais i'apprehende fort qu'en ce fait il n'y ait un peu de l'humeur volage de la fille.

Le desir que nous avions de nous rendre à Paris fit que, des que nous eusmes passé Abbeville, nous redoublasmes nostre diligence : aussi nos iournées estoient plus grandes et nous obligeoient à nous lever de grand matin et à arriver tard, bien que nous ne nous arrestassions que fort peu à la disnée. Mesme, comme il n'y avoit plus de danger pour les partis des Espagnols, nous ne marchions plus tous ensemble. Ayant donc laissé à l'hostellerie une partie de la troupe, nous prismes le devant et nous nous esgarasmes ; mais ayant esté remis au chemin, nous passames le 21ᵉ la Somme à Pont-de-Remy. C'est un bourg qui appartient au Duc de Créqui, et comme il est fort important à cause du passage, il y a garnison qui en garde le pont. Au delà du village il y a une maison ou un vieux chasteau qui est en quelque façon fortifié, ayant un bon fossé et quelques bastions, qui sont entournés d'eau par un bras de la rivière qui s'y décharge. Il y a de quoy s'estonner qu'on ait négligé cette place, puisqu'on nous a dit qu'elle est importante, et que si les ennemis gaignoient ce poste, ils pourroient courre presque toute la Picardie. La nuict nous prist avant que nous eussions gaigné le giste de ce iour-là, et nous arrivasmes à Poix qu'il estoit assez tard. C'est un village qui appartient aussi au Duc de Créqui, et dont il se dit prince. Avant que d'y arriver, nous eusmes une heure de pluye, dont nous fusmes fort bien arrosés, car elle nous prist au milieu d'une grande plaine, et iustement en un endroit où nous n'estions couverts d'aucun arbre ni d'aucune colline. Pour nous ayder à mieux supporter cette facheuse incommodité, nous logeâmes ce soir-là en une hostellerie, où nous fusmes moins mal que nous n'avions esté en toutes celles de la traite.

Le 22ᵉ, nous arrivasmes d'assez bonne heure à Beauvais, et pendant qu'on nous apprestoit à disner, nous fusmes voir l'église, dont le chœur est en si grande estime, que pour faire une parfaicte église, on dit qu'il faudroit prendre le chœur de Beauvais, la nef d'Amiens, et le clocher de Chartres. Aussi il faut advouër que la fabrique de ce chœur est fort belle, et que tout y est clair, vaste et bien exhaussé. Quant à la ville elle est une des principales de la Picardie. Le commerce des laines, et surtout des ratines, y est fort grand. Il y a une grande place qui est iustement au milieu. Les maisons sont presque toutes à l'antique et basties de plastre et de bois, de mesme que les autres que nous avons desia descrites. Nous arrivasmes assez tard à Fillare, où nous devions coucher. Ce n'est qu'un bourg, et dont nous ne vismes ni la forme, ni la situation, y estant arrivés de nuict et en estant partis avant le iour.

Ce qui nous obligea à nous lever si matin le 23e, c'est que nous voulions entrer dans Paris avant le soleil couché, à cause qu'aux environs de cette grande ville il ne fait guère seur dès que la brune approche. Cependant nous avions ce soir-là à faire quatorze lieues, et nos chevaux commençoient à se lasser, et, pour surcroist d'incommodité, il y avoit desià deux iours qu'un de nos laquais, feignant de ne pouvoir plus marcher, nous avoit obligés de le mettre en croupe, n'ayant pû trouver aucune commodité pour luy faire gaigner Paris, qui ne fût très-chère. Ce qui fit que le Sr de Brunel le prit premièrement en croupe pour le soulager, et puis pour ne le laisser derrière seul et sans ses camarades, le mena de cette façon iusques à Paris : est c'est une merveille que son cheval, qui n'estoit qu'un bidet, ait pû fournir à cette double charge. Cette iournée il fit un parfaitement beau temps pour la saison; tout ce qu'elle eust d'incommode fut que la matinée en fut assez rude, à cause qu'il avoit fort gelé; et dès que le soleil eust renforcé sa chaleur, le dégel rendit les chemins si glissans, qu'à peine les chevaux pouvoient se tenir. Aussi un peu avant que d'arriver à Beaumont, où nous allions disner, le Sr de Ryswick tomba dans un bourbier, où il fut amplement mouillé, car ses bottes se remplirent d'eau, et ses habits percèrent iusques à la chemise. Cet accident nous obligea d'estre plus long temps à la disnée que nous ne nous .'estions proposé. Il empescha aussi que nous ne fissions pas un petit tour par le bourg qui est assez ioli, et qui a un beau pont sur la rivière d'Oise qui passe au pied de la coste sur laquelle il est situé. Ce lieu appartient au Mareschal de la Motte, qui y estoit en ce temps, où nous luy fussions allés faire la révérence et voir sa maison, qu'on dit qui est belle, n'eust esté cet accident qui nous en osta le moyen. Il nous eut aussi empesché d'arriver de iour à Paris, si nous n'eussions redoublé nostre diligence, qui fut telle que nous y entrasmes sur les quatre heures du soir, bien que nous eussions encore huit lieuës à faire.

Au sortir de cette petite ville, nous commençasmes à nous apercevoir que nous approchions de Paris, voyant la quantité de belles maisons qui sont comme semées par toute la campagne. Les villages, par où nous passâmes, estoient et plus grands et mieux bastis que ceux que nous avions veus iusques icy: et c'est à iuste tittre qu'on les nomme les mammelles de cette ville, qu'ils environnent, car c'est d'eux qu'elle tire la meilleure partie de sa subsistance. Nous ne nous amuserons pas à marquer en détail tout ce qu'ils ont de considérable, ou pour leur situation, ou pour les belles maisons qui sont dans leur circuit ou aux environs.

Dès que nous fusmes à Saint-Denis, nous ne pensâmes qu'à doubler le pas pour gaigner le repos et arriver de iour, pour pouvoir nous enquérir du logis ou estoit le Sr de Speyck, nostre couzin. Le Sr de Brunel n'en avoit poir reçu de lettres long-temps avant nostre départ de la Haye, et les dernières qu'il en avoit euës du Sr de Rodet, son frère, portoient qu'ils estoient dans la résolution de changer de logis. Entre Saint-Denis et Paris nous trouvasmes un commencement de la confusion qui accompagne cette grande ville. Ce n'estoit qu'une continuelle suite de charettes, de chevaux, et de monde qui en sortoient. Mais le bruit et le tumulte augmentoient à mesme temps que nous avancions devers la ville. Nous y arrivasmes vers les quatre heures après midy, et ayant traversé tout le faubourg Saint-Denis, nous filâmes le long de cette grande ruë, que nous ne quittasmes qu'à l'endroict où elle aboutit avec celle de la Ferronerie. Elle est à costé des charniers de saint Innocent, et est remarquable en ce que presque tous les marchands de fer, de léton, de cuivre et de ferblanc, y ont leurs boutiques. On y montre encore le puits où le traistre de Ravaillac se cacha pour oster la vie à Henri III. Nous trouvant au commencement de la rue Saint-Honoré, nous tournasmes bride par celle des Bourdonnois, et fusmes gaigner le Pont Neuf. Nous nous y arrestasmes chez le Sr Van Gaugelt, banquier, et le Sr de Brunel y mist pied à terre pour le saluër, et l'obligea de nous donner son vallet, pour nous conduire au logis du Sr de Speyck. Le Sr Blanche, qui estoit parti avecque nous, nous dit icy adieu, nous remerciant de l'honneur que nous luy avions fait de l'avoir receu en nostre compagnie, et se retira pour aller loger chez Monglas, à la ruë de Seine, *à la Ville de Brissac* (1). Le Sr de Speyck n'avoit point changé de logis, et nous le trouvasmes au fauxbourg Saint-Germain, à la ruë des Boucheries, *au Prince d'Orange*, qui revenoit de Charenton, où il avoit été à la préparation de la sainte Cène du iour de Noël. Aussitôt le Sr de Brunel travailla à nous pourvoir d'un meilleur logement et hauberge. Il est fort difficile d'en trouver en un temps semblable à celuy auquel nous y arrivasmes, puisqu'alors tout le monde qui a des affaires se rend à Paris, et d'autant plus que l'Assemblée du Clergé (2) n'estoit pas encore séparée. Le Sr de Brunel avoit donné ce logement au Sr de Speyck, parce que se devant mettre entre les mains des médecins pour se guérir d'une seicheresse de pou-

---

(1) « L'hôte et l'hôtesse sont huguenots, et étoient assez-exacts ; c'est une honnête auberge, et tout est plein de gens de la religion là autour. » (*Historiettes* de Tallemant des Réaux.)

(2) Réunie en octobre 1655 elle ne se sépara qu'en janvier 1657.

mon, qui à la fin l'auroit rendu étique, il falloit qu'il vescust de regime et en son particulier. Après les premières embrassades et après les premiers compliments, nous nous mismes à prendre nos commodités, et nous estant fait débotter, nous nous fismes faire bon feu pour nous chauffer, car nous avions eu assez froid en chemin. Cependant le Sr de Brunel donna ordre à un traitteur de nous apprester le souper. Nous attendismes l'heure avec grande impatience, tant pour le bon appetit que nous avions, que pour l'envie de dormir en laquelle nous estions. L'un et l'autre nous estoit fort necessaire, ayant fait assez vite 14 bonnes lieuës, comme nous l'avons dit cy dessus.

Le 24e, jour de dimanche, nous demeurasmes au logis, n'estant pas en equippage propre à nous monstrer, surtout aux iours de fêtes qu'un chacun estant oysif prend garde à tout ce qui luy passe devant les yeux. Nous n'avions que des habits de voyage et de vieille mode, puisqu'ils estoient avec de l'or et de l'argent et chargez de cette confusion de rubans qu'on venoit de quitter. Quand bien la bienséance ne nous eust pas empeschez de nous monstrer en cet estat, l'edict rigoureux qu'on avoit fait contre cet excés (1), nous obligeoit de

---

(1) Une *Déclaration* du roi, du 13 novembre 1656 (*), venait en effet de renouveler les dispositions des anciennes ordonnances contre les excès du luxe, et proscrivait notamment les passements d'or et d'argent. — Une déclaration semblable, publiée en 1644.

(*) Déclaration sur les passements d'or et d'argent, les dorures des carrosses et calèches et sur la parure des habits et vêtements. Paris 13 novembre 1656. — (Collection manuscrite des ordonnances, aux Archives judiciaires.)

garder la maison. Aussy nous avoit-on advertis que depuis peu on avoit depouillé et maltraitté quelques Allemands qui n'avoient pas eu esgard à ces défenses. Il est vray que cet accident avoit fait que l'on avoit donné ordre à ce qu'il n'en arrivast plus de semblable et que les soldats des Gardes qui sous ce prétexte cherchoient la pièce, furent obligez d'en user autrement, puisqu'on ordonna qu'ils seroient punis de mort, s'ils mettoient la main sur aucune personne pour ce suiet, n'estant pas à eux à prendre garde à l'exécution des Edicts.

Pour les mesmes raisons, le 25, 26, 27 et 28, nous fusmes obligés de passer les iours de Festes en demy renfermez. Nous nous faisions apporter à manger dans nos chambres, mais voyant qu'il nous en coustoit au double, nous allasmes prendre nos repas en une hauberge qui estoit vis-à-vis de nostre logis. Le S*r* de Brunel en chercha bien une meilleure, mais n'en treuva point qui ne fût trop éloignée. On y traittoit assez mal, et c'estoit une de celles où il ne va que des estrangers : aussy a-t-elle pour enseigne la *Ville de Hambourg*. Il y avoit sept ou huict Allemands assez bien faicts, et nous nous estonnasmes qu'ils souffrissent qu'on leur fist

---

portait « qu'il n'y avoit pas de cause plus certaine de la ruine
« d'un Estat que l'excès d'un luxe déréglé qui par la subversion
« des familles particulières attire nécessairement celle du public,
« et que l'on ne pouvoit souffrir que l'Estat fust affoibli par le dé-
« réglement de ceux qui ne gardent aucune mesure en leurs
« vaines et excessives dépenses... » — Un édit de Henri II, en
1549, défendait aux gentilshommes et à leurs femmes d'employer
pour leurs habits des étoffes d'or et d'argent, et aux « artisants,
paysans et gens de labeur » de porter des vêtements de soie.

si pauvre chère. La pluspart de ces messieurs s'attroupent aux païs estrangers, et s'adressent et se logent chez ceux de leur nation. Par le premier ils ne profitent guere et ne connoissent que peu ou poinct la nation qu'ils visitent, et par le second ils sont trompez et maltraittez de ceux de leur nation dont ils se servent, qui abusent du peu de connaissance qu'ils ont du païs où ils sont.

Nous employasmes toute la matinée du 29 à escrire. C'estoit un vendredy, iour de l'ordinaire qui porte les lettres en Hollande. Aussy le pouvons nous nommer le iour de nostre travail, parce que nous n'en manquons pas un, sans donner de nos nouvelles à nos parens. Sans doute qu'ils commençoient à en languir, car depuis Dunquerque nous n'avions pas pû leur escrire, parce qu'à Calais il n'y a point de poste qui aille à droiture en Hollande. Comme nous estions à faire nos despesches, nous eusmes le contentement de recevoir les premieres lettres, que nostre père, nous ait escrites depuis nostre depart. Nous changeasmes de logis l'apres dinée et nous nous delivrasmes de l'une des plus meschantes hostesses que l'on puisse rencontrer : en effet, ie ne pense pas qu'elle eust sa semblable pour l'impudence et la crierie. Elle est native de Bruxelles, et n'a iamais exercé d'autre mestier que celuy de trompeuse et séductrice des estrangers qu'elle loge. Nous eusmes mille difficultez à la contenter, car apres qu'on lui eust donné tout ce qu'elle pouvoit pretendre, elle nous arresta un cheval pour nous obliger à le racheter d'entre ses mains. Elle se nomme Regina de Hoeve, mais elle est plustost une vraye Regina de Hoer (1). Il y avoit quelques iours que nous estions convenus de deux apartemens à l'Hostel de Montpellier, qui est une hauberge au cœur de Paris, dans le cul-de-sac de la ruë des Bourdonnois. Nous y eusmes une partie de celuy du premier estage : nostre chambre est grande, belle et fort bien meublée, le lict y est élevé sur une estrade et est d'un brocard de soye, les sieges et la tapisserie sont de mesme estoffe. Au bout, du costé de la cour, noūs avons un cabinet qui est presque quarré et assez ioli, mais fort commode pour y mettre et ranger proprement toutes nos hardes, et pour nous servir d'estrade.

La Compagnie de nostre hauberge estoit composée d'un evesque, de son ausmonier, d'un receveur provincial du Clergé, d'un controlleur des gabelles de Languedoc et d'un capitaine de cavalerie. Entre temps nous y en avons eu d'autres dont ie parleray en son lieu. L'Evesque estoit une bonne personne et homme d'honneur, mais de peu de conversation, ce qui n'est guere de l'humeur de ceux de sa province, car il est provençal et Evesque de Sisteron. Il avoit esté prevost de l'Eglise cathédrale d'Aix, et quand le cardinal de Ste-Cecile (2) eut cet Archevesché, il lui promit et aux premiers de cette Eglise de les faire Evesques, et ce autant par politique que pour leur faire du bien : car c'est

---

(1) *Hoeve* en flamand signifie une *ferme*, et *hoer* une *mauvaise femme*.

(2) Michel Mazarin, frère du Premier Ministre.

l'ordinaire des Grands de vouloir avoir sous eux des officiers qui tiennent leurs charges d'eux, et ceux cy avoient esté faits par ses devanciers. Ce n'est pas que ce ne soit un homme sçavant, mais sa science n'est pas usuelle, et il est de ceux qui estudient *ut sciant* seulement, c'est à dire par un simple desir d'apprendre, sans se soucier beaucoup de debiter. Par là il est tombé dans le defaut qui accompagne d'ordinaire cette sorte de curieux, à sçavoir la difficulté de s'exprimer, et cela se nomme : manquer de boute-hors. Il n'avoit point de passion qui le dominast, excepté celle d'espargner et d'amasser des biens pour ses proches, ce qui faisoit qu'il en paroissoit taquin, et estoit fort mal servi de ses valets qui connoissant son foible ne luy estoient guere obeissants. Son ausmonier estoit un gros rougeau qui avoit un vray visage de prosperité. Il se nommoit le Sr Medecin, et du nom de son prieuré, de Bouc. Pour entretenir son embonpoinct, il ne manquoit iamais d'appetit iusques là que quand l'heure du repas venoit, on voyoit des marques d'allegresse sur son visage, et quand il estoit à table et touchoit aux viandes il commençoit à manger avec un soûpir de contentement, en disant : Dieu soit loüé ! Il ne menoit pas grand bruict tant que la première faim lui duroit, mais après l'avoir estourdie, il parloit autant qu'un autre : ie ne dis pas aussi bien, car il n'estoit pas fort en raisonnement et moins en eloquence. Au disner il faisoit parfaitement bien son devoir, parce que l'Evesque estant present, on le laissoit en repos; mais au souper que nous estions sans mitré, chacun s'esbaudissoit la ratte à lui donner quelque atteinte. Il n'y avoit pourtant personne qui le persecutast plus que le S⁰ de Manse qui estoit le controolleur des gabelles ; il avoit pris à tache de ne dire que des mots de gueule et à double entente, pour faire stomacher ce pauvre ausmonier : ce n'est pas que ce bon innocent n'y prist souvent plaisir et que cela ne le chatouillast, car il n'estoit pas des plus continents hommes du monde et on sçavoit de ses nouvelles.

De Manse est un garçon bien fait, qui a du feu et de l'adresse, mais qui est incommode par la grande imagination qu'il a de soy-mesme. Sa naissance ne passe pas celle de simple bourgeois, et souvent se voulant faire valoir au delà, il s'expose à estre mesprisé. Il a cela qu'il est fort en gueule et qu'il ne demord pas facilement d'une opinion qu'il a avancée, et la voulant défendre à tort et à travers il se fait quelques fois mocquer. Toute sa parenté est presque de la Religion, mais l'ardeur que son pere eust d'avoir des charges à Montpellier et l'amour du monde le firent changer et embrasser la romaine. Celuy-cy a esté baptisé dans la nostre, mais par ignorance ou faux zele il s'y montre fort contraire. Ceux qui le connoissent bien disent pourtant qu'il n'en use ainsi que pour mieux faire ses affaires, et persuader que luy et sa race sont tout à fait contraires à la religion du reste de la parenté. Il y a trois ou quatre ans qu'il vint pour la première fois dans cette hauberge, du temps que le Sr de la Platte y estoit, mais alors il estoit encore plus incommode par son esprit acariastre qu'il a presentement un peu corrigé. Celuy de nostre receveur ecclesiastique, qui se nomme le Sr Sibut et est du Dauphiné, est tout autre, car il l'a doux, fin et adroit et qui ne manque pas de pointe et de sel. Aussi n'a-t-il pas de grands advantages du corps, car il est bossu et incommodé d'une dartre au visage. Nous vivions en grand^e intelligence avec luy, parce que sa conversation vaut infiniment, et il a de tres beaux moments et auxquels il dit de iolies choses et de la belle maniere. Nous eusmes mesme quelque commerce de lettres avec luy aprés son depart, et outré qu'il escrivit à un de nous, le Sr de Brunel recevoit de temps en temps de ses nouvelles accompagnées tousiours de quelque agreable piece de sa façon. Il luy envoya entre autres des vers où il descrivoit le Sr de Bouc, aumosnier de l'Évesque de Sisteron et dont ie viens de parler, à l'occasion d'une lettre qu'il disoit luy avoir esté escrite

> Par ce Bouc à teste de veau,
> Qui travailloit mieux du museau
> Que tous les laquais de l'hauberge.

Quant au capitaine de cavalerie, il se nommoit Boudon et est natif de Montpellier. Ce n'est pas un garçon de naissance, car son pere n'en avoit aucune, et avoit acquis tous ses biens en se iettant dans les partis. C'estoit un ioli esprit, et un petit homme bien fait, mais qui pour ne se pas empescher de s'avancer dans le monde de quelle façon que ce fust, travailloit à s'accoustumer l'ame à avoir des sentimens peu purs et orthodoxes. Il est de la Religion et a un pere thresorier de France à Montpellier, qui nes'est fait papiste que pour estre receu en cette charge.

Voila le monde que nous treuvasmes dans nostre hauberge, d'où il resultoit une compagnie assez diversifiée, tant pour l'humeur que pour les inclinations et l'interest de ceux qui la composoient. L'entretien n'y manque jamais, chacun rapportant aux repas ce qu'il a appris ou fait de nouveau, et quand on n'a point de matieres semblables on s'en forge pour se divertir, et chacun dit son advis à sa mode et selon les lumieres et les connoissances qu'il a.

Pendant que nous estions encore chez Regina de Hoeve, nous y fusmes visitez par le S^r des Champs, qui avoit sans doute sçeu nostre depart de la Haye par les lettres du S^r d'Armenvilliers (1). Il y a quelque temps qu'il a quitté la Hollande où il avoit esté escuyer des Princes d'Orange, Henry et Guillaume. Apres la mort de ce dernier, on ne garda que peu de personnes de sa maison, et ne donna à son posthume que deux gentilshommes, à l'un desquels on a donné depuis peu la charge d'escuyer. Le Sr de Beringhen a retiré le dit S^r des Champs aupres de soy, et l'occupe à prendre garde à l'escurie du Roy et à en monter les chevaux. Il nous vint

(1) C'était un des nombreux officiers français qui étaient au service des Pays-Bas, avec l'agrément du roi.

remercier de ce que nous luy avions apporté un amacht dont le S' d'Armenvilliers nous avoit chargé. Il avertit le S' de Beringhen de nostre arrivée, qui aussi nous fut voir et nous faire offre de ses services. C'est une personne de tres grand merite, et qui n'est pas de l'humeur de la pluspart des gens de la Cour qui n'ont que de belles paroles et des complimens pour leurs amis, et qui ne les accomplissent iamais. Aussi a-t-il tousiours cherché d'obliger ceux de nostre nation qui se sont treuvez icy, et principalement ceux de nostre maison.

Nous pouvons dire le mesme du S' Brasset qui nous vint temoigner que depuis sa retraite en cette ville, il n'avoit pas oublié les amis qu'il s'estoit acquis en près de vingt ans de residence qu'il a faite auprès de Mess" les Estats, de la part du Roy. Aussi avoit-il vescu tout ce temps-là en estroite amitié et correspondance avec nostre famille. C'est un homme franc et qui, par une disposition particulière pour traiter avec esprit et adroitement les grandes affaires et par une longue experience, peut passer pour un des plus habiles hommes qui ayent manié celles de cette Couronne aux païs etrangers. Ses longs travaux et ses bons services luy ont cousté la veuë qu'il a perduë à force de lire et d'escrire. Aussi c'est un prodige de voir les minutes des depesches qu'il a faites et qu'il a gardées, outre les duplicata qu'il en envoyoit. Cependant il n'a point esté recompensé selon ses merites, et bien loin de luy faire quelque gratification, on ne l'a pas encore payé de ce qui luy est deu de ses apointemens. Il n'est pas de maison, et a fait la sienne par son industrie et son esprit (1).

Nous passames le 30 et 31 à nous establir dans nostre nouveau logis, et à retirer le cheval que Regina de Hoeve avoit retenu. Pour cet effet, nous fusmes treuver le Baillif de Saint-Germain, qui ne nous fit pas la iustice que nous pretendions, ce qui nous obligea de nous adresser au Lieutenant civil, dont nous eusmes un ordre portant qu'on nous le rendist sous caution. Le soir mesme du samedy nous allasmes treuver Gazon, commissaire du quartier, et apres l'avoir long-temps attendu en sa maison, il vint enfin et bien qu'il fust fort tard il se transporta au logis de Fock mari titulaire de Regina de Hoeve. Elle resista long-temps

(1) M. Brasset, ministre résident à La Haye, quitta cette ville le 29 avril 1654. Il y avait été remplacé depuis quelques mois par M. Chanut, ambassadeur extraordinaire. Il était d'usage que les envoyés diplomatiques recevaient des cadeaux au moment de leur départ; mais la coutume cessa d'être observée cette année-là et M. Chanut écrivait au secrétaire d'État pour les affaires étrangères le 23 avril : « M. Brasset a su qu'ayant été proposé à l'assemblée de la généralité « de luy faire un présent à l'ordinaire, deux hommes seuls des « Etats de Hollande s'y sont opposés... Il est certes bien rude « que l'on veuille commencer à establir cette règle par un homme « qui a servi vingt années en ces provinces auparavant que l'on « pensât à faire le règlement de 1651 sur lequel ils se fondent. »
Ce que dit le voyageur hollandais de la manière dont M. Brasset avait été traité par son propre gouvernement est exactement confirmé par la correspondance de cet agent avec le ministre des affaires étrangères et le surintendant des finances. Nous en citons quelques extraits à la fin de ce volume, comme un témoignage du désordre qui régnait alors dans les finances, et un exemple des mœurs administratives de ce temps où un diplomate qui était au service de l'Etat depuis quarante ans réclamait en vain « sa subsistance » comme _ disait alors, et était réduit à emprunter pour soutenir sa famille. (Voir appendice n° I.)

de nous rendre le cheval, mais après les procedures du commissaire, elle nous le rendit sous la caution du Sr Verbeeck, beau-frère du Sr Van Gaugelt, que nous avions fait querir.

Le 31, jour de dimanche, nous ne pûmes pas aller faire nos devotions à Charenton, mais les fismes au logis par la lecture d'un sermon du Sr Mestrezat, que le Sr de Brunel nous leust, et ainsi nous finismes l'an 1656.

L'an 1657, le 1er de janvier, le temps commença à se mettre au beau par un agréable froid qui dura quatre ou cinq iours de suite. Les ruës en devinrent seiches, et nous en profitâmes pour parcourir la ville à pied et prendre une premiere idée, qu'il est fort difficile de se bien former quand on ne va qu'en carosse. Il nous fut pourtant impossible de la voir si bien qu'il nous en restast une connoissance entière et exacte. On la divise d'ordinaire en trois parties : en Cité, Ville, et Université. Elles sont séparées par la riviere de Seine et conjointes par plusieurs ponts. La Cité est le premier Paris et la vieille Lutece entourée de la riviere qui, se divisant en deux, forme deux isles au milieu de son canal, où sont fondez les deux sieges souverains de la religion et de la justice : l'eglise cathedrale dediée à Nostre-Dame et le Palais pour le Parlement, dont ces deux isles portent le nom. La Ville est le nouveau Paris où est le beau peuple, les grandes eglises, les hostels des Princes, les maisons enchantées et les mines d'or des financiers, et le Louvre, qui est la de-

meure ordinaire des Rois, dont la seule galerie
que Henri IIII commença pour ioindre le palais du
Louvre aux Thuilleries, est le dessin du plus superbe bastiment de l'Europe. L'Université, qui est
la troisieme partie de la ville, est composée de
60 Colleges dont le plus célèbre est la Sorbonne.

La ville a huit portes, à sçavoir : celles de Saint-
Antoine, du Temple, Saint-Martin, Saint-Denis,
Montmartre, Richelieu, Saint-Honoré, et la Porte-
Neuve. La Cité en avoit autrefois quatre à la teste
d'autant de Ponts. L'Université en a neuf, à sçavoir : Saint-Bernard, Saint-Victor, Saint-Marcel,
Saint-Jacques, Saint-Michel, Saint-Germain, Bussi,
Dauphine, et de Nesle, dont la pluspart ont leurs
fauxbourgs qui en portent le nom, hormis les
trois dernières. Montmartre peut passer maintenant
pour un des fauxbourgs de Paris, qui est une colline où les Parisiens adoraient autrefois l'idole
de Mercure ou de Mars, avant que saint Denis y
endurast le martyre pour la verité de l'Evangile qu'il
avoit preschée aux François. On dit qu'il porta
sa teste entre ses mains depuis Montmartre iusques
au lieu qui porte son nom, ce qui neantmoins
n'est qu'une tradition qui approche de la fable.

Le 2ᵉ, nous fusmes à l'eglise de Nostre-Dame
dont les fondements sont posez sur des pilotis, et
toute la masse soustenuë de 120 piliers qui font
cinq grandes allées dans le corps de la nef. Sa longueur est de 174 pas ; sa largeur de 60 et sa hauteur de 100. Elle contient quarante-cinq chapelles
treillisées de fer. Elle a onze portes, dont les trois

grandes sont sous un frontispice chargé des statuës de 28 Rois. Il y a deux grandes tours quarrées de mesme hauteur à l'un des bouts de ce prodigieux edifice, et l'on y monte par 389 degrez. Nous y considerasmes le crucifix qui est au dessus de la grande porte du chœur, avec sa croix et son pied fait en arcade, soustenant l'image de la Vierge au bas, comme un chef-d'œuvre de sculpture, pour estre fait et taillé d'une seule piece. On y voit aussy la statuë de Philippe de Valois, à cheval contre un pilier, lequel ayant defait 22,000 Flamands en bataille rangée, entra tout armé et monté à l'avantage dans cette église, pour offrir ses armes et son cheval à Dieu et à sa Mere. Les tableaux et les tombeaux des Princes, Princesses, Cardinaux, Evesques et Seigneurs y sont en trop grand nombre pour en recueillir les epitaphes.

Le 3e, nous fusmes voir la Sorbonne qui est l'un des principaux Colleges de l'Université. On y enseigne la theologie, et il n'y a point d'escole si fameuse, pour cette science en toute l'Europe, que celle cy. Ses docteurs sont en grande veneration par tout le monde papal. Ce fut un certain Robert Sorbon qui la fonda, dont elle porte le nom. Mais elle peut nommer pour son grand et veritable restaurateur le defunct cardinal de Richelieu, car il l'a fait rebastir, et outre le lieu où lisent les professeurs, qui est tres beau, on voit une grande et magnifique maison qu'il a erigée pour la bibliotheque et l'habitation des docteurs. A costé il y a une **chapelle d'une admirable** architecture, où est la sepulture de ce grand homme.

Le 4ᵉ, nous parcourusmes les academies des Sʳˢ du Plessis, Arnolfini et de Vaux, avec le Sʳ de Ryswick, pour voir laquelle luy agréeroit le plus pour s'y mettre en pension, puisque s'estoit la volonté de son frere qui avoit prié le Sʳ de Brunel de l'aider à s'y bien loger.

Le 5ᵉ, nous employasmes le matin à faire response aux lettres que nous avions reçeues de Hollande le soir d'auparavant; et l'apres dinée nous fusmes à l'eglise des Jesuites de la rue Saint-Antoine, pour entendre le sermon de l'Evesque de Valence (1). Le Roy, la Reine, monsieur le Cardinal et la pluspart des grands de la Cour y assistérent. Tout autour de l'eglise on voyoit plus de quatre mille cierges allumés, outre les chandelles dont l'autel, fait en forme de ciel et rempli de figures d'anges, estoit esclairé. Les armes du Roy et de la Reine y estoient representées, soustenuës de ces petits corps aislez ; et par des machines et des ressorts on faisoit descendre l'hostie iusques dans les mains de l'Evesque (2). Il y eut aussi une magnifique musique, composée des meilleures voix de celle du Roy et aidée de celle de l'eglise mesme qui est très excellente.

(1) Daniel de Cosnac, dont les mémoires ont été récemment publiés.

(2) Les églises des Jésuites sont, en tous pays, remarquables par le luxe et la recherche de l'ornementation : tout y parle aux yeux, jusqu'au point quelquefois de choquer l'esprit. — Mais voilà un mécanisme qui dépasse vraiment tout ce que l'on pourrait imaginer, et que les Jésuites n'admettraient pas aujourd'hui.

Le 6°, nous achevasmes de voir les trois autres academies, à sçavoir : celles des Srs Memmont, Del Campe et de Poix. Ce n'est pas que nous fussions sur le point de monter à cheval, car nous avions resolu de ne pas commencer nos exercices que nous n'eussions un peu veu nostre monde et rendu nos premieres visites ; mais seulement pour nous occuper, iusques à ce que, nos hardes estant arrivées, nous fussions en estat de nous montrer. Nous profitions pourtant tousiours d'autant, qu'en accompagnant ainsi le Sr de Ryswick en toutes ces academies, nous nous instruisions de leurs qualitez et iugions par là de laquelle nous pourrions nous servir. Pour luy, il determina enfin d'entrer pensionnaire en celle du Sr Arnolfini. C'est un Italien, natif de Lucques, tout-à-fait bonne personne et qui est dans la faveur, ayant enseigné le Roy et obtenu cet honneur par dessus tous les autres, par l'appuy que luy donnoit le cardinal Mazarin. Le Sr de Brunel le connoissoit, et fit que le Sr de Ryswick y fut autant bien et commodement logé qu'on le peut estre dans une academie, et l'ayant aidé à se pourvoir de tout ce qui y est necessaire à un novice, il luy conseilla d'y aller dès que le marché fut conclu, afin qu'il ne perdist pas de temps et l'employast de la façon que son frere l'avoit souhaité.

Le 7° et le 8°, en nous pourmenant par la ville, nous fusmes voir à pied le Pont-Neuf, car bien que nous l'eussions desia passé, nous ne nous estions pas arrestés pour le considerer. Il fut commencé par Henri III et achevé par Henri le Grand. Il contient 12 arcades, 7 du costé du Louvre et 5 du costé des Augustins : au milieu se termine l'Isle du Palais, qui occupe la place presque de deux arcades, où est elevée la statuë de bronze du Grand Henri à cheval, travaillée avec autant d'artifice que les pieces de l'antiquité. Elle luy fut envoyée de Florence par Ferdinand I et par Cosme II son fils, oncle et couzin de la defuncte Reine Marie de Medicis. A la deuxiesme arche du costé du Louvre on voit une pompe qui fait monter l'eau de la riviere et represente la Samaritaine versant de l'eau au Fils de Dieu. Au-dessus est un horloge fort artificiel qui marque les heures de devant midy en montant, et celles d'apres en descendant, avec le cours du Soleil et de la Lune, les mois et les douze signes du Zodiaque et sonne les heures, les demi et les quarts avec une douce musique par le concert de certaines cloches.

Le 9°, nous allasmes voir les autres ponts faicts de pierre comme celuy de Nostre-Dame qui fut basti sous le Roy Louis XII par Iean Iucundus, cordelier, avec six arches et 68 maisons aux deux costez de mesme hauteur et de mesme largeur. Le pont Saint-Michel, basti sous Charles VI, s'abattit l'an 1546 et fut refait depuis ; ceux au Change, des Tournelles et Marie sont les derniers faits. Au bout du premier on voit contre une maison la statuë de Louis XIII, faite de marbre, et celles de la Reine sa mere et de Monsieur.

Les deux autres ioignent à la Ville et à l'Université cette troisiesme isle, qui semble s'estre elevée depuis quelques années du fond des eaux comme une autre Délos, où l'on a basti une eglise à l'honneur de saint Louis, avec des logis qui ne cedent en rien à la magnificence de la vieille Rome.

Le 10ᵉ, nous fusmes voir le Temple qui est une espece de ville ceinte de murailles, où logeoient les anciens Templiers avant leur suppression, et où les Rois de France demeurèrent quelque temps et mirent leur thrésor et leurs archives dans la grosse tour, et enfin en gratifièrent les Chevaliers de Malte. Il est encore depuis renommé par ce merveilleux artisan le Sʳ d'Arce qui a trouvé l'invention de contrefaire les diamants, esmeraudes, topases et rubis dans laquelle il a si bien reüssi (1), qu'en peu de temps il a gaigné une si grande somme d'argent qu'il tient carosse, et a fait bastir deux corps de logis dans le dict enclos; en l'un il demeure et l'autre il le loué.

Le 11ᵉ, nous fusmes pourmener au fauxbourg Saint-Marceau qui aboutit aux Gobelins. On passe une petite riviere qui en porte le nom, dont les eaux sont les meilleures du monde pour teindre en escarlate. On la nomme ainsi de ces fameux teinturiers flamands qui se nommaient Gobeelen, et par corruption de langue on en a

---

(1) Tallemant parle d'une dame qui était « toute parée de pierreries du Temple » et il ajoute en note : « Pierres fausses. Il y a un homme qui a trouvé le secret de colorer les cristaux. »

fait Gobelins. Ils y ont establi une fabrique de tapisseries, qui pour la finesse, la bonne teinture et le beau meslange des couleurs, des soyes et des laines, surpassent celles de Flandre et d'Angleterre, mais aussy sont-elles de beaucoup plus cheres. Ceux qui y travaillent sont encore pour la pluspart d'Anvers, de Bruges ou d'Oudenarde. On y a treuvé depuis quelques années des tombeaux de belles pierres, pleins d'ossements d'hommes, grands outre mesure, que quelques uns pensent estre de ces anciens Normands qui ont rendu leur mémoire illustre en France par le sang et par le feu.

Le 12e, ayant fait nos lettres de bonn'heure, l'envie nous prit d'aller voir le cimetière de Saint-Innocent qui n'est qu'à vingt pas de nostre logis. On attribue à la terre une certaine qualité, qui est qu'elle peut consumer en vingt-quatre heures de temps un corps mort, mais nous n'en avons pas veu l'effet. On y voit tout à l'entour quantité d'ossements rangés les uns sur les autres, et logez dans des especes de galeries, qu'on nomme charniers. C'est sous ces charniers et le long des piliers que l'on treuve de certains escrivains qui sont fort connus par ceux qui ne sçavent pas escrire. Les valets, servantes et autres ignorants qui veulent envoyer des lettres à leurs parents ou amis s'adressent à ces habiles secretaires qui tout aussi tost demandent dequel stile ils les veulent, et si c'est du haut stile qu'ils demandent, la lettre vaut 10, 12 ou 20 sols; si c'est du bas stile qu'ils demandent, elle n'est que de 5 ou 6.

Le 13°, on créa trente enseignes aux gardes, et on fit les vieux sous-lieutenants. Cette augmentation d'officiers s'est faite pour donner moyen aux capitaines d'estre payez des arriérages de leurs gages, car il leur a esté permis de vendre leurs drapeaux, qui par ce moyen sont devenus à bien meilleur marché. Il y en a eu à vendre tant à la fois qu'ils ne coustent à présent que 15 ou 16 mille livres, au lieu qu'auparavant ils coustoient 7 ou 8 mille escus.

Le 14°, nous eusmes icy de la neige qui donna occasion à un assez grand desordre et où ceux de la Religion auroient esté maltraitez s'ils ne se fussent defendus avec vigueur. C'est qu'au retour de Charenton, la canaille attendant les carosses, accabloit le monde à coups de pelotes de neige. Nostre hoste y fut blessé à la lèvre par une pelote où sans doute il y avoit une pierre enfermée. Le fils du Sr Oger, résident d'Angleterre, ne pouvant souffrir cette insolence, mit pied à terre et se voyant encore poursuivi de cette marmaille, mit l'espée à la main. Il y eut un homme qui vint le charger et qui le blessa, mais il ne marchanda point et se tournant vers luy l'estendit sur le pavé d'un coup d'espée qui le perçoit de part en part. Aussitost il se vit assailly de toute la multitude, et le frère du mort luy passa l'espée tout au travers du corps. Ayant esté retiré d'entre les mains de cette canaille, on le mena chez un chirurgien pour le panser, qui a esté si habile qu'en peu de iours il l'a guéri. Son pere qui est considerable, parce qu'il a servi autrefois à l'Angleterre et qu'il est encore icy comme agent de Cromwel, l'ayant esté auparavant du Roy, s'en plaignit et eut un fort bon arrest de la Cour par lequel son fils fut absous de ce malheur et les assaillants condamnez à une bonne amende.

Le 15ᵉ, nous louasmes un cocher qui avoit l'apparence de fort bien entendre son mestier, et iusques icy n'ayant pû rencontrer un carosse qui eust servi et qui fust bon et d'un prix raisonnable, nous en achetasmes un neuf de veloux cramoisi à trois poils. Il est fort beau et de la plus nouvelle façon, estant fait en forme de caleche, et ayant des rideaux de serge à deux envers doublez de taffetas; les franges et les mollets sont de soye retorse.

Le 16ᵉ, madame de Manchini, sœur de Mʳ le Cardinal, après quelques iours de fievre, mourut en sa cinquantième année (1). S. E. en eut un tresgrand deplaisir, et les nopces de sa niepce avec

(1) Il y avait peu de temps qu'elle était à Paris : M. de Lionne, ambassadeur à Rome, avait fort contribué à l'y faire venir, pensant être par là agréable à Mazarin. « Pour la signora donna Anna-Maria, écrivait-il au cardinal, je persiste plus fortement que jamais que V. E. la doit appeler en France ; et c'est mon sentiment et non pas le sien, car quand j'escrivois à V. E., je ne lui avois jamais parlé de rien d'approchant, cette pensée m'en vint faisant ma lettre. Il est vray que je luy en ay parlé depuis et qu'elle m'a dit d'avoir trop peu de santé pour un si grand voyage et que ne pouvant estre qu'inutile à V. E., il ne falloit pas songer à cela. Mais je connois pourtant que l'envie qu'elle auroit de voir V. E., feroit bientost cesser la consideration du peu de santé, si elle pensoit que V. E. le desirast. » (Dépêche du 15 mars 1655.)

le prince Eugène (1) en furent retardées. Mesme le grand ballet du Roy qui devoit estre dansé pour la premiere fois le iour de cette reiouissance ne le fut que quelque temps apres cette affliction.

Nous ouïsmes aussi parler d'une querelle arrivée au ieu entre le duc de Roquelaure et le Sr de Bragelone : celuy-cy reçut un soufflet de l'autre sur quelques paroles qui aprochoient d'un dementi ; mais il s'en ressentit sur le champ, car luy ayant sauté au collet, il le ietta par terre et luy donna quelques coups de pieds et de poingts. Chacun en parla à sa mode et la pluspart tesmoignoient de la ioye de ce que ce gentilhomme s'estoit si bien vangé, à cause de l'humeur de ce duc qui fait piece à tout le monde et ne la pardonne guere à personne. La cour pourtant envoya Bragelone à la Bastille, et par son ordre l'on s'asseura de Roquelaure, iusques à ce qu'on les eust accommodés.

Le 17e, nous apprismes que le Roy (2) estant allé en masque au bal chez madame d'Argencourt et y ayant rencontré mademoiselle de Marivaux s'attacha principalement à luy en conter, et luy tesmoigna qu'il prenoit tant de plaisir en ces sortes de conversations qui estoient plus reiglées et moins tumultueuses que celles de sa cour, adioustant que bien qu'il ne se deust contraindre en nulle

---

(1) Eugène Maurice de Savoie, comte de Soissons, qui épousa Olympe Mancini, nièce du cardinal.

(2) Louis XIV était alors dans sa dix-neuvième année.

part, il vouloit pourtant voir celles de cette façon, et l'ayant pressée à luy dire où le lendemain elle passeroit l'après dinée, il ne manqua pas de s'y rendre. Pour divertir le Roy de cet entretien, on le mena à Vincennes et ce petit eloignement luy fit oublier cette inclination.

Le 8ᵉ, nous receusmes nos lettres par lesquelles nous apprismes la mort du Sʳ d'Alkemade, frere du Sʳ de Warmont. Nous iouasmes toute cette après dinée au ieu de paulme des Vieux-Augustins avec le Sʳ de Speyck et un gentilhomme de Montpellier, nommé Boirargue, qui estoit logé avec nous dans nostre hauberge.

Le 19ᵉ, ayant fait response à nos lettres, nous fusmes voir entrer le Roy par la porte Saint-Antoine qui revenoit de Vincennes avec ses nouveaux cent vingt mousquetaires qui luy servent aussi de garde. Certainement ce sont des hommes bien choisis et qui sont couverts magnifiquement, car chacun a une casaque bleuë avec de grandes croix d'argent à flammes d'or qui finissent en fleurs de lis. Par toute la casaque il y a un grand galon d'argent. On n'y reçoit personne qu'il ne soit gentilhomme et qu'il ne soit brave à outrance. Mʳ de Manchini en est capitaine, ils ont deux tambours et un fifre; ils portent le mousquet et attachent la mesche à la testière entre les deux oreilles du cheval.

Le 20ᵉ, ce iour et quantité d'autres, nous avons rencontré diverses fois la compagnie des mousquetaires, qui alloit ou revenoit de faire l'exercice.

Elle a esté establie pour tenir lieu du régiment des Gardes, quand le Roy va si viste en quelque endroict, qu'il n'y en peut arriver aucune compagnie.

Le 21ᵉ, bien qu'il fust dimanche, nous ne pusmes pas aller au presche parce que nos hardes n'estoient pas encore arrivées. Nous passasmes toute la iournée en la lecture d'un sermon et de quelques chapitres de la Sainte Bible.

Le 22ᵉ, nous vismes la Bastille par dehors qui est un chasteau assis tout auprès de la porte Saint-Antoine, de forme quarrée, flanqué de quelques tours, basty par un nommé Aubriot, qui l'eust le premier pour prison : on la destina des lors à servir de lieu de seureté aux prisonniers d'Estat. Le Sʳ de la Bachellerie en est gouverneur; en son absence il n'y a qu'un sergent qui y commande; il estoit connu à quelqu'un de nostre compagnie qui luy demanda l'entrée pour la voir, mais il s'en excusa disant que cela n'estoit pas permis pendant que les prisonniers se pourmenoient sur le donion : on en peut decouvrir toute la ville, et sur les tours il y a quelques pièces d'artillerie.

Le 23ᵉ, nous vismes l'Arsenal qui est à costé de la Bastille sur le bord de la rivière. Le bastiment en est fort vaste, et il y a un fort beau logement pour le Grand Maistre de l'artillerie; on treuve d'abord une grande avant-court, où la plus part des officiers de l'artillerie et du Grand Maistre ont leurs logements; en suite on traverse une court qui sur la droite a un grand corps de logis que Mʳ de la Meilleraye (1) a fait rebastir et aiüster à la moderne : au bout de cette grande court, et au bout d'une arriere-court où sont les escu.ies, on treuve le iardin qui n'a rien de remarquable que sa grande allée et la belle veuë, car on en decouvre toutes les maisons de l'Isle, et une campagne au delà de la riviere fort diversifiée. Le ieu de Mail qui est entre la muraille de ce iardin et la riviere est assez beau, et par le voisinage de l'eau, la hauteur des murailles du iardin fait en forme de terrasse, et les allées d'arbres plantés à costé, il est defendu et du grand chaud et du grand froid.

Le 24ᵉ, on nous vint advertir que nos hardes estoient enfin arrivées apres avoir esté embarquées près de deux mois. Il faut advouër que nous fusmes bien malheureux ne pouvant rien entreprendre ni mesme de nous faire faire des habits, n'ayant pas nostre linge ni les autres nippes qui nous devoient servir. Nous fismes d'abord venir le tailleur qui raiusta nos habits; il nous les mit à la mode le mieux qu'il pust, et ils nous servirent à faire nos premieres visites, pendant qu'il nous en faisoit des neufs. — Le 25ᵉ, il nous les apporta garnis de rubans assez longs qu'on nouoit en forme d'aiguillettes, aussi y avoit-il des ferrets au bout qui leur en donnoient la façon. Pendant que nous nous habillions,

---

(1) Charles de la Porte, maréchal de la Meilleraye, neveu du cardinal de Richelieu, dont le fils épousa en 1661 Hortense Mancini et prit le titre de duc Mazarin.

nous receusmes nos lettres qui nous marquoient la mort de madame de Sterrenburgh : cette facheuse nouvelle nous surprit beaucoup, parce que nous l'avions laissée en parfaite santé.

Nous employames la matinée du 26ᵉ à faire responce aux dites lettres, et l'apres dinée ayant esté chez Mʳ le Premier (1) et ne l'ayant pas treuvé, nous fusmes voir madame sa femme qui nous reçeut fort civilement et à nostre sortie nous conduisit bien avant dans son antichambre. C'est une grande et maigre femme et qui porte tousiours presque la cornette, paroissant aussi froide que son mary. Nous y treuvasmes une dame de condition qui nous dit que les bals et les assemblées estoient si peu frequentées des hommes, qu'à peine s'en trouvoit-il pour les faire danser, et que le ieu et la debauche leur faisoient perdre le temps qu'ils avaient accoustumé de donner au divertissement de ce beau sexe.

Le 27ᵉ, nous fusmes voir le Sʳ Boreel (2) nostre ambassadeur, pour l'asseurer de nos services. Il nous dit qu'on avoit dansé le 25ᵉ le ballet du Roy pour l'amour du duc de Modene qui devoit partir le lendemain en diligence pour pourvoir à la seureté de ses Estats qui estoient menacés

---

(1) On désignait ainsi le premier écuyer de la petite écurie du roi. Ces fonctions étaient alors remplies par M. Henri de Beringhen, dont il est question plus haut, p. 36. C'était un ami de Bossuet.

(2) M. Boreel, chevalier, sieur de Duynbeecke, résidait à Paris depuis le mois de juillet 1650 comme « ambassadeur ordinaire des États-Généraux des Provinces-Unies des Pays-Bas. »

par les Allemands, que l'Empereur avoit envoyés au secours du Milanois. Avant que de partir il avoit si bien negocié en cette Cour, qu'on envoya le marquis de Monpesat en Provence et en Dauphiné pour faire repasser les monts aux troupes qui y estoient en quartier d'hyver.

Nous y apprismes aussi la retraite du duc d'York et que le Roy son frère s'estoit tellement donné aux Espagnols qu'il avoit mandé les regiments Escossois, Irlandois et Anglois qui sont au service de cette Couronne. M' le Cardinal ne fit point de difficulté à les laisser partir, n'estant pas des troupes si considérables qu'il deust se mettre en peine de les retenir. Mesme il envoya le S' Talon à Calais pour leur faciliter la sortie de ce Royaume. En ce mesme temps on publioit que le Protecteur (1) pressoit fort la ligue qu'il avoit proietée entre la France, la Suede, le Portugal et l'Angleterre et qu'il menaçoit de s'accomoder avec les Espagnols, si dans quinze iours la France ne vouloit y entrer, et en signer les articles.

Le 28°, nous fusmes pour la premiere fois à Charenton et y entendismes le S' d'Aillé (2), qui est un fort bon ministre, sçavant et tres éloquent. La masse du temple est assez grande et fort bien bastie : il y a deux galeries l'une sur l'autre soustenuës par des pilliers de pierre qui sont tout à l'entour. L'assemblée y est fort belle et on y voit

(1) Cromwell.

(2) Jean d'Aillé, ministre protestant, auteur d'un grand nombre d'ouvrages.

tous les dimanches pour le moins autant de monde qu'en nostre Cloosterkerck à La Haye. La pluspart des gens de condition de nostre religion, venant à Paris ou pour affaires ou pour faire leur Cour, en augmente le nombre. Chacun y a un endroict où il fait garder place ou un banc qui luy est reservé; l'ambassadeur de Hollande y a le sien, mais comme il n'y va point nous le fismes garder pour nous, la presse estant si grande que chacun prend place là où il la treuve. Nous retournasmes apres le premier presche à Paris et nous vismes chemin faisant le bois de Vincennes, le chasteau de Bicestre et la vallée de Fesquan où les Parisiens s'estoient portés lorsque M^r le Prince prist Charenton à leur veuë et sans qu'ils l'osassent attaquer, bien qu'ils fussent plus de quarante mille hommes et qu'il n'eust qu'une poignée de monde (1).

L'après dinée nous fusmes rendre visite à mademoiselle Brasset de qui la conversation est toutà-fait agréable, et sur tout quand elle est mêlée des bons discours de monsieur son père, qui s'y rencontra et qui nous tesmoigna beaucoup de bonne volonté. Nous y apprismes que monsieur le duc de Guyse (2) se preparoit à danser un ballet

---

(1) Le 9 février 1649. — La vallée de Féquant ou Fécamp était située entre l'avenue de Vincennes au nord et le parc de Bercy au midi, et longeait en partie le mur d'enceinte de la barrière de Saint-Mandé à celle de Picpus. Il y avait dans le faubourg Saint-Antoine la *rue de la Vallée de Féquant* qui aboutissait à la barrière de Charenton et se prolongeait dans la direction de la vallée. (Voir le *plan de Paris, des faubourgs et des environs*, par Roussel, 1700).

(2) Henri de Lorraine, né en 1614, mort en 1664.

pour plaire au Roy et qu'il y faisoit une despense de plus de dix mille escus, bien qu'il ne soit pas si bien dans ses affaires, qu'il en puisse faire d'inutiles et de cette sorte. Mais c'est une chose assez ordinaire en cette Cour, que ceux qui devroient le plus espargner, le font le moins; car ce bon seigneur a de tout temps fort incommodé son patrimoine, mais il a ce bonheur qu'il luy arrive tousiours quelque moyen de ressource. Il n'en aura pas une petite en la mort de monsieur le duc de Chevreuse son oncle, si ce que l'on publie se treuve vray, à sçavoir qu'il y a une substitution en sa faveur pour le Duché que possedoit le defunct. Mais comme il n'arrive point de bonheur qui ne soit ordinairement suivy de quelque deplaisir, aussitost apres le trepas de cet oncle, il apprit la fuite ou la retraite de mademoiselle de Pons (1) en Flandres, qui s'y est sauvée avec tous ses beaux ioyaux, ses riches meubles et cette precieuse vaisselle dont il luy avoit fait present pendant qu'il la galantisoit. Il luy redemandoit le tout par voye de iustice, et s'estant ainsi retirée avec tout son butin, il n'a pas moyen de la poursuivre.

Le 29ᵉ, estants allés treuver le Sʳ de Molines, il

---

(1) Une des filles d'honneur de la reine. On lit dans une lettre écrite à Mazarin, le 26 avril, par un de ses correspondants de La Haye : « Mˡˡᵉ de Pons est icy; elle est visitée des François bien et mal intentionnez, mesme de l'ambassadeur d'Espagne. Elle m'a voulu engager à l'accompagner en visite chez la reyne et les princesses, mais je n'en ay pas esté d'avis. »

nous dit que madame de Mercœur (1), niepce du Cardinal, estoit morte le huitième iour de ses couches; son mari en a eu une telle affliction, qu'il s'en est arraché les cheveux, et n'a fait que lamenter et souspirer durant quelques iours. Le Chevalier de Gramont, qui en estoit passionnement amoureux, en a esté quelque temps inconsolable. C'estoit une fort belle personne, qui a fort peu survescu à madame sa Mere, ce qui en redoubla l'affliction chez son Eminence, et y apporta beaucoup de tristesse à sa sœur qui vist par là ses nopces retardées.

Il nous asseura encore que le Sr de la Basiniere, thresorier de l'Espargne (2), avoit mis un habit dont la petite oye estoit de 250 aulnes de rubans; ce qui fit que le Roy luy dit qu'il treuvoit fort ioly qu'il observast si mal ses Edicts et qu'il se presentast ainsy devant luy; mais il s'excusa sur ce que c'estoit un vieil habit, et arracha en mesme temps le gros galant qu'il avoit à costé de ses chausses.

Le 30°, le S^r d'Oudeyck nous rendit visite, et comme il vit icy en chevalier d'industrie, et sans qu'il tire un sol de chez luy, il y a de quoy s'estonner qu'il subsiste avec eclat, car il est leste en ses habits, tient un ioly train, a carosse et trois laquais bien vestus. Il est vray qu'il est en si grande necessité qu'il ne sçait plus de quel costé se tourner;

---

(1) Laura Mancini, l'aînée des nièces de Mazarin, qui avait épousé le duc de Mercœur, fils de M. de Vendôme.

(2) La Basinière, qui était un des trois trésoriers de l'Epargne, était en outre grand-maître des cérémonies de l'ordre du Saint-Esprit. L'amour du faste et du jeu finit par amener sa ruine : il fut privé de ses charges, dégradé du cordon bleu et enfermé à la Bastille.

cependant il n'en semble ni inquiet ni abatu, et pratique le proverbe qui dit : Contre mauvaise fortune bon cœur. Quoy qu'il en soit, son adresse n'est pas petite, d'avoir esté à Paris tantost un an en depit de son pere, dont l'avarice a esté si grande que ne voulant le laisser voyager de peur qu'il fist trop de depense, il l'a abandonné et reduit aux termes de se ruiner de reputation pour un iamais. Les visites qu'il rend aux personnes de sa connoissance, ne sont pas tant des effects de civilité que de sa necessité, qui l'oblige à les rechercher de quelque assistance. Il en a pris de tout le monde qu'il a sçeu avoir eu quelque habitude en Hollande, et entre autres du mareschal d'Albret, qui lui a presté cinquante pistoles. Sans doute que celle qu'il nous rendit fut pour attaquer nostre bourse, mais nous luy tinsmes un certain discours, qui nous servit comme de poignard pour parer ses coups d'estocade; et c'est ainsi qu'il en faut user avec cette sorte de gens, qui ont pris l'effronterie pour guide; elle le conduit la pluspart du temps et elle est secondée d'une petite vivacité d'esprit par laquelle il pense faire donner le monde dans le panneau. Il soupa avec nous et coucha avec le Sr Herbert.

Nous avions depuis quelques iours dans nostre hauberge un très sage et honneste gentilhomme de Picardie, nommé le Sr de Vieuxmaison, chez qui il avoit esté trois ou quatre mois de l'esté dernier, et qui, à cause que ses proches ont servi en Hollande, et entre autres le pere de sa femme, nommé le Sr Dumé, luy fit mille caresses. Mais nous reconnusmes bien qu'il en avoit assez mal usé avec luy, et sur tout en ses amours avec la marquise de Ville sa parente. On dit que c'est une veufve de vingt ans, fort bien faite et qui seroit assez accommodée si elle n'estoit grande despensiere. Elle tesmoigna d'abord au S^r d'Oudeyck, qu'on luy dit estre personne de condition, qu'elle le sçavoit estimer. Il la visita fort souvent, et comme la campagne donne cette liberté de loger chez ceux que vous allez voir, il y fut quelque temps, et fut escouté de la Dame dans la passion qu'il avoit pour elle : mesmes ils en vindrent si avant, que le Sr de Vieuxmaison nous asseura qu'il ne tenoit qu'à Oudeyck de l'epouser, en quoy il n'auroit guere bien fait, car outre qu'elle est de contraire religion, de l'humeur qu'ils sont tous deux, ils auroient fait un mauvais mesnage.

Le 31e, l'aisné de M. le Rhingrave nous vint voir. C'est un gentilhomme d'esprit et qui entend son monde. Sa conversation nous parust d'abord fort agreable, mais nous avons enfin reconnu que dans cette grande affectation qu'il a de vivre à la courtisane, il la tourne d'un sens qui fait iuger que la vanité et la bonne opinion de soy mesme y ont grande part. Il nous promit de nous mener au bal qui se devoit danser chez Monsieur (1) : mais ç'a esté une simple promesse, qui n'a point eu d'effect, et de la nature des ieunes gens d'auiourd'huy qui ont reduit tout le commerce de la vie à quantité d'offres de services qui ne s'executent iamais.

(1) Gaston d'Orléans, frère de Louis XIII.

Le 1ᵉʳ de fevrier, nous receusmes nos lettres de Hollande, par lesquelles on nous marquoit les divertissements de la Haye, et entre autres que le Sʳ de Harsloo avoit donné les violons chez madame de Duyvenvoorde à mademoiselle de Duystervoorde, et que le bouquet y fut donné au Sʳ de Ripperda le cadet qui le donna à mademoiselle de Guent l'aisnée (1).

Nous fusmes l'apres dinée voir l'escurie de monsieur de Guyse, qui est fort belle et grande. Elle est pour quarante deux chevaux, et on y en voit de toute sorte et des mieux choisis ; ils ont tous une couverture de la livrée du Maistre ; il y en a un qu'on prise par-dessus tous les autres, aussi a t'il cousté quatre mille escus. C'est de du Plessis qui l'a acheté.

Le 2ᵉ, après avoir escrit nos lettres, nous rendismes visite au Sʳ Chanut qui a esté ambassadeur de la part du Roy en nos Provinces (2). Nous y appris-

---

(1) M. de Ripperda et M. le baron de Guent, membres des Etats-Généraux, sont mentionnés dans la correspondance de M. de Thou comme grands partisans de la France.

(2) Né à Riom en 1600, Pierre Chanut, après avoir été trésorier de France en cette ville, fut successivement appelé à représenter la France en Suède, auprès de la reine Christine, à Lubeck, et enfin à La Haye, où il résida comme ambassadeur, de 1653 à la fin de 1655. De retour de cette mission, il fut nommé membre du conseil du roi, et mourut à Paris en 1662. On a publié en 1676, les *Mémoires et négociations de M. Chanut, depuis l'an 1645 jusqu'en 1653*; mais cet ouvrage n'est qu'une reproduction incomplète et inexacte des dépêches de ce diplomate. Sa correspondance originale est du meilleur style, et l'on y retrouve les qualités du moraliste et du philosophe religieux unies dans un rare degré au génie des affaires. C'est un des hommes qui ont honoré la diplomatie française, et il mériterait que son portrait fût retracé par une plume délicate et savante, comme celle de M. Sainte-Beuve.

mes que madame de S¹-Geran, qui est une personne de tres grande condition, se plaignoit de ce qu'il y a environ quinze ou seize ans, qu'estant accouchée d'un fils, ses proches qui pretendent estre heritiers de ses grands biens, luy subornerent une sage femme, qui lui persuada de prendre une eau pour aider a ses couches, et que s'en estant servie, il se treuva que c'estoit une potion somnifere, qui la fit accoucher pendant qu'elle dormoit, et qu'à son reveil ne se treuvant plus grosse, on luy fit accroire qu'elle avoit eu une fausse couche. Cette imagination luy resta long-temps, aussi bien qu'à son mari, qui par là voioient que tous leurs grands biens devoient passer en d'autres familles. Estant allés un iour en visite chez le marquis de S¹-Messan qui doit estre leur principal heritier, ils virent au voisinage un ieune garçon, que madame de S¹-Geran considera long-temps et caressa fort, à cause qu'il ressembloit à son mari : elle le demanda pour son page ; mais elle ne le put avoir, parce que le marquis de S¹-Messan l'empeschoit. Enfin ayant tant fait qu'elle l'attira dans sa maison, elle en fit son page ; et quelque temps apres elle et son mari le prirent en telle affection, qu'ils donnerent à ce page mesme un page pour le servir. Ayant de plus fait chercher la sage femme, ils la firent mettre en prison, où elle a comme confessé qu'elle avoit esté apostée par les parens. La dessus monsieur et madame de S¹-Geran ont reconnu ce fils pour leur enfant, et les parens pour l'empescher, ont suscité une mademoiselle de Beaulieu qui le redemande comme luy appartenant. Voila le playdoyer des deux Mères devant Salomon, renouvellé en nos iours : nous ne sçavons pas s'il sera iugé de mesme ; quoy qu'il en soit, l'enfant qui est de 17 à 18 ans n'est pas tant sot, car il dit absolument qu'il n'est point fils de la pauvreté, mais de la richesse qu'il treuvera toute entiere en la maison de monsieur de S¹-Geran (1).

Le 3ᵉ, nous fusmes voir monsieur de Hauterive (2), colonel d'un regiment d'infanterie en nos quartiers, et gouverneur de Breda. Il nous dit qu'on commençoit une lezine, qui ne passa pas pour fort extraordinaire en nos esprits, puis qu'elle est assez commune chez nous. C'est que par l'authorité du Roy on establit une banque où il y aura soixante mille billets vuides et dix mille de remplis, dont le moindre sera de 500 livres. On les enfermera tous dans un coffre auquel il y a trois serrures, dont les clefs sont gardées par trois personnes différentes : l'une sera entre les mains du lieutenant-civil, l'autre entre celles du prevost des marchands et la troisieme où la fie à l'inventeur de ce beau negoce, qui est un Italien, nommé Tutti. Chaque billet doit couster deux louis d'or et estre tiré par un petit enfant. On tient qu'il en reviendra de grands deniers, à cause de l'amorce qu'on

(1) La même anecdote est racontée par Tallemant des Réaux, avec quelques autres détails ; mais son récit a moins de vraisemblance et de clarté.

(2) C'était un officier fort considéré par M. de Brienne et par M. Chanut, qui en parlent dans leur correspondance.

y treuvera, pouvant arriver que pour deux cents pistoles on tirera un billet de 50 ou 60 mille francs. Tout cecy est permis à cause de la proposition qu'a faite l'inventeur de distraire des profits qui en reviendront, six cent mille livres pour bastir un pont de pierre vis-à-vis du grand pavillon du Louvre, au lieu Pont-Rouge (1) qui a esté bruslé.

Le 4ᵉ, nous fismes nostre devotion à Charenton. C'estoit le Sʳ Gache qui prescha; il fit un sermon qui ravissoit les âmes de tout le monde tant par la beauté du discours, que par la bonté et excellence des sainctes matières qu'il traittoit. Nous vinsmes diner à Paris, et l'apres dinée nous allasmes treuver le Sʳ des Champs, qui avoit ordre de monsieur le Premier de nous faire voir le ballet du Roy, qu'on devoit danser ce soir là; nous y entrasmes sans peine et fusmes tres bien placés dans le banc des Ambassadeurs, tout proche du théâtre. On nous mit entre les mains d'un lieutenant des gardes, nommé Carnavalet qui en prit tout les soins imaginables. On nous y traita d'un haut tiltre, car en entrant nous fusmes conduits par un exempt qui dit qu'il avoit ordre de nous presenter les Vers du Ballet; ils nous servirent d'amusement en attendant que le Roy vinst, ce qui fut assez tard; car, bien que nous y fussions entrés des les trois heures, on ne commença à danser que sur les neuf. Nous y vismes toute la Cour et tout ce qui est de plus beau

---

(1) Ce pont était en face la rue de Beaune.

dans tout Paris. La grande salle où on le dansa fut si bien esclairée par de beaux lustres de cristal, qu'on y voyoit comme en plein iour depuis un bout iusques à l'autre. Il fut de dix entrées dont le Roy dansa la première à trois reprises. On avoit pour suiect l'*Amour malade* (1); et la pièce fut si diversifiée qu'elle peut passer pour un ambigu de ballet, de comédie et de farce. Au commencement de chaque entrée on fit chanter le Depit, la Raison et le Temps qui avoient consulté sur la maladie de l'Amour malade à l'ouverture du théâtre. Il est vray que cet intermède de musique revenoit si souvent et duroit si longtemps qu'il ennuyoit à la fin.

Le 5°, nous fusmes voir monsieur le Premier pour le saluer et en mesme temps le remercier du souvenir qu'il avoit eu de nous. Nous le treuvasmes dans l'escurie, où il donnoit ordre de seller les chevaux; mais voyant que le Roy estoit resolu d'aller à la chasse, nous n'y demeurames pas long-temps. C'est un homme qui est assez froid, mais qui n'oublie pas les civilités et les plaisirs qu'on luy a faits autrefois, monstrant par là que bien qu'il soit attaché à la Cour, il n'en suit pas les maximes et n'est pas de ces

---

(1) AMOUR MALADE, ballet du Roy, dansé par Sa Majesté le 17 de janvier 1657. — Paris, par Robert Ballard, seul imprimeur du Roy pour la musique, 1657, in-4°, 32 pages. — Vers du Ballet du Roy, 15 pages.

Les paroles de ce ballet sont attribuées à Benserade. — Le Roi y représentait le *divertissement*. Parmi les noms des acteurs qui y figuraient on trouve celui de *Molière*.

... du temps qui payent les meilleurs services d'un compliment sans effet. Il pretend au Cordon-Bleu, et on croit qu'il l'obtiendra puisqu'il est si bien à la Cour qu'il est en passe de devenir un jour l'un des puissans seigneurs de ce royaume. L'alliance qu'il a faite ne l'y servira pas peu, ayant espousé la sœur du marquis d'Uxelles qui est l'une des premières maisons de Bourgogne.

Le 6°, nous fusmes avec l'abbé de Sautereau au cours de la Porte Saint-Antoine, où nous vismes quantité de masques tant à pied qu'à cheval et plus de trois mille carosses. En cette grande foule d'hommes et de chevaux il ne se peut qu'il ne se forme un grand embarras, et la pluye qui survint le rendit extrême parce que tout le monde vouloit rentrer à la fois dans la ville, et cette confusion fit qu'à neuf heures du soir, il y en avoit encore hors de la porte. Peu s'en fallut qu'il ne nous y arrivast un malheur, car nostre cocher suivant la file, et ne prenant pas garde que les carosses de devant estoient en reculant tombés sur l'un de nos chevaux, nous mit en danger de le voir perir sous la roüe qui luy estoit sur le cul; mais par bonheur il s'en tira et n'en fut point blessé. Nous priasmes l'abbé à soupper pour le mardy-gras avec nous et passer toute la nuict à courre les bals avec ceux de nostre hauberge. Après le souper nous fismes mettre les chevaux aux deux carosses, et nous donnasmes aux laquais des pistolets et mousquetons pour nous escorter.

Le premier bal que nous vismes fut chez

madame d'Argencourt, où estoit la belle Marivaux dont nous avons parlé cy-devant. Il y avoit fort peu de monde, mais on y attendoit Monsieur (1), qui y devoit venir en masque, tellement que le bal n'estoit pas encore en son lustre. De là, nous allasmes chez madame Sevin, chez madame de Villeroy, chez mesdamoiselles des Bordes et chez madame de Valentinois où nous treuvasmes madame des Réaux (2) qui passe pour une merveille, tant pour l'esprit que la beauté, dont nous pouvons accorder absolument le dernier ne l'ayant que veüe. Elle y prit à danser nostre couzin de Speyck. Il faut advouer que nous vismes en tous ces bals plus de deux cents masques tres richement aiustés, outre un tres-grand nombre de tres-belles femmes, dont toutes ces assemblées sont composées; et au lieu qu'on se sert en nos quartiers de chandeliers de cuivre, on ne voit icy que des lustres de cristal. Nous nous retirasmes sur les quatre heures du matin, apres avoir conduit le Sr de Sautereau en son logis, sans avoir fait aucune mechante rencontre.

Le 7°, nous rendismes visite à madamoiselle Brasset qui nous dit que mesdamoiselles de Marquette estoient icy dans un couvent nommé le Cherchemidy, où leur tante, l'abbesse de Fervagues, a esté abbesse, et que l'aisnée avoit desia pris l'habit de novice pour au bout de l'an

---

(1) Gaston, duc d'Orléans, oncle de Louis XIV.
(2) Suivant toute apparence, la femme de Gédéon Tallemant des Réaux, l'auteur des *Historiettes*.

prendre celuy de professe qui ne s'accommodera pas trop à son humeur.

Le 8°, nous rendismes visite à monsieur le Rhingrave qui nous conta l'avanture qui luy estoit arrivée. C'est qu'ayant esté au bal avec Monsieur, et ses valets s'y estant enyvrés, volèrent et dépouillèrent des masques et retournèrent au logis chargés de leur butin. Il les voulut chastier de leur friponnerie et il y en eut un qui tirant un pistolet de sa poche et le luy presentant, luy dit : Si vous n'estiez mon maistre, ie sçay bien ce que i'aurois à faire (1). Je ne sçay si c'est par bonté ou par nonchalance qu'il se fait si mal servir, mais il l'est tres-mal et a de grands coquins de laquais qui sont de vrays filoux; mesme son hotesse dit qu'ils le craignent si peu que quand il leur commande quelque chose, ils ne se mettent guère en peine de le faire.

Le 9°, nous fusmes voir le palais d'Orléans, ou le Luxembourg. C'est sans contredit la plus belle maison de Paris et digne de la grandeur d'une reine de France. Ce fust Marie de Medicis qui la fist bastir pendant sa regence, dont elle est un monument si auguste qu'on en parlera en tous ages.

On y entre par une grande porte, à costé de laquelle vers le haut, il y a une espèce de galerie decouverte, balustrée de belles pierres blanches,

---

(1) Un édit du roi, du 18 janvier 1655, et qui était comme on voit assez mal observé, faisait *défenses aux pages et laquais de porter aucunes armes sous peine de la vie*, à cause des violences qu'ils commettaient journellement dans Paris.

qui regarde d'un costé sur la ruë, et de l'autre sur la basse-cour ; elle est divisée en deux par un dome percé qui est soutenu de huit grands piliers de marbre blanc. La basse-cour en est grande, belle, quarrée et enfermée par des galeries faites en arcade, voutées et soutenuës par des piliers de pierre de taille, au-dessus desquelles il y a des pavillons à chaque bout et entre deux des logements pour les officiers de la maison, et une galerie peinte par les plus excellents peintres de ce temps-là. Avant que d'entrer dans la maison qui est de quatre grands pavillons, on monte quelques degrez qui mènent au-dessus d'une espece de platte-forme pavée et balustrée de marbre : elle est belle, grande et magnifique et s'estend tout le long de la façade de la maison ; le grand degré est iustement au milieu, et quand on y est arrivé on voit en se tournant, au travers du dome de la grande porte, toute la rue de Tournon, et on a en face ce beau parterre et ce grand iardin qui est sur le derrière de la maison. Laissant le degré à gauche on passe sous une espece de galerie d'où l'on voit toute cette belle terrasse en forme d'amphithéatre, qui devoit estre balustrée de marbre blanc de la façon qu'on l'avoit commencé aux deux bouts ; elle enferme un grand parterre qui a au milieu un fort beau iect d'eau. Quand on tourne à droite le long de ce parterre, on treuve la grande allée et la plus frequentée de tout le iardin ; il y en a plusieurs autres, d'une longueur et d'une largeur tres-bien proportionnées.

Dans les espaces et dans les compartiments il y a des petits bois et de la verdure, où l'on gouste doucement le frais au plus chaud de l'esté. La terre y est presque partout penchante, d'où il se forme des veuës fort enfoncées en sorte que chaque allée semble estre une perspective; mais du haut de la terrasse la veuë est merveilleuse par la diversité des obiects, et principalement de la maison qui est fort belle partout et paroist extremement sur le derriere.

Au temps de la foire Saint-Germain et pendant le quaresme, on y voit le beau monde de l'un et de l'autre sexe qui s'y rend à foule pour la pourmenade qui y est alors tout-à-fait agreable : les femmes y viennent faire monstre de leurs belles iuppes, et d'ordinaire quand elles y ont fait quelques tours, elles vont à la foire. Mais dès qu'il commence à faire un peu chaud, le Cours et les Thuilleries sont en vogue, et le Luxembourg n'est guere frequenté que par ceux du voisinage.

Le 10° au matin, nous fismes nos lettres et apres midy ne nous estant pas contentés d'avoir veu le Luxembourg le iour precedent, nous y fusmes pour la seconde fois. Nous y rencontrasmes grand monde, et apres y avoir ioui du divertissement de la pourmenade, suivant le train commun, nous allasmes prendre celuy de la foire : elle se tient dans une grande aire couverte, ou auparavant nous avions veu plus de 400 carrosses neufs à vendre; elle est divisée en plusieurs boutiques qui ont le devant sur des allées; on y treuve une si grande diversité de belles marchandises et si bien estalées et arrangées que tout cela donne fort dans la veuë, et quelque resolution qu'on ayt faite de n'y pas employer son argent, il est presque impossible de s'en pouvoir empescher ; on y iouë toutes sortes de bijoux et on n'y mene guere de femmes pour lesquelles il ne faille avoir cette complaisance, car c'est la plus grande partie du divertissement qu'on y prend. Il faut advouer en y estant et en considerant cette grande diversité de marchandises de grand prix, que Paris est le centre où l'on treuve tout ce qu'il y a de plus rare au monde.

Le 11ᵉ, nous rendismes visite aux Sʳˢ Thibaut. Ils sont logez chez le baron d'Arsiliere qui les a pris en pension. Il leur fait bien voir leur monde, et en verité le cadet n'en a pas mal profité. C'est un ieune homme qui a une grande vivacité d'esprit et qui s'en sert fort à propos. Nous y apprismes que la Cour estoit à Vincennes où le Roy s'exerçoit à la chasse avec une telle affection qu'il y alloit à pied avec un fusil, tout de mesme qu'un simple gentilhomme de la campagne ; et que l'on commençoit à battre icy le tambour, tant pour de nouvelles levées que pour des recruës.

Le 12ᵉ, nous fusmes voir le Sʳ de Serooskercke, fils du Sʳ de Wulve, qui apres avoir fait le tour de France, sans y avoir rien appris ny remarqué que les maisons et les ruës des villes, retourna au commencement de l'automne à Saumur, où un iour traittant quelques-uns de ses amis, il les fist tant boire qu'il y en eut un d'Amsterdam qui tua un bourgeois. Nous croyons que c'est ce qui nous l'a amené icy, au moins l'avons-nous ainsi compris par ses discours. Nous le treuvasmes logé dans un cabaret qui ressemble plus à une retraitte de brigands ou de filoux qu'à un logis d'honnestes gens. Mais il est necessaire que nous en fassions le recit tant pour la rareté du fait que pour l'excellence de son esprit qui paroist en un si bon choix, en une ville où l'on ne manque pas de bonnes hauberges. Le cabaret où nous le treuvasmes est en la ruë aux Ours, et il ne doit pas avoir peur d'y mourir de faim puisqu'elle est remplie de rostisseurs qui ont tousiours leurs broches garnies de bonnes viandes, dont l'odeur mesme aiguise l'appetit. Mais s'il y a moyen de bien manger, il faut croire qu'afin de ne pas engendrer de mauvaises obstructions dans l'estomac, qui pourroient causer la perte d'un fils digne de son pere, il a soin que le vin ne luy manque point. Aussi en montant à sa chambre par un meschant, sale, obscur et petit degré, nous y treuvasmes quatre ou cinq gros Flamands, autour d'un bon feu, qui donnoient l'assaut à deux grandes bouteilles. La chaleur du combat fust appaisée par nostre arrivée, et l'on cessa d'empoigner le verre. Cependant nous parcourusmes de l'œil toute la chambre qui revient tout-à-fait à l'entrée et à l'humeur de la personne qui l'habite, car elle est melancolique, malpropre, vilaine et en tres-mauvais ordre, mais c'est peut-estre par espargne qu'il s'est si mal logé et pour faire sa principale despense en bon vin, dont il aime tant la liqueur qu'il n'oublie iamais d'en prendre sa part, car c'est tousiours le mesme homme.

Le 13°, nous entendismes à Charenton le S' Gache, et estant revenus disner à Paris, nous leusmes l'apres-dinée un sermon du S' Mestrezat (1). Nous ne sortismes point parce qu'il faisoit tres-mauvais temps.

Le 14°, nous fusmes voir le comte de Montresor, où nous treuvasmes aussi le comte de la Chastre. C'est un homme qui est fort spirituel et qui est l'un des prudes de ce temps. Il nous dit que le S' de Thou, president au parlement (2), se preparoit pour aller bientost resider de la part de cette Couronne aupres de messieurs les Estats et ayant parlé ensuite de nostre païs, il se loüa de fû monsieur le prince d'Orange, Frederic-Henri, qui de sa part fit faire office par l'ambassadeur de Hollande aupres du Roy pour sa liberté, du temps qu'il fust mis à la Bastille pour quelques brouilleries survenuës à la Cour lorsqu'il estoit du conseil de monseigneur le duc d'Orleans.

Le 15°, Sa Maiesté alla à Vincennes pour y profiter de la beauté du iour, en prenant le divertissement de la chasse. Monsieur le Cardinal resta icy incommodé de la pierre. On nous dit qu'il avoit

---

(1) Prédicateur protestant de Genève; il en a été déjà parlé page 39.
(2) M. de Thou, comte de Meslay, conseiller ordinaire du roi en ses conseils d'Etat et privé, président en la première chambre des enquêtes du Parlement de Paris, venait d'être nommé ambassadeur près les États généraux des provinces unies des Pays-Bas ; il ne partit qu'à la fin du mois de mars.

mandé de Marseille un homme qui a un beaume excellent pour la faire fondre dans le corps.

Le 16°, nous receusmes nos lettres apres la pourmenade du Luxembourg où nous avions esté iouïr du divertissement de la saison. — Le 17°, apres avoir fait response à nos lettres, nous fusmes voir le Palais-Cardinal qu'on nomme à present le Palais-Royal. C'est une assez belle maison qui a esté bastie par le fû cardinal de Richelieu qui en mourant la laissa par testament au Roy. Il y a sur le derriere un iardin qui n'est pas fort grand, mais fort ioly et proportionné au bastiment. On y entre par une grande basse court qui est fermée d'un treilly de fer, entre lequel et le iardin il y a une cloison de hayes vertes, au long desquelles il y a une carriere pour courre la bague ; on y voit deux beaux bassins, l'un en entrant dont le iect est au milieu du parterre, et l'autre en un rond entourné d'arbres. Le ieu de Mail va tout au tour des murailles et a deux tambours, mais assez commodes. On n'y treuve pas les belles allées du Luxembourg, mais quelqu'assemblage d'arbres qui font un espece d'un petit bois. La reine d'Angleterre y demeure avec tout son train, qui a fait un fort grand degast en la dorure et au relief de toutes les chambres et de cette fameuse galerie, où les grands hommes de France et leurs belles actions sont representés avec leurs devises et leurs hierogliphiques ; c'est une pitié de voir que, pour avoir quelques sols, ils ayent enlevé des pieces qui ont cousté de bonnes sommes.

Le 18ᵉ, la princesse Nicole, duchesse de Lorraine, mourut apres avoir esté quelque temps malade et decheuë si fort, qu'on iugea bien qu'elle n'en pouvait reschapper. Le Roy, à la priere du duc François, envoya des gardes à son hostel, pour empescher les desordres des domestiques ou des creanciers qui estoient en grand nombre.

Ce mesme iour, le parlement s'assembla sur l'affaire du Sʳ de Chenailles : c'est un conseiller de nostre religion qui est prisonnier dans la Bastille pour avoir eu correspondance avec le president Viole (1), et formé le dessein de livrer Saint-Quentin aux ennemis; il avoit espousé depuis peu la niepce du Sʳ Erval, intendant des finances. Toute sa parenté interceda pour luy aupres de monsieur le Cardinal et demanda sa grace, mais son Eminence n'en voulust iamais ouïr parler.

Le 19ᵉ, apres avoir esté le matin au presche et

---

(1) Le président Viole, un des chefs les plus actifs de la Fronde dans le Parlement de Paris, s'était fait remarquer par son opposition contre la reine et Mazarin, et avait été le promoteur du célèbre arrêt du 23 septembre 1648, portant *qu'il serait pourvu à la sûreté de Paris, et que les bourgeois se tiendraient en armes.*
Il était alors réfugié dans les Pays-Bas avec d'autres personnages de la Fronde. — M. Chanut écrivait de la Haye au cardinal Mazarin, le 16 avril 1654 : « M. le Rhingrave partant pour France me dit que M. le prince de Tarente luy avoit conseillé de voir M. le prince de Condé en passant à Anvers ou à Brusselles; qu'il faisoit estime de sa personne, et qu'il pouvoit arriver que n'estant point suspect, il s'ouvriroit à luy et le chargeroit de quelques parolles importantes pour les porter à Vostre Eminence. M. le Rhingrave ne paroissoit pas incliner à recevoir ce conseil, mais il se proposoit de voir M. Viole qu'il cognoist fort, l'ayant logé chez luy quelque temps à Maestricht, ce qui est quasi la même chose, car M. Viole avertira M. le prince de son passage. »

ouy le Sʳ Mestrezat, nous fusmes voir apres diner monsieur le baron d'Arsiliere qui nous dit qu'il y auroit ce soir là grande reiouissance au Louvre, quoy qu'on fust en quaresme, parce qu'on y celebroit les nopces du comte de Soissons avec mademoiselle de Mancini (1), et qu'on y danseroit pour la seconde et derniere fois devant Pasques le ballet de monsieur de Guyse. Dans l'esperance de le voir apres Pasque, nous ne nous souciasmes guere de le voir en ce temps d'empressement et de foule, et remettant d'en parler iusques à ce que nous en ayons eu le plaisir.

Le 20ᵉ, revenant de la pourmenade du Palais-Royal, nous fusmes arrestés par le grand monde aupres de la Croix-du-Tiroir (2) : on y executoit deux cavaliers qui avoient volé madame de Menardeau-Champré. Sous pretexte d'escorter les carrosses qui revenoient de la foire, ils avoient attaqué le sien, et luy ayant pris une partie de ce qu'elle avoit de meilleur, il y en eust un de la troupe qui, disant à ses camarades qu'elle n'estoit pas assez bien volée, les fist retourner pour la seconde fois, ce qui leur a cousté la vie, car ayant esté bien remarqués et suivis, ils furent pris le lendemain à Vincennes, comme ils s'estoient preparés à retourner à Paris pour iouër encore quelque bon tour. Nous en vismes rouër un qui avoit

---

(1) Olympe Mancini, deuxième nièce du cardinal Mazarin, qui épousa Eugène-Maurice de Savoie, comte de Soissons.

(2) Ou du Trahoir ; au coin de la rue de l'Arbre-Sec et de la rue Saint-Honoré.

si bonne mine que nous ne l'eussions iamais pris pour un voleur, si nous l'eussions veu ailleurs.

Le 21ᵉ, nous fusmes au logis du chevalier de Riviere (1) pour le voir, mais nous ne le treuvasmes pas, et passant par la Greve nous vismes executer six filoux qui se disoient gentilshommes ; parmy eux il y avoit un comte anglois. Voici le lieu du monde où l'on fait la plus prompte iustice des voleurs qu'on y prend, car 24 heures apres ils sont expediés ; et neantmoins il y en a tousiours grande quantité, tant est enracinée cette maudite graine en cette ville, où la grande confusion luy semble une secrète protection de cet infame mestier.

Le 22ᵉ, nous fusmes voir l'Hostel de Ville, qui a en face la Greve où on execute tous les malfaicteurs. On y voit au milieu une grande croix, placée sur un piedestal de dix ou douze degrés, qui l'environnent de tous costés. Il est d'une mesme architecture que le principal bastiment du Louvre, qui fut refaict par Henry III. On y doit voir la sale où sont les tableaux des eschevins, et considerer les pavillons qui le composent, les colonnes qui les

---

(1) D'abord attaché au parti du prince de Condé, qu'il avait suivi dans les Pays-Bas espagnols, le chevalier de Rivière demanda et obtint l'amnistie par l'intermédiaire de M. Chanut. « Le chevalier de Rivière m'a fait dire qu'il demande d'estre receu à jouir de l'amnistie, et se remettre dans l'obeissance, comme entièrement detaché des interestz de Monseigneur le Prince. » (Dépêche du 2 avril 1654.) « J'ay délivré à M. le chevalier de Rivière l'acte par lequel le Roy lui accorde la grâce de l'amnistie, et j'ay tiré de luy la déclaration et protestation que j'envoye comme il m'estoit commandé. » (Dépêche de M. Chanut au comte de Brienne, de la Haye, le 8 avril 1655.)

soustiennent, et la tour de l'horloge qui l'embellit aussy bien que l'effigie de ce bon prince à cheval qui est sur la porte.

Le 23ᵉ, apres avoir esté rendre visite au Sʳ d'Ony-deyck, où nous treuvasmes le Sʳ de Sᵗ-Romain (1) que nous ne recognusmes pas de prime abord, à cause qu'il porte la perruque, nous receusmes nos lettres de Hollande, par lesquelles nous apprismes la mort du fils de nostre oncle le président.

Le 24ᵉ, faisant response à nos lettres, nous y employasmes toute la iournée, sans bouger de la chambre. — Le 25ᵉ, nous fusmes voir la place Royale, qui a autant de palais que de maisons, toutes d'une mesme architecture, et d'une si belle symmetrie que leurs façades et leurs allées d'alentour rendent cet endroict le plus magnifique de tout Paris. C'est un grand quarré, qui en forme un autre par une barricade, qui du costé a une tres-belle carriere où tous les grands courent la bague, quand il y a carrousel ou quelque feste publique. Au milieu de cette place on voit une statuë de bronze du Roy Louys XIII à cheval, en posture et habit de vainqueur. L'hostel des Tournelles estoit autrefois en cet endroict, mais il fut demoly

---

(1) Il avait habité la Hollande comme réfugié, après avoir été capitaine des gardes du prince de Condé à Bruxelles. Il en est fait mention dans la correspondance de M. Chanut. « Quant à Sᵗ-Romain, il m'a prié d'asseurer Vostre Eminence qu'il n'estoit pas seulement entièrement detaché de M. le Prince, mais qu'il souhaitteroit aveq passion d'avoir moyen d'effacer par quelque service considérable envers Son Eminence la memoire du passé. » (Dépêche de M. Chanut, à Mazarin, du 18 décembre 1653.)

par le commandement de Catherine de Medicis, après la mort de son mary Henry II, qui y mourut d'une blessure qu'il receut à l'œil par l'esclat d'une lance, dans le tournois aux nopces de sa fille avec Philippe II, Roy d'Espagne. On y entre par quatre grandes portes qui respondent à diverses ruës.

Le 26ᵉ, nous allasmes à Charenton pour y passer la matinée en devotion, et nous employasmes l'après-dinée à faire nos visites ; mais en toutes nous ne treuvasmes personne, puisque c'estoit une tres-belle iournée et d'une parfaite serenité.

Le 27ᵉ, nous vismes le Louvre qui est le palais ordinaire des Roys. Philippe-Auguste en ietta les premiers fondemens, aussi bien que des murailles à la ville et des halles et du pavé. Charles le Sage l'augmenta de beaucoup. François I et Henry II luy donnerent une nouvelle face, que Louys XIII defunct avoit continuée. Le bastiment en est superbe et d'une riche architecture, qui sert d'estude aux sçavans du mestier et d'admiration à tous les estrangers. L'entrée en est à present tres-vilaine, et ressemble plustost à celle d'une prison que du palais d'un grand Roy, mais d'abord qu'on a passé la dernière porte, on aperçoit bien un autre air, car on entre dans une tres-grande basse court qui est sur le devant de cette merveille de l'art, si elle estoit achevée. On y voit une sale des antiques, remplie de pieces curieuses, comme est une Diane d'Ephese qui merite d'estre considerée avec soin.

L'hostel des Thuilleries est ioinct au Louvre par une grande galerie, enrichie de plusieurs rares tableaux et des portraits des Roys de France. A cette galerie en est attachée une autre le long de la riviere, qui conduit iusques aux Thuilleries, où se voit un beau iardin, et un escalier en coquilles de limaçon, suspendu en l'air sans aucun noyau qui soutienne les marches. C'est un chef d'œuvre d'architecture qui passeroit pour un miracle, si Vitruve l'avoit descrit.

Vis-à-vis du Louvre, sur le devant de l'entrée, vous voyez le Petit-Bourbon où est la petite escurie et où loge monsieur le Premier. Il y a une grande sale pour la comedie ; les Italiens y ont leur theatre (1). Entre cette maison et le Louvre, il y a une petite place, où l'on voit les corps de gardes françois et suisses. Ils s'y mettent en haye toutes les fois que le Roy sort et presque tous les matins, lorsque S. M. va entendre Messe à la chapelle du Petit-Bourbon ; elle est de plus accompagnée des gardes du corps, qui portent l'halebarde ou la carabine, et de quelques-uns de ces Cent-Suisses, qui sont habillés de ses livrées et armés d'halebardes.

Le 28°, nous fusmes à la pourmenade aux Thuilleries ; c'est le iardin du Louvre dont nous avons desia parlé. Il y a sans doute quelque chose de tout à fait magnifique, grand et extraordinaire ; mais il est d'une beauté entierement differente de celle du

---

(1) Le théâtre du Petit-Bourbon était situé vis-à-vis le cloître Saint-Germain-l'Auxerrois, dans la rue des Poūlies, qui descendait alors jusqu'au quai. A la fin de 1658, Molière obtint la permission d'y jouer alternativement avec les comédiens italiens. (Voir l'*Histoire de Molière*, par M. Taschereau.)

Luxembourg, qui est plus à la moderne, mieux compassée et disposée avec plus d'art, au lieu qu'en celui-cy on voit quelque chose de plus sauvage et de plus champestre. La grande allée est merveilleuse pour la hauteur des arbres qui la forment et la grande ombre qu'ils causent (1). Aux costés on treuve des cabinets de charpenterie, couverts de quelques verdures. Il y a un fort beau ieu de mail, et qu'on a mesme agrandi depuis que le Roy se plaist à cet exercice : car outre la longueur du jardin qu'il avoit, on luy a donné un repli, qui le fait venir iusques à la grande allée. On voit tout auprès un fort beau iect d'eau, proche duquel est un labyrinthe planté de cyprès. Il y a d'ordinaire bon nombre de bourgeois et de bourgeoises sur le bord de ce bassin, qui y prennent le frais et s'y reposent apres s'estre pourmenés, en voyant pourmener les autres. Le grand monde n'y aborde que sur le soir, quand on va au Cours et quand on en revient. On y est quelquefois iusques bien avant dans la nuict, et alors il y a souvent assemblée et bal, qui est d'autant plus agreable qu'on y est avec toute sorte de liberté.

Le 1ᵉʳ de mars, nous vismes la Fripperie, qui est aupres des Halles. C'est une grande galerie, sou-

(1) Ces beaux arbres, ou plutôt leurs successeurs, ont été récemment atteints par une mesure regrettable : on a exhaussé le sol où ils sont plantés, en y répandant la terre provenant des fossés du jardin réservé, et leur hauteur en a été diminuée d'une façon disgracieuse.

tenuë de piliers de pierre de taille, sous laquelle logent tous les revendeurs de vieilles nippes ; ce qui est fort commode pour cette sorte de gens qui veulent estre braves sans qu'il leur en couste beaucoup. Il y a deux fois la sepmaine marché public, à sçavoir le mercredy et le samedy : c'est alors que tous ces frippiers, parmi lesquels il y a apparemment bon nombre de Juifs, estalent leurs marchandises. A toute heure qu'on y passe, on est ennuyé de leurs cris continuëls, d'un *bon manteau de campagne !* d'un *beau iustaucorps !* et du detail qu'ils font de leurs marchandises, en tirant le monde pour entrer dans leurs boutiques, surtout s'il a esté en quelqu'une, ou qu'en passant il leve les yeux vers leurs enseignes, car on croit que c'est un homme qui cherche et chacun lui veut vendre. On ne sçauroit croire la prodigieuse quantité d'habits et de meubles qu'ils ont : on y en voit de fort beaux, mais il est dangereux d'en acheter, si l'on ne s'y connoit bien, de peur d'estre trompé, car ils ont une merveilleuse adresse à regratter et rapiecer ce qui est vieux en façon qu'il paroist neuf.

Le 2e, nous rendismes visite au Sr de la Vieuville. Il a esté lieutenant colonel du Sr Douchant (1), et est homme de grand esprit. Il nous questionna fort sur les affaires de nostre pays, nous demandant des nouvelles de nostre Estat et principalement des mal intentionnés pour la maison d'Orange, qui

---

(1) Colonel français, au service de Hollande, mentionné dans la correspondance de M. Chanut.

luy sont bien cognus. Nous remarquasmes qu'il luy restoit encore quelque affection pour nostre pays, bien qu'il soit icy en une autre posture qu'il n'y estoit, ayant quitté l'espée pour la robbe, car il est abbé et sera bientost evesque (1). Il nous pria de faire ses baisemains au Sʳ de Sommelrdyck (2) nostre oncle, comme aussi au Sʳ de Villers nostre pere, et de les asseurer qu'il est fort leur serviteur. Nous y vismes un chien d'une horrible grandeur, et nous en avions peur quand il nous approchoit, car sans mentir il est de la taille d'un petit cheval, et il se venoit fourrer entre nous et nous caresser. Il a une si furieuse gueule et armée de si grosses dents, que je ne doute qu'il devisageast un homme d'un coup, s'il l'entrepresnoit ; mais on nous dit qu'il n'estoit pas meschant et qu'il ne mordoit personne. Sur le soir, nous receusmes nos lettres, mais nous n'y apprismes aucunes nouvelles. — Le 3ᵉ, nous employasmes toute la iournée à y faire response.

Le 4ᵉ, le Sʳ d'Oudeyck nous vint voir, pour sçavoir quelles nouvelles nous avions de nostre pays. Il nous dit que ses affaires estoient en fort bon estat, et que monsieur le Cardinal luy avoit promis une compagnie de cavalerie. Nous demeu-

(1) Il fut en effet nommé évêque de Rennes peu de temps après.

(2) Corneille Van Aerssen Sʳ de Sommelrdyck, Spyck, Bommel et Plaat, chevalier de Saint-Michel, dont le père avait été ambassadeur à Paris. Il avait été gouverneur de Nimègue et colonel d'un régiment de cavalerie. Il passait pour l'homme le plus riche de Hollande. Il est cité dans les dépêches de M. de Thou, comme ayant beaucoup de zèle pour la France ; il était en correspondance avec le cardinal Mazarin. — Sa sœur était la mère de nos voyageurs. (Voir la généalogie, n° 1 de l'*Appendice.*)

rons tousiours à admirer sa façon de subsister, ayant carosse, quatre laquais et un palefrenier, et se tenant tousiours brave en habits, sans rien devoir à ce qu'il dit ; il est logé chez un baigneur et assez cherement, puisqu'il donne du seul logement deux escus par iour : la table ne luy couste rien, car luy et ses gens mangent d'ordinaire chez le S^r d'Hauterive (1) qui luy a offert de le nourrir avec son monde, à condition qu'il ne luy demandera point d'argent. Ses parens ont grand tort de l'abandonner ainsi et de l'obliger à aller gueuser ses repas (2). Il commence à se bien former, et on verra que nonobstant ses friponneries il sera un iour honneste homme. Il disne parfois avec nous et il est fort gay et gaillard, et ne se donne guere de soucy ; enfin on diroit qu'il est aussi content que s'il avoit tout à souhait.

Le 5e, faisant trop mauvais temps pour aller à Charenton, nous fusmes au presche chez nostre ambassadeur qui nous arresta à disner avec luy,

---

(1) François de l'Aubespine, marquis d'Hauterive, né en 1594, mort en 1670. Il avait servi en Hollande, et avait été gouverneur de Broda. Il était très-lié avec la princesse douairière d'Orange, et fort considéré à Paris si l'on en juge par ce passage d'une dépêche de M. de Brienne à M. Chanut : « M. de Hauterive m'est venu voir icy et m'a asseuré de son amitié. J'en ay esté fort ayse, estant une personne que j'estime beaucoup et que je serviray tousjours avec plaisir. Je vous prie aussy de le faire en toutes les occasions que vous en pourrez trouver, et mesme de luy tesmoigner que je vous en ay escrit en ces termes là. »
(A la Fère, le 27 septembre 1654.)
(2) M. d'Oudeyck était fils de M. de Beverweert, un des conseillers intimes de la Princesse royale.

et en mesme temps nous saluasmes madame sa femme et madamoiselle sa fille. A nostre arrivée, nous fusmes diverses fois pour la voir, mais nous ne la treuvasmes iamais, et on nous disoit tousiours qu'elle estoit sortie. C'est une bonne et grosse femme et une vraye *Amsterdamsche-Moer* (1); elle n'est pas de grand entretien, et pour contenance elle a quantité de petits chiens avec lesquels elle iouë. Il la faut entretenir en flamand, car elle ne parle ny entend le français, ce qui nous estoit desia une assez grande peine, nous estant desaccoustumés de nostre langue. La fille est raisonnablement belle et suppléé assez bien au defaut de sa mere, ne manquant pas de caquet. Nous fusmes traitez à la mode de Hollande, y ayants de la bierre, du beurre et du fourmage, et le tout servy en plats de porcelaine, ce qui sent fort son Amsterdam.

Le 6°, nous commençasmes à monter à cheval chez le Sr Del Campe, qui est un fort honneste homme et qui montre avec une grande civilité et douceur. Nous y montons tous les iours trois chevaux, sans compter celuy de bague. Cet exercice est si rude au commencement, que nous n'en pouvons commencer d'autre, que la douleur de nos cuisses soit passée; elle est telle d'abord qu'à peine peut-on marcher, et pour nous bien consoler, un academiste nous dit que nous aurions à la souffrir quinze iours durant, comme nous l'avons en effect experimenté.

(1) Une vraie *Mère d'Amsterdam.*

Le 7°, nous fusmes chez le Sʳ de Thou, afin de l'asseurer de nos services, et le remercier de la civilité et de la bonté qu'il a euë en permettant qu'on mist parmy son bagage les hardes que nous devions envoyer en Hollande ; mais nous ne le pusmes voir, estant incommodé d'une petite fiebvre causée par un rhume qui règne en plusieurs villes et principalement en celle-cy où les apothiquaires ont consumé en quinze iours tous les syrops, sucre candy et tablettes de regalisse qu'ils avoient preparés pour toute l'année. Cette incommodité est si generale qu'on l'appelle le mal à la mode, mais il est si vehement qu'il a troussé beaucoup de monde (1). On n'en sçait pas la cause, et la pluspart l'attribuent à la malignité de l'air. Les medecins disent que ceux qui l'auront euë seront exempts de la peste, dont on est menacé (2). La Reine a tant aiousté foy à leur opinion et apprehende si fort la peste, que pour s'exempter de ce mal elle a voulu passer par celuy du rhume. On dit que pour l'avoir plus facilement elle s'est pour-

---

(1) A ces indices, qui ne reconnaîtrait ce qui s'appelle de nos jours, la grippe ? Aujourd'hui, comme il y a deux siècles, les médecins l'attribuent à une influence atmosphérique, et, chose singulière, il y en a qui ont aussi prétendu qu'une forte grippe était un préservatif contre le choléra.

(2) La peste, comme on disait alors, avait ravagé la Hollande à la fin de 1655, comme le choléra en 1849. « Les navires des Indes orientales sont arrivés, mais cela n'est pas capable de consoler la ville d'Amsterdam de l'affliction et des incommodités qu'elle ressent de la contagion qui y augmente tous les jours. A Leyde, elle est furieuse : il meurt plus de 1200 personnes par jour. » (Dépêche de M. Chanut à M. de Brienne, du 9 septembre 1655.)

menée pieds nus par sa chambre ; quoy qu'il en soit, elle a si bien reüssy dans son souhait, qu'elle se peut dire la plus enrhumée de Paris et des plus tourmentées.

Le 8ᵉ, apres avoir esté chez monsieur de l'Estrade sans le rencontrer, nous allasmes au Luxembourg où nous passasmes l'apres disnée ; nous y vismes des violettes, des tulipes, des anemosnes et cent autres especes de belles fleurs dont nous ne sçavons pas le nom ; en verité, c'est une merveille de la nature qui estale icy au mois de mars ce qu'elle produict à peine au mois de may en nos quartiers. Nous en sortismes fort tard, car la prodigieuse quantité de carrosses nous empescha longtemps d'aprocher du nostre, pour retourner au logis.

Le 9ᵉ, nous retournasmes chez le Sʳ de Thou, et bien que nous y fusmes iustement à l'heure qu'il falloit pour ne le pas manquer, nous ne le pusmes voir, parce qu'il n'estoit pas habillé et qu'il estoit sur ses depesches. Il nous en fit faire de tres amples excuses par le Sʳ Bouilleau qui s'en va avec luy pour secrétaire de l'ambassade ; c'est une personne sçavante et fort estimée par tous les gens d'esprit ; il a esté son bibliothequaire assez longtemps, et apres la mort du Sʳ Dupuy (1), avoit esté

---

(1) M. de Thou, à la veille de partir pour son ambassade, écrivait le 1ᵉʳ avril au cardinal Mazarin, pour lui recommander un neveu des frères Dupuy, « deux personnes, disait-il, qui ont tra-
« vaillé toute leur vie à esclaircir et faire valoir les droicts du Roy
« et de sa couronne, et qui en cette consideration ont été honorez

mis dans la bibliotheque du Roy, pour y assister le frere du defunct. Le president l'en a retiré afin qu'il l'accompagne en son ambassade. Nous receusmes sur le soir nos lettres, par lesquelles on nous marquoit la mort du Sʳ Perscheval, capitaine des gardes de messieurs les Estats de Hollande, et qui commandoit leurs troupes à Dantzic.

Le 10ᵉ, nous employasmes la matinée à monter à cheval, et l'apres dinée à faire nos depesches, faisants response à quatre ou cinq grandes lettres.

Le 11ᵉ, le Sʳ de Rhodet nous mena voir une de ses parentes, nommée madame de Longschamp, femme d'un des escuyers de monsieur le duc d'Aniou. Elle est ieune et fort belle, de qui l'entretien et la conversation est si agreable, qu'au lieu de luy faire une courte visite pour la premiere fois que nous avions l'honneur de la cognoistre, nous y demeurasmes quatre bonnes heures, et le temps nous dura si peu que nous eussions bien voulu y passer encore quatre autres ; car la différence est si grande, qu'il y a entre la manière de vivre avecque les femmes de condition de cette ville et celles de nos quartiers, que nous treuvons que nostre cousin de la Platte a raison de souhaitter avec passion de retourner à Paris, où l'on peut acquerir et conserver toutes les qualitez qui sont requises à un honneste homme (1).

« des bonnes grâces et des liberalités et bienfaits de Votre Emi-
« nence. »

(1) M. de la Platte, après avoir voyagé pendant huit ans dans les diverses parties de l'Europe, se noya en passant d'Angleterre en

Le 12ᵉ, nous fusmes à Charenton où nous entendismes le Sʳ Mestrezat, qui fit un fort beau sermon et capable de toucher les âmes des vrays chrestiens. L'apres dinée nous rendismes visite au comte d'Oldenburg qui nous avoit prevenu en ce debvoir. Il n'est que bastard du vieux comte qui regne à present, mais il l'affectionne si fort qu'il luy a desia donné 60,000 livres de rente et le fait voyager avec esclat et train. C'est un seigneur qui profite fort peu de ses voyages, puisqu'il frequente tousiours ses compatriotes dont le nombre n'est pas petit à Paris.

De là nous allasmes voir le Sʳ de Ficquefoord (1), qui estoit arrivé de Hollande depuis deux iours. Il nous fit entrer en la chambre de madame sa femme que nous salüasmes, comme aussi madame sa fille qui est mariée à un capitaine de cavalerie nommé le Sʳ Londy. Nous y rencontrasmes le vieux Martinet, dont nous fusmes fort surpris, le croyant desia mort, parce que nous l'avions laissé en un pitoyable estat à nostre depart de Hollande et si

---

France, à la fin de 1658. « Il était de grande espérance, et ce fut une grande affliction au père qui n'avait rien épargné pour le parfaitement bien élever. Le second fils de M. de Sommerdic, devenu son principal héritier par la mort de son frère, et puissant en biens, a épousé la fille aînée de M. de Saint-André Montbrun qui s'est rendu recommandable à la postérité par la longue et célèbre défense de Candie. » (*Mémoires pour servir à l'histoire de Hollande*, etc., par messire Louis Aubery, seigneur du Maurier. Paris, 1688.)

(2) Wicquefort (Joachim de), né à la fin du xvıᵉ siècle à Amsterdam, mort en 1670. — Il était en 1657, envoyé résident du landgrave de Hesse, près les Etats généraux à la Haye. — Son frère Abraham est célèbre par de nombreux ouvrages de diplomatie et d'histoire.

perdu de goutte qu'à peine pouvoit-il se soustenir. Il nous dit qu'il alloit faire un tour en la province d'où il est, et qu'ensuite il retourneroit à la Haye.

Le 13°, nous fusmes au Palais. Il y a une grande sale d'où l'on entre dans les chambres du parlement, qui est composé de la grand'chambre, de cinq chambres des enquestes, de deux des requestes, de la Tournelle et de la chambre de l'edict. Dans la grand'chambre, qu'on nomme aussi la chambre dorée, pour avoir esté lambrissée de culs de lampes dorez, par Louys XII, le Roy tient son lict de iustice avec ses pairs ; les conseillers et advocats y prestent le serment. Les Roys estrangers y sont autrefois venus plaider leurs causes et soumettre une partie de leurs estats à l'autorité de cette auguste compagnie. La Tournelle connoist des crimes, et la chambre de l'edict est instituée pour ceux de nostre religion, où l'on treuve quantité de boutiques rangées aux deux costés, dont les marchands sont les plus rusés et les plus adroicts de toute la ville.

Le 14°, nous fusmes à la chambre des Comptes, qui est aussy dans l'enceinte du Palais, où nous vismes cinq grandes statuës sur le devant : la Temperance, qui tient une horloge et des lunettes à la main, avec cette devise : *Mihi spreta voluptas : Je mesprise les voluptez*. La Prudence, avec un miroir et un crible : *Consiliis verum speculor : Je contemple la vérité dans mes conseils*. La Justice, tient une balance et une espée : *Sua cuique ministro*. La Force embrassant une tour d'une main, et serrant un serpent de l'autre : *Me dolor atque metus fu-*

giunt : Je chasse le regret et la crainte. Au milieu de ces quatre vertus, qui sont comme les quatre elements du monde politique, paroist le Roy Louys XII avec les armes de France et la devise de ce prince qui est un porc-espic. Le reste de la chambre n'a rien qui merite d'estre dechiffré.

Le 15ᵉ, le Sʳ de Bellievre mourut au 13ᵉ jour de sa maladie, qui estoit une fiebvre continue, accompagnée d'une fluxion sur la poitrine (1). C'estoit un homme qui estoit au dessus de tous les employs qu'il a eus, et mesme de celuy de premier president en ce parlement, auquel il est mort. A peine avoit-il atteint l'aage de vingt-cinq ans, qu'il fut ambassadeur pour le Roy en Italie et ensuite en Angleterre, et en dernier lieu en Hollande. Il est fort regretté de tout le monde, qui le va voir en foule dans son lict de parade, et elle a esté telle que six personnes y sont peries, par un malheur qui porta que les marches de l'escallier trop chargées de peuple s'enfoncèrent. Entre divers eloges qu'on a fait d'un si digne homme, en voicy un qui a passé pour fort bon :

Eloge de Monsieur le Premier President.

« Ce jour, mourut Pompone de Bellievre, personnage illustre par sa naissance, considerable par sa dignité ; mais plus recommandable par ses vertus, regretté de tous, parce que tous perdent

---

(1) Nicolas Pompone de Bellièvre, seigneur de Grignon, né en 1606. Il avait succédé à Mathieu Molé, en 1654.

en lui : l'Estat un appuy fidelle, le peuple un juge equitable, la noblesse un protecteur, le parlement un chef tres-habile, dont la moderation courageuse et la iudicieuse fermeté rasseuroit les foibles, temperoit les plus hardis, sçavoit l'art de gaigner les cœurs et d'unir les esprits pour le bien public ; secourable aux affligés, d'accès facile aux plus inconnus, bienfaisant, ennemy des fraudes, seur à ses amis, inviolable en ses parolles, et splendide du sien sans envie pour celuy d'autrui ; que les graces de la Cour ne pouvoient tenter ; amy des plaisirs dans l'oisiveté, du travail dans les affaires ; d'un génie esgal aux plus grandes, et qui sçavoit s'abaisser aux moindres ; contraire aux violences et à l'oppression, comparable aux plus grands hommes par ses qualitez, mais singulier en cecy, que dans les conionctures les plus espineuzes, il accordoit des choses assez opposées : l'autorité du prince, l'utilité des particuliers et la dignité de sa compagnie ; respecté d'elle, cheri des peuples, estimé de la Cour, encore au milieu de son aage selon les années, mais non pas selon la gloire, dont la mesure estoit remplie, puisqu'il avoit acquis tous les vrays biens ; loüé encore apres sa mort des mesmes vertus dont il estoit loüé durant sa vie ; on l'a pleuré avant que de le perdre, on le pleure apres l'avoir perdu, et l'on pourroit tomber dans des temps qu'on le pleureroit encore davantage, qui nous renouvelleroient nos iustes regrets et qui ne nous permettroient pas de l'oublier. »

Le 16°, le colonel Lockard, ambassadeur ordinaire d'Angleterre, fit son entrée en cette ville avec un grand cortege de carrosses, qui luy estoient allés au devant iusques à Saint-Denys. Nous receusmes sur le soir nos lettres, par lesquelles on nous chargeoit d'une commission, qui estoit de chercher des lustres de cristal pour madame de Beverweert.

Le 17º, apres avoir fait nos lettres, nous courusmes toute la ville pour en treuver d'un prix commode, et entre autres nous en vismes un de 10,000 francs. Certes c'est une merveilleuse piece, et qui asseurement n'eust iamais sa semblable en ce genre de bijoux et de bagatelles magnifiques.

Le 18º, l'abbé de Sautereau nous estant venu voir, pendant qu'on nous coupoit les cheveux, nous demanda si nous voulions aller au marché aux chevaux, où il vouloit tascher d'en vendre deux qui ont des fics aux pieds. Nous y vismes plus de trois mille chevaux, et c'est une chose prodigieuse qu'il y en ait tant, puisqu'il y a marché deux fois la sepmaine.

Nous apprismes à nostre retour l'accident qui estoit arrivé à l'escuyer du comte de Lude (1), qui fust tué d'un coup de pistolet par le fils d'un tailleur, qui avoit fait du desordre en une maison où cet escuyer estoit accouru pour l'empescher. Le Roy revenant de la campagne et passant par cette ruë, y vist une si grande foule de monde, qu'à peine on la pouvoit fendre. Il fit demander ce que c'es-

---

(1) Henri de Daillon, comte de Lude, qui devint grand-maître de l'artillerie. Il était un des amis de Mme de Sévigné qui raconte qu'il fut fait duc (en 1675) pour le consoler de n'être pas nommé maréchal.

toit et ayant appris ce malheur, commanda à douze de ces mousquetaires de mettre pied à terre et de se saisir des advenuës de la ruë et de la maison, afin qu'on prist ce meurtrier qu'on treuva refugié chez un pâtissier d'où il fut mené dans l'hostel de Lude pendant qu'on manda les sergeants pour le mener en prison.

Le 19°, nous fusmes au presche à Charenton, où nous entendismes un ministre de Fontainebleau, qui s'en acquita assez bien. L'apres-dinée nous rendismes visite au Sr de Brasset, qui nous dit qu'il craignoit que le marquis de Castelnau avec toutes les autres troupes qu'il commandoit (qui faisoient environ 5,000 hommes et qui estoient en marche pour secourir Saint-Guelain) ne vinssent trop tard, puisque les troupes de monsieur le Prince y estoient arrivées, qui avoient emporté par force une redoute de grande consequence à l'attaque de laquelle le prince de Condé avoit eu un coup de mousquet au travers de son chappeau.

Le 20°, nous fusmes voir la Sainte-Chappelle, bastie par saint Louis ioignant le Palais afin que la pieté et la justice eussent un mesme temple, comme l'honneur et la vertu l'avoient autrefois chez les romains. Les architectes admirent la conduite du bastiment des deux chappelles, la basse et la haulte, soustenuës l'une sur l'autre par des colonnes qui semblent faibles, et la prennent pour un ouvrage le plus hardy qui soit au-deça des monts. Elle a le nom de Sainte à cause des reliques des saincts qui y ont esté amassées du temps de saint Louys.

Le 21ᵉ, nous vismes le Grand-Chastelet, que Julien l'Apostat, gouverneur des Gaules fit bastir, et Philippe-Auguste rebastir pour estre le siege ordinaire du prevost de Paris, chef de la justice et de la police de cette grande ville et de la vicomté, qui a sous luy trois lieutenants, le civil, le criminel et le particulier; un procureur, un advocat du Roy, grand nombre de conseillers, le conservateur des privileges royaux de l'Université, les commissaires distribués par les seize quartiers de la ville, les greffiers, les notaires, les sergens à cheval et à verge, qui font tous les ans une monstre magnifique le lendemain de la Trinité.

Le 22ᵉ, le Sʳ de Hauterive nous vint voir, qui demeura avec nous deux bonnes heures, ce qui nous empescha de sortir. Il nous dit que le Sʳ de Comminges (1), gouverneur de Saumur, s'en alloit en ambassade en Portugal pour complimenter le nouveau Roy sur son advenement à la Couronne, et qu'on faisoit courir le bruict qu'il a ordre d'observer l'Infante qu'on propose de marier avec le Roy. Il nous apprit aussi que le Sʳ de la Bachellerie, gouverneur de la Bastille, et le mareschal de la Mothe-Houdancourt estoient morts le soir auparavant.

Le 23ᵉ, les comtes de Lillebonne et de Brullon, qui avoient esté prendre en son logis le colonel Lockard, ambassadeur d'Angleterre, l'amenèrent

---

1) Gaston, comte de Comminges, capitaine des gardes de la reine Anne d'Autriche, mort en 1670.

dans les carrosses de leurs Maiestés au Louvre, et passant au milieu du regiment des Gardes et des Cent-Suisses, rangés en haye, il fut introduict à l'audience du Roy, dans la chambre de S. M., puis à celle de la Reine, où il reçeut tous les honneurs et toutes les marques possibles d'estime et de bienveillance envers son maistre. Nous receusmes aussi apres la pourmenade nos lettres où il n'y avoit rien de remarquable.

Le 24°, nous courusmes pour la première fois la bague, ce qui nous reüssit si bien qu'en trois courses nous mismes deux dedans. A nostre retour de l'academie nous escrivismes en nostre pays et y employasmes toute l'apres dinée.

Le 25°, le comte d'Oldenbourg nous vint dire adieu, estant sur le point de partir pour Bruxelles, en dessein de faire une campagne en Flandres. Il estoit obligé de prendre le parti espagnol, parce qu'il a du bien qui releve du duché de Brabant. Il nous dit que le lundy le Sr de Chenailles avoit esté interrogé sur la sellette et avoit assez bien respondu et mieux qu'il n'avoit faict depuis qu'il estoit prisonnier ; mais qu'à la fin il s'estoit engagé si avant dans un discours qui servoit plus à le charger qu'à le iustifier. Aussi avoit-on desia commencé à opiner, et de seize iuges, il y en a douze qui le condamnoient à la mort et quatre à un bannissement perpetuël. Il est vray, que comme les festes de Pasques vont empescher qu'on ne travaille tout d'une suite à son proces, et qu'il n'y a rien de plus advantageux aux criminels que de gaigner temps, son affaire pourra bien prendre une pente plus favorable pour luy.

Le 26ᵉ de mars, premier iour de sepmaine saincte, on ne monta pas en nostre academie à cause de la feste de Nostre-Dame, qui se devant rencontrer un dimanche, avoit esté remise au lundy, les prestres ne voulants pas avoir à faire tant de services en un iour. Nous employasmes la matinée à continuër nostre journal, pendant que le Sʳ de Brunel alloit donner quelques nippes à Martinet, marchand françois de la Haye, qui devoit partir le lendemain au matin. Nous chassasmes aussi notre cocher qui se souciant fort peu des resprimandes qu'on luy faisoit, retomboit tousiours aux mesmes fautes, car il estoit yvrogne, malpropre, et n'avoit aucun soin de panser ses chevaux. Estants donc sans cocher, nous fusmes contraincts, pour ne pas perdre la belle iournée, de nous mettre dans le carrosse de nostre couzin, pour aller entendre le pere Le Bon, prestre de l'Oratoire, dans la grande salle du Louvre, où le Roy assista avec toute sa Cour. C'est un des plus excellents et eloquents predicateurs de tout Paris et qui debite ses pensées avec une si bonne grace et admirable facilité, qu'il en est fort estimé; on croit qu'il aura bientost un evesché. Nous treuvasmes le sermon commencé et apres l'avoir ouy iusques à la fin, nous allasmes voir M. l'ambassadeur de Hollande qui apres avoir tenu quelque discours de la derniere guerre d'Angleterre, nous dit qu'on avoit donné une allarme au Sʳ Lockard, ambassadeur du milord Protecteur. C'est qu'un Anglois qui le fut treuver luy dit qu'on avoit entrepris de l'assassiner, et qu'il se tenoit obligé comme serviteur de la Republique de l'en advertir. Ces paroles n'estonnerent point cet ambassadeur qui sans s'emouvoir fist arrester cet homme pour l'examiner à loisir ; mais il n'attendist point qu'on le questionnast fort long temps et confessa librement qu'il n'y avoit rien de tout cela, mais qu'il avoit forgé cette nouvelle parce qu'estant pauvre et miserable, il pensoit tirer par là quelque argent pour sa subsistance. Nous y apprismes aussi la trahison d'un capitaine irlandois qui estant en garde à un fort devant St-Guelain, le livra aux Espagnols, ce qui a de beaucoup avancé la prise de cette place.

Apres avoir demeuré quelques heures chez Son Excellence, nous fusmes chercher le Sr Ficquefoord que nous ne treuvasmes pas, comme aussi le Sr de Servoskercke, qui ayant changé de hostellerie s'estoit logé dans la ruë Saint-Martin, à la *Ville de Bruxelles*. Delà nous fusmes voir le Sr de la Bergerie, qui loge dans la mesme ruë ; nous le treuvasmes avec sa femme, et nous y passasmes nostre soirée. C'est un homme qui a esté à monsieur le Prince, et au lieu de suivre les interests de son maistre, s'est marié assez richement.

Le 27e, au matin, on donna arrest contre le Sr de Chenailles, par lequel il a esté condamné à un bannissement perpetuël avec confiscation de ses biens. Nous fusmes occupez toute l'apres disnée à faire empacqueter les hardes que nous devions envoyer avec celles du Sr de Thou, qui faisoit emballer les siennes.

Le 28e, le Sr des Routes nous vint voir, et sortit ensuite avec le Sr de Brunel, pour loüer la maison que nous avions marchandée si long temps, et en faire passer à mesme temps le transport; mais ils ne peurent s'accorder avec l'homme du logis. Nous arrestames ce mesme iour un cocher, mais qui ne vint point, s'excusant sur ce que par malheur il s'estoit blessé à la iambe. Ayant fait voir comme il se portoit, nous decouvrismes que c'estoit une imposture, et qu'il avoit esté debauché par nostre premier cocher qui luy avoit dit qu'il seroit trop gourmandé par celuy de nostre couzin. Le Sr Glezer nous vint voir l'apres disnée; il devient fort grand et a assez profité; mais il a un precepteur aupres de luy qui n'est qu'un fol et un vray pedant; ie croy que s'il estoit en bonnes mains il reüssiroit mieux, car c'est un ieune eveillé et qui ne manque pas d'esprit. Pendant que nous faisions mettre les chevaux au carrosse, pour essayer nostre nouveau cocher, le Sr Tassin nous treuva en nostre basse-court; nous luy demandasmes s'il vouloit prendre part à la pourmenade, et fusmes ensemble au Luxembourg. Il nous dit que le parlement avoit arresté de degrader le Sr de Chenailles en pleine assemblée, ce qui se feroit apres les festes. De plus qu'on avoit mis à la Bastille le Sr Londy, capitaine de cavalerie et gendre du Sr Ficquefoord. C'est un soldat de fortune qui, ne se voyant pas recompensé comme il croit le meriter, alloit se rendre à monsieur le Prince et avoit esté pris entre le Catelet et la Capelle. Nous receusmes ce mesme soir nos lettres, où on nous marquoit que le S' Stampton, pere de cette belle fille qui passe pour la merveille de nos quartiers, estoit mort; qu'on avoit donné la compagnie des gardes du fû Perscheval au S' d'Oosthoorn, et la charge du baillif de l'Isle de Voorn au pere du conseiller Almonde.

Le 29°, au matin, le S' Brasset nous vint voir, et nous demandant des nouvelles de nostre païs, nous luy communiquasmes celles que nous venions de recevoir. Il nous dit qu'on lui escrivoit qu'il y avoit eu brouillerie entre les Estats de Frise et le Prince Guillaume (1), et que le dernier estoit sorti de l'assemblée en grande colère; il ne nous put dire le suiet ni la cause de son mescontente-

(1) Le prince Guillaume de Nassau, gendre de la princesse douairière d'Orange, était gouverneur des provinces de Frise et de Groningue. « La Frise, écrivait M. Chanut en 1656, est moins souple à la Hollande qu'aucune autre province ; comme elle se gouverne pour la plus part en démocratie et que les espritz y sont naturellement fiers et opiniastres, elle est quasi touiours occupée en ses propres affaires. Le gouverneur, M. le prince Guillaume, n'y a qu'une auctorité precaire qu'il maintient à peine entre les factions qui partagent les villes.... » (*Mémoire secret* rédigé par M. Chanut au retour de son ambassade.)

Le prince Guillaume est mentionné dans les instructions données à M. de Thou comme un des personnages les plus importants de son pays : « Il importe au service du Roy que l'ambassadeur entre le plus avant qu'il pourra dans la confidence avec M. le Prince Guillaume de Nassau, lequel a touiours montré inclination vers la France, et qui aydé de la fortune, pourroit s'eslever en grande auctorité. Il a des amis et des habitudes en toustes les provinces ; il prend soing d'estre instruict de tout ce qui se passe ; il est homme de grand cœur et par conséquent à hautes prétentions.... » (*Instructions* du mois de mars 1657.)

ment. L'apres disnée, estant iour de devotion à cause de la sepmaine saincte, nous ne fismes aucune visite, mais nous nous allasmes pourmener au Cours, et passant par Chaillot on nous dit qu'il y avoit une fontaine d'eaux minerales (1) que les medecins ordonnent pour la pierre et la gravelle; la curiosité nous invita de l'aller voir et mesme d'en gouster; elles ont le mesme goust que celles de Spa, et qui tient beaucoup de celuy des eaux qui passent par des mines de fer.

Le 30°, nous fusmes à Charenton pour entendre la preparation à la sainte Cene, qui nous fut preschée par un ministre de Fontainebleau; il faisoit un froid incroyable. Nous revinsmes disner à Paris, et des que nous fusmes à l'hauberge, nous y apprismes le depart du colonel Balthasar et celuy de son beau frere le baron de Montarnaud, son lieutenant colonel, qui estoient tous deux personnes de bon sens et de cœur, et nous avoient tousiours tesmoigné beaucoup d'affection. Le cardinal a envoyé le colonel en Allemagne pour faire une levée de 2,000 chevaux; il les doit commander en place du regiment qu'il avoit, que monsieur le cardinal a acheté et luy en a donné 10,000 escus; mais il les a bien retirés, ayant vendu quatre compagnies de ce regiment au marquis de Vivonne 6,000 escus, et les quatre autres à quelqu'un qui ne luy en aura pas moins

---

(1) Il s'agit évidemment des sources ferrugineuses sulfatées de Passy, situées entre Chaillot et Auteuil, qui jouissent encore aujourd'hui d'une certaine réputation.

donné. Nous employasmes l'apres disnée à faire nos lettres.

Le 31ᵉ, nous demeurasmes toute la iournée au logis parce qu'il faisoit mauvais temps, et nous nous preparasmes à faire la sainte Cène, en lisant dans la *Pratique de Piété* les beaux chapitres qui y sont sur cette matiere.

Le 1 d'avril, nous participasmes à la sainte Cene à Charenton, et nous y demeurasmes toute la iournée sans boire ni manger. On fait la ceremonie d'une autre façon qu'en nos quartiers, car on communie debout, pendant que le chantre de l'eglise list dans la Bible les endroicts qui sont propres à cette saincte action, et qu'il fait chanter des Pseaumes qui y reviennent. Il y a aussi deux tables et deux ministres, car il y a grand nombre de communiants. Tout est neanmoins si bien disposé, qu'il n'y arrive ni embarras ni desordre.

Le 2ᵉ, qui estoit le lendemain de Pasques, nous fusmes à Charenton avec monsieur le Rhingrave et le Sʳ Gillier, qui nous avoient fait demander le soir auparavant place en nostre carrosse. Nous y entendismes le Sʳ Drelincourt qui fit un fort bon presche, mais il a la voix si cassée et la langue si grasse qu'on diroit qu'il ne fait que bredouiller (1).

On y benist trois mariages : les fiancées estoient

---

(1) Prédicateur protestant, né à Sédan en 1595, mort en 1669 ; auteur de plusieurs ouvrages de piété. Il avait acquis une certaine célébrité par ses prédications, quoiqu'il eût, suivant l'expression de Tallemant, « la langue naturellement empêtrée. »

menées chacune par un homme, et accompagnées de quantité de ieunes filles fort parées et adiustées: il n'y en a pas une qui n'ait un bouquet de fleurs; elles passent toutes devant celle qui doit espouser, qui se tient debout faisant une reverence à chacune. Elles sortent ensuite du parquet. La fille à marier, pour marque de l'estat auquel elle est, porte icy une petite fleur blanche de jasmin ou d'oranger, qui est attachée au milieu de sa coëffure. C'est tout ce que nous avons pu y remarquer de particulier.

Nous revinsmes disner à Paris. L'apres disnée nous fusmes à la pourmenade, et voyants que les carrosses defiloient du costé du Cours, nous les suivismes, nous doutants bien que le Roy y devoist estre. C'est un ouvrage de Marie de Medicis, qui l'a fait faire pour augmenter la beauté de Paris, car on y voit quatre rangées d'arbres de 1600 pas de longueur, qui font trois belles allées, dont celle du milieu est la plus large. Il est enceint d'un grand fossé qui, du costé de la riviere, est encore soustenu d'une muraille qui n'est pas plus haute que le terroir, afin que la veuë n'en soit point bornée, et que de la portiere du carrosse on voye la Seine, le Pré-aux-Clercs et la plaine Grenelle. On y entre par une grande porte cochere qui est treillissée et gardée par un portier qui a sa petite maison tout aupres. Au milieu il y a un grand cercle, auquel toutes les allées aboutissent, afin qu'on puisse tourner sans faire de desordre au Cours en defilant. Au bout on treuve aussi une grande porte de mesme que celle de l'entrée. Mais n'y treuvant pas S. M., nous passames outre par Chaillot et le bois de Boulogne qui est assez grand et planté de chesnes : il a esté renommé parce que c'estoit le lieu ordinaire où la noblesse se battoit en duël : il y est fort propre ayant quantité de recoins et d'endroicts escartés. Nous mismes pied à terre au grand carrefour, au milieu duquel on voit une croix erigée de pierre de taille, et nous nous pourmenasmes iusques à Madrit, qui est ce chasteau royal qui y fust basty par le Roy François I, sur le modele de celuy où il fut prisonnier à Madrit en Espagne apres la funeste iournée de Pavie. Il est tout-à-fait abandonné, et c'est dommage, car c'estoit un fort bel ouvrage : il semble estre fait de marqueterie y ayant en plusieurs endroicts des quarreaux et du plastre vernissé et relevé en bosse ; mais estant exposé à l'iniure du temps, le vent et la pluye gastent tout et font tout tomber.

Nous demandasmes à un homme si le Roy n'estoit pas passé, qui nous dit qu'ouy et nous monstra un endroict où il faisoit faire l'exercice à ses mousquetaires dans un pré à costé du port de Neully, qui est un village sur le bord de la Seine à une demilieuë de ce chasteau. Nous y allasmes et leur vismes faire quelques descharges, ayant tousiours le Roy à la teste qui les commandoit. C'est un brave prince, bien fait et tres-grand pour son age ; il avoit un justaucorps de veloux noir avec des boutons de soye, par dessus lequel il portoit un baudrier de maroquin noir sans frange, afin de servir d'exemple à tous ceux de son royaume, qu'il veut porter à moins de despense en habits. Il en partit à six heures du soir, ayant envoyé devant ses mousquetaires, et apres eux ses chevaux-legers et gardes du corps. Nous en revinsmes aussi et arrivasmes à sept heures à Paris apres avoir fait une fort belle pourmenade.

Le 3ᵉ, nous allasmes pour rendre visite à madamoiselle Brasset, et ne l'ayant pas treuvée, nous fismes demander à son frere s'il vouloit estre de la pourmenade, ce qu'il accepta et nous obligea d'aller au Luxembourg où apres avoir eu grande peine d'entrer, parce que la grande porte est tousiours fermée les iours de feste afin que les courteaux de boutiques n'y accourent en foule, nous fismes un tour dans le iardin où n'ayants pas rencontré grand monde, nous fusmes au Cours : la foule y estoit grande, parce que le Roy et toute la cour y estoit. Il y arriva un accident au carrosse de madame de Mony qui y avoit trois autres dames et un gentilhomme : le cocher voulant tourner son carrosse et pensant gagner la file des autres, accrocha par malheur sa rouë à la cuilliere d'un autre, ce qui fit renverser le sien et paroistre l'habileté de ces femmes à couvrir leurs fesses ; elles se releverent bien viste et ne se firent aucun mal.

Le 4ᵉ, nous avions fait dessein de faire quelques visites, mais n'ayant treuvé personne au logis, à cause que tout le monde estoit encore en devotion et que c'estoit un reste de feste, nous nous fusmes divertir au Luxembourg et aux Thuilleries, et de là nous pourmener au Cours où du commencement il y avoit fort peu de carrosses. Mais des que le

Roy et Monsieur son frere y arriverent, le nombre s'accreut de telle sorte qu'en un moment on en compta plus de deux mille.

Le 5⁰, ayant appris l'arrivee du Sr du Theil, nostre couzin, qui nous estoit venu chercher le matin pendant que nous estions à l'academie, nous luy rendismes visite l'apres disnée. Il nous dit le suiet de son voyage, et le dessein qu'il avoit de se mettre en possession de ses biens qui sont dans la Bourgogne, dont le Sr de Veaux, qui a espousé une de ses tantes, iouït depuis long-temps. Nous eusmes une plaisante rencontre et cela par la bestise de nos laquais, dont la principale cause venoit de celuy de nostre couzin de Speyck, à qui le Sr du Theil s'estoit adressé en nostre absence pour nous dire son logis. C'est qu'il y a deux hostelleries de mesme enseigne, mais en diverses ruës. Ce laquais n'ayant pas bien retenu le nom de la ruë où est celle où il estoit logé, prit l'une pour l'autre : on y fit d'abord demander le Sr du Theil, et nos laquais ne s'estant pas bien expliqués, on nous fit descendre le fils du president d'Edel. Nous fusmes fort estonnés, et d'abord nous ne nous pouvions imaginer ce subit changement dans une personne que nous avions veuë bien differente de celle à qui nous parlions; ce qui aida à nous tromper estoit qu'il portoit la perruque, que nous creusmes estre la cause de ce grand changement que nous y remarquions; mais luy ayant enfin parlé et remarqué son grand nez aquilin, nous recognusmes nostre meprise. Il nous voulust obliger d'entrer en sa chambre, mais l'en ayant remercié sur ce qu'il faisoit trop beau temps pour se renfermer, et qu'il seroit dommage de n'en pas profiter pour la pourmenade, nous quittasmes ainsi nostre homme qui estoit etonné comme un fondeur de cloches, et remontants en carrosse, nous fusmes chercher nostre couzin que nous treuvasmes avec un sien parent qui se nomme Wotenhoven.

Nous n'y fusmes pas long-temps, ayants le dessein de voir madame Roger (1). Apres qu'elle nous eust entretenu d'un procez qu'elle a, il y survint un gentilhomme qui nous fit changer de discours et nous donna occasion de nous retirer et de chercher deux ou trois gentilshommes du mesme quartier, que nous ne treuvasmes pas, ce qui nous obligea à gagner le fauxbourg pour demander madame de Saint-Armand ; mais voyant que le carrosse d'un de ses parents, homme d'affaires, estoit à sa porte, nous n'y voulusmes pas entrer de peur de les detourner de leurs occupations qui sans doute regardoient leurs interests.

Comme nous nous treuvasmes proche des Chartreux, nous y fusmes faire un tour. Saint Louys les retira de Gentilly où ils estoient, pour les loger dans l'Hostel-Royal où ils sont à présent. On y entre par une grande allée qui aboutit à une porte cochere,

(1) Elle figure dans les *Historiettes* de Tallemant qui lui a consacré un chapitre ; fille d'un gentilhomme d'entre la Lorraine et le Liége, de bonne maison, mais pauvre, elle épousa un nommé Roger, fils d'un riche orfèvre de Paris. Elle avait, d'après Tallemant, un grand dédain pour la bourgeoisie, parlait sans cesse de la noblesse de sa maison, et faisait partout des dettes.

par laquelle on passe dans une basse court; l'ayant traversée, nous vismes les cellules qui sont distinguées par lettres alphabétiques, et ioinctes l'une à l'autre; elles font un grand quarré, qui a une galerie couverte et percée sur une place qui leur sert de cimetiere. Nous y demandasmes celle d'un certain chartreux nommé dom Charles que nous n'y treuvasmes pas. En nous retirant, nous passasmes une autre galerie lambrissée, vitrée et peinte, où sont representées toutes les principales actions et l'histoire de la vie de saint Bruno, avec l'explication en vers latins. Apres estre sortis du couvent, nous fusmes voir le Clos, dont la porte est dans la basse court; c'est une grande piece de terre où il y a à costé des murailles de longues allées pour la pourmenade des religieux. Il est semé de bled pour le couvent, et ils en tirent toutes leurs herbes; on y void quantité d'arbres fruictiers et quelques petites chapelles dediées à leur patron saint Bruno. Il est entouré d'une tres-haute muraille, ce qui le rend plus considerable, puisqu'il est pour le moins de 20 ou 30 arpens de terre. Enfin c'est un des plus beaux cloistres de Paris, pour la situation et pour le bastiment. Il n'y a point d'ordre si rude ni austere que celuy-cy, puisqu'on est obligé de ne manger iamais de la viande, et de ne se parler que certains iours de la sepmaine. Mais ostez cela, ils passent fort doucement la vie, estant tres-bien servis, car chacun a son valet, son apartement où il y a trois chambres, l'une pour estudier où est sa bibliotheque, l'autre pour coucher et la troisiesme pour recevoir ses amis, et son petit iardin où il peut planter ce qu'il veut et le cultiver à sa mode.

Nous receusmes sur le soir nos lettres, par lesquelles on nous marquoit que monsieur de Brederoode (1) estoit sur le poinct de partir pour venir ici, en intention d'y faire la campagne.

Le 6ᵉ, apres avoir respondu à nos lettres, nous allasmes aux Petits-Augustins pour parler à un pere nommé Valerien, qui donne de l'eau de fontaine dans laquelle il verse un peu d'esprit d'une certaine composition, qui la rend comme minerale. On dit qu'il en guérit toutes sortes de maladies ; beaucoup de personnes s'en sont bien treuvées, et quelques autres n'en ont eu aucun soulagement. Il nous fit entrer dans sa pharmacopée, laquelle estoit gentiment peinte et dorée et fort proprement rangée. Elle a ses fenestres sur le iardin du cloistre qui n'est pas grand, mais fort bien troussé et accompagné de basses hayes qui y forment quelques allées. Il nous montra dans sa chambre divers squelettes, et entre autres de deux petits enfants, dont l'un estoit couvert de sa peau, lequel estoit enfermé dans une bouteille pleine d'eau. Apres avoir fait un petit discours sur l'anatomie et la medecine, il nous dit qu'il avoit abandonné tout cela, en s'attachant seulement à deux secrets qu'il prise par dessus tout ce

(1) Fils du maréchal-de-camp général, mort en 1655, qui « estoit, dit M. Chanut, un seigneur de la meilleure naissance du païs et prétendant mesme d'estre issu des comtes de Hollande, allié au defunct prince d'Orange Frederic-Henry. » Il était propriétaire en France d'un régiment que son père avait levé et équipé à ses frais.

qu'on a iamais inventé pour le bien du corps. Il ne nous entretint point de ces deux secrets, mais nous comprismes bien que le premier et le principal estoit celuy de son eau.

Le 7⁰, comme nous estions prests à monter en carrosse pour aller treuver nostre couzin du Theil, il nous prevint et nous pria de le mener chez le Sʳ Tassin, pour lequel il avoit une lettre de recommandation, afin qu'il luy donnast quelques advis sur ses affaires. C'est un advocat qui ne manque pas d'esprit. Il n'y a pas long-temps qu'il est revenu de Hollande où il estoit allé recueillir la succession du Sʳ Dalone son frere, qui y avoit esté tué en duël par un suedois nommé le baron Spar. Il dressa un memoire de toutes les pretentions de nostre couzin et luy dit de la façon qu'il faudroit qu'il agist, et qu'il le laissast faire et s'enquerir de tout, avant qu'il decouvrist à son oncle qu'il estoit icy. Nous allasmes de là chez le Sʳ de Beaulieu, parent du Sʳ de Brunel. Il est de Bourgogne et cognoist toutes les personnes qui luy retiennent son patrimoine, n'ayant sa maison qu'à quatre lieuës de là. Il luy promit toute sorte d'assistance, et mesme, en attendant qu'on s'en informast, il luy offrit sa maison avec toute sorte de civilité et de courtoisie.

Le 8⁰, nous fusmes au presche chez nostre ambassadeur, avec nostre couzin du Theil, où nous entendismes un certain Allemand qui fist assez bien.

On nous y dit que le Roy avoit fait arrester tous les vaisseaux hollandais qui estoient en ses ports, parce que le Sʳ de Ruyter avoit pris dans la mer

Mediterranée deux des siens, commandés par le chevalier de la Lande, et que le Roy en estoit si fort offensé qu'il demandait qu'on luy livrast nostre commandeur de Ruyter et qu'on luy restituast ses deux vaisseaux, avant qu'on traitast d'aucun accommodement (1). On aioustoit que dès qu'on auroit la Lande, on luy feroit son procez pour avoir rendu les vaisseaux de S. M. sans tirer un coup de canon. Apres cet entretien avec son Excellence, nous nous en revinsmes au logis et y retinsmes nostre couzin à disner. Nous employasmes le reste de la iournée à la pourmenade et à luy faire voir le Palais Royal, les Thuilleries et le Cours. Comme nous fusmes retirés, le Sr Tassin nous vint voir pour nous dire ce qu'il avoit appris de son affaire, et qu'il s'en estoit si bien informé, qu'il connoissoit à present toutes les personnes à qui il devoit avoir à faire, et le bien qu'elles luy detenoient; mais qu'il ne falloit pas se precipiter, ni mesme s'en ouvrir à aucun, iusques à ce qu'il fust de retour de son voyage qui ne seroit que de cinq ou six jours.

Le 9e, nous treuvants aupres de l'Isle Nostre-Dame (2), qui est toute remplie de belles maisons,

(1) En représailles de la capture d.. ..vires hollandais ayant à bord des marchandises espagnoles, l'amiral Ruyter s'était emparé de deux bâtiments de la marine royale, et en avait rendu un, après avoir abandonné l'équipage sur une plage d'Espagne. Ce procédé inouï avait fort indigné le roi, et M. de Thou, qui eut à traiter cette affaire en arrivant à son poste, avait d'abord reçu l'ordre de demander que Ruyter fût puni de mort; mais on renonça à former cette demande sur les observations de l'ambassadeur. (Correspondance de M. de Thou avec le ministre.)

(2) Appelée depuis l'*Ile Saint-Louis*.

nous fusmes voir celle du president Bretonvillier,
dont on nous avoit tant parlé ; et certes il faut advouër que pour celle d'un particulier elle est magnifique tant en sa structure qui est merveilleuse
qu'en la richesse des meubles, qui est plus que
royale. Passant donques par une grande basse court,
nous entrasmes dans une belle salle dont la cheminée est relevée en bosse et fort dorée. Elle estoit
tapissée d'une hautelisse à pots de fleurs fort bien
representez. Le grand degré est fort large et bien
esclairé, et en ayant monté quelques marches, on
nous fit entrer dans un apartement superbement
meublé. Il est certain qu'il y a des Roys dans l'Europe qui n'en ont point de si beaux. D'abord nous
treuvasmes une antichambre où la dorure et la
peinture estoient estalées à la perfection, et afin
qu'il n'y manquast rien la tapisserie qui l'entour-
noit estoit tres-fine et tres-bien travaillée. Nous passasmes ensuite dans une chambre tres-bien propor-
tionnée, et ornée de beaux miroirs et garnie d'un
riche meuble de la Savonerie et d'un beau lict. De
là on nous conduisit dans une autre chambre encore plus superbe, et où il y avoit un meuble de
veloux cramoisi à fleurs à fond d'or, et on nous
fit voir au bout un cabinet tout peint et doré. A
l'un des costés, il y a un balcon qui regarde sur un
bras de la rivière et d'où la veuë est merveilleusement belle. En repassant par toutes ces chambres,
nous allasmes à une grande galerie qui finit par un
balcon, beaucoup plus grand que celuy qui est au
bout du cabinet, et dont la veuë est encore plus

belle car il est placé iustement à la teste de l'Isle (1) : la galerie est large et longue, mais n'a encore point ses ornements de peinture et de dorure.

Le 10ᵉ, nous fusmes au iardin du Roy du faux-bourg saint Victor, qui sert aux escholiers en medecine pour y aller estudier les plantes. Il est fort grand et tres-bien placé : il aboutit à une belle prairie et on y respire un tres-bon air et qui en rend la pourmenade agreable. Il y a une fontaine qui se descharge par un petit canal de pierre de taille dans un creux qui est entouré de cypres, où on treuve les aquatiques, et sert aussi pour arrouser les autres plantes. Au milieu du iardin, on void un cilindre qui marque en tout temps les heures, demy heures et quarts d'heures. Il a esté donné par les fondateurs de ce iardin qui a esté commencé en l'an 1633 (2), comme l'inscription du piedestal de ce quadran le

---

(1) Tallemant dit, en parlant de l'hôtel Bretonvilliers, que c'est « après le sérail *, le bâtiment du monde le mieux situé. » — Bretonvilliers, qui avait été receveur général des finances à Limoges, puis secrétaire du conseil, était un des plus riches financiers de son temps ; « je ne crois pas, ajoute Tallemant, qu'on puisse gagner légitimement 600,000 livres de rente, comme on dit qu'il avoit. »

(2) L'idée première de ce bel établissement appartient à Guy de la Brosse, très-savant dans l'étude des plantes et médecin ordinaire de Louis XIII. Ce ne fut qu'après avoir lutté pendant plusieurs années contre les plus grandes difficultés qu'il parvint à mettre son projet à exécution avec le concours de Bouvard, premier médecin de S. M., et avec l'aide du surintendant Bullion. — Un édit du roi de 1635 reconnut la fondation due à cette initiative privée, et Guy de La Brosse appelé aux fonctions d'intendant et de professeur y enseigna le premier la botanique. Le jardin du Roi fut ouvert au public en 1640. — De la Brosse mourut en 1641.

* La *pointe du Sérail*, à l'embouchure du Bosphore, où les souverains de Turquie avaient alors leur résidence.

tesmoigne. En entrant, vous avez à gauche une limace par où on monte autour d'une colline, et qui vous mene insensiblement, par des allées qui sont faites de hayes de trois pieds de hauteur entrelassées de cypres à la distance d'une demie toise, à une petite platte-forme qui est fort haute, d'où on decouvre presque toute la ville, et l'on a une tres-agreable veuë de la campagne et principalement d'un petit bois qui est ioinct au iardin. Tout cecy est fermé à clefs qui sont gardées par le premier medecin du Roy, nommé le Sr Vallot, qui y vient deux fois par iour, le matin et le soir, examiner les herbes. Nous vismes à la sortie un laboratoire auquel nous n'avions pas pris garde en entrant. C'est là que l'on distille toutes sortes d'eaux medicinales et qu'on tire les esprits des mineraux et des metaux des alambics posés sur des fourneaux, qui y sont en grande quantité et de diverses façons.

Nous fusmes aussy à l'Abbaye (1) pour en voir la bibliotheque ; mais on ne put pas nous la monstrer, le Pere qui en a les clefs estant allé en ville.

Nous receusmes nos lettres sur le soir, qui nous apprirent que le Sr de Sterrenburg estoit de dessein de voyager pour se consoler de son veufvage, et qu'il vouloit faire un tour en France et passer ensuite en Italie.

Le 11e, nous employasmes toute l'apres disnée à faire des visites d'hommes estant bien iuste que nous les rendissions à ceux qui nous avoient faict

---

(1) L'abbaye Saint-Victor.

l'honneur de nous venir voir. Nous commençasmes par monsieur le Rhingrave, qui nous dit qu'il y auroit grand festin chez le S⁻ de la Basiniere, où le Roy et toute la Cour se treuveroient, et qu'apres le souper il y auroit bal et comedie; mais qu'il estoit incertain du iour que cela se devoit faire, et que quand il l'auroit appris, il nous en advertiroit afin que nous pûssions voir cette grande magnificence.

L'ayants remercié de l'honneur qu'il nous faisoit et y ayants esté assez longtemps, nous allasmes chez le S⁻ Brasset qui nous dit que la Cour estoit tout à fait en colère contre messieurs les Estats de Hollande, de ce que de Ruyter avoit pris les deux vaisseaux que commandoit le chevalier de la Lande, et qu'on en avoit à craindre quelque rupture entre cette Couronne et nostre republique, si l'on n'en donnoit une prompte satisfaction; que pour l'obtenir, le Roy avoit faict arrester tous nos vaisseaux qui estoient en ses ports et saisir tous les effets de nos marchands, et mettre le scellé sur tout ce qui appartenoit aux Hollandois, et faict defendre à tous ses negotiants de payer aucune lettre de change, au nom et au profit des nostres. Cela nous obligea d'aller chez nostre ambassadeur pour en estre mieux esclaircys, qui nous dit la mesme chose et nous fit de grandes plaintes de ce qu'estant icy ambassadeur et personne à qui on se devoit addresser des qu'il y avoit quelque chose qui concernoit ses maistres, on ne luy en avoit pas fait dire un mot; que si les ministres du Roy s'estoient addressés à luy, sans passer d'abord à des ressentiments, il auroit pû y apporter remede ; mais que si l'on vouloit en user de la sorte, il n'avoit rien à faire icy.

Pendant que nous estions sur ce discours, on luy vint dire qu'il auroit audience le lendemain à cinq heures apres midy, ce qui fit qu'il nous pria de luy vouloir faire l'honneur de l'y accompagner. Nous ne nous en excusasmes pas, considerant que ce n'estoit pas tant à luy que nous rendions ce devoir qu'à nostre Estat.

Le 12e, au matin, nous fusmes voir le Sr de Schomberg (1), que nous treuvasmes encore au lict, incommodé d'un rhume. Il s'enquit fort de la santé de nos pere et mere, et nous pria de les asseurer tous deux de ses services. Il nous demanda par quelle voye on pourroit faire venir de nostre païs des armes à l'espreuve et une peau d'elan. Il souhaitoit de les avoir au plustot pour s'en servir cette campagne qu'il devoit faire en qualité de lieutenant general. Cette bonne nouvelle nous surprit avec ioye, à cause du bruict qu'on avoit fait courir qu'il estoit fort mal en Cour, et qu'on l'accusoit d'avoir tres-mal defendu sa place. Nous comprismes

___

(1) Armand-Frédéric comte de Schomberg, qui fut fait maréchal en 1675, en même temps que MM. de Luxembourg, Duras, La Feuillade, d'Estrades, Navailles, Vivonne et de Rochefort... « En voilà huit bien comptés, écrivait Mme de Sévigné... ; le Grand-Maître était au désespoir ; on l'a fait duc, mais que lui donne cette dignité ? » (Voir plus haut, p. 92.)

Le maréchal de Schomberg, qui était protestant et qui croyait avoir à se plaindre de la cour, se retira en 1685 du service de la France pour passer à celui de l'électeur de Brandebourg. Plus tard il entra au service de Guillaume III, qu'il suivit en Angleterre.

aussy par ses discours, que la malice de celuy qui avoit servy de lieutenant de Roy dans Saint-Guilain, qui estoit son accusateur, avoit esté reconnuë par les mareschaux de France devant lesquels l'affaire avoit esté portée, et qui l'avoient absous et reconnu qu'il avoit fait tout ce qu'un homme d'honneur pouvoit faire. De la on infère qu'il sera recompensé d'un nouveau gouvernement.

Il est fort attaché à la Cour angloise, c'est pourquoy on luy a donné logement au Palais Royal, au dessous de la belle galerie que nous vismes en sortant de sa chambre. Elle est fort grande et richement lambrissée et dorée, bien que les Anglois y ayent fait un grand degast, qui ne leur a pas beaucoup profité, car pour avoir cinq sols d'or ils ont gasté des endroicts qu'on ne sçauroit refaire pour quatre pistoles, et plus est leur avarice et leur avidité les a poussés à un tel point que ne se contentants de ce qu'ils enlevoient les dorures relevées en bosse, ils ont cassé les vitres pour avoir le plomb (1). La galerie est garnie des portraits de tous les hommes illustres de France avec leurs devises et leurs beaux faits. Ils sont separés par des statuës de marbre et d'albastre des plus fameux capitaines romains qu'ils ont imités. Tout cecy est tres-mal entretenu ; c'est pourquoy on peut dire avec iuste raison que les

---

(1) Le Palais-Royal, comme on l'a vu plus haut (page 73), avait été affecté à la résidence de la reine d'Angleterre ; on voit, par ce que rapportent ici les voyageurs, que les serviteurs de l'auguste réfugiée avaient étrangement abusé de cette hospitalité. — On lit dans le journal d'Olivier d'Ormesson que la reine d'Angleterre recevait de la Cour de France une pension de 1,200 fr. par jour.

François sont bons pour entreprendre de belles choses, et mesme pour les achever, mais qu'il faudroit des Hollandois pour les entretenir.

L'apres disnée nous nous rendismes chez nostre ambassadeur environ les quatre heures, et en estant partis un peu avant cinq, nous fusmes environ une demi heure à la chambre du repos. Le Roy cependant estoit au ieu de paume, où il achevoit une partie qu'il avoit commencée. Il ne fut pas retourné en son apartement que le comte de Brullon, introducteur des ambassadeurs, vint prendre le nostre qui ayant esté mené devant le Roy, y commença un discours en vray pensionaire d'Amsterdam. Le Roy estoit sur son siege, ayant à sa gauche le duc d'Aniou (1), et à sa droite le duc d'Orleans, qui estoit arrivé ce iour-là, et monsieur le cardinal. Il y avoit une horrible foule de seigneurs qui entournoient le Roy : à peine put-elle se fendre pour laisser passer l'ambassadeur.

Nous nous treuvasmes si pres que nous entendismes tout ce qu'il dit. Il commença par un narré assez long et mal conduict des pyrateries que les François avoient exercées sur nos marchands, accusant le gouvernement et traitant une matiere de peu de saison. Le Cardinal l'interrompit trois ou quatre fois, et luy dit entre autres que sa harangue n'estoit pas une declaration des interests de ses maîs-

---

(1) Philippe, duc d'Anjou, frère de Louis XIV, né en 1640, mort en 1701. On l'appelait alors le *Petit Monsieur:* il prit le titre de duc d'Orléans à la mort de Gaston, frère de Louis XIII, dont il est ici question.

tres, mais une declamation. Enfin il n'est point propre pour cette Cour, et certes il n'a fait qu'aigrir les affaires par son procedé qui a esté par trop precipité, n'ayant point d'ordre de ses superieurs, et nous pourrions nous brouiller avec cette couronne, si l'on ne satisfait de la frasque que luy a faite de Ruyter en vendant ses vaisseaux à l'espagnol, et si l'on ne rappele cet homme qui n'est nullement agreable. Aussy dit-on hautement qu'on ne luy donneroit plus d'audience. Apres qu'il eust parlé, et que le Roy luy eust dit qu'il ne surseeroit point les procedures contre les vaisseaux hollandois, que messieurs les Estats n'eussent satisfait monsieur de Thou qu'il leur envoyoit, il se retira; et demandant s'il ne pouvoit obtenir rien de plus : « Rien, dit le Roy, allés, allés. »

Le Cardinal ayant avancé avec luy iusques à la porte, luy dit : « iamais ambassadeur n'a parlé si haut dans cette Cour, et vous pourriez vous en repentir. » Ensuite il dit bas au comte de Brullon : « dites luy qu'il ne parle pas si hautement à la Reyne; c'est un coquin, ie le connois bien. » Cependant il gaigna un degré derobé et fut dire à la Reyne de ne le pas escouter : tellement que des qu'il vint à sa chambre, la Reyne s'advança pour luy dire qu'il n'estoit pas besoin qu'il luy parlast, et qu'elle sçavoit tout ce qu'il avoit dit au Roy, et le congedia assez mal. Enfin le bonheur et le malheur dependent souvent d'un habile ambassadeur, et certainement il en faut icy un de naissance et qui ayst l'esprit souple, ou bien il y servira de peu.

Le 13°, apres avoir employé la matinée à l'academie, nous passasmes l'apres disnée à faire nos lettres.

Le 14°, nous rendismes visite au S' Brasset, pour nous informer un peu des sentiments de la Cour touchant la derniere audience de nostre ambassadeur. Il nous dit la mesme chose que nous avions entendue au Louvre, et de plus qu'ayant envoyé son fils pour le complimenter de ce qu'il ne le pouvoit pas voir en une pareille conioncture sans se rendre suspect à la Cour, mais qu'il ne laissoit pas de luy estre affectionné et à nostre Estat, et qu'il ne manqueroit pas de passer de bons offices pour l'un et pour l'autre aupres des ministres, il respondit à sa civilité fort incivilement, disant que tous ceux qui le viendroient voir seroient les bien venus, et que si l'on n'y venoit pas il s'en soucioit fort peu.

Le 15°, nous fusmes à Charenton, et en revenant les mains de devant du carrosse manquerent, ce qui en fit renverser le coffre tout d'un costé. Le cocher ne s'appercevant pas de nostre chute, à cause que le train du carrosse rouloit tousiours, avança encore cinq ou six pas avant qu'il le sçeut; mais en nous entendant crier de toutes nos forces par bonheur il s'arresta. Le S' de Brunel et un de nous autres estoient iustement à la portiere du costé que le carrosse versa, mais grâces Dieu ils n'eurent qu'un peu les iambes escorchées bien que la rouë passast sur celles du S' de Brunel. La peur ayant esté plus grande que le mal, nous commençasmes à rire, les voyant adiustés de la plus plaisante façon du monde, car ils s'estoient couverts de bouë depuis la teste iusques aux pieds, par l'effort qu'ils avoient faict pour se tirer de dessous le carrosse et du beau milieu du ruisseau de la ruë de la Ferronnerie où cet accident nous arriva.

Le 16ᵉ, nous fusmes voir le Sʳ de Gillier, et treuvant la iournée tres belle pour la pourmenade, nous le disposasmes à prendre sa part de celle de l'Arsenal ; mais avant que d'y entrer, nous rencontrasmes le carrosse de l'ambassadeur de Hollande devant la porte des Celestins. Nous en avions veu l'eglise quelque temps auparavant qui est fort iolie, aussi bien que la chapelle où sont enterrez les ducs d'Orleans : leur tombe est superbe et il y a de plus trois colonnes de marbre et d'albastre, merveilleusement bien taillées, au-dessus desquelles il y a des vases de bronze où sont les cœurs des Roys Henri II et François II, et d'Anne de Montmorency, connestable de France. Nous en vismes par cette occasion le jardin, car l'y estant allés ioindre nous nous y pourmenasmes avec luy. Il est sur le derriere du couvent. On treuve d'abord des berceaux de vignes et ensuite de grandes allées de hêtres qui sont fort bien entretenuës et tonduës avec soin. Apres y avoir faict quelques tours, le pere prieur vint faire le compliment de la part du couvent à son Excellence, et luy offrit la disposition entiere de tout ce qui estoit en leur pouvoir. Il nous instruisit de toutes les beautez des fleurs qu'on y void en quelques petits iardins qui sont affectés au divertissement des peres les plus estimés parmy eux et qui aiment le plus à cultiver la terre. Du costé droit en entrant il y en a un qui est tout à fait propre et ioly ; on y voit quantité de petites grottes accompagnées de quelques statuës de bois, et de fontaines artificielles que le pere à qui appartient ce petit iardin fait iouer, et il nous en donna le plaisir. Tout cecy est entourné d'une grande muraille qui faict le clos du couvent qui est l'un des mieux rentés et des plus anciens de ce royaume.

Le 17e, nous fusmes au Cours avec le baron d'Arsilieres qui nous entretint de plusieurs traits d'adresse que les filoux avoient depuis peu mis en pratique; et entre autres, que ne treuvant plus tant de profit à voler les carrosses, ils iettoient les cochers de leurs chevaux en bas, lorsqu'ils revenoient de l'abreuvoir, et les emmenoient. Il nous donna cet advis afin que nous y prissions garde puisqu'il n'y a pas long-temps qu'on ioua un pareil tour en son quartier entre sept et huit heures du soir.

Le 18^e, apres avoir couru presque tout Paris pour chercher monsieur de Brederoode, nous rendismes visite aux Srs Thibaut, où nous apprismes que madame Saumaise estoit aux abois; et mesme pendant que nous y estions, on vint demander leur cocher pour conduire chez elle tous ses proches parents, le sien estant tombé de dessus le siege en choquant contre la pierre du coin d'une ruë et s'estant fort blessé. Nous fusmes ensuite demander le logis de monsieur de Brederoode à son vieux hoste, chez qui il avoit disné le midy ; il ne le sçavoit pas bien, mais nous l'ayant à peu pres indiqué, nous cherchasmes tant qu'à la fin nous le treuvasmes chez un baigneur assez proche de nostre hauberge. Il nous entretint de son dessein qui estoit de s'attacher à monsieur de Turenne, et mesme d'estre son cornette, si l'aisné des Rhingrave qui l'estoit venoit à quitter.

Il nous raconta que le chevalier de Montrevel, passant devant l'hostel de Guyse, rencontra le carrosse de monsieur de Candale (1). Il luy en vouloit pour quelque demeslé que son pere avoit avec le duc d'Espernon; et soit que son cocher eust le mot, ou qu'il le fist sans dessein, il voulut prendre le dessus de la ruë à celuy de monsieur de Candale qui, fasché de leur dispute, mit la teste à la portiere et cria tout haut : « Qui sont ces coquins qui ne me veulent pas laisser passer? » Montrevel luy respondit : « Monsieur, vous aviez eu tousiours envie de me faire un affront; » et sautant à mesme temps hors de son carrosse, vint tout droit à monsieur de Candale et l'obligea à mettre l'espée à la main, qui s'en fit donner une qu'un page luy portoit; il fust d'abord poussé si vigoureusement qu'il tascha de gagner une porte; ses gens le voyant en ce danger, crièrent: « tue, tue ce traistre! » et se ietterent tous dessus le chevalier, les uns luy donnant des coups de poings et de pierres, les autres parant ses coups avec des crochets des portefaix qui estoient là au-

(1) Louis-Charles Gaston de Nogaret, duc de Candale, né en 1624, mort en 1658, fils de Bernard de Nogaret, duc d'Espernon, gouverneur de Guyenne.

tour. Le bruict de ce combat fust bientost au logis du duc, qui n'estoit pas loin de là, et fit que son escuyer y accourust, qui ayant aussy tost mis l'espée à la main, en donna un coup au travers du corps du chevalier qui fust emporté à l'hostel de Guyse. Cet escuyer a esté fort blasmé, ayant donné ce coup par derriere. Tous les amis du comte de Montrevel prirent son parti et portèrent leur plainte au Roy de cette action qu'ils traittoient d'assassinat.

Nous receusmes ce mesme soir nos lettres, qui nous apprirent que le comte de Caravas avoit esté arresté par ses creanciers, comme il passoit sur le marché de la Haye pour aller à la messe : l'huissier accompagné de quatre sergents ne le mena pas en prison, mais en une maison proche, où il fust obligé à demeurer iusques à ce que son beau pere, le Sr de Ripperda (1), l'eust cautionné.

Le 19e, nous fusmes à l'academie du S^r d'Arnolphini pour y voir le manege ; et sur l'heure de midy nous allasmes disner chez le Sr de Kenenbourg qui nous avoit persecuté trois iours de suite de venir prendre ce repas avec luy ; il nous traita fort

---

(1) Député aux Etats généraux. (Voir la note au bas de la page 60.)

M. de Caravas, après avoir émigré avec le prince de Condé, avait été amnistié en 1654.

« Je suis aise d'avoir occasion de vous nommer M. le comte de Caravas pour ce que je luy dois ce temoignage qu'ayant quitté le party de M. le Prince et obtenu la grâce de l'amnistie il y a quatre mois, il est allé à Spa et de là est revenu en cette ville où sa conduite a esté fort réglée attendant qu'il plust au Roy de luy permettre de retourner à la cour. » (Dépêche de M. Chanut à M. de Brienne du 22 octobre 1654.)

bien et les viandes y estoient bonnes et bien apres-tées. Nous n'y demeurasmes pas long-temps, voyant qu'on s'y disposoit à boire, car la compagnie estoit toute flamande et qui en tel cas ne refuse pas de se prester le collet.

Le 20ᵉ, apres avoir fait nos lettres, mons. sur de Brederoode nous vint rendre visite, et nous dit une assez grande nouvelle, à sçavoir la mort de l'Empereur (1), qui avoit esté apportée en cette Cour par un courrier depesché expres. Ce qui fit que nous la creusmes asseurée est que deux iours avant l'arrivée de ce courrier, le marquis de Gonzague estoit venu en cette cour de la part du duc de Mantouë, beau-frere du defunct, pour essayer de renouër le traité de son maistre avec cette couronne, disant que les Espagnols ne luy avoient pas tenu parole et qu'il ne se croyoit plus obligé de leur garder la sienne. Mais on iugea d'abord que ce n'estoit qu'une adresse, et que se voyant à present privé du secours d'Allemagne et ne s'osant pas trop fier à l'espagnol, il aimoit mieux chercher le certain que de s'attendre à toutes leurs belles promesses qui se reduiroient bientost en fumée.

Le 21ᵉ, nous fismes une partie pour iouër au mail ; mais apres y avoir faict deux ou trois passes, nous en fusmes chassés par une grande et grosse pluye qui dura iusques au soir et qui nous obligea de nous en retourner à pied au logis, estants sans

---

(1) Ferdinand III, empereur d'Allemagne, né en 1608. Il avait épousé la sœur d'Anne d'Autriche, mère de Louis XIV.

carrosse à cause que le S⁺ de Brunel l'avoit pris pour faire quelques petites emplettes. En ce mesme temps on eust nouvelle que le Roy de Portugal (1) estoit mort, et que les Grands du Royaume se montroient peu affectionnés à la Reyne et à son fils : elle en avoit esté declarée tutrice et regente de ses Estats pendant cette minorité. Elle iugea d'abord que les mauvaises dispositions du dedans porteroient le Roy d'Espagne à luy faire une plus forte guerre. Pour s'y preparer et avoir du monde affidé, on publia qu'elle faisoit demander au Roy de France 2,000 chevaux, et que pour obliger S. M. à l'appuyer de toutes ses forces, elle traitoit de luy donner sa fille avec neuf millions. Il y avoit ici un Pere portugais qui negocioit de sa part, et qui a porté cette Cour à envoyer le S⁺ de Comminges en ambassade en Portugal : le temps nous apprendra à quel dessein il y est allé.

Le 22°, iour de dimanche, nous fusmes au presche chez nostre ambassadeur, parce que le iour d'auparavant il avoit trop plû pour aller à Charenton ; aussy n'avions-nous que deux chevaux, les autres estants malades. Le S⁺ de Saint Agathe son fils, qu'il avoit envoyé en poste en Hollande, à cause de la mesintelligence de cette couronne avec nostre republique, en estoit iustement de retour ; il nous dit que messieurs les Estats en avoient usé de la mesme façon que le Roy, ayants fait arrester tout ce qui

---

(1) Jean IV, chef de la dynastie de Bragance, proclamé roi en 1640, lorsque le Portugal redevint indépendant de l'Espagne.

appartenoit aux François, avec defense à tous nos marchands de ne leur acquitter aucune lettre de change et de ne rien payer de tout ce qui leur pourroit estre deu.

Nous fismes quelques visites l'apres dinée, et n'ayant pas treuvé monsieur de Brederoode, nous fusmes chez monsieur le Rhingrave, où ayants esté quelque temps, et l'heure de la comedie s'approchant, nous nous y en allasmes. On y representa celle des *Sœurs jalouses* (1), qui est certainement bien iolie, fort bien intriguée et entremeslée d'une divertissante boufonnerie. De là nous fusmes au Cours où nous treuvasmes une horrible confusion de carrosses, les uns voulants y entrer et les autres en sortir. Nos laquais furent obligés de s'y battre contre d'autres qui s'estoient mis devant nos chevaux pour les arrester afin que leur carrosse sortist; ils les repousserent si vigoureusement qu'ils les contraiguirent de ceder, et de nous laisser entrer. Quand nous nous en voulusmes retirer, pour eviter ce grand embarras, nous fusmes passer par le dehors du Cours.

Le 23ᵉ, nous reprismes la partie du Mail, que la pluye nous avoit empesché d'achever, et y employasmes presque toute l'apres disnée ; mais sur le

---

(1) *Les Sœurs jalouses, ou l'Escharpe et le Bracelet*, comédie en cinq actes, en vers, représentée en 1658.—Paris, Charles de Sercy, 1661, in-12. — Cette pièce fut jouée, comme on voit, pour la première fois en 1657, et non en 1658, au théâtre de l'Hôtel de Bourgogne ; elle est de Lambert, qui est également auteur de *la Magie sans magie*, comédie en cinq actes, en vers, représentée en 1660 et imprimée en 1661.

soir, le Sʳ de Brunel, accompagné de l'abbé de Sautereau, nous vint prendre pour aller faire un tour au Cours où nous ne treuvasmes pas une si grande presse que le iour d'auparavant. La pourmenade en estoit fort agreable, parce qu'il ne faisoit ny vent ny soleil, le temps estant couvert et la pluye des iours precedents ayant abattu la poussiere.

Le 24ᵉ, ayants cherché monsieur le comte de Roye, monsieur de Brederoode et quelques autres, que nous ne treuvasmes pas, nous nous rendismes chez le Sʳ Brasset qui ne faisant que de se lever de son petit lict de repos, estoit encore à demy endormy; nous connusmes d'abord que nous luy faisions tort et nous retirasmes pour luy laisser reprendre ses aises : aussy bien la conversation n'en estoit pas si divertissante qu'à l'accoustumée. Des que nous fusmes au logis, nous envoyasmes à la poste demander nos lettres ; on nous y dit qu'il n'y en avoit point, ce que ne pouvants croire nous y renvoyasmes pour la seconde fois, et on nous fit tousiours la mesme response : ce qui nous mit en peine, craignants qu'elles auroient esté interceptées à cause de la mesintelligence de cette couronne avec nostre republique, ou que quelque accident fust arrivé à nostre famille, qui auroit empesché nos proches de nous escrire.

Le 25ᵉ, nous fusmes delivrés de cette aprehension par la reception de nostre pacquet qui nous fut apporté au matin avec excuse de ce qu'on s'estoit mespris. Nous y apprismes que tout se portoit fort bien dans nostre maison, mais que nostre grand-oncle le president estoit en danger de passer en l'autre monde, estant autant incommodé de sa vieillesse que d'une maladie qui luy estoit survenuë.

Nous iouasmes l'apres disnée au Mail avec le Sʳ Herbert et nostre couzin de Speyck, qui y eust querelle avec le fils de monsieur de Bouillon la Marck (1), parce qu'ayant crié par deux ou trois fois : gare! il poussa son coup qui ne toucha aucunement le dit comte, mais l'obligea de faire un petit saut pour eviter la boule; de quoy s'estant fasché, il dit tout haut : « Qui est ce bougre qui a poussé si rudement ? » et en mesme temps ne se contentant pas de l'avoir iniurié, il prit sa boule et la ietta hors du ieu dans le pré. Le Sʳ de Speyck n'y ayant pas pris garde, et mesme n'ayant point entendu l'emportement de l'autre, en estant trop eloigné, voulut aller à sa boule pour achever la passe, et ne la treuvant pas demanda où elle estoit. Comme il la cherchoit, les assistants luy dirent : « Monsieur, c'est un de ces trois messieurs qui l'a iettée »; sur quoy rebroussant chemin pour parler à cette venerable troupe, luy dit : « Qui est-ce de vous autres messieurs qui a ietté ma boule ? » A quoy la Marck respondit fort orgueilleusement : « C'est moy! » Mon couzin repliqua : « Vous en avez tres mal usé. » L'autre sans hesiter luy dit : « Monsieur, vous sçaurez ma maison, ie suis homme d'espée et d'honneur. » — Mon couzin respondit : « Vous ne l'avez pas moustré, mais vous avez fait plus tost l'ac-

---

(1) Henry Robert de La Marck, dit duc de Bouillon.

tion d'un frippon et d'un coquin. » A cela l'autre ne sonna mot et poursuivit son ieu. Estant venu au bout il commanda à ses pages et laquais d'aller prendre des espées et des bastons, pour s'en servir contre nostre couzin qui n'en avoit pas et qui ne songeoit plus à cette affaire, d'autant que l'autre ne luy avoit donné le mot ou l'assignation pour tirer raison de l'affront. Les Srs de Rodet et de Brunel qui estoient demeurés au bout, virent faire ces preparatifs, ne sachants pas à qui il en vouloit, mais iugeants que l'embuscade s'adressoit à quelqu'un des nostres, parce que de plus il avoit arresté du pied la boule du Sr Herbert, demeurèrent là pour voir quelle issue prendroit le demeslé. Cependant le Sr Herbert voyant qu'on avoit arresté sa boule, tascha d'en faire de mesme de celle de l'autre, mais la manquant, alla au bout avec nostre couzin et nous autres pour achever la partie. Nous n'y fusmes pas, que la Marck retroussant son chapeau, alla tout droit à nostre couzin et luy dit en iurant : Je vous apprendray de traitter de frippon des gens de ma condition ! — Ouy, dit nostre couzin, tous ceux qui font de telles actions sont des coquins, et ie le soutiendray.... Et en mesme temps se ietta dessus luy et le secoüa un peu rudement ; et l'ayant pris au corps le fit reculer iusques aux planches du Mail ; sur quoy il cria : Mon espée ! mon espée ! Pages chargés ! laquais chargés ! — Le Sr de Brunel y accourust d'abord et luy dit : « Comment, monsieur, voulez-vous entreprendre un assassinat dans le iardin du Roy ? Songez bien à ce que vous faites ; » et luy osta son espée. La Marck tout estonné et effrayé luy dit : Monsieur, de quoy vous meslez vous ? ce sont des estrangers.—Le S⁷ de Brunel luy dit : ouy, ce sont des estrangers, et ie vous le monstreroy bien tantost, pourquoy ie m'en mesle, c'est que ie suis fort serviteur de ces messieurs.—Pendant ce demeslé, monsieur de la Feuillade (1) survint, qui connoissant le S⁷ de Brunel, luy demanda que c'estoit; lequel luy conta l'affaire comme elle s'estoit passée. Ensuite ledit comte de la Feuillade s'adressa à la Marck, et luy dit : « Monsieur, ce sont des gentilshommes d'aussi bonne maison que nous autres, et ie connais bien son frere; qui est mon amy et ie suis fort son serviteur. » —Pour éviter la surprise nous envoyasmes querir nos espées, et estant remontés en carrosse, nous retournasmes au logis, apres avoir laissé le sieur de Speyck chez un de nos amis, où il demeura caché, afin qu'il ne fust pas embarrassé d'un garde comme sa partie qui en eust un iusques au iour de l'accommodement.

Le 26°, le S⁷ de Schomberg nous vint voir, qui apres nous avoir raconté comment s'estoit passé le siege de la place où il commandoit, nous dit qu'on avoit donné à commander la compagnie de cavalerie du S⁷ Budwis, vieux brigadier allemand, à M. de Brederoode, afin qu'il ne fist pas la campagne en simple volontaire. Il devoit le lendemain faire la reverence au Roy, luy devant estre pre-

---

(1) D'Aubusson, duc de la Feuillade, qui devint maréchal de France et colonel des Gardes-Françaises.

senté par M. de Turenne. Il nous dit de plus que le Roy de Portugal avoit fait demander à S. M. par son envoyé, le comte d'Harcourt, pour luy donner le commandement de son armée contre les Espagnols qui le pressoient de près.

Il ne fut pas si tost parti, que le Sʳ de Saint-Romain arriva pour nous offrir son service en la querelle de nostre couzin, et voyant qu'il estoit midy, il nous dit qu'il vouloit disner avec nous. Nous fismes mettre le couvert en nostre chambre, afin d'estre hors de la foule de l'haubergue et de le pouvoir mieux entretenir. Il s'enquit fort de tout ce qui s'estoit passé à la Haye depuis son depart, et comment tous ceux de sa famille se portoient. Il nous dit que madame Saumaise estoit morte, et que le Sʳ d'Oudeyck avoit si bien caiolé un ioyalier, nommé Constant, qu'il en avoit tiré des diamants pour deux ou trois mille francs. Nous demeurasmes le reste de la iournée au logis pour tenir compagnie à nostre couzin qui n'osoit pas paraistre de peur d'estre arreté.

Le 27ᵉ, nous fusmes mandés par un garde de la mareschaussée de venir chez M. le mareschal d'Estrée (1) qui est doyen des mareschaux de France. Ayant ouï les plaintes de part et d'autre, il iugea que le comte de la Marck eust pû se passer de ietter la boule du Sʳ de Speyck, et de luy dire qu'il sauroit son logis, et qu'aussi nostre couzin

---

(1) Frère de la *charmante Gabrielle*; né en 1573, mort en 1670. Auteur de mémoires sur la régence de Marie de Médicis. Il avait été ambassadeur à Rome.

l'ayant appelé fripon, il sembloit que l'iniure estoit reciproque : sur quoy il leur ordonna d'estre amis et il les fit embrasser, voulant que nous en fissions de mesme. Nous le remerciasmes de la peine qu'il avoit prise, et nous nous en retournasmes au logis pour escrire nos lettres ; nous y employasmes le reste de la iournée.

Le 28e, ayants conduit au carrosse de Bourges le Sr de Rodet, qui alloit à Bourbon prendre les eaux et tascher de recouvrer sa santé qu'il avoit euë assez alterée pendant tout l'hyver, nous nous fismes mener à l'academie où nous employasmes toute la matinée. Nous envoyasmes à notre retour le carrosse chez le sellier, ne restant plus que deux iours des trois mois qu'il nous l'avoit garanty. Nous fusmes par là obligés de passer l'apresdisnée au logis.

Le 29e, nous fismes nostre devotion au logis, n'ayant plus que deux chevaux qui pussent travailler. Nous ne pusmes pas aller chez M. l'ambassadeur de Hollande, qui n'avoit plus de ministre : on faisoit bien les prières et on lisoit quelque homelie, mais le lecteur s'en acquittoit si mal qu'on l'escoutoit presque sans profit. L'apresdisnée nous fusmes chercher un pré pour nos chevaux malades, que nous treuvasmes après en avoir esté assez long temps en peine. Le maistre fit au commencement quelque difficulté de les recevoir, disant qu'ils infecteroient son clos, parce qu'il connut bien qu'ils estoient atteints de morve qui est une maladie fort contagieuse et qui se communique ; mais enfin il se laissa persuader à accepter l'offre de deux louys d'or par mois pour chaque cheval et nous l'obligeasmes à en respondre. Nous estant ainsi dechargés de ce fardeau, nous nous en retournasmes au logis, afin d'y reprendre nostre autre monde pour la pourmenade, que nous y avions laissé : mais avant que d'y aller, nous treuvants proche le petit arsenal, qu'on a destiné aussi bien que Bissestre et la Pitié au renfermement des pauvres et des gens qui vont truchant (1) par les ruës, nous le fusmes voir. On y fait quantité de preparatifs pour y bien loger les gueux : on y a desia assemblé bon nombre de chalicts, de paillasses et de matelats : ils sont disposés en divers grands bastiments, qui en partie y estoient et qu'en partie on a fait faire. Il y a pour y loger quatre ou cinq cents pauvres. L'air y est parfaitement bon, et l'enclos si grand qu'ils y auront où se pourmener à leur ayse, les iours qu'on ne les occupera à aucun travail ; car le dessein est que chacun y exerce quelque mestier. On accommodoit dans les cuisines de grandes marmites qui tesmoignoient qu'on ne vouloit pas les mal nourrir. C'est le plus bel establissement dont on se pust iamais adviser, et c'est une merveille qu'on ne voye à present pas un mendiant dans Paris qui en fourmilloit autrefois. On en a l'obligation à ce grand homme (2), le sieur de Bellievre, qui par cette action de l'esta-

---

(1) *Trucher*, vieux mot qui signifie mendier par paresse.

(2) La qualification de grand homme n'avait pas en 1657 la même portée qu'aujourd'hui : il n'impliquait pas l'idée de l'héroïsme, mais seulement celle d'un mérite supérieur ou d'une grande vertu.

blissement de l'Hospital general, se seroit immortalisé, quand bien il n'en auroit fait mille autres que la posterité ne doibt iamais oublier, et qu'il n'auroit pas dotté cet hospital de 6,000 livres de rente.

Nous ne fusmes pas arrivés au logis, que les Sʳˢ de Gillier et Saleou nous viudrent voir en siege avec intention de prendre leur part de la pourmenade, ce qui nous obligea de changer de carrosse, et de nous servir de celuy de nostre couzin estant plus propre pour tant de monde. Nous ne fismes qu'un tour aux Thuilleries, parce que le temps nous menaçoit de quelque ondée. En effet nous n'estions pas remontés en carrosse, qu'il commença de pleuvoir à verse; mais voyants que cette pluye ne seroit pas de longue durée, nous allasmes au Cours qui estoit du commencement bien desolé. Il se grossit en un moment par l'arrivée de Monsieur, suivi de quantité de carrosses. On a accoustumé d'arrester pour tous les Fils de France, c'est-à dire pour tous ceux qui sont immediatement enfans du Roy. On traite Mademoiselle comme si elle l'estoit, et on arreste devant elle, parce qu'elle tient rang de fille de France, n'y en ayant point; mais on n'arreste pas pour tous les autres princes du sang. Comme donc nous avions arresté devant le carrosse de Monsieur, qui estoit rempli de dames parmy lesquelles estoit la comtesse de Soissons nouvellement mariée, il voulust que les files marchassent touiours de peur d'embarras, et cria tout haut : « Messieurs, marchés, marchés touiours, s'il vous plaist! » ce qui nous obligea à faire avancer nostre cocher.

Le Roy y vint aussi sur la fin, et y parust en deuil aussi bien que toute sa suite et tout son train : il l'avoit pris de l'Empereur. Les princes ont de coustume de ne prendre le deuil les uns des autres, qu'ils n'aient reçeu un courrier de la part des parents du mort; mais on ne l'attendit point en cette rencontre parce que quand les princes sont proches parents, ils le prennent les uns des autres au premier advis qu'ils en ont : et l'Empereur estoit oncle du Roy, ayant espousé en première nopce, la sœur puisnée de la Reyne de France.

La foule s'estant ainsi renduë fort grande au Cours, nous en sortismes de bonne heure, afin d'eviter la presse, et estant arrivés au devant de la Volière du Roy où logeoit M. d'Estrades (1), et où les porteurs de ces deux Messieurs les attendoient,

---

(1) Godefroy comte d'Estrades, né en 1607; maréchal de France en 1675, mort en 1686. — Peu d'hommes ont eu à remplir un plus grand nombre de missions diplomatiques et militaires. Il négocia notamment à Londres l'acquisition de Dunkerque, et figura comme plénipotentiaire au congrès de Nimègue. — Il fut deux fois ambassadeur extraordinaire en Hollande, en 1649 et 1666. — Il avait été colonel d'un régiment français au service de ce dernier pays, et l'on voit dans les instructions données à M. de Thou, que cet ambassadeur était chargé, comme l'avait été son prédécesseur, d'agir au besoin pour que son régiment lui fût conservé malgré son absence. « Sa Majesté entend, est-il dit dans ces instructions, qu'en toutes occasions ledit sieur président de Thou procure que la faveur accordée au dit sieur d'Estrades ne soit point revoquée; cela ne se pouvant faire sans blesser le respect deu à la recommendation que S. M. en a faicte et qui a desia eu son effect. »

ils y mirent pied à terre, et nous suivismes la foule des carrosses pour gagner nostre logis. Il y en eut un qui estant derriere voulut à toute force devancer le nostre et couper la file, et mesme il s'estoit tant approché, que peu s'en fallust qu'avec une de ses roues il n'emportast la botte de la portière, bien que le Sr de Brunel le menaçast de coups. Nos laquays voyant que pour cela il ne cessoit de faire son possible pour nous rompre, descendirent et prenant ses chevaux pas la bride, les arresterent. Le cocher ne pouvant plus avancer, et se treuvant un peu piqué de cet affront, fut assez sot que de mettre pied à terre, pour leur donner quelques coups de fouet, croyant de les faire fuir; mais il fut bien trompé, car au lieu d'en donner aux nostres, il en receut tant de coups de baston sur la teste et par tout le corps, qu'il fut obligé de retourner à son carrosse, bien battu; un de ceux qu'il menoit sortît du carrosse et pria nos laquays de luy rendre son fouet dont ils s'estoient saisis pendant la bataille. Il en fut encore quitte à bon marché, parce qu'un de leurs bastons cassa et fit qu'ils ne le purent charger autant qu'ils le souhaitoient, et qu'il le meritoit.

Le 30e, nous rendismes visite à Monsieur le Premier, que nous treuvasmes en sa belle humeur. Il nous tesmoigna d'abord qu'il avoit appris avec plaisir l'accident qui nous estoit arrivé, croyant que nostre carrosse avoit esté renversé et brisé au Cours; mais nous luy dismes qu'il n'y avoit point tant de mal qu'on le luy avait figuré, et que ç'avoit esté au retour de Charenton que les mains du carrosse avoient manqué. Dans l'entretien il nous dit que le S^r des Champs luy escrivoit de Londres qu'il n'y avoit guere d'apparence d'y trouver de beaux coureurs pour en pourvoir l'escurie du Roy, et qu'il seroit presque necessité de s'en retourner sans en acheter. Son valet l'estant venu advertir que le carrosse estoit prest pour aller au Louvre, nous luy dismes adieu, et allasmes chez le Sr de Ficquefoord pour y apprendre quelques nouvelles dont nous pussions faire part à nostre ambassadeur que nous voulions visiter en suite. Nous treuvasmes madame de Londy sa fille dans la chambre toute seule et en Iaponne, ne sortant plus à cause de l'incommodité de sa grossesse. C'est une jeune femme de vingt ans, bien faite, iolye, et de tres agreable entretien ; nous fusmes assez longtemps avec elle, en attendant que son pere vint, qui par son arrivée nous fit changer de discours, car on commença à parler d'affaires d'estat, et entre autres de celles de nostre Pays. Il nous dit qu'on faisoit courir le bruict en Hollande que les François estoient entrés en ligue avec les Anglois, et mesme qu'ils avoient signé les articles de part et d'autre pour nous ruiner nostre commerce, et qu'il croyoit que s'il n'y avoit quelque intelligence, cette Cour n'auroit iamais poussé si avant cette affaire qui l'avoit portée depuis quelques iours à faire publier à cry de trompe de la part du Roy, qu'on ne payeroit aucunes lettres de change appartenantes aux Hollandois dont on avoit de plus saisi tous les effects : et que là dessus M. l'ambassadeur de Hollande avoit si bien negocié par M. d'Estrades auprès de S. E. qu'elle luy avoit accordé une audience pour tascher d'adoucir ces extremitéz qui ne tendoient qu'à une rupture desavantageuse pour l'un et pour l'autre estat. Pour en estre mieux instruicts, nous fusmes tout aussi-tost chez nostre ambassadeur : mais nous ne le pusmes pas voir, à cause qu'il estoit avec l'ambassadeur d'Angleterre, dont nous treuvasmes le carrosse devant la porte.

Aprés avoir achevé nos visites du Fauxbourg et avoir cherché les Srs de Sarcamanan et Molines, que nous ne treuvasmes pas, nous repassasmes le pont et fusmes chez le Sr Chanut (1), qui a esté ambassadeur en nos quartiers. C'est une personne de merite, sçavante et tres intelligente des affaires de l'Europe ; mais à tant de belles qualitez il en a ioinct une qui n'est point du temps, et qui va à mepriser la pompe et la vanité iusques-là que cette vertu semble estre affectée en une personne qui s'estudie à ne vivre qu'à la stoïque. Il y a touiours beaucoup à apprendre en sa conversation. Il questionna fort le Sr de Brunel sur diverses particularitez du royaume d'Espagne, et principalement sur ses ministres, quelles gens c'estoient, de quelle façon ils vivoient, et comme ils recevoient les estrangers. Après divers discours de cette nature, il se mit à contempler nos canons et la bigearrerie

---

(1) Voir la note au bas de la page 60.

de la mode : ce qui luy fit dire que les François estoient d'estranges genies, et que souvent ils inventoient des choses qui les incommodoient. Et sur cela il nous fit un plaisant conte ; à sçavoir que le Sr de Lionne(1) estant arrivé à Gennes, lorsqu'il s'en alloit en ambassade à Rome, les principaux de la Republique le traitèrent et donnèrent le bal à Madame sa femme. Toutes les dames de condition y furent priées, qui estoient adiustées à leur mode avec des garde-infantes. Les François qui estoient de la suite de l'ambassadeur y vindrent aussi avec leurs grands canons et attirèrent les yeux de tout le monde ; chacun en raisonna à sa mode, mais la plupart creust qu'ils ne portoient ces vertugadins aux iambes que pour se moquer de leurs femmes qui en portoient autour de leurs corps, parce qu'elles suivent la mode d'Espagne. On en murmura ; mais quand on sçeust que c'estoit veritablement la mode reçeue en France, on ne fit qu'en rire.

Nous fusmes ensuite voir le sieur de Launay Vivans, conseiller en la chambre de l'edict de Bourdeaux. Il est de fort bonne maison et nous l'avions cognu particulierement à Leyde pendant nos estudes. Il est venu en cette ville pour quelque affaire de finance, et pour en traiter plus commodement, il s'est logé tout auprès du Sr Fouquet,

---

(1) Hugues de Lionne, né à Grenoble en 1611. Il avait été envoyé comme ambassadeur extraordinaire à Rome en 1644, pour assister au conclave dans lequel Alexandre VII fut élu. Il devint ministre des affaires étrangères en 1661.

procureur general et surintendant. Ne l'ayant pas treuvé, nous fismes avancer le carrosse iusques au Temple, qui n'est pas à cent pas de là, pour prendre une bague que le S⁻ de Brunel y avoit commandée. A peine avions-nous fait le quart du chemin, que son laquais nous courant après nous vint dire que son maistre venoit d'arriver et nous prioit de retourner. Nous fismes d'abord tourner le carrosse et le treuvant à la porte, nous descendismes et nous luy fismes nostre compliment sans qu'il nous reconnust : mais le S⁻ de Brunel qui l'avoit veu le iour d'auparavant, luy dit que **nous estions les S⁻⁻ de Villers** qu'il avoit connus à Leyde ; sur quoy nous embrassant il nous demanda pardon de ce qu'il nous avoit obligés à retourner, nous ayant pris pour un capitaine du mesme regiment que son frère, qui a le mesme nom que nous. Il nous pria de monter en sa chambre, quoyqu'il commençast à faire nuict. Nous renouvellames l'ancienne cognoissance, et y fusmes assez longtemps. Il nous demanda force nouvelles de nostre Pays et principalement des damoiselles de Leyde, entre lesquelles il avoit eu autrefois quelques maistresses (1). Il nous dit qu'il s'étoit marié avec une de ses couzi-

---

(1) Ce mot n'avait pas alors la même signification qu'aujourd'hui : dans le sens primitif et délicat qu'il conservait encore, il signifiait l'espèce de véritable empire exercé par une personne aimée. C'est ainsi que dans le *Polyeucte* de Corneille, Pauline dit en parlant de son époux :

« Mon père fut ravi qu'il me prit pour maîtresse. »

(Acte I. Scène III⁰.)

nes germaines, qui porte le mesme nom que luy, avec laquelle il a eu en mariage, le premier iour de ses nopces, 25,000 escus en argent liquide, voulant faire connoistre par là qu'il n'avoit pas mal fait d'avoir attendu si longtemps. Il nous dit aussi que si on nous arrestoit nos lettres de change, il avoit encore de l'argent à nostre service, quoyqu'il fust interessé en cette saisie pour plus de 500 livres. Que Messieurs du Parlement de Bordeaux avoient depesché un envoyé au Conseil du Roy pour luy representer le dommage qu'ils recevoient de cette defense du trafic avec les Provinces de Hollande, et supplier S. M. de n'y pas comprendre leur ville qui n'a pas besoin de faire de nouvelles pertes, en ayant faict d'assez grandes pendant les derniers troubles, que tout son commerce cessa et fut interrompu. Mais ceux du Conseil l'ont renvoyé sans avoir rien resolu en leur faveur, ce qui les fait bien murmurer, comme aussi quelques villes de Bretagne, qui perdent beaucoup ne pouvant faire le debit de l'envoy de leurs marchandises.

Il nous apprit aussy qu'il n'y avoit pas longtemps qu'il avoit parlé à Pierre Jarrige, cet effronté jesuite qui ayant changé de religion s'etoit refugié à Leyde, où tout le monde contribua d'abord pour son entretien à cause qu'il avoit d'assez beaux dons pour l'eloquence dont il faisoit profession et qu'il enseignoit en des colleges particuliers. Mais quelque temps après par despit et par vanité, estant l'homme du monde le moins chrestien, et qui à la mauvaise teinture de Loyola avoit ioinct un esprit tout à fait mondain, il se retira à Anvers, s'y refit papiste, et à tout ce zèle fait pour la vraye pieté qu'il avoit temoigné, et à la declaration qu'il avoit faite en pleine Église, il mit aussi au iour un certain livret, par lequel il eust bien voulu se dedire de tout ce qu'il avoit avancé contre les Jesuites et leurs actions en un livre qu'il avoit fait imprimer peu de temps apres son arrivée en Hollande, et qu'il avoit intitulé: *Les Jesuites sur l'eschaffaud* (1). Il est presentement à Thule, lieu de sa naissance, où il vist en prestre seculier. Il demanda au Sr de Launay ce qu'on disait de son depart et de son second changement; mais l'autre luy respondit qu'on n'en disoit pas grand chose, et qu'on ne l'avait iamais creu bien converty : aussy ce seroit un prodige qu'un Jesuite le fust de bonne façon, et aussi rare que si *Simia exueret simiam, aut vulpes vulpem.*

Le 1 de May, sur ce que l'on nous dit que le Roy couroit la bague à la Place Royale, et que tout Paris y estoit accouru pour voir cette magnificence, l'envie nous prit aussi d'y aller, et nous nous y rendismes le plus viste que nous pusmes. Mais y estant arrivez, nous eusmes un pied de nez, n'y voyant personne, ny aucune apparence que le Roy y vinst. Nous trouvants au quartier du Sr Daunoy, du chevalier Rivière, du S^r d'Haucourt, et de l'abbé

---

(1) Voici le titre exact de ce livre: *Les Jésuites mis sur l'eschafaud pour plusieurs crimes capitaux, par Pierre Jarrige.* Leiden, 1649. In-8°.

de la Vieuville, nous fusmes à leurs logis, mais n'ayant rencontré personne, et estants près de l'Arsenal nous y fismes un tour, et apprismes que le iour auparavant toute l'artillerie qui avoit esté apprestée pour l'armée estoit partie.

Comme nous fusmes au bout de la grande allée, nous y vismes la iachte qui avoit esté faite autrefois entre Delft et Rotterdam. Il y avoit grand monde qui s'amusoit à la regarder, et l'aborder dans de petites barques. Aussy estoit-elle icy un obiect nouveau et dont ils sont obligés au Sr Servien qui l'a fait venir pour s'en servir à descendre la rivière iusques à son Meudon (1). Elle est peinte, dorée, et fort adiustée, et il n'en faut pas tant pour faire accourir ce peuple qui s'attroupe aysement et en vrays badaux d'où ils portent le nom.

En nous retirant nous passames chez le comte de Montresor (2) que nous ne trouvasmes pas, et nous arrestames chez les Srs Tibaut que nous treuvasmes

---

(1) Le comte Servien, surintendant des finances, avait acheté en 1654 le château de Meudon, et il avait fait faire en Hollande, par les soins de M. Chanut, un yacht de plaisance pour aller et venir sur la Seine. On trouve parmi les dépêches diplomatiques de ce temps la correspondance curieuse qui eut lieu entre le surintendant et l'ambassadeur au sujet de ce yacht (Voir l'*appendice* n° II). — Le roi en eut plus tard envie, et M. Servien en fit cadeau à S. M., dit M. de Thou dans une de ses dépêches.

(2) Claude de Bourdeille, comte de Montrésor, attaché au parti du duc d'Orléans, avait été exilé en Angleterre, du temps du cardinal de Richelieu; il prit part aux intrigues de la Fronde, et a laissé des mémoires sur les événements de son époque. Mort en 1663.

ioüants à la boule. Ils quittèrent tout aussi tost et vindrent demander conseil au Sr de Brunel, sur un voyage qu'ils estoient prests d'entreprendre, en resolution de voir une partie de la France de et passer en Italie : ils estoient en peine s'ils devoient se mettre en chemin, car ils apprehendoient que si cette Couronne en venoit à une rupture avec nostre État, ils ne seroient pas en seureté : le Sr de Brunel leur dit, qu'ayant bon passeport du Roy, ils pourroient aller par tout ce royaume, sans que personne leur osast rien dire, et qu'il avoit ainsi voyagé avec le Sr de la Platte, sans qu'aucun mal leur soit iamais arrivé en sept ans de temps. Ce discours servit à les rassurer; et pour leur laisser reprendre leur ieu, nous leur dismes à Dieu, et fusmes aux Thuilleries, et delà au Cours où le Roy et Monsieur vinrent sur le tard.

Le 2e, ayants trois chevaux malades, nous ne pusmes pas sortir, et fumes obligés à garder la maison. Nous y avions un ministre de Tours, nommé le Sr Rosaire, couzin du Sr de Manse, qui nous dit à son retour du Synode, que nous avions perdu ce iour là l'un des plus habiles et iudicieux ministres de cette Église, le Sr Mestrezat, mais qu'en recompense on avoit resolu au dernier Synode la vocation du Sr Morus, et qu'on l'attendoit à present avec une grande impatience (1).

(1) M. de Thou raconte que lors de la visite qu'il fit à la ville d'Amsterdam, où il reçut une hospitalité vraiment royale en sa qualité d'ambassadeur de Louis XIV, le sieur Morus fit une harangue latine dans la grande salle de l'Académie. « Je fus, dit-il,

Nous reçeusmes ce mesme soir nos lettres, par lesquelles on nous marqua l'arrivée du Sr de Thou, et que trois iours après il devoit avoir sa première audience. Elles nous apprirent aussi que Messieurs les Etats Generaux avoient partagé leurs troupes de Dantsick en quatre compagnies et leur avoient donné quatre capitaines en chef, mais avec cette reserve que le Sr de Sterrenbourg commandera les trois autres en qualité de colonel et de mesme qu'avoit fait son predecesseur.

Le 3e, Messieurs les ambassadeurs de Hollande et de Venise s'entrevirent pour la première fois dans le iardin d'un particulier, afin de vuider la vieille dispute qui n'estoit qu'une vetille et qui n'avoit pas laissé de les empescher de se rendre visite l'un à l'autre. Elle estoit venuë de l'instruction que le predecesseur du Sr Justiniani luy avoit laissée, selon laquelle il se devoit gouverner. Il y avoit marqué de quelle façon il avoit vescu avec les autres ambassadeurs, les tiltres qu'il leur avoit donnés et qu'il n'avoit iamais traité d'Excellence celuy de Hollande. Cela fit que rendant visite à tous les ministres des Princes et Estats qui sont alliés de la

convié d'y assister avec tout le magistrat et tous les principaux de la ville ; il y desploya toutes les forces de son eloquence où il est grand maistre pour faire un panegyrique de la France, de Leurs Majestez et de son Conseil, et ensuite s'estendit sur les louanges de la paix, sur l'accommodement et sur les advantages qui en reviennent à la ville et à l'Estat, et parla cinq quarts d'heure ; et certainement son action fut belle et auroit esté parfaicte s'il se fust abstenu, comme je l'en avois supplié, de parler de moy, ou en eust parlé plus modestement qu'il ne fit. » (Dépêche de M. de Thou à M. de Brienne du 19 octobre 1657.)

Seigneurie (1), il re traita point le nostre d'Excellence : ce qui le piqua, et avec raison puisque nos ambassadeurs sont traités par tout comme ceux des testes couronnées. Ils se separèrent fort froidement, et il lui envoya dire qu'il estoit fort estonné qu'il ne luy eust pas donné un tiltre qui luy estoit deu. L'autre respondit qu'il avoit suivy les instructions que son predecesseur luy avoit laissées par escrit, où il marquoit qu'il n'avoit pas traité l'ambassadeur de Hollande d'Excellence, et qu'il ne pensoit pas de luy avoir rien osté, puisque son predecesseur ne le luy avoit pas donné.

Cependant en cette conioncture l'ambassadeur de Venise a offert de s'entremettre pour apaiser un peu la Cour envers nostre ambassadeur; mais comme on a parlé d'une entrevuë, la vieille difficulté l'a empeschée; car bien que l'ambassadeur de Venise eust fait sçavoir au nostre qu'il avoit ordre de le traiter comme les ambassadeurs des testes couronnées, il ne se contentoit pas de cette civilité, et vouloit que celuy de Venise lui rendist visite le premier et lui donnast le tiltre; ce qui fascha l'autre, et le porta à dire que s'il ne l'eust pas exigé il l'auroit fait, mais puisqu'il en vouloit user ainsy il ne le verroit point qu'il ne l'eust veu. Les amis communs ont treuvé un moyen de faire qu'ils se voyent sans qu'ils se pointillent, et ont fait qu'ils se soient rencontrés à la pourmenade, dans le iardin d'un tiers où ils ont conferé

---

(1) Le doge de Venise était qualifié de *Seigneurie sérénissime.*

ensemble, et restabli l'intelligence qui avoit esté fort petite depuis deux ou trois ans.

Le 4°, nous employasmes l'apres disnée à escrire nos lettres ; après les avoir achevées nous descendismes à la chambre de nostre hostesse, où nous treuvasmes le Sr de Chambarant, gentilhomme de Dauphiné, qui estoit venu loger en nostre haubergue depuis quelques iours : nous nous y entretinsmes de diverses choses ; il nous apprist deux excellents remedes, et qu'il avoit esprouvé luy mesme, l'un pour la pleuresie, et l'autre pour la gravelle : ces maux sont si ordinaires en nos quartiers, qu'il ne sera pas hors de propos que nous en mettions icy la recepte.

Recepte pour la pleuresie. Il faut prendre une poignée de cerfeuil, du persil et du fenouil, et mettre tout cela sur le feu dans un pot vernissé et bien bouché, avec trois verres de vin blanc. Il faut le laisser bouillir, iusques à ce qu'il soit réduit à un bon verre, et après avoir bien pressé les herbes, on en donnera le jus au malade si chaud qu'il le pourra avaller. Nota que la saignée doit preceder. — *Recepte pour la gravelle.* Il faut cueillir des gratteculs de roses sauvages quand ils sont rouges, et les faire seicher au four, et en mettre une poignée dans trois pintes d'eau, et les faire bouillir comme une ptisane, et ayant passé le tout par un linge, en boire aussi chaud qu'il se pourra. Il se faut aussi purger deux ou trois fois quand on se sent attaqué de ce mal, et apres recourre touiours à sa boisson, sans en prendre d'autre.

Le 5°, estant allés au faubourg Saint-Victor chez quelques ouvriers de fort iolies estoffes façonnées demy soye et demy laine, nous y en vismes d'assez belles. Elles sont fort à la mode, et comme nous voulions nous habiller, nous y en choisismes une dont la piece n'estoit pas achevée, mais qu'on nous dit que nous pourrions avoir dans deux ou trois iours. Nous donnasmes ordre qu'on nous l'apportast, et estant près du clos où nous avions mis paistre nos chevaux nous les y fusmes voir, et treuvasmes que ce coquin à qui nous avions donné de bon argent, en avoit lié un à un arbre en un endroict où il n'y avoit que des orties et de meschantes herbes. Il est asseuré que si nous n'y eussions fait un tour il seroit mort, car il n'estoit plus reconnoissable tant il estoit maigre et efflanqué. Nous le fismes incontinent detacher et remettre en plein pré où il mangea avec une avidité de este qui avoit fait diete. Le Sr de Brunel pesta fort contre cet homme et voulut luy parler, mais il se treuva pour son bonheur qu'il n'estoit pas en sa maison ; car s'il l'eust rencontré il luy auroit appris son mestier à grands coups de baston (1).

A nostre retour nous allasmes chercher M. le Rhingrave, et ne l'ayant pas treuvé, nous fismes demander le Sr de Molendin, avec lequel le Sr de Brunel nous fit faire connoissance. C'est un fort honneste homme et qui a beaucoup de belles qualitez. Il a esté elevé page de M. le duc de Longueville, et bien qu'il soit fort estimé à la Cour, il a eu le malheur qu'il n'est guère aimé des capitaines des Gar-

---

(1) Ce détail est une preuve de plus que les coups de bâton, si fréquents dans les comédies de Molière, étaient empruntés à la vie réelle du temps.

des Suisses dont il est colonel. On l'accuse de ne porter pas assez rigoureusement les interests de la nation, et qu'ayant touiours esté nourri en France, il n'est qu'à demy suisse. Il fut blessé au siége de Valenciennes à une iambe, et en est encore si incommodé qu'il ne marche qu'avec des bequilles : il se preparoit d'aller aux eaux de Bourbon, pour s'y faire donner la douche et de là passer en son pays, puisqu'il ne peut pas faire la campagne. Nous nous entretinsmes avec luy dans sa court, mais pour ne le pas incommoder, voyant qu'il se tenoit debout, nous fusmes au palais Royal où ayant treuvé le Sr de Schomberg, qui ioüoit au piquet avec Milord Craast, nous les quittames et fusmes faire un tour au iardin où il ne manque pas de monde sur le soir.

Le 6e, nous menasmes à Charenton le Sr de Manse pour entendre prescher le Sr Rosaire son couzin, qui fist une fort bonne action (1). C'est un ieune homme de vingt quatre ans, qui a de beaux dons et qui sera un iour fameux predicateur, ayant du sçavoir, de l'etude et de l'eloquence. Il est de plus d'une fort agreable conversation et debite avec grace et politesse. Nous retournasmes disner à Paris, et fusmes l'apresdisnée à la pourmenade et au Cours. A l'entrée des Thuilleries nous treuvasmes les Srs de Gillier et Saleon, qui nous accostèrent et nous dirent que Messieurs les ducs de Vendosme et

---

(1) C'est-à-dire *action oratoire*.

d'Espernon (1) avoient eu ce iour mesme querelle ; sur ce que M. d'Espernon, sortant de la chambre de la Reyne et voyant venir de loin M. de Vendosme, demeura ferme dans la porte de l'antichambre, feignant de raiuster quelque chose ; M. de Vendosme se tenant par les costés voulut passer, et en mesme temps choqua M. d'Espernon qui faisant semblant de chanceller tomba sur M. de Vendosme, et luy donna un coup de poing au dos. M. de Vendosme luy dit tout en colère : « Comment, coquin, vous me voulez disputer le passage ? vous vous faites fort du lieu où vous estes, car si ie ne le respectois ie vous ferois roüer de coups de baston par mes gens. » Tout cecy fut rapporté au Roy qui pour empescher les malheurs qui en pourroient arriver, commanda au comte de Charost (2) et au Sr de Navailles, capitaines des gardes du Corps, de les mener coucher tous deux à la Bastille, ce qui fut d'abord executé.

Aprés avoir fait quelques tours aux Thuilleries, nous remontasmes en carrosse avec ces deux Messieurs qui nous avoient priés de les mener au Cours. Nous y treuvasmes le Roy avec une si grande foule de carrosses, qu'à la sortie il nous fut presqu'impossible de nous en tirer et de regaigner le logis avant les 9 heures du soir, et ceux qui restérent après nous y furent pour le moins iusques à 10 ou

---

(1) Bernard de Foix et de La Valette, duc d'Épernon, gouverneur de la Guyenne, mort en 1661.

(2) Louis de Béthune, comte puis duc de Charost, né en 1605, mort en 1681.

11 heures, y en ayant plus de deux cents derrière nous.

Le 7ᵉ, au matin, toute la Cour partit d'icy pour Compiegne ; mais avant son depart le Roy envoya querir à la Bastille Messieurs de Vendosme et d'Espernon, pour les accorder. Il leur defendit sur peine de la vie, de ne parler plus de leur demeslé, et de ne s'en ressentir en aucune façon, commandant ensuite à M. d'Espernon de partir ce iour mesme pour son gouvernement. L'apresdisnée nous rendismes visite à M. de Brederoode : nous le treuvasmes avec M. le Rhingrave tout empesché à ses emplettes pour la campagne. Un brodeur luy ayant apporté les couvertes de ses mulets, qui estoient très-richement brodées, M. le Rhingrave fit venir un des caparaçons des siennes pour en confronter les broderies et que nous en dissions nos advis. Il fit tirer de l'escurie ses quatre chevaux anglois, que le Sʳ Oversteyn, qui le sert presentement en qualité de gentilhomme, luy avoit amenés deux iours auparavant d'Angleterre. Ils sont d'une fort iolie taille et d'un prix raisonnable, ayant payé pour chaque cheval 30 pistoles. Mais afin que nous ne luy fussions à charge nous prismes congé de luy,

De là nous fusmes chercher le Sʳ de Voorst, fils du Sʳ de Keppel, que nous avions veu le matin en nostre academie avec le Sʳ de Marbay, mais ne les treuvant pas nous fusmes demander nostre ambassadeur qui nous dit qu'on avoit envoyé à Calais trois commissaires de guerre avec le Sʳ de Touchepiés, proche parent du Sʳ Servien, surintendant des finances, pour y recevoir les 6000 Anglais que le Protecteur a destinés pour le secours qu'il a promis à cette Couronne. Il adiousta qu'il couroit un bruict que ledit Sr de Touchepiés les commanderoit en qualité de lieutenant general, et que M. de Navailles (1), gouverneur de la Bassée, en seroit le general ; et que pour effectuer d'abord ce qu'on avoit promis au Protecteur, on avoit fait compter au Sr Lockard, son ambassadeur, 400,000 livres pour leur payement, et qu'ainsi on tascheroit de luy donner une entière satisfaction de tout le convenu avec son maistre.

En sortant de chez nostre ambassadeur, nous envoyasmes un laquays devant, pour demander si le Sr Brasset estoit chez soi. Nous le treuvasmes occupé à une bonne œuvre, car il estoit sur le poinct de signer le contract de mariage de sa fille avec un gentilhomme du pays du Mans, nommé Beauregard. C'est un garçon bien fait, qui a de l'esprit et cinq ou six mille livres de rente en fond de terre. Il est de très bonne maison, tellement que le pere ne pouvoit avoir mieux choisy un party plus advantageux pour sa fille. Afin de ne le pas troubler en un si heureux moment nous voulusmes remonter en carrosse et remettre nostre visite à une autre fois, mais le bonhomme ne le voulut pas permettre, et nous obligea de nous asseoir pour luy communiquer les nouvelles de nostre Pays. Nous le fismes en peu de mots et nous nous retirasmes fort à pro-

(1) De Montaut de Benac, duc de Navailles, né en 1619, maréchal en 1675, mort en 1684.

pos, car en sortant nous vismes entrer son carrosse plein du monde qui devoit assister à cette ceremonie. En revenant au logis nous rencontrasmes les carrosses de Mʳ d'Espernon et de Candale son fils, qui partoient pour obeir au commandement du Roy.

Le 8ᵉ, le Sʳ de Ficquefoord nous vint voir, qui nous asseura qu'il y avoit un grand bruict à la cour de l'Electeur Palatin, parce que ce prince peu content de sa femme estoit devenu amoureux d'une damoiselle suivante de l'Electrice, et par un caprice tout à fait extraordinaire, avoit passé un contract de mariage, qu'il avoit fait recevoir à son chancellier, où il protestoit d'abord qu'un prince souverain comme luy avoit droict de repudier sa femme et d'en prendre une autre à son gré. Il y avoit longtemps que l'Electric en usoit mal avec luy, ce qui fit qu'il rechercha cette damoiselle nommée Hey Kenfeldt, belle, ieusne et adroite : elle en advertit tout aussitost sa maistresse, ce qui fit decouvrir le contract qu'il avoit passé en sa faveur, qu'on treuva dans la cassette du prince.

Apres que nous eusmes un peu raisonné sur cet accident, nous tombasmes sur les affaires de nostre Pays et envoyasmes un laquays à la poste, pour voir si nos lettres estoient venuës ; nous les receusmes une heure après. On nous y marquoit que le Sʳ de Thou avoit eu sa première audience, ensuite de laquelle on luy avoit donné trois commissaires pour traiter avec luy du differend survenu entre nostre Estat et son Maistre ; et voicy la copie de sa harangue.

Harangue du Sr de Thou (1).

Messieurs,

C'est avec beaucoup de douleur et de desplaisir que je me treuve obligé par des commandements tres précis et reiterez du Roy mon Maistre, de changer l'ordre de cette première audience, et qu'au lieu de l'employer comme à l'accoustumée en des asseurances reciproques de bienveillance, et en des termes de tendresse et d'amitié, il faille que ie m'en serve de tout contraires et opposez pour vous expliquer la plainte, dont vous venez d'entendre le suiet par la lettre de S. M.

Et quoy que, Messieurs, cette plainte semble estre assez expliquée par la lettre de S. M., ie croy neantmoins qu'il importe que ie fasse entendre plus particulièrement à Vos Seigneuries le detail de l'action de vostre vice-admiral (2), pour lequel ie ne doute point qu'elles n'entrent dans les sentiments de S. M. puisqu'il n'y a pas une circonstance qui ne rende cette action digne d'une punition exemplaire. Car en premier lieu, Messieurs, contre les loix de la mer et la reputation et l'honneur de vostre Estat, estant chef d'une esquadre considerable de vos navires de guerre, il a arboré de faux pavillons d'Angleterre, qui est une chose qui ne se fait avec approbation que par les corsaires de Barbarie lorsqu'ils veulent surprendre les chrestiens ; et ensuite après avoir substitué les pavillons, il a obligé les vaisseaux de S. M. authorisés de sa commission et de son pavillon royal, qui venoient de porter et descharger de

---

(1) Ce texte, sauf quelques variantes insignifiantes, est conforme à la copie qui existe aux Archives des Affaires étrangères.

(2) Ruyter, né à Flessingue en 1607, mort en 1677. — Successivement mousse, matelot, cuisinier, contre-maître, pilote, maître, capitaine, commandant, contre-amiral, vice-amiral et lieutenant-amiral, grâce à son mérite supérieur, à son courage et à ses services, Ruyter est le plus grand des hommes de mer que la Hollande ait produits, et le plus populaire.

l'infanterie à Villaregio pour le service de S. M. en la campagne prochaine, et s'en retournoient à Toulon, d'envoyer leur chaloupe à son bord, comme s'ils eussent esté des vaisseaux marchands. De plus, Messieurs, la chaloupe ayant esté envoyée au bord avec le lieutenant, il retint par force le lieutenant prisonnier, et le voulut obliger, le pistolet à la teste, d'escrire et de persuader son Commandant de venir le trouver : ce que le dit lieutenant ayant refusé avec protestation de vouloir souffrir plustost la mort que de faire une telle trahison, il se servit du pretexte de l'amitié et des obligations qu'il avoit au chevalier de la Lande pour le faire venir à son vaisseau, en luy escrivant une lettre dont S. M. m'a envoyé la copie, sous la bonne foy de laquelle estant venu et l'ayant traité d'abord avec civilité, il se saisit de sa personne, et ensuite de ses deux vaisseaux dans lesquels il mit des officiers et des matelots pour les conduire comme en triomphe; et pour finir cette tragedie, après en avoir retenu 80 par force avec les deux chefs, il exposa le surplus au nombre de 350 sur la coste de Catalogne, mais apres avoir esté pillés et depouillés, et qu'il ne leur estoit rien resté que ce qu'on n'avoit pas pû leur oster.

Mais, Messieurs, que pouvoient esperer de plus favorable ces malheureux en cet estat, que d'estre l'équippage des galeres d'un prince ennemy, dont les officiers neantmoins se sont treuvés avoir toute l'humanité et civilité possible pour eux, et avoir blasmé l'action de vostre vice admiral, quoy qu'une guerre de vingt et deux campagnes les pust excuser d'avoir d'autres sentiments.

Voilà, Messieurs, ce qui s'est passé en cette action, suivant la relation que le Roy mon Maystre m'a envoyée, et dont je vous laisseray la copie : de laquelle action S. M. m'a commandé de vous desmander une prompte justice, et que celuy qui a commis cet attentat soit puni par Vos Seigneuries de la dernière severité.

Je remets à la prudence de vos Seigneuries, et à la sagesse d'une si iuste et celebre assemblée de faire les reflexions convenables sur cette affaire et de considerer quel ressentiment de colère et d'indignation cette action a pû exciter dans l'âme d'un grand Roy, lequel dans le temps que cecy se passoit, avait destiné un ambassadeur pour resider auprès de Vos Seigneuries, et y entretenir et restablir cette belle amitié, qui a esté si glorieuse à la France et si utile et advantageuse à cet Estat; dans le temps, dis-ie, Messieurs, que iestois chargé de venir ici pour examiner et regler toutes les plaintes réciproques qui se faisoient entre les suiets de l'un et de l'autre Estat.

Et ce qui est encore de plus facheux en ce rencontre, est que Monsieur vostre ambassadeur, qui est à Paris, sur la nouvelle de cet incident ayant demandé avec empressement audience, au lieu d'adoucir les choses et donner quelque satisfaction au Roy, s'est servi de termes de telle qualité dans le discours qu'il tint à S. M. qu'elle s'en est treuvée blessée, et m'a commandé de vous en faire plainte; et vous faire instance de lui ordonner d'user à l'advenir de termes plus respectueux en son endroit. Car, quoy que la personne des ambassadeurs soit sacrée et inviolable, cela ne les dispense pas de garder la bienseance et le respect dû aux personnes à qui il est deu, et vous en avez peut-estre eu, Messieurs, un exemple domestique dans cette assemblée sur lequel ie ne me veux pas expliquer davantage. De sorte, Messieurs, qu'il ne me reste qu'à vous coniurer de nouveau de bien peser les suites et les conséquences de cette affaire, et donner à S. M. une prompte satisfaction, ayant ordre de ne me mesler d'aucune autre affaire, ni de recevoir aucune proposition, que je n'aye receu de Vos Seigneuries une response precise à la lettre de S. M.

Pour mon particulier, Messieurs, je ne puis finir cette audience, sans vous remercier de tout mon cœur des soins que vos officiers, et sur la mer et à mon arrivée à Rotterdam, ont pris de ma personne : dans laquelle si vous ne rencontrez pas toutes les belles et excellentes qualitez qu'ont eues ceux qui m'ont précédé en cet employ, du moins vous y treuverez toute la bonne foy et toute la sincerité que vous devez attendre d'un ministre d'un grand Roy qui iusques à present a eu pour Vos SEIGNEURIES, et en général et en particulier, toute l'affection et toute la tendresse possible. Fait à la Haye, le 28ᵉ d'avril 1657.

Le 9ᵉ, les Sʳˢ Thibaut avec le baron d'Arsilières nous rendirent visite, qui nous dirent qu'ils avoient fait dessein de faire un tour par le Languedoc et la Provence, et qu'ils passeroient de là en Italie, et mesme que le baron les y accompagneroit. Ils nous demanderent, voyants que nous n'avions pas de carrosse, et que le temps estoit tres beau pour la pourmenade, si nous voulions en prendre nostre part. Dès que nous fusmes de retour au logis, le Sʳ de Serooskerke vint nous treuver pour nous dire adieu, voulant partir dans deux ou trois jours pour l'Angleterre, et après s'en retourner au pays. Il nous dit que le Sʳ d'Oudeyck cherchoit par terre et par mer des chevaux pour faire la campagne tout galeux qu'il estoit; mais que son equipage ne lui reviendroit pas à tant que celuy de Monsieur de Brederoode. Son credit ne s'estend pas iusque là, et il est si bien conneu qu'il n'y a plus personne qui veuille l'assister.

Le 10ᵉ, nous cherchasmes le Sʳ et madame de Lorme et le Sʳ Tassin, que nous ne treuvasmes pas, et fusmes chez le Sʳ de Montbas (1), où nous ren-

(1) M. le baron de Montbas, capitaine de cavalerie, s'était marié en Hollande. On voit par la correspondance de M. de Thou qu'il avait été chargé par le cardinal Mazarin de lever des troupes pour le compte de la France.

contrasmes le sieur d'Oudeyck, qui sortoit comme nous entrions, laissant apres soy une puanteur incroyable d'un unguent dont il se frotte pour se guerir de la gale, en estant presque tout couvert. Il ne s'en faut point estonner, parce qu'il ne fait aucune difficulté de coucher avec toutes sortes de personnes qui le retiennent à souper. Nous y apprismes que les Srs Moisselle et Eroüard son frere estoient partis avec le Sr de Comminges pour le Portugal, et que le premier avoit entièrement abandonné sa femme, ne faisant plus estat de retourner dans le Pays pour le mauvais comportement de cette Faustine qui luy faisoit un deshonneur qui est connu de tout le monde. Nous nous retirasmes de bonne heure, afin de ne pas l'empescher de vendre ses chevaux, sur ce qu'on luy vint dire qu'il y avoit du monde qui vouloit voir les coureurs qu'il avoit amenés de nostre Pays.

Le 11e, apres avoir fait tous nos exercices, nous employasmes le reste de la iournée à faire nos lettres, et en les escrivant nous estions obligés de mettre le nez à la fenestre, à chaque trait de plume, pour respirer un air plus frais; car la chaleur estoit si grande qu'elle nous faisoit couler du visage la sueur à grosses gouttes, bien que nous soyons en une chambre où la hauteur des maisons nous cause quelque fraicheur en la defendant des rayons du soleil, et que nous en ayons fait lever tous les chassis et que nous en tenions les portes ouvertes pour en rafraichir l'air par le vent du degré.

Le 12ᵉ, nous fusmes rendre visite pour la première fois au Sʳ de Lorme. Après avoir fait de part et d'autre nos compliments ordinaires, il nous demanda force nouvelles de nostre parentage et principalement du Sʳ Mansardt nostre couzin. Il l'a connu familierement en nos quartiers et sçait mille petits traicts de sa vie et de ses actions, qui sont assez bigearres et revenants à son humeur. Il nous dit une nouvelle assez surprenante et dont toute la Cour estoit scandalisée. C'est que madame la duchesse de Roquelaure (1) s'estant allée divertir dans le iacht du Sʳ Servien, avec madame d'Olonne (2) et la comtesse de Soissons, M. de Candale et la Feuillade survinrent par cas fortuit ou à dessein, et ayant fait descendre le iacht iusques à Saint-Cloud, leur donnèrent une magnifique collation. La pauvre comtesse de Soissons, qui se treuva seule sans galant, en fit raillerie à la Cour. M. de Roquelaure avoit defendu à sa femme la conversation de ces deux gentilshommes, dont il est ialoux, et se treuva iustement à la Cour lorsque madame de Soissons se donnoit carrière sur cette aventure. Il s'en retourna au logis, et tout en colère donna un grand soufflet à sa femme qui fit

---

(1) Mademoiselle de Lude, Charlotte-Marie de Daillon. Madame de Sévigné dit que sa grande beauté excitait une terrible jalousie parmi les dames de la Cour. Elle mourut à la fin de 1657. — Le duc de Roquelaure, maître de la garderobe du roi, mort en 1683, est demeuré célèbre par ses aventures et ses bons mots:

(2) Catherine-Henriette d'Angennes de la Loupe, comtesse d'Olonne, dont la réputation ressemble fort à celle de Roquelaure.

tout aussitost ruict à la Cour et donna belle matière à le faire moquer.

Il nous dit aussi que, lorsqu'il faisoit l'amour à sa femme, il avoit promis à sa damoiselle dix mille francs si elle pouvoit faire en sorte qu'il l'espousast. Le lendemain de ses nopces il tira la dite damoiselle à part et luy donna les dix mille francs, en luy disant qu'elle n'avoit qu'à plier bagage, alleguant que comme elle avoit sceu gaigner l'humeur et l'affection de sa maistresse pour dix mille francs, qu'il luy avoit promis, il craignoit qu'elle ne fist son possible pour le tromper, si on luy en promettoit dix mille autres. Là dessus il la supplia de se retirer, l'asseurant qu'outre la somme qu'il luy avoit comptée, il auroit soin d'elle et tascheroit de la loger pour les bons services qu'elle luy avoit rendus (1). Il nous raconta aussi que Madame de Roquelaure s'estant treuvée en une compagnie où on iouoit gros ieu, y perdit quinze mille francs, et s'en retira fort affligée de son malheur; le mari qui estoit instruict de l'affaire, sans faire

---

(1) La même anecdote est racontée par Tallemant des Réaux; voici un extrait de son récit : « Enfin, il fallut que Roquelaure fût puni de toutes ses insolences en apprenant ce que c'est que jalousie. Il devint amoureux de Mademoiselle de Lude, une des plus belles de la Cour. Il promit cinq cents pistoles à une suivante de la mère si l'affaire réussissait..... Le comte de Lude, qui depuis un combat qu'il fit avec Vardes avait fait une amitié étroite avec ce jeune cavalier, voulait lui donner sa sœur..... Cependant l'affaire réussit et le lendemain des noces, Roquelaure compta les cinq cents pistoles à la suivante et lui dit : « Mademoiselle, en voilà encore cent par dessus, mais prenez la peine de vous aller marier où il vous plaira. Il ne la voulut plus souffrir auprès de sa femme. »

semblant de la sçavoir, demanda à sa femme la cause de sa mélancolie : elle confessa à la fin qu'elle avoit ioüé et perdu la susdite somme, mais qu'elle la devoit à un homme qui ne la presseroit pas beaucoup, et qu'elle pourroit bien composer avec luy : sur quoy M. de Roquelaure respondit : « Point de composition, madame, cela sent trop l'intrigue! » Il prist ensuite de l'argent et l'envoya à cet homme, faisant une bonne reprimande à sa femme et luy defendant absolument le ieu et la compagnie des hommes.

Ayants ainsi passé une couple d'heures à nous entretenir de diverses choses, qui ne meritent pas d'estre escrites, nous nous en allasmes chez madame de Longschamps, où apres plusieurs discours des petits traicts de M. le duc d'Aniou dont son mari est escuyer, elle nous dit que ses officiers se plaignoient fort de ce qu'on ne les payoit pas, et qu'ils avoient un iour prié son mari d'en parler à leur maistre qui luy respondit qu'ils avoient tous raison, et qu'il prieroit le Roy et M. le cardinal de donner ordre que sa maison fust mieux reglée ; que cependant ils devoient avoir patience et qu'il les recompenseroit quand il en auroit le pouvoir.

Elle nous dit aussi que ce prince, se pourmenant dans la galerie du Louvre, vist venir un homme qui portoit quelque chose, et ayant sçeu que c'estoient des ferrets de dix ou douze sortes, dont la douzaine revenoit à 16 000 francs, que M. le cardinal envoyoit au Roy, il en souffrit et dit : « Comment! M. le cardinal envoye des presents au Roy!

des presents au Roy! vrayement ie trouve que cela est fort ioly.... » et en rit assez longtemps : ce qui fust remarqué comme un trait d'esprit de ce ieune prince, que l'on dit de n'en manquer pas. Elle nous raconta aussi au long son humeur; qu'il estoit fort precis aux ordres qu'il donnoit, et que dès qu'il voyoit qu'il y avoit quelqu'un de ses gens qui manquoit il les demandoit; qu'il aimoit fort la société des femmes; qu'il estoit fort propre, et qu'il seroit grand despensier, et cent mille autres petites particularitez touchant ses inclinations.

Nous achevasmes ainsy cette visite, et fusmes ensuite chez nostre ambassadeur, et delà chercher les Srs de Voorst et de Marbé, qui estoient arrivez icy depuis peu pour y passer l'esté. Le Sr de Voorst avoit dessein d'apprendre à monter à cheval, et le S^r del Campe nostre escuyer nous avoit prié de faire en sorte qu'il vinst en son academie. Nous fusmes pour luy en parler, et il nous le promit. Il nous fist voir un cheval, qui avoit porté ses hardes pendant son voyage, qui estoit d'une espouvantable hauteur, et nous voulut retenir à souper, mais nous nous en excusasmes.

Le 13e, ne pouvants pas aller à Charenton, à cause que nous avions mis à l'herbe deux de nos chevaux, nous employasmes la matinée à lire un presche afin de soulager un peu les deux qui nous restoient, qui estoient tous les iours sur le pavé.

L'apres disnée, nous fusmes à la pourmenade des Thuilleries, et apres à celle du Cours où il ne manqua pas de beaux carrosses, ni de personnes qui les remplissoient en une saison qui leur est tout à fait agréable et favorable pour faire montre de leurs beaux visages; car la plupart des dames estoient demasquées.

En nous en revenant nous vismes quantité de monde, qui estoit sur le bord de la rivière entre le Pont-Neuf et le Pont-Rouge. Nous ne sçusmes pas nous imaginer ce que l'on y faisoit ; tous les carrosses s'y arrestoient. Nous y envoyasmes un laquays pour en estre esclairci, qui nous rapporta qu'il y avoit quelques feux d'artifice preparés, et plus de deux ou trois cents petits bateaux qui alloient à rame, dans lesquels il y avoit quantité de personnes en calçons. Nous voulusmes faire avancer nostre carrosse, pour prendre part à ce spectacle, mais il nous fust impossible de fendre la presse. Nous sçeusmes le lendemain que c'estoit l'ambassadeur de Portugal, qui pour le couronnement de son nouveau Roy, avoit fait toute cette despense, et fait mettre le feu à trois ou quatre machines remplies de fusées qui firent un assez bel effet (1). Mesdames de Roquelaure, d'Olonne et quelques autres y parurent avec des toques de veloux noir, entournées de plumes, et des iustaucorps : c'est à present un habit à la cavalière, que ce sexe a inventé à l'imitation de la reyne de Suede. Les ius-

---

(1) On lit dans une lettre écrite par l'ambassadeur de Hollande, le 17 mai 1657 : « Un moine envoyé du roy de Portugal qui a sejourné quelque temps en cette cour s'en retourne avec M. de Comminges. Dimanche dernier ledit envoyé fit icy devant le Louvre, sur la rivière, une belle representation avec des feux d'artifice. »

taucorps sont à six basques, tous garnis de rubans aux costez et au devant et au derrière.

Le 14ᵉ, ayants appris de nostre couzin de Spyck (1) à son retour de l'académie, que le Sʳ de Ryswick estoit tombé de son cheval, revenant le iour auparavant de chez le Sʳ Serooskercke, où il avoit disné et fait si bonne chere qu'il en avoit esté un peu gaillard, et qu'il s'estoit bien blessé, ayant paré sa cheute du nez et de la teste; nous le fusmes voir l'apres disnée et le treuvasmes dans son lict, ayant la levre fenduë et le nez fort enflé. Il s'estoit fait saigner pour divertir la fluxion.

Le 15ᵉ, nous demeurasmes au logis, et sur le soir nous receusmes nos lettres par lesquelles on nous marquoit que le Sʳ d'Opdam avoit fait son entrée en sa seigneurie de Wassenaer, et qu'à sa reception tous ses suiets s'estoient mis sous les armes, et qu'apres un magnifique festin de plus de 160 personnes, on luy avoit fait present d'une coupe de vermeil doré où il avoit treuvé une bourse de 200 pistoles. Nostre pere y avoit esté invité comme dependant de la iuridiction de cette terre, pour l'amour d'une mectairie qu'il a en son territoire, mais il s'en excusa, n'aimant pas d'estre parmi tant de ventres à bierre.

Le 16ᵉ, nous sortismes de bonne heure pour faire quelques visites d'hommes, et leur rendre en mesme temps des lettres que le Sʳ de Brunel avoit

---

(1) Ou Speyck, dont il a été déjà parlé, était le second fils de M. de Sommelrdick; il devint gouverneur de Surinam.

receues dans son paquet le iour auparavant. Nous commençasmes par les S^{rs} d'Arsilières et de Thibaut, que nous ne treuvasmes pas. Delà nous allasmes chercher M. le comte de Montresor, le chevalier de Rivière, le S^r le Gendre, l'abbé de la Vieuville et le comte de Rochefort, qui estoient tous sortis pour la pourmenade. Nous laissasmes aux portiers des deux derniers des lettres, l'une du Sr de Sommelrdick, et l'autre du Sr de la Platte. Nous passasmes delà chez le Sr de Lorme, que nous treuvasmes dans la chambre de madame sa femme qui avoit pour compagnie les Srs Danché et Tassin. Nous la salüasmes apres que son mari nous l'eust fait connoistre. C'est une dame tres-bien faite, qui a de l'esprit et sçait fort bien entretenir son monde : nous y fusmes receus avec beaucoup de civilité et d'accueil (1). Apres nous estre meslés dans le discours, nous y apprismes qu'il y avoit un ministre en Angleterre, agé de 116 ans, à qui les dents et les cheveux commençoient à revenir, et qui de plus avoit le teint aussi frais qu'un ieusne homme. Le Sr de Prunel dit qu'on le luy avoit assuré chez M. le chancellier, où il avoit rendu visite au Sr de Priezac (2), conseiller du Roy, qu'il avoit rencontré lisant les nouvelles d'Angleterre qui portoient la mesme merveille.

Les Srs Danché et Tassin s'en allèrent, mais comme

(1) Son nom se retrouve plusieurs fois dans les *Historiettes* de Tallemant qui se borne à dire que c'était « une jolie huguenotte. »

(2) Daniel de Priezac, conseiller d'État et membre de l'Académie française.

les derniers venus nous y demeurasmes à continuer la conversation avec madame de Lorme qui nous dit que dernierement M. le duc d'Aniou, ayant ioüé et aussi perdu son argent, vint treuver le Roy avec un visage riant, à qui il demanda la grâce de vouloir accorder la prière qu'il avoit à luy faire, n'esperant pas que Sa Maiesté la treuvast mauvaise. Le Roy connoissant bien l'humeur de son frère, qui aime la raillerie, et dont il s'acquitte avec beaucoup de iugement et d'adresse, luy commanda de dire ce qu'il pretendoit. Monsieur ne manqua pas de proferer ioliment sa demande : « Sire, dit-il, i'ay perdu mes dix pistoles, et ie n'ay plus d'argent, ie voudrois bien que Vostre Maiesté me permist d'espouser une des petites Fouquettes, car le petit comte de Charrault (1) regorge d'argent depuis son mariage. » Elle n'eust pas achevé ce conte, que le petit laquays de madame la presidente de Novion (2) luy vint demander de la part de sa maistresse si elle vouloit estre de la partie pour aller se pourmener au Cours, que sa dame la viendroit prendre en passant. Là-dessus nous prismes congé pour ne la pas detourner de ce beau dessein, et comme nous fusmes sortis de sa chambre, son mari nous fit voir son cabinet où il a commencé une bibliotheque de quelques livres françois, car il est fort curieux et se plaist à la lecture. Nous y entrasmes en

(1) Fils de Louis de Béthune, comte, puis duc de Charrault ou Charost, dont il a été question, page 17.

(2) Son mari, Nicolas Pothier, sieur de Novion, était premier président du Parlement de Paris.

une seconde conversation qui fust meslée ensuite de celle de madame sa femme qui nous y vint treuver. Comme nous louïons sa bibliotheque, il nous dit que sa femme en avoit une plus iolie de tous les romans qu'on a faits depuis quinze ans. Nous la priasmes de nous la faire voir, mais elle s'en excusa sur ce qu'elle n'estoit pas en estat d'estre monstrée, estant mal en ordre, tellement qu'elle remit à une autre fois de nous faire cette faveur.

A la sortie de chez le Sr de Lorme, nous fusmes demander madame de Longschamps que nous treuvasmes sur le poinct de sortir avec son mari pour aller solliciter son procez. Nous leur offrismes de les mener en carrosse là où ils vouloient aller, ce qu'ils accepterent volontiers, et apres qu'ils eurent parlé à quelques-uns de leurs iuges, nous finismes avec eux la iournée par la pourmenade du Cours, et apres y avoir faict deux ou trois tours nous les ramenasmes chez eux, et en nous separant, nous apprismes qu'il y avoit deux iours qu'une personne fort riche, ayant à traiter de ses amis, avoit offert pour un plat de fraises 200 fr., dont on luy demanda 100 escus, et qu'il avoit esté sur le poinct de les donner si l'un de ses amis ne l'en eust empesché.

Le 17e, le Sr de Montbas nous vint voir le matin et nous ayant asseuré de l'arrivée de M. et de madame de Caravas (1), nous les fusmes voir dès que nous eusmes disné, mais ne les ayant pas rencon-

---

(1) Voir la note au bas de la page 123.

trés, nous allasmes au Palais pour treuver M*r*. et madame de Longschamps, qui nous avoient prié de les assister en un procez qu'ils avoient. Avant que d'y arriver nostre carrosse se rompit, ce qui nous obligea de nous y rendre à moitié à pied et d'envoyer chercher celuy de nostre couzin. Ladite dame nous attendoit avec impatience, à cause que le S*r* Brunel, qui est son parent, avoit quelques connaissances parmi ses juges auxquels il recommanda son affaire avec empressement : mais y ayant eu quelque difficulté, on en renvoya le iugement iusques apres les festes de la Pentecoste. Apres que nous eusmes sçeu cette resolution, nous les ramenasmes en leur maison, et fusmes rendre visite au S*r* Brasset où nous treuvasmes tout le monde fort empressé, parce que venant de marier sa fille il estoit sur le poinct d'en faire le festin et de se mettre à table. Il nous pria avec instance d'en vouloir estre, mais l'en ayant remercié nous nous en revinsmes au logis.

Nous employasmes le 18*e*, estant iour de poste, à faire nos depesches, et receusmes une visite du S*r* de Longschamps qui nous vint faire offre de ses services, et de nous produire à la Cour estant escuyer de Monsieur. M. le Premier nous demanda aussi, mais ayants defendu à nos laquays de dire que nous y estions, nous demeurasmes en repos.

Le 19*e*, au matin, le S*r* de Lorme nous vint voir, qui nous dit que quelqu'un de ses amis luy avoit monstré une lettre, qu'il venoit de recevoir du maior de Verdun, par où on luy marquoit l'entière defaite du Roy de Pologne et sa fuite avec la Reyne en Silesie, et mesme que le Roy de Suede le poursuivoit vigoureusement pour le pouvoir mettre en estat de ne plus oser faire teste.

Le mesme iour le comte Charles, cadet de M. le Rhingrave, nous vint rendre visite et à mesme temps nous dire adieu, car il n'y avoit qu'un iour qu'il estoit icy arrivé pour quelques affaires qu'il avoit desia faites, et estoit prest d'aller reioindre l'armée de M. de la Ferté, où il est capitaine. M. de Brederoode nous vint aussi treuver accompagné du Sr de Fromanteau qui, à ce que l'on nous a dit, ne le quitte pas d'un pas, se servant de la commodité de son carrosse et de sa bourse. C'est un compagnon fort necessiteux et indigent, et qui ne fait pas tant icy l'homme d'importance qu'il le faisoit en nostre pays.

Le 20°, nous fusmes rendre la visite et dire adieu au comte Charles qui estoit sur le poinct de partir comme nous y arrivasmes. Il eust une assez plaisante rencontre, car ayant fait louër et mesmement payer un carrosse, il y eust quelques Suisses logés en la mesme haubergue où il estoit, qui lui iouerent un tour assez drole, pendant que nous nous entretenions en la chambre de son aisné, car ils se mirent dans le carrosse et firent toucher le cocher à toute force. M. le Rhingrave estant adverti que ces messieurs en avaient usé de la sorte, ne voulust point partir ce iour-là, se sentant vivement picqué d'un tel affront. De peur qu'il n'en mesarrivast nous fismes nostre possible pour le faire partir et pour luy mettre hors de la teste que ces messieurs l'eussent fait pour le choquer et qu'asseurement ils avoient pris ce carrosse pour celuy qu'ils avoient fait louër : mais à dire vray, ils avoient fait en personnes grossières et impudentes, et qu'en un autre tems il eust fallu chastier. Pour eviter querelle nous taschasmes de luy persuader le contraire, et de le faire partir et prendre le carrosse de M. de Brederoode, qui estoit un fiacre, et prismes ledit sieur dans le nostre pour le mener au Cours avec le Sr Damet, petit fils du duc de la Force, et le S^r d'Oudeyck. Apres la pourmenade nous les menasmes tous chez madame de Caravas, où nous les laissasmes.

Le 21e, nous demeurasmes au logis parce que nous avions presté le carrosse au sieur Herbert qui estoit allé faire des visites. En attendant le Sr de Ryswick nous vint voir, qui nous dit : qu'il avoit reçeu par le dernier ordinaire une lettre d'une personne à laquelle le Sr de Ripperda le cadet avoit confessé son engagement avec mademoiselle de Caravas, et qu'il en avoit parlé avec une si grande affection, qu'elle ne doutoit point qu'apres le decez de son pere il ne declarast qu'il l'avoit espousée avec toutes les solennités requises.

Le 22e, nous rendismes visite à madame de Caravas que nous treuvasmes dans son lict. C'est une femme qui n'est pas propre pour Paris, car elle ne fournist pas assez à la conversation et est comme interdite, mais il en faut plustost attribuer la cause à la fatigue du voyage (qui l'a renduë toute plombée) qu'à son peu d'esprit. C'est une chose embarrassante d'avoir à entretenir ces sortes de personnes qui ne respondent qu'à demi-mots. Son mari survint qui nous delivra de cette peine, en s'entremeslant dans le discours. Il se mist à nous parler de sa parenté, de ses biens et de ses affaires : il nous monstra ensuite le plan de sa maison de Saint-Loup, qui est tres belle et bastie à la moderne, si au moins elle se rapporte à la peinture qu'il nous en fit voir. Comme nous estions sur ce discours, le Rhingrave entra pour presenter à la dame M. le comte de la Chastre qui ne l'avoit pas encore veuë. Nous nous retirasmes d'abord, afin qu'il peust faire son compliment avec plus de liberté, et sans estre escouté du mari qui à ce que nous peusmes iuger, ne goustoit guère cette visite. Il est vray que s'il eust voulu ne prendre pas la peine de nous accompagner, il auroit pu estre tesmoin de leur premier entretien. Il nous dit en descendant qu'il avoit esté necessité de se loger en chambre garnie, et ce dans l'Hostel de Toulouse où l'on traite à table d'hoste, parcequ'il avoit fait son compte d'avoir un appartement chez son oncle, le marquis de Sourdis (1), mais que la mort de sa tante qu'il apprist deux iours avant qu'il arrivast icy, luy avoit rompu ses mesures ; et que par là il seroit obligé de se retirer en peu de iours dans le Poictou, après avoir donné quelque ordre à ses

---

(1) Charles d'Escoubleau, marquis de Sourdis et d'Alluye, gouverneur de Beausse, mort en 1666.

affaires, alleguant de plus que la despence estoit trop grande en cette ville. Mais nous croyons que c'est un stratageme pour depaïser de bonne heure sa femme, et avant qu'elle fasse icy des habitudes qui empescheroient qu'elle ne se pourroit accoustumer à la vie champestre, qui est bien differente de celle de Paris.

Delà nous nous en allasmes demander le Sr de Palme, qui estoit venu avec nous de Hollande, mais il estoit sorti, et voyant que nous n'estions pas loin des S^rs d'Arsilières et Thibaut, nous les fusmes voir, et les treuvasmes tous trois autour d'une petite table, où ils lisoient l'*Abregé de l'histoire de France* (1), qu'ils quitterent à nostre arrivée. Ils nous dirent que quatre vaisseaux hollandois avoient coulé à fond deux gardes costes françois, et que sur ce bruict cinq autres fregates estoient sorties de quelque havre de Bretagne à leur secours; mais voyants que tout estoit perdu, elles estoient allées tout droict à la poursuite des hollandois qui ayants fait volte-face les ont combattus, et qu'après une vigoureuse defense de part et d'autre, un vaisseau hollandois qui arboroit le pavillon d'admiral a eu son grand mast coupé par un coup de canon : ce qui a obligé nos vaisseaux à la retraite. Le S^r d'Arsilières nous confirma cette nouvelle comme l'ayant apprise dans la maison de M. de Vendosme, qui en avoit receu des lettres. Nous disputasmes

---

(1) Probablement il s'agit de l'*Abrégé de l'Histoire de France*, par Gilbert Saunier, sieur du Verdier, historiographe de France, 2 vol. in-12. Paris, 1651, 1652 et 1654.

longtemps sur la mesintelligence de nos Estats avec ce Royaume et y employasmes une bonne partie de l'apres disnée, car ayants demandé en sortant quelle heure il estoit, on nous dit qu'il s'en alloit sept heures; cela nous surprit et nous obligea à retourner au logis, pour faire demander nos lettres. Nous les receusmes sur le soir, et nous apprismes que le S^r d'Opdam depuis peu se faisoit nommer son Excellence; et que nostre couzin de Vredestien se preparoit au voyage de France, faisant estat d'aller tout droict en Poictou, chez son couzi d'Offenbergh, afin d'apprendre la langue et voir le païs. Son seiour n'y sera pas long, car on ne luy destine que quinze ou seize mois pour son voyage.

Le 23e, nous fusmes voir mademoiselle de Saint-Armant, qui est une fille de bon esprit et qui entretient fort bien le monde. Pendant que nous y fusmes le marquis de Laval (1) y vint, et nous estant mis à causer de choses indifferentes et surtout de l'eau de Bourbon, et de ses vertus et de ses forces, on nous dit une chose qui est fort remarquable, à sçavoir qu'en y iettant de l'oseille, elle se flestrit et cuit tout aussi tost; et qu'au contraire en y mettant une rose, elle devient bien plus belle et plus odoriferente qu'elle n'estoit auparavant. Elle nous pria fort la vouloir aller treuver en une maison de plaisance, qu'elle a à deux lieües de Paris, nommée Arcueil, qui est assez divertissante

---

(1) Urbain de Laval, marquis de Boisdauphin, fils de la marquise de Sablé.

à ce qu'on nous en a dit. Nous le luy promismes, estants fort aises de voir toutes les belles maisons qui sont à l'entour de Paris. C'est de là qu'on fait venir l'eau par de grands aqueducs aux fontaines du palais d'Orleans, où il y a de grands bassins qui la reçoivent et la communiquent par d'autres tuyaux aux offices de ladite maison, ce qui est une belle commodité.

Nous treuvants pres d'un homme de qui le S⁷ de Brunel nous vouloit donner la connoissance, nommé le S⁷ de Sarcamanan, nous le fusmes demander, mais on nous dit qu'il n'estoit pas à Paris. Nous fusmes ensuite aux Thuilleries, où nous rencontrasmes le S⁷ Dauché, que nous avions cy devant veu en Hollande, qui d'abord ne nous connoissant pas, fit paroistre qu'il estoit en peine de sçavoir qui nous estions, mais se l'estant enfin remis en memoire, il nous embrassa avec ioye de nous voir en son pays : il nous demanda nostre logis, nous voulant venir treuver pour renouveller cette amitié que nous avions commencée en Hollande, et ainsi nous nous separasmes et fusmes au Cours ; mais comme il faisoit un vent de bize fort froid, nous n'y fismes qu'un tour et nous nous retirasmes.

Sur le soir on nous dit que le mariage de M. le duc de Nemours avec mademoiselle de Longueville (1), avoit esté enfin consommé, apres qu'on

---

(1) Marie d'Orléans, née du premier mariage du duc de Longueville, morte en 1708. Elle a laissé des mémoires pleins d'intérêt sur les troubles de la Fronde.

avoit longtemps douté qu'il se fist, à cause qu'on accusoit le duc de tomber du haut mal.

Le 24°, nous fismes nos exercices le matin à l'accoustumée, et estants convenus entre nous de ne sortir que par tour, à cause que nous n'avions que deux chevaux, nous demeurasmes ce iour-là au logis, et employasmes le temps à lire un roman.

Le 25°, nous fismes response aux lettres qu'on nous avoit escrites de Hollande.

Le 26°, faisant fort beau, nous fismes resolution d'aller voir le chasteau de Vincennes; mais y estant arrivez, on ne nous y voulut pas laisser entrer, disant que ce iour mesme on leur avoit donné ordre de n'y laisser rentrer personne. Nous nous y fusmes pourmener au parc d'où nous vismes la structure de ce chasteau par dehors. Il est impossible de se pouvoir imaginer une meilleure place pour des prisonniers, tant elle est forte, ayant huit grandes tours quarrées et un fossé à fond de cuve qui est fort large. Nous pourmenants audit parc, qui est enfermé de tous costés de murailles pour y conserver les bestes fauves, nous n'y en rencontrasmes pas tant que de vaches. Le troupeau en est grand: M. le cardinal les y fait nourrir pour en avoir de bon laitage et d'excellents veaux; aussi les fait-il nourrir avec soin, et en y observant la methode de Rome; Paris luy aura cette obligation, qu'il ne luy enviera point sa *vitella mongana* (1). Au bout du

---

(1) A Rome on appelle *vitella mongana* (du mot italien *mungere*, traire) le veau qui n'a été nourri que du lait de sa mère. Cette

parc, il y a un couvent de Minimes, que nous fusmes voir plustost pour nous pourmener au iardin qui est ioly et fort couvert d'allées, que pour parcourir les cellules des moines.

Le 27ᵉ, nous participasmes à la Sainte-Cene à Charenton où notre ambassadeur, le Sʳ Boreel, se treuva pour la premiere fois, depuis sept ans qu'il est icy. Ce qui l'a obligé d'y venir faire ses devotions, est l'exemple de celuy d'Angleterre, qui n'y a iamais manqué tant qu'il a esté icy. Le nostre à son arrivée demanda qu'on luy permist de tapisser et orner son banc, ce qui iamais ne s'est pratiqué ; et sur le refus qu'on luy en fit, prist occasion de n'y aller point ; mais comme il a veu que l'Anglois n'avoit point fait cette difficulté, il a creu que tout le monde le blasmeroit, s'il continuoit dans son humeur. Il est assez bonne personne, mais il a des enfans qui le menagent, et surtout Saint-Agathe qui croit d'avoir part à l'ambassade et d'en porter le charactere aussi bien que son pere. Il communia avec luy, ce que tout le monde treuva estrange, puisque le premier rang qu'on donne au pere à cause de sa charge, ne fait rien pour le fils : mais la vanité est si grande parmi ce petit peuple, que la fille se fait nommer mademoiselle l'ambassadrice. Apres avoir fait nostre devotion nous nous en retournasmes à Paris, et comme il estoit encore de bonne heure, nous fusmes au Palais-Royal où

---

viande est très-recherchée et se vend plus cher que celle du veau qui a pâturé, et qu'on appelle *vitella camparaccia*.

nous vismes une assez iolie chasse dans l'eau, d'un barbet qui poursuivoit un canard; elle dura près d'une heure, et fit que ce grand rond du bassin se borda de toutes parts de monde qui vouloit avoir sa part du spectacle et du divertissement.

Le 28°, estant iour de feste et de vacation à l'academie, nous employasmes la matinée à faire quelques visites d'hommes; et fusmes voir M. de Brederoode pour luy dire adieu, nous ayant esté dit qu'il partoit le lendemain; mais comme nous le luy demandasmes, il nous dit qu'il esperoit de partir bientost, mais qu'il ne sçavoit pas encore quand ce seroit, parce qu'il attendoit son equipage, qui estoit à Calais. Il nous monstra deux mulets qu'il avoit achetés, qui luy coustoient tout nuds 400 escus; il leur fit charger es valises pour essayer comment cela iroit. Il nous entretint d'une assez magnifique ambassade que le Roy alloit envoyer en Allemagne, pour laquelle il avoit nommé le mareschal de Gramont et M. de Lionne, dont le premier devoit avoir cent hommes de livrée, et l'autre soixante. A sçavoir 12 pages, 18 laquays, 3 carrosses à six chevaux, 12 chevaux de main, et pour chaque cheval un palefrenier, 12 mulets et 6 muletiers, 4 trompettes, et quantité de gardes habillés de livrée, qui doivent estre à l'entour du carrosse et accompagner partout l'ambassadeur.

Ayants oui ce recit, nous nous en allasmes pour voir le comte de Caravas; mais ne le treuvants pas, nous fusmes demander le S' de Palme qui avoit fait le voyage avec nous depuis Calais iusques icy ; et comme on nous dit qu'il y estoit, nous montasmes pour le voir ; mais comme il estoit au lict, et que nous approchasmes pour le saluer, nous treuvasmes que c'estoit son frere qui luy ressemble fort ; nous ne laissasmes pas de luy faire un compliment de ce que nous nous treuvions fort heureux d'avoir rencontré une si bonne occasion de pouvoir faire connoissance avec luy, estant fort serviteurs de monsieur son frere. Mais comme pour la première visite on n'est pas fort familier avec des gens qu'on n'a iamais veus, nous ne la fismes pas longue, et fusmes ensuite chez le Sr de Hauterive qui nous dit que durant huit iours il avoit senti une extreme douleur de l'estomac, dont il attribuoit la cause aux ragouts et delicatesse des mets qu'on est accoustumé de manger et qui sont fort ennemis de la nature. Il nous dit qu'il preferoit le divertissement de Breda aux somptuositez et magnificences de Paris : que là il se pouvoit aller pourmener à cheval, ce qu'il ne fait pas icy ; qu'il y est fort libre, et qu'il y peut faire tout ce que bon luy semble, là où au contraire il se devoit icy contraindre, n'ayant aucun repos, estant importuné tantost de l'un, tantost de l'autre. Il nous demanda ce que nous avions fait ce matin, nous luy dismes que nous venions de voir M. de Brederoode, qui faisoit estat de partir bientost, ayant acheté deux mulets, qui luy revenoient à 400 escus. Il nous dit qu'il estoit fort difficile de pouvoir s'imaginer combien coustoit l'equipage d'un ieune gentilhomme, et qu'il l'avoit experimenté en celuy de son fils qui alloit faire sa premiere campagne en qualité de cornette de M. de la Ferté. Il luy avoit donné 20 chevaux, un maistre d'hostel, quelques gentilshommes, pages, laquays et tout ce qui luy estoit necessaire; mais dès qu'il a esté au quartier, il a acheté cinq bidets pour y aller au fourrage et à la provision, car on feroit autrement souvent mauvaise chere. Pendant qu'il estoit à nous raconter le tout par detail, M. le duc de Saint-Simon (1) y survint, qui nous ayant fait changer de discours et mis sur les nouvelles d'Estat, nous en demanda du nostre, car le Sr d'Hauterive luy disoit que nous estions de Hollande, et si nous croyions que la guerre se declareroit. Nous luy dismes que nos dernieres lettres ne portoient rien de cela, et que nos Estats attendoient la response du Sr Courtin (2), sur la lettre qu'ils avoient envoyée au Roy, par laquelle ils veulent absolument l'execution des cinquante-huit arrests (3), avant que de restituer les deux vaisseaux pris par le vice-admiral de Ruyter. Il nous dit que pour la premiere année, nous pouvions fort endommager la France, mais qu'apres nous en souffririons bien plus d'incommodité et de dommage qu'elle. Il esperoit que tout s'accommoderoit, et que nous pourrions ensuite

---

(1) Claude, duc de Saint-Simon, père du célèbre auteur des Mémoires.

(2) M. Courtin, secrétaire de l'ambassade de France à la Haye, était resté chargé d'affaires après le départ de M. Chanut.

(3) Ces arrêts ordonnoient la main-levée du sequestre qui avoit été mis sur les marchandises hollandaises.

vivre en une estroite amitié et correspondance.

L'apres disnée nous allasmes chercher madame de Beauregard (1) pour la feliciter de son mariage; mais ne la treuvants pas, nous rendismes visite à M. l'ambassadeur de Hollande, qui nous dit que M. le cardinal avoit promis cent mille escus à celuy qui pourroit decouvrir la personne qui avoit publié les articles secrets du traité que cette Couronne avoit faits avec la Republique d'Angleterre. Mais c'est plutost une ruse de cet adroict politique, pour faire accroire aux Espagnols qu'ils ont descouvert le secret des desseins du François et de l'Anglois, qui est une marque de la vengeance qu'il voudroit tirer de celuy qu'on soupçonneroit avoir penetré si avant dans ce qui s'est passé en son cabinet et en celuy du Protecteur. Nous n'y demeurasmes pas longtemps, parce que n'ayant pas l'esprit present à ce dont on s'entretenoit, il sembloit qu'il avoit d'autres affaires en teste, qui luy causoient de l'inquietude.

Nous fusmes de là chez le Sr de Moulines, où nous apprismes qu'on faisoit courir le bruict que le Sr Lockard, ambassadeur du milord protecteur, estoit parti avec la Cour pour presenter au Roy les Anglois que son maistre avoit envoyés au service de cette Couronne, et qu'en suite il les devoit commander, y ayant son regiment, en qualité de lieutenant general, le chevalier Regnold en devant estre le general. On leur a ordonné 8 sols par

(1) Voir précédemment, page 152.

iour et le pain, et neantmoins on croit que cela ne suffira point à cette nation carnassière, et mesme qu'elle s'emportera à quelque sedition, parce qu'elle ne se contentera de manger du pain de munition, à cause qu'elle n'y est pas accoustumée en ayant tousiours eu d'autre (1). Il nous dit de plus, qu'on les avoit embarqués sans armes, ce qui avoit retardé la marche des autres troupes, afin qu'on eust le temps de les en pourvoir. Ce renfort a tout à fait redressé l'infanterie qui autrement auroit esté tres-pietre cette année, dont aussi M. de Turenne à la derniere reveuë s'estoit plaint.

Le 29°, nous receusmes nos lettres, par lesquelles on nous marquoit que l'expedient pour lequel le Sr de Thou estoit authorisé, pouvoit faire cesser toute l'animosité de part et d'autre; et qu'ensuite il se feroit un traitté par lequel on s'empescheroit de n'y plus retomber, et tout cela sans l'entremise du Protecteur : tellement qu'on estoit delivré de la crainte d'une aversion entre les deux nations, puisqu'on esperoit que par la prudence des François on passeroit, par une bonne reconciliation, à une plus estroite liaison et affection. On nous mandoit encore que la nouvelle que nous avions euc de la defaite des Polonois qui avoit esté tant circonstanciée, avoit esté pourtant à peu de iours de là convaincuë de fausseté, ce qui fait que l'on ne peut adiouster foy à ce que l'on escrit de ce pays-là,

(1) On voit par ce passage que les soldats anglais avaient, il y a deux siècles comme aujourd'hui, la réputation d'être grands amateurs du confortable.

car on treuve de plus en plus que les deux partis en ces quartiers-là mentent à l'envi. On nous asseuroit de plus que le Moscovite recherchoit fort le Roy de Suede pour un accommodement, et que le secours qui avoit esté ordonné par l'Empereur pour le Roy de Pologne estoit asseuré; et qu'outre ce renfort pour les Polonois, il leur en arrivoit un autre du costé du Roy de Dannemarck qui se preparoit à faire la guerre aux Suedois dans l'Évesché de Breme, où sans doute l'emprisonnement de Kœnigsmarck (1) luy donneroit beau ieu.

Apres la lecture de toutes ces nouvelles, nous montasmes en carrosse pour aller rendre visite au S' de Lorme qui est fort curieux de celles de nostre pays, et principalement sur le suiet de la brouillerie entre ce Royaume et notre Republique; et apres luy en avoir dit, madame sa femme y survint, par où ayant changé de discours, nous nous mismes à railler et à parler plus galamment. Comme nous estions en ces termes, M. le Rhingrave, qui depuis peu avoit esté parrain de l'un des enfants, luy vint dire adieu. La conversation s'en rendit plus gaye, et aussi madame de Lorme commença à luy dire qu'elle sçavoit bien de ses nouvelles, et que toutes les fois qu'il venoit en son quartier, il ne vouloit pas estre veu. Il la pria fort de s'expliquer sur le reproche qu'elle lui faisoit; et enfin il se treuva qu'elle l'avoit pris pour un autre, et l'ac-

---

(1) Né en Allemagne en 1600, le général Kœnigsmarck était entré au service de Suède sous Gustave-Adolphe. Mort à Stockholm en 1662.

cusoit iniustement d'avoir visité la Ninou (1) qui depuis peu estoit venuë demeurer en son voisinage. On commença là-dessus à parler de cette fameuse personne, et on dit que depuis peu elle estoit retournée en un couvent; et que peut-estre elle n'en estoit sortie que pour reparer le seul defaut que la Reyne de Suede avoit remarqué en cette Cour lorsqu'elle escrivit au cardinal qu'il ne manquoit rien au Roy que la conversation de cette rare fille, pour le rendre parfaict. Elle a effectivement beaucoup d'esprit, et tous ceux qui s'en picquent se rendent chez elle pour exercer le leur, comme sous une maistresse advouée pour la belle galanterie.

Le 30°, nous restasmes au logis faute de chevaux.

Le 31°, nous fusmes courre les ruës, pour les voir parées de toutes les plus belles nippes qu'on estale ce iour-là. C'estoit la Feste-Dieu, et on les tapisse ce iour-là le plus magnifiquement que l'on peut. Aux carrefours l'on dresse des repôsoirs de tout ce qu'il y a de plus riche dans tout le quartier : les dais en broderie, les draps d'or et d'argent, les portraicts de prix, les beaux miroirs, et mille autres meubles que les opulents possedent icy en abondance, sont employez pour ces pompeux reposoirs où les prestres, las de porter leur hostie et leur ciboire, s'entreposent quand ils y arrivent. Pendant que nous estions à considerer toutes ces

---

(1) Anne de Lenclos, qui devint célèbre sous le nom de Ninon. Son père de Lenclos était un gentilhomme de Touraine, et sa mère, Mademoiselle de Raconis, était d'une famille de l'Orléanais. Née à Paris en 1616, morte en 1706.

choses, nous vismes venir de loin quantité de prestres qui portoient l'hostie et qui chantoient; mais des qu'ils commencerent à nous approcher et que nous vismes que tout le monde se mettoit à genoux, nous nous en allasmes bien viste de peur de recevoir un affront.

Nous employasmes le 1er de juin à faire nos depesches pour la Hollande.

Le 2e nous fusmes dire adieu à un capitaine suisse, nommé le Sr Stoppa qui partoit pour aller ioindre l'armée. Il nous raconta la genereuse et heroïque action de M. le prince qui ayant esté adverti que les François avoient investi Cambray et qu'ils le vouloient assieger, s'estoit avancé avec 4,000 hommes, avoit forcé un quartier et secouru la place, ayant esté tousiours à la teste de ses gens. On ne peut assez louër l'action de ce grand prince tant elle est brave; et il faut advouër que c'est un des plus grands hommes qui ayent esté depuis quelques siecles. Si la France s'estoit menagée un si parfaict capitaine, il est constant que les Espagnols n'auroient pas repris tant de places qu'ils avoient perduës, et que si l'on le rappeloit ils auroient bien de la peine à les defendre. Mais M. le cardinal ne le veut point à la Cour, sçachant bien qu'il auroit affaire à un homme qui l'esclaireroit de pres et qui troubleroit ce pouvoir absolu qu'il s'y est acquis. Apres qu'il nous eust dit cette nouvelle, nous prismes congé de luy, luy souhaittants une heureuse campagne. Delà nous fusmes au marché aux chevaux, pour voir si nous pouvions nous defaire des nostres par vente ou par troc, mais nous ne reüssismes ny en l'un, ny en l'autre.

Le 3ᵉ, nous fusmes à Charenton avec les Sʳˢ de Gillier et Saleon. Nous revinsmes disner à Paris avec le premier, ayant laissé l'autre avec le marquis Melac pour aller à Vincennes apres le second presche. L'apres disnée nous fusmes à la comedie : on y representa les *Amours de la comtesse de Pembroec.* (1).

Le 4ᵉ, nous demeurasmes toute la iournée au logis, et en passasmes une bonne partie à la lecture, qui nous servit d'un utile divertissement.

Le 5ᵉ, nous fusmes à la comedie des *Charmes de Medée* (2). C'est une piece qui est fort vieille, et qui n'est pas si divertissante que les nouvelles : aussy le suiet en est grave et serieux, et il n'y a point de ces personnages gays et bouffons, qu'on entremesle à present en toutes les pieces, à l'imitation des Italiens et des Espagnols. A la sortie nous

---

(1) Il s'agit probablement de la pièce de Boisrobert publiée sous ce titre : *La Folle Gageure, ou les Divertissements de la comtesse de Pembroo*, comédie en cinq actes et en vers, dédiée à Monsieur, frère du roi. Paris, Augustin Courbé, 1653, in-4°. — Cette pièce avait été jouée pour la première fois en 1651.

François Metel de Boisrobert, abbé de Châtillon-sur-Seine, aumônier du roi, conseiller d'Etat, membre de l'Académie française, né en 1592, mort en 1662. Compatriote de Corneille, il a fait comme lui un grand nombre de pièces de théâtre, mais qui sont aujourd'hui oubliées.

(2) Cette comédie ne se trouve indiquée ni dans la *Bibliothèque du Théâtre françois*, de La Vallière, ni dans le catalogue de M. de Soleinne, ni dans l'*Histoire du Théâtre françois*, des frères Parfait.

-receusmes nos lettres, où l'on nous marquoit que les Estats Generaux devoient ce matin-là respondre à l'escrit que l'ambassadeur de France leur avoit donné en suite d'une conference qu'il avoit euë avec eux; et que, parce qu'on estoit assez d'accord des choses, on avoit suiet de croire qu'enfin on s'accommoderoit : bien qu'il y ait des gens qui, pour leur interest particulier, desirants d'augmenter cette brouillerie, avoient tant fait que dans l'ordre et la forme des articles de la response, l'ambassadeur de France iugeroit qu'on ne satifesoit pas à sa demande, ainsi qu'il estoit chargé et qu'il croyoit que le requeroit l'honneur du Roy. Mais on adioustoit que la plus part des Estats estoient disposés à corriger le tout à la moindre remonstrance de l'ambassadeur, et qu'on conviendroit d'un traitté provisionnel, pour passer puis apres à un renouvellement d'alliance, qui doit estre iugé d'importance quand bien il ne feroit qu'empescher les pensées et les discours de se lier avec les Espagnols.

On nous advertissoit aussi que le Roy de Danemark se preparoit de plus en plus à la rupture avec celuy de Suede, et qu'on croyoit que ce prince quitteroit la Pologne pour se mettre à la teste de son armée qui doit resister aux Danois; et que les Anglois nous avoient pris deux vaisseaux sous pretexte qu'ils portoient des lingots de la flotte d'Espagne, ce qui causoit une nouvelle defiance de la correspondance de l'Angleterre avec la France, pour à force de troubler nostre commerce, nous necessiter d'entrer en une ligue avec eux contre l'Espagne.

Le 6ᵉ, nous envoyasmes nos deux chevaux au marché, ayant prié le Sʳ de Routes, parent du Sʳ de Brunel, de les y vendre, afin qu'apres on n'eut point de recours à nous autres, en cas qu'ils se trouvassent entachés du mesme mal de nostre escurie. Nous reüssismes si bien que nous en tirasmes 7oo livres, sans que le marquis des Aix, à qui nous les vendismes, et son mareschal s'apperceussent d'aucun defaut, ni mesme les soupçonnassent de ce mal, et ainsi nous fusmes hors de la peine de sauver ces deux bestes que nous craignions de perdre.

Le 7ᵉ, estant la seconde Feste-Dieu, en nous pourmenant par les ruës, pour voir cette devotion, nous rencontrasmes les Sʳˢ de Voorst et de Marbé, qui apres avoir un peu couru la ville, nous firent de si grandes instances pour disner avec eux, qu'à la fin nous fusmes contraincts de condescendre à leurs prieres. Nous y passasmes toute l'apres disnée à iouer au verkier (1) des fraises et des cerises.

Le 8ᵉ, apres avoir fait nos exercices le matin, nous employasmes le reste de la iournée à faire response aux lettres que nous avions receuës par l'ordinaire du mardy.

Le 9ᵉ, nous allasmes pelotter une demi-douzaine de balles avec le Sʳ Herbert, et comme cet exercice est un peu trop violent en cette saison, nous fus-

---

(1) Le *Verkier* était une sorte de jeu de trictrac, d'origine allemande.

mes ensuite au Luxembourg pour y prendre le frais : mais nous n'en pusmes pas iouïr longtemps car une grande pluye survint, qui nous obligea de quitter cette agreable pourmenade, et nous fit retourner au logis.

Le 10ᵉ, apres avoir fait nostre devotion au logis, nous fusmes l'apres disnée à la comedie, avec les Sʳˢ de Cibut et de Manse (1). C'estoit la mesme piece qu'on avoit representée le mardy. A la sortie nous allasmes prendre l'air aux Thuilleries où nous ne treuvasmes pas grand monde, quoy qu'il fust dimanche, ce qui nous obligea, apres y avoir fait un tour ou deux, de nous en retourner chez nous.

Le 11ᵉ, les Sʳˢ de Ryswick et Voorst nous vindrent rendre visite, et nous dirent que M. de Brederoode avoit fait une assez dangereuse cheute de cheval, avant que d'arriver à Amiens, et qu'il estoit tout à fait en danger : et qu'on avoit mandé de cette ville un medecin, nommé le Sʳ Sarazin. Ce qui fait le plus craindre qu'il n'en eschappera pas, est qu'il rend toutes les viandes qu'on luy donne. On aura suiet de le regretter, car c'est un gentilhomme qui commençoit à se bien former, et à le porter de la belle manière.

Le 12ᵉ, apres avoir esté toute la matinée en l'academie nous passasmes l'apres disnée à voir la comedie du *Menteur*; c'est la premiere piece bouffonne qu'ait faite le Sʳ Corneille, ce renommé poëte : elle nous divertit assez bien et fit en sorte

---

(1) Lieutenant des gardes.

que nous oubliasmes presque la peine que nous avions euë d'y aller à pied en un temps qui n'estoit guere agréable, car il pleuvoit de la bonne façon.

Le 13ᵉ, nous receusmes nos lettres par lesquelles on nous marquoit le depart de madame la princesse de Tarente (1), et que le fils du duc de Simmeren (2), à qui on a donné le Sʳ l'Amyr, gentilhomme de madame la princesse de Nassau pour le conduire en ses voyages, devoit partir dans peu de iours : on y adioustoit de plus qu'apres son retour il pourroit bien espouser la plus ieusne fille des princesses d'Orange. Ce seroit un mariage assez advantageux pour elle, et qui serviroit d'appuy à toute la maison. L'apres disnée, M. le Rhingrave l'aisné nous vint dire adieu. Il devoit partir pour aller ioindre l'armée de M. de Turenne, qui tient la campagne, pendant que celle de la Ferté assiege Montmedy, ville de grande importance dans le Luxembourg. Le Roy, pour en favoriser l'entreprise, est à Sedan.

---

(1) On lit dans une dépêche de M. de Thou, du 3 mai 1657 : « J'ay trouvé icy Messieurs d'Arminvilliers et Gentillot qui tesmoignent beaucoup de zèle, chacun, selon son génie ; mais j'ay receu de fort bons advis et fort précis de madame la princesse de Tarente qui est fort aymée icy, et qui a beaucoup d'habitude avec les principaux de l'Estat, ce que j'ay creu ne debvoir pas obmettre ; mais elle est sur le point de s'en retourner en France. »

Henri-Charles de la Trémouille, prince de Tarente, était entré dans le parti de la Fronde, avait suivi le prince de Condé dans les Pays-Bas espagnols, puis s'était retiré à la Haye. Il en est beaucoup question dans la correspondance de M. Chanut, en 1654, qui rend compte des démarches que le prince de Tarente faisait auprès de lui pour obtenir le bénéfice de l'amnistie.

(2) Prince de la maison Palatine.

Le 14°, apres avoir bien battu nostre petit Frans, nous le chassasmes, apres en avoir enduré mille impertinences et fripponneries. Tantost il rompoit les assietes, tantost il prenoit les clefs du sommelier, les cachoit et ne les vouloit pas rendre, qu'on ne luy donnast quelques bouteilles de vin, et tousiours il raisonnoit et respondoit sur ce qu'on luy commandoit : tellement que nous ne le pusmes plus tenir en notre service. Nous le iugeasmes bien ainsi en l'amenant avec nous de Hollande, car des qu'un laquays flamand est depaysé on n'en est presque plus maistre : il ressemble aux François qui sont des insolents en nos quartiers, et qui sont icy souples et soumis autant que valets du monde.

Le 15°, apres estre revenus de bonne heure de de nos exercices, nous passasmes le reste de la matinée à faire nos lettres, afin que nous eussions l'apres disnée libre pour pouvoir assister à cette belle et longtemps promise piece de Boisrobert, qu'il a intitulée *Théodore, Reine de Hongrie* (1). C'estoit la première fois qu'on la representoit, et les acteurs reussirent assez bien. Elle est tout à fait serieuse et les pensées en sont assez relevées : on voit pourtant bien qu'elle n'est pas composée par Corneille, car cette expression naifve et naturelle, et neantmoins forte et vigoureuse, luy est si

---

(1) *Théodore, reine de Hongrie*, tragi-comédie de M. l'abbé de Boisrobert. Cette pièce, à ce qu'on lit dans une critique qu'en fit Saumaise, est empruntée pour le sujet, l'intrigue, et même en partie pour les vers, à *l'Inceste supposé*, tragi-comédie de La Caze.

particulière qu'il n'a point paru d'autheur qui l'egale.

Le 16⁰, ayant fait dessein d'aller à pied à la pourmenade, nous en fusmes empeschés par une grande et grosse pluye qui nous obligea de gaigner le premier ieu de paulme que nous rencontrasmes ; nous nous y amusasmes à peloter iusques à ce qu'elle cessa ; ce qui ne fust que sur le soir. Ainsi, sans avoir fait autre chose que de nous lasser, nous retournasmes au logis.

Le 17⁰, nous leusmes un presche, et apres l'avoir fini, le Sʳ de Brunel nous expliqua les passages qui estoient difficiles à entendre. Nous employasmes à cette saincte œuvre la matinée ; et l'apres disnée nous fusmes voir nostre ambassadeur, pour luy tesmoigner la part que nous prenions à l'affliction qu'il venoit de recevoir de la mort de sa femme, qu'il perdit le troisième iour de sa maladie. Il en a esté vivement touché, et c'est un malheur qui luy semble d'autant moins supportable, qu'il luy est arrivé en un pays estranger où elle luy servoit de compagnie et de consolation.

Le 18⁰, ayants appris l'arrivée du sieur de Saint-Pater (1), qui estoit parti de la Haye avec la princesse de Tarente, nous le fusmes chercher l'apres disnée, pour tascher de nous accommoder des chevaux qu'il avoit amenés de Hollande.

Le 19⁰, nous receusmes nos lettres qui ne nous apprirent rien de nouveau, sinon qu'on avoit donné

---

(1) Il était beau-frère de M. de Beringhen.

ordre en Hollande de nous acheter des chevaux et qu'apres on tascheroit de nous les envoyer par la première et seure commodité, parce que celle de la princesse de Tarente estoit passée.

Le 20°, en revenant de l'academie nous rencontrasmes le ieusne Mortaigne en chemin, qui venoit de nous chercher à nostre logis. Il y retourna avec nous autres et y demeura à disner. Depuis son depart de la Haye il a tousiours esté en Allemagne et principalement à la cour du Landgrave, où l'on luy fit fort bon accueil en memoire du merite de son pere qui est mort au service de ce prince en qualité de general de son armée. Pour marque de l'affection qu'il luy porte à cette consideration, il luy a donné des lettres pour M. le cardinal et pour le sieur Servien, qui sont fort obligeantes et par lesquelles il le recommande de la bonne façon. Il est encore en doute s'il doit chercher d'avoir de l'employ en ces quartiers, parce que son oncle n'est pas resolu de l'establir en France iusques à ce qu'il soit asseuré si le Roy de Suede ne tournera point ses armes vers l'Allemagne, car si cela estoit, il est d'advis que son nepveu aille treuver ce Roy, pour tascher d'y apprendre le mestier, où sans doute les services de feu son pere, qui a esté lieutenant general des armées suedoises, le feront considerer. Il a aupres de luy un ecossois, nommé Moüet, qui a esté autrefois aupres de M. de Brederoode, en qualité de gouverneur. C'est un homme qui est fort propre pour un lieu comme la Haye, où l'on ne mene pas une vie de si grand esclat, ni si active que celle de Paris : il y faut avoir l'esprit delicat et entendre son monde, et il l'a rempli d'un sçavoir qui tient trop de l'eschole et du pedant. C'est dommage que ce ieusne homme n'en ait quelque autre qui le pust introduire aux compagnies; car certes il a de fort belles qualités, qui font espérer qu'il se formeroit aisement aux belles choses et qu'il deviendroit tres honneste homme. Son train est fort leste, ayant deux laquays de livrée, un cocher, un valet de chambre, cinq chevaux de carrosse et deux de selle.

Le 21ᵉ, le Sʳ de Ficquefoord nous vint voir; il nous dit qu'il avoit esté chez nostre ambassadeur, qui luy avoit tesmoigné qu'estant à present seul, et ayant perdu sa femme, il vouloit se retirer et que pour cet effect il avoit demandé son congé à Messieurs les Estats ses maistres.

Sur le soir le Sʳ du Four, medecin de M. de Vendosme vint loger en nostre haubergue; c'est un homme d'un bon aage, et d'un entretien fort doux et agreable. Il a beaucoup veu et fait divers voyages avec M. Vendosme, du temps qu'il fut obligé de sortir de France pour avoir choqué le premier ministre (1). Il est de nostre religion, et pour cette raison il nous tesmoigne un peu plus d'affection qu'aux autres. Enfin tout ce que nous pouvons dire de luy, est qu'il est fort sage, modeste, sçavant et tres honneste homme : tellement qu'il y a

---

(1) César, duc de Vendôme, fils naturel de Henri IV, exilé par le cardinal de Richelieu, avait habité quelque temps l'Angleterre.

beaucoup à apprendre en sa conversation où l'on voit tousiours reluire et son iugement, et tant de belles connoissances qu'il possede.

Le 22ᵉ, nous nous fusmes pourmener avec le Sʳ de Mortaigne, et en passant par la Greve, nous vismes qu'on y faisoit de grands preparatifs de feu d'artifice, pour la veille de la Saint-Jean, qu'on devoit allumer sur le soir. La Maison-de-ville estoit fort bien tapissée et par dehors et par dedans. Messieurs de la Ville y donnerent une belle collation de confitures au gouverneur, aux principaux officiers et aux dames les plus relevées qui s'y treuvent, ou qui sont priées d'y assister. Il y a un maistre d'hostel gagé pour cet effect qui tire 6 000 livres par an pour la dresser, et qui fait aussi en mesme temps tous les honneurs. Apres que les dames y sont toutes, M. le mareschal de l'Hospital accompagné de quelques compagnies bourgeoises de ce quartier là, qui sont sous les armes, tambours battants et enseignes deployées, vient enfin mettre le premier, comme gouverneur de Paris, le feu à la machine qui est sur un eschaffaud de bois, au milieu duquel il y a une grande statuë, farcie de feu d'artifice et qu'on diversifie tous les ans. On tire aussitost apres trois salves de vingt petites couleuvrines qui sont rangées en haye sur le bord de la rivière. Ce feu ne fut pas des plus beaux, parceque le iour auparavant le feu s'estoit mis aux poudres de l'entrepreneur : il avoit esté bruslé dans sa maison avec sa femme et ses deux enfants, et on n'avoit pas eu assez de temps pour faire achever son ouvrage. On a une superstition particulière pour cette feste, et telle qu'il n'y a presque pas un gentilhomme ou un bourgeois qui porte le nom de ce sainct, qui ne fasse ce iour-là un feu devant sa porte.

Le 23°, nous employasmes toute la iournée à faire response aux lettres de Hollande, et representasmes au long la necessité qu'il y avoit qu'on nous envoyast des chevaux par la premiere commodité.

Le 24°, nous ne sortismes point du logis, et fismes en sorte qu'on souppa de bonne heure, afin d'aller prendre l'air au Palais-Royal apres le repas. Nous y treuvasmes grand monde, mais fort peu de personnes de condition, parce qu'il s'en treuve rarement les iours de festes.

Le 25°, nous montasmes à cheval pour aller voir les chevaux malades que nous avions à l'herbe; ne les ayants pas treuvés et voyants que nous n'estions pas fort loin du chasteau de Bissestre, qui est l'une des trois maisons destinées pour enfermer les gueux et les y nourrir, nous picquasmes iusqueslà. C'est une maison qui est à une bonne lieuë du fauxbourg Saint-Marceau, fort grande, enfermée de quatre murailles qui sont assez hautes, et gardée par des soldats qui y sont entretenus pour veiller à tous les desordres qui y pourroient arriver. On ne nous voulut pas laisser entrer, mais un garde nous y conta à la porte une chose qui est fort hardie, c'est que deux ou trois de ces gueux, ayants fait dessein de se sauver, et n'en voyants guere le moyen, furent longtemps à le chercher dans leur esprit. Un iour estants à la bassecourt, et raisonnants sur cette affaire, ils s'approchèrent du garde qui estoit à la porte, et lui donnants à mesme temps deux ou trois grands coups de cousteau, le coucherent par terre, et s'estants rendus maistres de la barriere, ils eschapperent et prirent la fuitte : mais ils ne iouïrent pas longtemps de la liberté qu'ils s'estoient acquise par un si mechant acte, car on les poursuivit d'abord, et apres les avoir pris, on les condamna à estre pendus.

Le 26ᵉ, nous receusmes nos lettres, par lesquelles on nous marquoit qu'apres beaucoup de conteste, le differend et la mesintelligence, qui avoit esté depuis quelque temps entre la France et nostre Estat, avoit enfin esté accommodé : que l'on devoit travailler sans delay à renouveler l'ancienne alliance et à faire un bon traitté de marine, par lequel on eviteroit de tomber doresnavant en un pareil inconvenient qui ne pouvoit que causer beaucoup de maux à l'un et à l'autre Estat.

Le 27ᵉ et 28ᵉ, nous fusmes contraincts, n'ayant point de chevaux, de demeurer au logis. Aussi faisoit-il une si grande chaleur, qu'on avoit à craindre de tomber malade, si l'on ne demeuroit en repos. Nous ne perdismes en aucune façon nostre temps, car nous nous mismes à continuer nostre iournal, parce que nous en avions negligé quelques feuilles pour iouïr de la pourmenade et de la beauté des iours precedents.

Le 29ᵉ, apres avoir fait nos exercices, nous employasmes le reste de la iournée à escrire nos lettres. Ce mesme soir nous vismes un fort beau feu d'artifice au bout du Pont-Neuf.

Le 1ᵉʳ de juillet, apres avoir fait nostre devotion au logis, nous fusmes l'apres disnée pour la premiere fois à la Comedie Italienne, et quoy que nous n'y entendions rien, nous ne laissasmes pas de rire; car les postures et les gestes de Scharamouche et de Trivolino sont capables de faire esclatter le monde, quoy qu'on ne sçache pas ce qu'ils disent. Les Italiens ne reüssissent iamais si bien au serieux qu'à la bouffonnerie; c'est pourquoy quand on les a veu representer cinq ou six pièces, on en est desia degousté, parce qu'ils tombent tousiours sur les mesmes pensees. Monsieur le Cardinal donne pension à cette bande, et on leur a permis de representer leurs pieces dans la salle des Comedies du Petit Bourbon.

Le 2ᵉ, nous apprismes la mort de M. de Brederoode, et pensants que cela fust seulement un faux bruict, nous envoyasmes un laquays au Sʳ Caille, pour en estre mieux instruicts, qui nous fit dire qu'elle n'estoit que trop asseurée, et de plus qu'il avoit receu ce mesme iour des lettres par lesquelles le Sʳ Sarazin, qui estoit le medecin qu'on avoit mandé deux iours auparavant en poste, la luy marquoit (1).

(1) L'ambassadeur de France fut chargé de faire des compliments de condoléance à la princesse douairière d'Orange, tante de M. de Brederoode. « Pour madame la princesse douairière, elle est

Le 3°, à la sortie de la Comedie Italienne nous receusmes nos lettres, qui nous apprirent que le Roy de Danemark avoit declaré la guerre au Roy de Suede, et que l'hostilité ayant commencé par quelques partis, les Suedois avoient defait trois cents Danois.

Le 4° et 5°, après une longue seicheresse on eust une pluye, accompagnée de tonnerres et d'esclairs, l'air en fust rafraischi, et tous les fruicts de la terre, qui estoient presque bruslés en plusieurs endroicts, en reprirent force et vigueur; sans ce benefice du ciel on ne pouvoit pas esperer une bonne recolte, et on avoit à craindre une cherté de toutes choses.

Le 6°, au retour de l'academie nous achevasmes de bonne heure nos lettres pour aller disner chez le S* de Voorst qui nous en avoit fort prié : nous y passasmes toute l'apres disnée, parce qu'au sortir de table, le S* de Marbé, qui est auprès de luy, nous obligea de iouër quelques parties au verkier, scachant bien que nous n'estions pas gens à faire debauche.

Le 7°, nostre couzin du Theil nous vint voir et nous en fusmes fort surpris, le croyants chez son oncle à trente lieuës d'icy, Il nous dit qu'ayant esté à l'armée, il avoit perdu deux chevaux et une valise où estoit le meilleur de

encore à Turnhout en Brabant où par conséquent je n'ay pas la liberté de la voir; mais je luy escrivis hier une lettre sur la mort de M. de Brederoode son neveu. » (Dépêche de M. de Thou du 7 août 1657.)

ses hardes. Ce fut en un parti que ce malheur luy arriva. Ils estoient en embuscade aupres du Castelet, et pensoient de surprendre les ennemis qui estoient sortis de cette place : mais ils furent battus parce qu'ils avoient logé en embuscade dans un petit boys quelques fantassins. Se voyant ainsi demonté et sans equippage, et ses affaires ne luy permettant pas d'acheter d'autres chevaux, il se contenta de ce qu'il avoit veu en trois mois de campagne, qu'il avoit passés en qualité de volontaire dans la compagnie des Gardes Ecossoises, que le Sr de Schomberg commande en l'absence du duc d'York qui en est le capitaine.

Le 8e, apres avoir fait nostre devotion au logis, nous fusmes l'apres disnée à la Comedie Françoise ; on nous y representa *Dom Philippin Prince*. C'est une piece du Sr Scarron : elle est tout à fait bouffonne et divertissante, si bien que nous ne plaignismes point nostre argent, et nous passasmes ainsi la iournée. Il n'est pourtant guere agreable d'estre icy sans carrosse et de rester dans la ville, pendant que tout le monde va à la pourmenade iouir du beau temps.

Le 10e, nous changeasmes de logis apres avoir eu un petit demeslé avec nostre hoste. Nous en avons pris un au-delà du Pont-Neuf, qui a pour tiltre l'*Hostel de Broyez*. Nous y tenons tout le premier estage, et nous n'avons pas perdu au change, car pour ce qui est des chambres, elles sont toutes à plein pied et bien plus belles et mieux percées que celles de nostre vieux logement ;

et quant au traitement, nous y sommes incomparablement mieux, ayant tousiours neuf ou dix plats de viande. Nous nous faisons traiter en particulier, parce qu'à la table commune il y a de toutes sortes de personnes, et qui y accourent pour le bon marché.

Sur le soir nous receusmes nos lettres, par lesquelles on ne nous marquoit rien de fort remarquable. Elles nous apprirent seulement que la mort du Sr de Nieucoop avoit causé beaucoup de ioye à tous ceux qui pretendoient à estre heritiers des grandes richesses qu'il avoit amassées; mais à l'ouverture du testament ils furent fort surpris de voir qu'il ordonnoit qu'on bastit cent onze maisonnettes pour y loger et entretenir ceux qui estants descendus d'honnestes parens, n'avoient pas moyen de vivre, et que pour cet effect il dotoit chasque petite maison de 120 livres de rente. Il avoit acheté durant sa vie la place où il vouloit qu'on les bastit : elle est à la Haye au Westende. Quant à la seigneurie de Nieucoop, il l'a leguée à la cadette du Sr de Warmont; et pour ne rien laisser à ses plus proches d'une si belle succession, il laisse en pur don la maison où il demeuroit à son prestre.

Le 11e, les Srs de Manse et de Cibut, avec qui nous avions logé dans l'autre maison, nous vindrent voir, et apres leur avoir monstré tout nostre appartement, nous fusmes voir un homme qui a treuvé une merveilleuse invention pour escrire commodement. Il fait des plumes d'argent où il met de l'encre qui ne seiche point, et sans en prendre on peut escrire de suite une demy main de papier ; si son secret a vogue, il se fera riche en peu de temps, car il n'y aura personne qui n'en veuille avoir : nous luy en avons aussi commandé quelques-unes. Il les vend 10 francs, et 12 francs à ceux qu'il sçait avoir fort envie d'en avoir.

Le 13ᵉ, apres avoir fait nos lettres, nous fusmes voir l'appartement d'hyver de la Reyne, avec le Sʳ Cibut qui nous y accompagna. Il faut advouër que apres cela il ne se peut rien voir de plus magnifique. La dorure, la peinture et tous les riches embellissements y estalent avec profusion tout ce qu'ils ont de plus beau et de plus pretieux en la chambre où elle couche : il y a au bout un cabinet si parfaitement orné et paré de tout ce que la sumptuosité des Roys peut faire inventer de plus rare, qu'on n'y peut rien souhaiter pour en rehausser l'esclat et la pompe. On y voit un cabinet (1) de cornaline et d'agathe ; il y a entre autres une piece tout à fait admirable où l'on voit un aigle assis sur un tronc d'arbre, representé si au naturel qu'un peintre ne le sçauroit mieux faire. Le petit lict de repos et les sieges sont d'un riche et superbe brocart. La table, les guerindons et le bois des sieges sont d'un tres bel esmail bleu avec quantité de petites fleurs de toute sorte de couleurs. Le plancher est de marqueterie, mais

---

(1) C'est-à-dire un *petit coffre :* signification depuis longtemps hors d'usage.

d'un bois si odoriferant, que quand on y entre on est tout parfumé. La Reyne en fait faire un d'esté, auquel nous vismes travailler, qui sera encore plus beau que celuy dont nous venons de parler, à ce que l'on nous en a dit.

Le 14ᵉ, sur le soir, madame la duchesse de Bouillon fut emportée par une fievre qui luy avoit duré quelques iours. Elle estoit de la maison de Berghen (1); et pour son malheur, et celuy de toute sa maison et de sa conscience, le duc de Bouillon en devint amoureux, l'espousa contre le gré de tous ses parens; et se laissoit si fort gouverner à cette adroite femme, qu'il en changea de religion, en perdit le gouvernement de Maestricht, et quelque temps apres sa seigneurie de Sedan. Femme dissimulée et artificieuse plus que toutes celles des siecles passés et du present, qui pour être extrèmement belle n'a iamais rien enfanté de bon ni de beau : soit que l'on regarde ses actions et sa vie, soit que l'on considere les enfans qu'elle a laissés, qui sont en grand nombre et tous assez mal faicts; attachée à sa religion, plus pour les advantages qu'elle en pouvoit esperer en cette vie que pour ceux qu'elle en devoit recevoir en l'au-

---

(1) Fille du comte de Bergh ou Berghen. Née en 1615, elle avait épousé en 1634, Frédéric Maurice de La Tour, duc de Bouillon, frère aîné de Turenne, qui mourut en 1652.

Madame de Motteville en parle autrement que nos voyageurs : « Cette dame, dit-elle, a été illustre par l'amour qu'elle a eu pour « son mary, par celuy que son mary a eu pour elle, par sa beauté « et la part que la fortune lui a donnée aux événements de la « cour. »

tre : aussi en mourant, pour ne point fonder de messes, elle dit qu'elle estoit trop grande pecheresse pour sortir du purgatoire et qu'elle vouloit y demeurer tout autant de temps qu'il plairoit à Dieu ; et ainsi mourut sans avoir contenté les prestres à qui elle n'a rien laissé pour chanter à son honneur.

Le 15°, estant dimanche nous leusmes un presche au logis, ne pouvants aller à Charenton faute de chevaux, et l'apres disnée nous fusmes voir madame de Longschamps avec laquelle nous fusmes nous pourmener au Luxembourg.

Le 16°, nous demeurasmes tout le iour au logis à cause de l'excessive chaleur. Le Sr de Longschamps nous vint voir sur le soir pour s'aller baigner avec nous, et comme nous sommes fort familiers, il coucha ensuite avec nous et y demeura tout le lendemain.

Le 17°, son excellence Boreel nous fit inviter à disner en ceremonie par un de ses pages et laquays. Il nous traita assez bien, et mieux qu'il n'avoit accoustumé du vivant de sa femme. Aprés y avoir esté assez longtemps, nous prismes congé de luy, et l'ayant fort remercié de l'honneur qu'il nous avoit faict, nous nous fusmes encore baigner, mais d'un autre costé que nous n'avions fait le iour auparavant. Il y avoit plus de quatre cents carrosses qui y estoient autant pour se baigner que pour regarder les baigneurs. Les femmes s'y decrassent aussi sous de petites tentes qui sont tenduës dans l'eau, de peur qu'on ne voie leur beau corps. En revenant au logis nous receusmes nos lettres, par lesquelles on nous marquoit l'arrivée en Hollande de ce petit coquin de laquays dont nous avons parlé cy dessus, qui s'en estoit enfuit avec la livrée. Il avoit eu la hardiesse de se monstrer en nostre maison. Ce iour-cy partit Monsieur le mareschal de Gramont pour son ambassade d'Allemagne.

Le 18°, le Sr de Molines nous vint feliciter en nostre nouveau logement, et nous tesmoigner la ioye qu'il avoit de ce que nous estions si proches voisins. Il nous dit qu'il venoit de lire une lettre du camp de devant Montmedy, qui parloit de la merveilleuse et incroyable defense de cette place, et que les François y avoient desia perdu près de quatre mille hommes; que les assiegez avoient fait une sortie de cinquante chevaux et de quelque infanterie, et qu'ils avoient maltraitez les regiments de Picardie et de Mazarin, dont quatre capitaines avoient esté tués dans la tranchée; mais qu'ayants voulu y revenir le lendemain, et ayants eu d'abord quelque avantage à la teste de la tranchée, les Suisses leur avoient coupé chemin et les avoient tous pris ou tuez.

Le 19°, nous ne bougeasmes du logis que sur le soir pour aller humer le frais au Luxembourg. Le Sieur de Lionne partit pour son voyage d'Allemagne en qualité d'ambassadeur extraordinaire.

Le 20°, nous passasmes toute la iournée à faire nos depesches. Nous apprismes d'un curieux, qui nous vint apporter ses nouvelles, qu'il venoit de parler à un gentilhomme que Monsieur de Turenne avoit envoyé pour complimenter Messieurs de Bouillon sur la perte de madame leur mère; qu'il asseuroit que son armée estait de vingt-huit mille hommes effectifs et qu'il observoit les Espagnols qui taschoient de passer au Luxembourg pour ietter du secours dans Montmedy. Il nous dit de plus qu'on parloit d'une ligue entre la maison d'Austriche et les Roys de Pologne et de D?marck, à laquelle le Grand Duc de Moscov. l'Electeur de Brandebourg se devoient ioindre, et que les princes protestants d'Allemagne offroient au Roy de Hongrie de luy entretenir soixante mille hommes pour le faire couronner Empereur, s'il n'y pouvoit parvenir que par la voye des armes, pourveu qu'il donnast la liberté de conscience en ses pays. Il nous donna ensuite à lire un imprimé de la reception de Cromwel en la charge de Protecteur souverain des trois royaumes Angleterre, Escosse et Irlande, et des ceremonies avec lesquelles on la luy avoit conferée, et de la somme d'argent que le Parlement luy avoit accordée, et de la quantité de vaisseaux de guerre qu'on devoit entretenir : que ie ne specifieray point icy, puisqu'on en peut voir le dit imprimé.

Le 21ᵉ, le Sʳ de Lorme nous envoya dire qu'il vouloit venir disner avec nous, et comme nous luy fismes sçavoir qu'il feroit fort mauvaise chere, à cause que c'estoit un iour maigre, et que nous le suppliions de vouloir remettre la partie à un autre iour, il nous escrivit un billet par lequel il nous tesmoigna de ne se soucier pas du traitement, pourveu que nous luy donnassions de bon pain, de bon vin et de bons melons, et que surtout nous luy fissions bon visage, qui est tousiours le meilleur plat du festin.

Le 22ᵉ, le Sʳ Blanche nous vint prendre en carrosse pour aller prier Dieu à Charenton; mais à l'entrée de la place Royale, l'essieu se cassa, et comme nous mettions pied à terre, il passa trois dames en carrosse à quatre chevaux, qui nous voyant en si pauvre estat et se doutant bien que nous avions fait dessein d'aller à Charenton, firent arrester leur carrosse, et envoyerent demander à un de nos laquays où nous allions : mais ce niais fut si sot que de dire qu'il n'en sçavoit rien, et ainsi nous manquasmes cette bonne occasion. Nous treuvants à pied et loin de nos logis, nous allasmes desieuner au premier cabaret que nous rencontrasmes. Nous y mangeasmes force abricots, meures et cerneaux, et beusmes un trait d'excellent vin. Voilà comme nous passasmes nostre matinée et comme estant en chemin d'aller prier Dieu, nous prismes occasion de nostre malheur à faire cette petite debauche, à laquelle chacun se laissa emporter pour plaire à son compagnon.

Le 23ᵉ, nous passasmes l'apres disnée à iouër aux cartes avec madame de Longschamps.

Le 24ᵉ, nous fusmes voir le Sʳ de Marbé, avec qui nous passasmes une couple d'heures à causer, et ainsi nous nous retirasmes chez nous où nous treuvasmes nos lettres de Hollande par lesquelles on nous faisoit sçavoir la grande affliction en laquelle estoit madame de Brederoode pour la perte de son fils, et qu'elle en estoit presque inconsolable, l'ayant consideré comme le seul appuy de sa maison (1). On nous marquoit aussi que son cadet sollicitoit les charges du defunct, mais qu'on doutoit fort s'il les obtiendroit.

Le 25e et 26e, nous ne sortismes pas à cause de la grande chaleur.

Le 27e, nous passasmes la matinée à faire nos exercices, et employasmes l'apres disnée à faire response aux lettres que nous avions receuës.

Le 28e, le Sr de Molines vint disner avec nous et fit assez mauvaise chere, parce que le vendredy et le samedy nous ne mangeons que du poisson, et on en est assez mal pourveu en ce temps icy que la chaleur empesche qu'on ne le peut transporter sans qu'il se gaste.

Le 29e, nous leusmes quelques chapitres de la Bible, que le Sr de Brunel nous expliqua ensuite, nous y faisant remarquer les endroicts les plus

---

(1) On voit par la correspondance de M. de Thou qu'il avait appelé l'intérêt du cardinal et de M. de Brienne sur madame de Brederoode qui sollicitait pour son petit-fils, âgé de sept ans, le régiment qu'avait son père, « à quoy par jalousie les nobles de la province
« de Hollande s'opposent, mais je crois qu'il est du service de S. M.
« et de sa réputation de la servir en cette occasion et d'en escrire
« une lettre particulière à Messieurs les Estats. » — Dépêche de M. de Thou du 19 juillet 1657. — « J'ay adverti madame de Brede-
« roode de l'honneur que le Roy faisait à son petit-fils de prendre
« soin et protection de ses interêts, dont toute la parenté temoigne
« beaucoup de ressentiment. » — Dépêche du 28 août 1567.

considerables, ce qui nous valut pour le moins un presche. L'apres disnée nous fusmes chez notre ambassadeur pour luy rendre visite, mais comme il avoit une grande fluxion sur la iouë, qui l'empeschoit de pouvoir entretenir le monde qui le venoit voir, il nous pria de le vouloir excuser. Nous passasmes pourtant une couple d'heures avec le Sr de Saint-Agathe son fils, qui nous vint recevoir : et apres y avoir parlé de ....aucoup de choses, en nous retirant la pluye nous prit au milieu du chemin, mais nous n'en fusmes pas baignés, parce que nous gaignasmes une grande porte cochere, où nous demeurasmes une grosse heure à attendre qu'elle cessast.

Le 31e, nous fusmes voir madame de Longschamps, qui nous engagea à iouër à l'hombre. La perte que nous y fismes n'estoit pas trop grande, parce que la marque ne valoit qu'un sol, et neantmoins nous nous divertismes fort bien, passants nostre apres disnée avec plaisir. Au sortir de là nous receusmes nos lettres, par lesquelles on nous marquoit que le Sr de Sommelrdyck estoit revenu de Spyck à la Haye pour quelques affaires, mais qu'il n'y feroit pas long seiour, ayant fait dessein de demeurer la plus grande partie de l'esté à la campagne. Nous apprismes de plus que madame l'Electrice de Brandenbourg (1) avoit fait un second fils, dont toute la cour de madame la Douairière estoit fort resiou: .

---

(1) Elle était fille de madame la princesse douairière d'Orange.

Le 1ᵉʳ d'aoust, nous fusmes rendre visite a madame de Lorme que nous treuvasmes avec le Sʳ de Ficquefoord, dans le cabinet de son mary où elle causoit. Nous n'y fusmes pas si tost entrés, que le Sʳ de Lorme vint augmenter la compagnie. Il nous leust des vers qu'on avoit fait nouvellement à la loüenge de mademoiselle de Maulevrier; et quoy qu'elle ait assez de charmes et d'appas pour se rendre aimable, elle l'estoit encore plus par ses belles qualités et perfections qu'on y representoit au vif. Il nous pria fort de luy vouloir permettre qu'il pust envoyer une lettre au Sʳ de la Platte, dans nostre pacquet, par laquelle il luy fit tenir une copie de cette belle poësie qu'il sçavoit ne luy devoir pas estre desagreable. Pendant que nous estions sur cette matière, il y eust des dames qui la vindrent voir, ce qui l'obligea de quitter ce cabinet pour les aller recevoir dans sa grande chambre; et parce que nous ne les connoissions point, nous demeurasmes encore un peu avec son mari. De là nous allasmes visiter nostre ambassadeur, qui nous fit un compliment sur ce que nous y avions esté deux ou trois fois sans que nous l'eussions pû voir à cause de son indisposition. Il nous dit que le Roy avoit acheté cinq cent mille livres l'hostel de Longueville pour en faire sa petite escurie. On a dessein d'abattre le petit Bourbon, pour en faire un manège et une avant-court au Louvre.

Le 2ᵉ, ayant cherché l'abbé de la Vieuville, le

chevalier de la Riviere et le Sr de Saint-Romain, que nous ne treuvasmes pas, nous allasmes au Temple, pour y prendre les bagues que nous y avions commandées. Nous y vismes une fort belle espée, dont la garde est toute d'or, fort bien travaillée, et couverte d'esmail et de diamants qui au bout des branches et du pommeau forment trois belles roses. On en demandoit trois cents escus, et on nous iuroit qu'elle avoit esté faite pour quatre cents, et que la personne qui l'avoit achetée pour en faire present à Rome à un grand seigneur n'en ayant plus le dessein, la vouloit vendre, parce que sa condition ne luy permet pas de la porter sans se rendre ridicule.

Le 4°, madame de Longschamps nous envoya un laquays par lequel elle nous fit demander si nous voulions venir iouër l'apres disnée chez elle, et qu'elle nous donneroit revanche de ce qu'elle nous avoit gaigné. Nous ne manquasmes pas de nous y rendre, parce que lorsqu'on n'a point de chevaux pour se pourmener, on est bien aise de treuver occasion de se divertir, principalement en la compagnie d'une personne bien faite et de bonne humeur, telle qu'est cette dame qui est d'un tres-agreable entretien ; aussi prismes-nous si peu garde à nostre ieu que nous perdismes encore nostre argent.

Le 5°, nous fusmes à Charenton pour entendre le S^r d'Aillé qui fit un fort beau presche sur les trois premiers versets du chapitre 4° de l'Epist. de saint Paul à Timoth., par où l'Apostre predit les deux grands abus qui regnent dans l'Eglise touchant le mariage et l'abstinence des viandes. L'apres disnée l'abbé de Sautereau et le Sʳ de Cibut nous vindrent dire adieu parce qu'ils devoient partir le lendemain pour Grenoble.

Le 6ᵉ, le Sʳ de Brunel alla avec nous à l'academie pour nous voir monter. Nous y treuvasmes aussi le Sʳ de Marbay qui au sortir nous pria à desieuner avec un pekelharing (hareng salé). Nous nous en excusasmes du commencement, mais à la fin il fallut y consentir. Il nous donna un fort bon dindon en place, parce qu'on ne pouvoit pas trouver de pekelharing en tout son quartier. L'apres disnée nous fusmes voir le Sʳ de Mortaigne qui nous dit qu'il avoit vendu ses chevaux et qu'il pourroit bien partir en peu de iours pour la Hollande, d'où son oncle qui est son tuteur pretend de l'envoyer à l'armée de S. M. Suedoise qui est au pays de Holstein.

Le 7ᵉ, le Sʳ d'Oudeyck nous vint treuver tellement defait et abattu par sa fiebvre, qu'il estoit mesconnoissable. Mais il ne laisse pas de sortir et de manger comme s'il estoit sain; il demanda mesme un verre de vin qui redoubla l'accès auquel il estoit. Il est en un miserable estat, car toutes ses hardes sont engagées, et il n'a pas le moyen de les retirer : il est reduict à une telle misere qu'il va comme gueuser son pain, n'ayant ny d'argent ny credit, et si son pere ne l'assiste, il est à craindre qu'il perira, faute d'avoir ce qui luy est necessaire. Nous receusmes sur le soir nos lettres qui nous apprirent que le Sʳ d'Ameronge, ambassadeur de Messieurs les Estats auprès de S. M. de Danemarck, avoit eu la permission de revenir et qu'on croyoit qu'il seroit en peu de iours de retour au pays.

Le 8ᵉ, apres qu'il eust furieusement pleu toute la matinée, nous sortismes à la fin sur les quatre heures et fusmes rendre visite pour la première fois au Sʳ d'Aillé, ministre de Charenton. C'est un homme qui est fort vieux, mais qui a la memoire encore tres bonne, fort sçavant et tres bien versé dans l'histoire, tellement qu'il y a beaucoup à apprendre en sa conversation et en son entretien. Il nous dit que le mareschal de la Ferté (1), par un courrier exprès avoit donné avis à son pere de la prise de Montmedy, qui s'estoit rendu entre le 5ᵉ et 6ᵉ, apres que le gouverneur nommé Melandri aagé de 28 à 30 ans, soustenant le second assault et defendant la bresche, que le second fourneau des François avoit faite au bastion gauche, dont neantmoins l'ouverture n'estoit pas fort grande, y avoit eu la cuisse emportée d'un coup de canon. Il mourut de sa blessure quatre heures apres, faisant de belles exhortations à tous ses officiers qu'il avoit fait venir en sa chambre, de suivre son exemple et de tenir iusques à la derniere goutte de leur sang, ce qu'ils luy promirent tous. Mais il contrevindrent bien-tost à leurs promesses, car ce brave

---

(1) De Senneterre, duc de la Ferté, né à Paris en 1600, mort en 1684; fait maréchal en 1651.

capitaine ayant expiré sur le soir, il demanderent le lendemain de capituler. Le mareschal de la Ferté leur dit d'abord qu'il ne vouloit les recevoir qu'à discretion, estant prest de donner l'assault, et qu'ils avoient attendu trop longtemps, et que le Roy entroit dans les lignes pour voir l'attaque. Le danger auquel ils se virent, les obligea de donner et de demander des ostages qui s'allerent ietter aux pieds de S. M. qui leur accorda de sortir avec leur bagages et armes, mais sans canons. Le gouverneur est regretté universellement, et le Roy d'Espagne y a perdu un bon et courageux capitaine. Sans sa mort, les François n'auroient pas esté si-tost maistres de la place, ni à si bon marché, car trois iours avant qu'on donnast le premier assault, il envoya un tambour à monsieur de la Ferté pour luy demander s'il avoit bien defendu la demy-lune; et sur ce que le mareschal respondit qu'on y avoit fait tout ce qu'on pouvoit attendre de gens de cœur, il repliqua que son maistre lui avoit donné ordre de luy dire qu'il esperoit d'en faire autant des autres bastions, et qu'il les luy disputeroit iusques au moindre poulce de terre. Il avoit raison d'y proceder avec tant de resolution, puisque outre l'interest d'honneur celuy du bien l'y engageoit estant seigneur d'une partie de la ville et de quelques terres patrimoniales qu'il a aux environs, qui luy rendoient huit ou dix mille escus par an. Le Roy d'Espagne seroit mesconnoissant s'il ne recompensoit la veufve de ce brave homme. Il s'estoit marié pendant le siege et on dit que celle qu'il a espousée est grosse. Il est le dernier de la maison d'Outremont, car le Sieur de Bellagoyen son frere, estant chanoine, ne se peut pas marier.

Le 9°, passants le Pont-Neuf, nous vismes le lieutenant civil avec une demy douzaine de conseillers suivis de plus de cinquante personnes, tant exempts que sergents et archers, tous armés de carabines qui demandoient à un chascun qui portoit l'espée, sa condition, sa demeure et ce qu'il faisoit; s'il n'en pouvoit pas rendre bon compte, on luy ostoit tout aussi tost l'espée, et s'il faisoit difficulté de la donner, on le menoit en prison. Nous vismes ainsi traiter trois ou quatre personnes qui estoient fort lestement adiustées, et qui avoient la plume sur le chapeau. Cet examen et visite se fait pour chasser tous les vagabonds et filoux de cette ville; et si on en vient à bout comme l'on a fait des gueux et des pauvres dont on ne voit pas un seul par les ruës, ce sera l'une des cinq merveilles de ce regne, qui sont: la defense des duels en telle sorte que personne n'ose plus se battre; le desarmement des laquays dont il n'y en a pas un qui ose porter l'espée; le renfermement des pauvres dont il n'y en a pas un qui mendie; la poursuite des putains qu'on envoye pour peupler les Canadas; et à present la recherche des vagabonds et filoux, si au moins on peut leur donner la chasse. L'apres disnée nous allasmes iouër chez madame de Longschamps, où nous apprismes que les Castillans avoient assiegé Viane en Galice, et que le S' de Comminges, ambassadeur de S. M.

tres-chrestienne, estoit arrivé à Lisbonne pour negotier le mariage du Roy son maistre avec l'infante de Portugal, dont nous avons icy veu le portraict dans le cabinet de la Reine : s'il luy ressemble, c'est une belle princesse.

Le 10°, apres avoir fait nos lettres de bonne heure, nous fusmes visiter le S^r des Champs, qui estoit depuis peu revenu d'Angleterre, où monsieur le Premier l'avoit envoyé pour acheter des coureurs pour le Roy. Nous le treuvasmes dans la bassecourt d'où, apres l'avoir salué, il nous mena en l'escurie pour nous faire voir les chevaux qu'il a amenés : ils sont fort beaux et bien pris mais chers, le moindre luy coustant tous frais faicts 100 pistoles. Il nous dit qu'il avoit eu grande peine à ramasser ces douze ou treize qu'il avoit amenés, et qu'il ne se trouvoit plus de bons chevaux en Angleterre. Nous y apprismes de plus que le siege d'Alexandrie alloit assez bien. C'est une tres grande ville sur le Tanaro et bien fortifiée. On y a pris deux demy-lunes : les ennemis en reprirent une en une grande sortie qu'ils firent, mais ils ne l'ont pas gardée longtemps, car le marquis Ville, avec deux cents hommes, les en vint chasser, et bien qu'il eust eu son cheval tué sous soy, il mit pied à terre et les fit deloger en peu de temps, repoussant vigoureusement ceux qui estoient sortis de la ville pour les secourir. On croit qu'on reüssira en cette entreprise, parce que les habitans et l'archevesque ne sont pas Espagnols. Ils s'y sont desia soulevés, pource qu'ils n'ont pû faire la moisson de leurs bleds qui sont presentement gastés par l'armée françoise. On ne s'est pas attaché au Bourg, qui est bien le plus fort, mais on espere qu'apres que la ville sera rendüe, on le reduira bien-tost. On a fait des ponts sur le Tanaro et la Bormida pour la communication des quartiers. Les François ont entrepris ce siege avec treize mille hommes, bien qu'autrefois ils ne l'ayent osé faire avec vingt-cinq mille. Leur artillerie consiste en trente pieces de canon, qui font continuellement feu; si Fuenzeldaigne, qui est en marche avec des forces esgales pour secourir la place, y reüssit aussi bien qu'il fit lorsque Valence estoit assiegé, il confirmera le proverbe italien qui dit: *Fuenzeldagna che sempre perde, è mai guadagna* (1).

Le 11°, ayant fait nos exercices le matin, nous allasmes l'apres disnée à Arcueil voir madame de Saint-Armand. Elle y a une fort belle maison, accompagnée d'un tres grand et beau jardin, où nous nous divertismes fort bien, avec mademoiselle sa fille, y abattant quantité de noisettes et d'autres fruicts que nous y treuvasmes; on y voit devant sa maison le magnifique et merveilleux ouvrage de Marie de Medicis, qui est l'aqueduc qu'elle fist bastir pour conduire de l'eau en son hostel de Luxembourg. Nous n'en dirons rien icy, parce que le fontainier qui en a les clefs n'y estoit pas.

(1) Fuenzeldagne qui toujours perd, jamais ne gagne.

Le 12ᵉ, nous apprismes que les troupes que monsieur le Prince avoit envoyées au-delà de la Somme s'en estant retournées à leur gros avec un assez bon butin, y avoient esté depouillées par leurs gens mesmes, qui pour avoir part au gasteau, avoient donné dessus, et couché par terre le commandant du party.

Le 13ᵉ, nous fusmes nous pourmener en carrosse avec monsieur et madame de Longschamps au boys de Boulogne, ayant fait dessein le iour auparavant d'y aller iouër sur l'herbe. Comme nous estions à Chaillot, qui est à la portée d'un mousquet du boys, nous y mismes tous pied à terre pour chercher un patissier et pour y faire aprester quelque chose pour la collation : ce qui fut le bonheur d'un pauvre chartier, qui ayant sa charrette furieusement chargée de pierres, en descendant la pente de la montagne, qui est assez rude, son cheval de derriere s'abattit : il auroit sans doute crevé sous son harnois et les timons l'auroient estranglé si nous ne fussions accourus pour l'ayder à desteller son cheval et à relever sa charrette sous laquelle ce pauvre animal estoit accablé : il demeura longtemps par terre sans se pouvoir relever, en ronflant de mesme comme il n'en pouvoit plus. Nous le croyons desia mort ; mais le chartier lui donna cinq ou six grands coups de fouët, qui le firent relever aussi viste que s'il n'eust fait que dormir, ce qui nous estonna fort. Nous allasmes à pied jusqu'au logis du patissier, à qui nous commandasmes de faire une bonne tarte de verius et quelques gasteaux, que nous vinsmes manger à nostre retour apres avoir ioüé quelque temps derriere un buisson, sur le quarreau de nostre carrosse, et c'est ainsi que nous passasmes nostre iournée aux despens du Sr de Brunel, car il perdit son argent et fut encore obligé de payer la collation.

Le 14e, parce qu'il avoit beaucoup pleu et qu'il faisoit fort crotté, nous demeurasmes au logis à attendre nos lettres, que nous reçeusmes sur les cinq ou six heures du soir. On y marquoit que le S^r d'Opdam estoit parti de la Haye pour s'embarquer et se mettre en mer au premier vent, mais qu'on ne sçavoit pas à quel dessein. Que les deux filles du viscomte de Mancheau s'alloient marier avec les comtes de Wittenstein qui sont deux germains, et portent aussi le mesme nom. Nous en avons veu icy l'un dans l'academie du Sr de Veaux; c'est un gentilhomme qui a bien appris ses exercices, et qui en merite d'autant plus de loüange que c'est une chose assez rare en ceux de sa nation que d'estre fort adroits.

Le 15e, nous allasmes rendre visite, avec l'abbé de Chassan qui nous estoit venu voir le matin, au comte de Rochefort. Nostre couzin de la Platte avoit lié une estroicte amitié avec ce ieune seigneur à Rome et à Venise. Il est de la maison de Rohan et fils de madame de Montbazon (1), qui a passé pour la plus belle de toute

---

(1) Marie de Bretagne, fille du marquis d'Aveugour, comte de

la France. Le duc de Montbazon l'espousa sur ce que voyant que le prince de Guemené son fils n'avoit point d'enfant, il apprehendoit que sa maison restast sans heritier. Il en a eu deux filles et ce fils qui possede belles qualitez, et qui s'en sert fort à propos. Il nous fit de grandes civilitez et vouloit sçavoir à toute force nostre logis pour nous rendre visite. Il nous dit que la Cour estoit encore à Sedan, où elle tenoit conseil sur de nouveaux desseins, et qu'on disoit qu'on alloit assieger Dunkerque, pour satisfaire à ce dont on est convenu avec le Protecteur à qui elle doit estre; et pour cet effet on veut que la flotte d'Angleterre soit tout au long de la coste de Flandres, en estat d'y debarquer quinze à seize mille hommes, et de se tenir avec ses vaisseaux à la rade pour la bloquer par mer. Mais il y en a qui asseurent avec plus d'apparence qu'on n'entreprendra que quelque petit siege, et que ce sera encore dans le Luxembourg ou aux environs; et ce qui le persuade est qu'on a fait venir à Sedan quantité de munitions.

De là nous allasmes rendre visite au S' de Harcourt que nous treuvasmes occupé à examiner une carte genealogique de M. le duc de Beurnonville (1) qui la luy avoit envoyée. Il s'attache fort

---

Vertus, célèbre par ses aventures et par l'éclat d'une beauté que Tallemant a contestée. Née en 1612, mariée en 1628 à Hercules de Rohan, duc de Montbazon; morte en 1657.

(1) Il fut envoyé par la Cour, en 1652, à Paris, pour y ménager

à cet estude et aussi il y a si bien reüssi qu'il passe maintenant pour un des plus celebres et fameux herauts d'armes de toute la France. Il nous dit qu'il estoit gueri de l'estat de langueur auquel il estoit par les eaux de ce moine, dont nous avons parlé cy devant, qu'il loüe extrêmement et qu'il boit encore tous les iours.

Le 16e, le Sr d'Haucourt nous vint voir comme nous estions sur le poinct de monter en carrosse : il nous dit que monsieur le mareschal de Turenne avec toutes ses troupes, qu'il a trouvé de quinze à seize mille hommes effectifs, estoit en marche, mais qu'on ne sçavoit à quel dessein, dont il estoit fort aise, parce qu'elles luy ont bruslé toutes les maisons de la terre dont il porte le nom, et ruiné son moulin, si bien qu'il est fort incommodé et presque desolé par les armées. Il esperoit que les troupes du mareschal de la Ferté delogeroient aussi bientost de son voysinage, pour aller ioindre celles de monsieur de Turenne, car si elles restoient à incommoder ses paysans ou la recolte, il craignoit de ne pas tirer un sol de son bien. Il nous dit aussi qu'on avoit donné le gouvernement de Montmedy à un nommé Vendy qui fait travailler nuict et iour à reparer les bresches et à remettre le plus viste qu'il peut la place en defence. Par une lettre du Sr Stuppa, capitaine aux Gardes-Suisses,

sa rentrée en nouant des intelligences avec les colonels et capitaines de la garnison. « C'étoit un Flamand dont on n'avoit guère entendu parler avant cela. » (*Mémoires de la duchesse de Nemours*, 3e partie).

nous apprismes qu'on avoit treuvé dans la ville douze cents grenades, vingt-un milliers de plomb, trente-un milliers de poudre, cent bombes, vingt-six pieces de canon, quantité de mousquets, picques et autres munitions de guerre. On peut iuger par là que la place ne se seroit pas renduë si tost si le gouverneur n'eust esté tué. Des qu'il fut parti, nous allasmes rendre une lettre du Sr de Sommelsdeyck au Sr de Molines. Nous treuvasmes qu'il avoit changé de logis et nous eusmes de la peine à le treuver; mais à la fin apres avoir demandé et redemandé, on nous le monstra. Nous y apprismes l'arrivée de Mademoiselle (1) en cette ville; elle loge au Luxembourg et y sera quelques iours, apres quoy elle s'en ira aux eaux de Forges et de là à Champigny, pour revenir icy au commencement de l'hyver. On dit que lorsqu'elle vist le Roy, S. M. luy dit: « Ma couzine, i'ayme mieux vous voir icy qu'à la porte Saint-Antoine, où vous animiez mes suiets contre moy. » Sur quoy le Cardinal prit la parole et dit : « Mademoiselle, Mademoiselle, le Roy se souvient de loin, et S. M. a la memoire bonne. » Mais cecy semble un peu fabuleux, d'autant qu'on ne parle point de la response que fit Mademoiselle, qui a la langue fort bien pendue, et qui n'auroit pas manqué de repartie; outre que ç'auroit esté un mauvais compliment, pour la pre-

---

(1) Duchesse de Montpensier, fille de *Monsieur*, Gaston d'Orléans, frère de Louis XIII, née en 1627. Célèbre par le rôle qu'elle joua dans les troubles de la Fronde, et par son attachement pour le duc de Lauzun qu'elle épousa secrètement. Morte en 1693.

miere entrevue, d'aller rompre si brusquement en visière à une personne qui venoit se soumettre et qu'on a eu tant de peine à ramener à son devoir. Le Cardinal est trop sensé pour permettre que le Roy luy eust fait un mauvais accueil, et bien qu'il n'en eust pas esté l'autheur on l'en auroit tousjours soupçonné : mais nous sommes en un siecle où chacun fait parler les Grands à sa fantaisie. Ce ne sont pas les plus affectionnés à la prosperité du Roy qui en usent ainsi, mais quelques esprits inquiets et bourrus qui au lieu d'esteindre le feu taschent de l'allumer.

De là nous fusmes chercher le Sr de Gentillot qui estoit revenu de la Cour, où le Sr de Thou l'avoit envoyé pour y obtenir la ratification (1). Nous le treuvasmes qui iouoit avec son lieutenant au verkier, et comme il se fait feste des grands employs et qu'il passionne de passer pour homme d'estat, nous luy demandasmes d'abord s'il nous apportoit la paix ou la guerre ; mais il ne nous respondit rien, ce qui fit que nous insistasmes, et qu'il nous dit que ce ne seroit pas luy qui porteroit

---

(1) Lieutenant colonel au service de Hollande, M. de Gentillot, qui avait servi dans les Mousquetaires du roi, était de Bordeaux. C'était un de ces agens sans caractère officiel comme Mazarin en employait quelquefois, et il entretenait une correspondance d'informations avec le cardinal, qui ne dédaignait pas de lui transmettre des directions. M. de Gentillot avait eu quelque part au rétablissement des bonnes relations entre la France et les Pays-Bas, et M. de Thou qui en parle comme d'un « homme plein de chaleur et de zèle pour les « intérêts de la France, » l'envoya à Paris, avec ses dépêches, pour donner des renseignements et hâter la ratification de l'arrangement qu'il venait de conclure avec le gouvernement des Etats.

cette bonne nouvelle à Messieurs les Estats, mais monsieur le Rhingrave, adioustant qu'il l'a mesme sollicité et prié de la leur porter, le voyant sur le poinct de partir pour Maestricht; et qu'il n'avoit pas voulu empescher qu'on ne prist une voye si seure et plus prompte que la sienne pour une despesche de si grande consequence, puisqu'il estoit comme necessité de passer par icy pour une petite affaire qu'il y avoit.

Nous sçavions desia qu'on en avoit chargé monsieur le Rhingrave (1), qui y a beaucoup plus contribué que le Sr de Gentillot qui n'en est guere content; mais pour ne le pas faire paroistre, de peur qu'il ne fust mocqué d'avoir battu le buisson pendant qu'un autre y prenoit le gibbier, il allegua cette raison que nous avons dite. Nous vismes bien neantmoins qu'il en estoit un peu picqué, car il nous entretint froidement sur cette matiere, disant qu'il avoit treuvé une tres bonne disposition en l'esprit du Roy et de ses ministres de bien vivre avec nous, mais qu'en nos quartiers on cornoit la guerre et on se laissoit emporter à troubler le repos naissant par les ordres qu'on avoit donnés de ne point trafiquer en ce royaume.

Il nous demanda des nouvelles du Sr d'Oudeyck

---

(1) La coopération officieuse du Rhingrave est également attestée par la correspondance de M. de Thou et celle du cardinal. « Le sieur de Gentillot m'a apporté vos despêches; il m'a entretenu en destail de toutes choses, comme a faict aussy tous ces iours M. le Rhingrave; et il ne m'a pas esté difficile de leur faire toucher au doigt que les intentions du Roy estoient toutes sincères. » (Dépêche de Mazarin à M. de Thou.)

et nous luy dismes qu'il estoit malade et dans un tel estat qu'il n'avoit pas un sol pour avoir du pain. Il advoüa que c'estoit une grande cruauté à un pere et une mere de laisser ainsi perir un fils qui peut se repentir et valoir quelque chose, bien qu'il ait le premier tort, adioustant qu'il avoit parlé avant son depart à son pere et à sa mere en sa faveur, mais que la mere est plus inflexible et bien plus rude que le pere, car elle n'en veut ouïr parler en aucune façon, si bien qu'il n'a rien pu effectuër pour Oudeyck qui garde le lict depuis quinze iours et qui auroit grandement besoin qu'on l'assistast. Il nous dit aussi que les plus grands amis du Sr de Beverweert (1) ont intercedé pour luy, mais qu'il leur iura qu'il ne le reconnaissoit plus pour son fils, et qu'il ne lui laissoit par son testament qu'une petite pension pour sa subsistance, parce qu'il ne merite pas qu'il le traitte comme ses autres enfants, outre qu'il ne seroit pas capable de gouverner le bien qu'il luy laisseroit. De là nous allasmes chercher le Sr Brasset, que nous treuvasmes avec le S^r des Champs qui se levoit pour s'en aller comme nous entrions. Le S^r de

(1) On trouve dans un mémoire de M. Chanut les détails suivants sur ce personnage, qui était fils naturel du prince Maurice de Nassau.

« M. de Beverweert est une personne de beaucoup d'esprit, fort estimé par les gens de guerre pour sçavoir fort bien les ordres et s'en acquitter avec grande vigilance. Estant fils du prince Maurice, il s'est attaché à la maison d'Orange et à la princesse Royalle qui se gouverne en quelque chose par ses conseils. Il est ennemy déclaré de madame la princesse douairière et du prince Guillaume son gendre. (*Mémoire secret* de M. Chanut, du 9 mars 1657).

Brasset nous ayant fait asseoir nous dit qu'il alloit vendre tous ses meubles et aussi son carrosse et ses chevaux, d'autant qu'il estoit obligé de vivre avec plus de mesnage, ayant fait un effort pour marier sa fille. Il se plaignit à nous de ce que le Roy ne luy payoist point ses arrerages bien loin de reconnoistre ses longs et bons services de quelque gratification (1). Le bon homme nous parla avec assez de confiance de ses petites affaires, et que pour tant plus se resserrer il avoit loué deux chambres chez un de ses amis : ses enfants luy ont tousiours donné beaucoup de peine, et son aisné qui s'estoit le mieux menagé commençoit à luy estre le plus à charge, luy demandant de l'argent pour l'employer à entretenir sa faineantise, qu'il dit l'avoir empesché iusques icy de rien faire dans le monde.

Le 17°, ayants fait nos lettres de bonne heure pour aller ouïr le *Te Deum* de la prise de Montmedy, comme nous estions prests à sortir, madame de Longschamps nous envoya demander si nous avions envie de nous pourmener avec elle. Nous aimasmes mieux rompre nostre premier dessein que de perdre l'occasion de iouïr de son agreable compagnie, et l'allasmes aussi tost prendre en carrosse. Mais à peine y estions-nous montés que nostre cocher nous mit en hazard d'avoir bras et iambes cassés, et le carrosse d'estre brisé, car estant saoul et ne nous en estant pas apperceus il

---

(1) Voir la note au bas de la page 38.

nous accrocha tellement aux roues d'une charrette chargée de grosses pierres de taille qu'il fallut plus de douze hommes pour nous en depetrer. Nous quittasmes aussi tost le carrosse, et nous estant mis à causer en une boutique nous fismes encore quelques petites emplettes avec madame de Longschamps pour son fils, et ainsi nous passasmes l'apres disnée.

Le 18ᵉ, ayants fait monter en nostre chambre nostre cocher, nous voulusmes luy donner son congé, mais nous venant prier à mains ioinctes de le vouloir retenir, nous promettant qu'il n'y retourneroit de sa vie, et que c'estoit ses parents qui luy avoient fait commettre cette faute, nous le luy pardonnasmes. Estants en l'academie, le Sʳ Herbert y eust un malheur par la bestise d'un nouveau palefrenier, qui ne sçavoit pas qu'entre les chevaux qu'il pansoit, il y en avoit un qui ne se laissoit monter que dans l'escurie, tellement que l'ayant amené dehors, le Sʳ Herbert tirant ses bottes et ne prenant pas garde que l'autre le luy avoit desia amené, en reçeust un grand coup de pied à la cuisse qui le fit renverser et le ietta à quatre pas de luy, sans qu'il en fust blessé et qu'il eust autre mal que celuy d'un nerf foulé à la main sur laquelle il tomba; cette cheute l'altera neautmoins de telle sorte qu'il en tomba en une defaillance, ce qui luy obligea de se mettre sur le lict de l'un de nos amis nommé le chevalier de Grancé, pour reprendre ses esprits. Nous luy donnasmes du vin pour le faire revenir. Il demeura une demy-heure en cet estat, au bout de laquelle il vint monter ses trois chevaux. Il fust heureux d'en avoir esté quitte à si bon marché, car s'il eust esté plus eloigné du cheval il eust couru risque d'avoir la cuisse fracassée.

L'apres disnée le sieur des Champs nous vint voir qui nous entretint fort longtemps du sieur de Gentillot, et entre autres d'une chose qui luy estoit arrivée à la Cour. C'est que se treuvant au disner du Roy, et comme tout estoit servy, il se lava avec les autres qui devoient se mettre à table avec S. M., qui ayant apperçeu son peu de respect, en fut surprise et se retira : tout le monde commença à s'entreregarder, voyant que le Roy s'estoit ainsi retiré. Il le fit afin de donner temps à Gentillot de reconnoistre sa faute et ne le point faire rougir en presence de toute sa Cour, le considerant comme une personne que son ambassadeur luy avoit envoyée pour solliciter la ratification du traité qu'il avoit fait avec nostre Estat. Partant il le fit advertir tout doucement que ce n'estoit pas la coustume que l'on se mist à table avec luy sans qu'il l'eust invité. En effet le Roy estant en campagne mange souvent en compagnie, mais ce n'est que avec ceux à qui il fait dire de se mettre à table avec luy, car il n'y est pas comme simple general de son armée, et il ne tient pas table à tous venants. Il fut fort surpris qu'il s'estoit oublié et que sa presomption l'avoit trompé. Pour ne le pas faire esclatter, le Sr de Gentillot se retira doucement de la foule. Il nous dit aussi qu'on luy avoit escrit que le credit de madame Stanhop et du Sʳ de Heemveliedt (1) aupres de madame la Princesse royale estoit beaucoup ammoindry, et que dans peu de temps on pourroit bien entendre qu'ils auroient esté disgraciés.

Le 19ᵉ, nous employasmes toute la matinée à lire un presche, parce que nous n'avions pu aller à Charenton, d'autant qu'un de nos chevaux morveux boitoit. Nous passasmes l'apres disnée avec monsieur et madame de Longschamps, où apres avoir un peu ioué, on nous presenta un grand bassin rempli de bons et beaux fruicts, que la marquise de Gouville leur parente leur avoit envoyés de sa maison de la campagne à sept lieues d'icy; nous en mangeasmes nostre bonne part, et beusmes de fort bon vin, pour en corriger la crudité. Apres avoir collationné nous reprismes le ieu, et le continuasmes jusques à huit heures, sans grande perte ni d'un costé ni d'autre. A nostre retour au logis, nous vismes une plaisante farce par les fenestres de nostre chambre qui regardent sur une petite ruë où on la ioüoit, mais aux despens d'un pauvre miserable, qui reçeust tant de coups de baston et sur la teste et par tout le corps que c'est merveille s'il n'en est resté estropié de quelque membre. Celuy qui les luy donnoit estoit un

---

(1) On lit dans une dépêche de M. Chanut du 11 décembre 1653 : « Le Sʳ de Heemveliedt et M. de Beverweert sont tout le conseil de la Princesse royale. » M. de Heemveliedt était intendant de la maison de la princesse. — Madame Stanhop, anglaise, était la femme de M. de Heemveliedt.

homme de fort bonne mine, qui avoit l'espée au costé et la plume sur le chapeau Apres avoir assouvi sa colere, il le laissa plus mort que vif et se retira sans dire mot. Nous fismes demander par un de nos laquays pourquoy on l'avoit ainsi frotté, il nous vint dire qu'on disoit que le battu avoit tiré un pistolet de sa poche et luy en avoit voulu donner, et qu'il avoit faict faux feu, et qu'on le croyoit filoux.

Le 20°, nous fusmes au palais avec le S' de Brunel pour acheter quelques livres que nostre couzin de la Platte luy a demandés, mais comme on les tenoit trop chers, nous retournasmes au logis sans avoir rien fait. Le S' Herbert qui avoit soupé ce soir là chez un de ses amis, nommé le S' Blanche, en se retirant heurta contre une grosse pierre de taille qui le fist tresbucher au milieu de la ruë, et pour surcroist de malheur il tomba sur la mesme main qu'il portoit en escharpe de son coup de cheval. Il s'en releva fort crotté, et ce second accident altera de telle sorte sa santé qu'il en eust la fievre le lendemain.

Le 21°, nous apprismes par nos lettres le differend qui avoit esté entre les deux ambassadeurs de France et d'Espagne, qui s'estant rencontrés au Cours, avoient esté près de deux heures à disputer à qui reculeroit et se cederoit le pas. On y accourut de toutes parts, et par l'intervention de quelques-uns de nos Estats, et nommement des S" de Beverweert, de Meroode, et du Pensionnaire de Witte, qui se pourmenoient au Voorhout, on convint qu'on en romproit la barriere, pour y donner l'entrée à celuy d'Espagne, qui en tenant la droitte, à la mode de son pays, creut avoir satisfait à l'honneur de son Roy. Celuy de France a suiet d'estre content, puisqu'il a gardé le rang de son maistre, en faisant faire place à celuy d'Espagne pour continuer son chemin (1).

On nous manda de plus qu'on avoit receu la ratification du traitté du Sr de Thou, et que monsieur le Rhingrave, gouverneur de Maestricht, l'avoit envoyée, et qu'elle s'estoit treuvée tout à fait en bonne forme, et avoit autant satisfait nostre Republique qu'elle l'avoit peu esté auparavant, parce qu'on avoit semblé la vouloir rompre. On adioustoit que le Sr de Thou l'avoit bien fait valoir en son audience, et qu'il ne reste plus qu'à monstrer son adresse au renouvellement d'alliance et au traitté de marine que l'on doit faire.

Le 23°, le Sr de Gentillot nous vint voir et nous dit que les Espagnols pour secourir Alexandrie

(1) M. de Thou n'avait pas seulement obéi, dans cette occasion, à un sentiment de susceptibilité personnelle; il s'était conformé aux instructions de son gouvernement. On attachait alors une importance extrême à ces questions de préséance, comme on peut en juger par ce passage des instructions données à M. Chanut, lors de son départ pour la Haye : « La rencontre d'un ambassadeur d'Espagne au mesme lieu luy fera penser plus attentivement à la dignité de Sa Majesté, pour laquelle il n'y a point d'extrémités auxquelles il ne se doive exposer plustost que de souffrir que le ministre d'Espagne introduise aucune chose dont il puisse tirer l'avantage d'égalité de rang. »

M. de Thou rendit un compte très détaillé de toutes les circonstances de cette querelle d'étiquette (Voir son curieux rapport n° IV de l'*Appendice*).

avoient donné du costé de la Bormida, au quartier du duc de Modene, mais que le lieutenant general Bays avoit si bien soustenu l'attaque, que, apres y avoir esté tué, ses gens avoient repoussé vigoureusement les ennemis, qui se sont retirés apres avoir perdu huit à neuf cents hommes, et entre autres le lieutenant general Strozzi qui est demeuré percé de neuf coups d'espée. Apres cette tentative, qui leur a si mal reüssi, ils se sont campés à une lieüe des lignes, si bien qu'on croit qu'ils ont le dessein de hazarder un second combat. Il n'y a eu que les Allemands qu'a amenés le general Henckefort, qui ayent donné à cette fois, et ils se plaignent d'avoir esté tres-mal secondez des Espagnols et des Italiens. Cependant ils ont fait glisser dans la place ce fameux ingenieur Beretta qui a tant taillé de la besogne aux François lorsqu'ils assiegeoient Valence; et pour monstrer qu'il n'a pas oublié son mestier, dès qu'il y a esté il a fait faire une sortie en laquelle ceux de la ville ont ruiné une bonne partie de la tranchée des François, où le marquis Ville, qui la commandoit ce iour là et y fit tres bien, fut blessé à la teste, et le lendemain on le transporta à Turin pour l'y faire panser.

Comme il prenoit congé de nous, et que nous le conduisions iusques à la porte, nous y treuvasmes le S^r d'Haucourt qui monta avec nous : il nous apprist qu'un party de Rocroy avoit enlevé trois procureurs : deux du Parlement et l'autre du Chastetelet. Ils estoient allés se pourmener avec leurs femmes à Vincennes et ils rencontrerent quelques cavaliers qui venants tout droit à eux, les prirent et les mirent en crouppe. Leurs femmes qui estoient au desespoir de voir ainsi emmener leurs marys, offrirent de payer sur l'heure 2 000 livres, mais ils n'en voulurent point, disants que ce n'estoit pas pour l'argent qu'ils les enlevoient et s'en allerent ainsi sans leur en donner d'autres raisons. Ils n'eurent pas faict deux cents pas qu'ils rencontrerent un gentilhomme qu'ils arresterent aussy prisonnier, mais il leur dit d'abord : « Messieurs, ie suis un pauvre gentilhomme et ie n'ay ni charge ni employ ; vous ne tirerez rien de moy, ie ne suis point de ces richards de Paris : vous vous ferez decouvrir, car vous ne pouvez passer qu'à un coup de mousquet de ma maison ou de celles de mes amis et de mes parents, qui d'abord monteront à cheval pour me recourre. C'est pourquoy ie vous supplie de me laisser aller. » Sur quoy le commandant du party dit : « Monsieur, si nous vous laissons aller, vous n'aurez pas fait cent pas que vous tomberez entre les mains d'une autre troupe, mais pour eviter qu'on ne vous tourmente plus, tenez, voilà mon estuy que vous donnerez au commandant et luy direz que c'est le marquis de la Frette qui vous l'a donné et qui luy ordonne qu'on vous laisse passer. » — Il congedia ainsi ce gentilhomme, qui n'eust pas fait cent pas qu'effectivement il tomba dans une embuscade, et l'estuy du marquis de la Frette luy servit à s'en tirer. Monsieur le Prince a fait prendre ces personnes parce qu'on a pris quatre de ses cavaliers, qu'on a roüés en Greve comme voleurs de grands chemins, ce qui l'a tellement picqué qu'on croit qu'il fera le mesme traitement à ces pauvres procureurs pour venger par là la mort de ses cavaliers qui se defendirent si bien qu'avant qu'on les pust prendre ils coucherent par terre cinq ou six archers. Il nous dit aussi qu'on a resolu au Conseil du Roy, pour empescher les courses des ennemis aux environs de Paris, de faire des redoutes sur toutes les advenües et d'y entretenir deux mille hommes.

Ce mesme iour, sur le soir, nous envoyasmes à la Charité l'un de nos laquays nommé Baspaulme, afin qu'il y fust pansé d'un mal presque incurable. On creust d'abord qu'il estoit travaillé des hemorrhoïdes, mais on reconnut enfin que c'estoit un abcès qu'on perça. On traite merveilleusement bien ces maux à la Charité, parce qu'on y a Janot qui est un tres-habile chirurgien.

Le 24ᵉ, nous escrivismes en Hollande, et comme la maladie du Sʳ Herbert augmentoit, on manda encore deux medecins, à sçavoir le Sʳ de Lemonom, medecin du duc de Longueville, et le Sʳ Meniot (1) pour consulter avec le Sʳ du Four qui l'avoit assisté dès le commencement de son mal. Ils furent d'advis qu'on eust recours à la saignée qu'il apprehendoit fort, craignant qu'elle luy diminuast ses forces; mais elle luy estoit necessaire

---

(1) Le médecin Menjot était protestant. Il était de la société de madame de Sablé qui l'avait mis en relations avec Pascal. (Voir la lettre de Pascal à madame de Sablé, tom. I, p. 66 des *Pensées, fragments et lettres de Blaise Pascal*. Paris, 1844.)

pour abbattre le feu de la fievre, car ils craignoient qu'ayant passé le troisième iour sans s'estre reiglée, elle devint quarte, à cause de la constitution du malade, qui est tout à fait melancholique. Ils dirent aussi que toutes ces petites sueurs qu'il a eües dès le commencement, estoient les marques d'une longue et fascheuse maladie, et qu'il falloit par la seignée et des aposemes laxatifs et rafraichissants qu'ils luy ordonnèrent, tascher de diminüer ces grandes chaleurs, qui l'accabloient et l'empeschoient de dormir et presque de respirer. Cependant le Sr de Brunel recommença à faire ses lettres, d'autant que les medecins l'avoient asseuré; mais son repos fust bien tost troublé, car sur les dix à onze heures de la nuict luy faisant raccommoder son lict, et l'ayant enveloppé dans une couverte devant le feu, iusques à ce que tout fust adiusté, il ne voulut pas se coucher et commença à tenir des estranges discours, disant qu'il vouloit mourir et qu'on l'empeschoit, et mille autres propos de mauvais augure. Le voyant à ces termes, il envoya nostre laquays, qui attendoit les lettres, nous esveiller, et nous pria de venir en sa chambre parce qu'il ne sçavoit comment l'obliger à se recoucher. Nous nous levasmes d'abord et le treuvasmes devant le feu qui se tourmentoit d'une pensée qu'il avoit de ne pouvoir pas estre sauvé et qu'il devoit mourir sans qu'il pust subsister devant le jugement de Dieu. Nous taschasmes de luy faire perdre cette imagination et luy dismes qu'après l'avoir mis au lict il se treuveroit mieux. Il s'y laissa conduire moitié par raison moitié par force, car il nous le fallut prendre par les pieds et par la teste pour l'y mettre. Il n'y fust pas qu'il demanda son coffre, et nous pria de sortir de sa chambre, voulant parler en particulier au sieur de Brunel; nous n'en fusmes pas si tost sortis, qu'on nous vint rappeller et dire qu'il commençoit à entrer en resverie, et en effet nous le vismes bien, car il ne tenoit point d'autres discours que ceux que nous avons dit et nous commandoit tousiours de prier.

Nous mandasmes d'abord le Sr de Ficquefoord, et le priasmes de nous assister. Nous envoyasmes ensuite deux laquais, l'un pour chercher les trois medecins et le chirurgien nommé Soubarant qui l'avoit tousiours servi, et l'autre pour aller querir l'un des ministres, nommé le Sr Gache. Il refusa de venir, d'autant qu'il ne connoissoit point le laquays qu'on luy envoyoit. Pour ne le pas laisser sans la consolation d'avoir un ministre, le Sr de Spyck qui s'estoit habillé monta à cheval et le fut prier de venir. Il luy fit mille excuses de ce qu'il n'estoit pas venu avec le laquays, disant qu'on leur pourroit faire quelque frasque s'ils sortoient la nuict avec des personnes qu'ils ne connoissent pas bien, et qu'ils ne se hazardoient pas si à la légere. Le ministre estant donc venu, il commença à examiner le malade touchant les articles de sa foy dont il rendit fort bonne raison, et l'ayant un peu exhorté à songer que cette vie terrestre n'estoit rien au prix de celle du royaume des Cieux, qui lui estoit preparée, il fit une tres belle et tres devote prière. Apres qu'il l'eust achevée, voyant qu'il n'y avoit plus rien à faire, il nous souhaitta le bon iour, recommandant le pauvre malade à la misericorde de Dieu.

Le 25⁰, à l'aube du iour, le ministre s'en estant allé, le Sʳ Herbert ne nous demanda autre chose que de faire continuellement des prières pour luy, en quoy le Sʳ de Brunel le satisfit beaucoup, et luy en ayant fait une grande quantité, il le supplia de vouloir un peu essayer de dormir, le repos luy estant fort necessaire, n'en ayant eu depuis trois iours. S'estant ainsi fort bien preparé à la mort, la fievre commença à redoubler, et le fit entrer en une frenesie si grande et si excessive, que comme il n'avoit auparavant parlé que de Dieu, il ne parlait que du diable, criant qu'il estoit damné, que la misericorde de Dieu s'estoit retirée de luy, que l'enfer luy estoit preparé, qu'une legion de diables estoit en son corps, qui le tourmentoit et qui le trainoit par la chambre. Il profera cent mille autres discours qui faisoient fremir. Pour y remedier, on luy fit la saignée au pied, qui avoit été ordonnée. Le chirurgien pour mieux prendre son temps ne l'avoit point quitté, et luy rasa aussi la teste, afin de luy appliquer des poulets tous vifs coupés en deux, pour attirer la grande chaleur du cerveau. On eust grande peine à le raser, car il ne faisoit que se debattre des pieds et des mains pour y resister, et ne vouloit point le souffrir, croyant et mesme disant qu'on le vouloit tuër. En suite il nous supplioit, que comme il voyoit bien qu'on le vouloit assassiner, on luy donnast une douce mort, en luy ouvrant une artere, et qu'on le laissast ainsi mourir, ou bien on luy mist une espée en main, et qu'il se tuëroit soy mesme. Nous en vinsmes pourtant à bout, et luy ayant rasé le sommet de la teste, on luy appliqua ces poulets qui firent un assez bon effet, mais pourtant pas si grand qu'on l'avoit souhaité ; c'est pourquoy les medecins ordonnèrent qu'on le saignast au bras, ce qui fut fait, et qu'on lui remist d'autres poulets : tout cela luy profitoit fort peu et ne faisoit aucunement cesser sa frenesie ; ce qui fit qu'on luy deslia encore le bras auquel on l'avoit saigné, pour le mettre fort bas, et luy attirer tout ce sang boüillant qui luy envoyoit ces fumées à la teste. Mais comme on ne voyoit aucun amendement en son transport, on manda un ministre, le Sr Drelincourt, qui luy fit la prière. Sa frenesie ne laissa pas d'exceder iusques à un tel poinct, qu'il demanda ses habits et se voulust lever. Nous avions assez de peine à sept ou huit que nous estions de le tenir au lict pendant tous ces efforts.

Nous avons oublié de dire qu'en 24 heures de temps il n'avoit rien voulu prendre pour se nourrir, et avoit renversé, brisé et cassé tout ce qu'on luy avoit presenté. Les medecins estants revenus entre le soir, luy ordonnèrent des ventouses et le Sr Meniot accorda au Sr de Brunel de rester auprès de luy toute la nuict pour le veiller, et lui faire appliquer à propos les ventouses. Il fallut luy tenir bras, iambes et tout le corps pour les luy appliquer; mais on ne les luy eust pas appliquées qu'on en vist un bon effet, car sa fureur cessa tout d'un coup et il commença à dormir. On luy avoit tiré ce iour là pres de trente onces de sang, et sans cela, parlant humainement, il seroit mort. On le veilla toute la nuict, mais il dormit paisiblement.

Le 26ᵉ, à la poincte du iour, il demanda à boire et à manger, ce qui nous donna une assez grande ioye, le croyants sauvé. Les medecins mesmes nous dirent qu'ils avoient à present autant d'esperance et plus de sa santé, qu'ils avoient eu de crainte, le iour precedent, de sa mort: la fièvre neantmoins ne le quitta pas, mais au contraire s'augmenta: ce qui fit qu'on lui ordonna encore une saignée et deux heures apres un lavement, dont il se treuva fort bien. Il parla ce iour là avec grande raison et n'extravagua plus. Il se souvint de ce qu'il avoit blasphemé pendant sa frenesie, dont il eust un si grand regret qu'il nous dit que nous avions eu grand tort de ne luy avoir point fermé la bouche, sçachant qu'il s'estoit si bien preparé à la mort, et nous tint un discours qui nous mit les larmes aux yeux. Tout ce qui le faschoit le plus estoit qu'il n'avoit pas fait la Cene, disant que s'il pouvoit reschapper de sa maladie, il ne manqueroit pas de la faire, et de mener bien un autre train de vie qu'il n'avoit fait cy devant, ayant une vraye repentance de ses pechés et en demandant pardon à Dieu. Nous ne fusmes pas au presche pour ne le point abandonner, mais nous donnasmes un billet à un de nos amis, pour le faire recommander aux prières de l'Église. Il demanda continuellement à boire, se sentant le corps tout aride et bruslé des tourments du iour precedent. Le Sr de Ficquefoord a eu un soin particulier de luy et l'a assisté de tout ce qu'il avoit en sa maison, nous offrant de le veiller, dont nous le remerciasmes fort, ayants assez de monde. Il nous envoya pourtant son valet de chambre, et il vint luy mesme de tems en tems cinq ou six fois le iour demander des nouvelles de sa santé.

Le 27° et le 28°, il demeura tousiours au mesme estat, et nous gardasmes ces deux iours le logis pour l'assister, bien que nous tussions invités à la tentative du Sr de Gillier qui devoit se faire recevoir conseiller au Parlement.

Le 29°, pendant que nous estions à l'académie, le Sr de Mortaigne eust querelle avec le chevalier de la Frette; et faute d'espées ils se battirent à coups de gaules et à coups de poings, et se frottèrent de la bonne façon. Le S^r del Campe y accourut, les separa à grands coups de chambrière, et envoya le dernier au cachot. A nostre retour nous receusmes nos lettres, que nous n'avions pu avoir le iour auparavant, par lesquelles on nous marquoit que l'ambassadeur de France, en reiouïssance de la prise de Montmedy et de la ratification du traitté entre son roy et nos Estats, avoit invité à souper Messieurs les Estats Generaux en corps et les avoit magnifiquement et superbement traités. Il avoit fait ranger devant sa maison quantité de tonneaux poicés en forme de pyramide, qu'on alluma sur le soir, pendant qu'au bruict du canon et des mousquetades, des violons, des trompettes et des tymbales, on beuvoit les santés de leurs Maiestés et de Messieurs les Estats (1).

Comme nous estions occupés à lire toutes ces belles choses, on nous vint dire qu'il y avoit deux prestres qui vouloient voir le S' Herbert sur un advis, qu'ils asseuroient qu'on leur avoit donné, qu'il les avoit demandés. Nous le leur niasmes fortement, et nous nous opposasmes à leur dessein leur disant qu'il n'y avoit iamais songé. Ils opiniastroient pourtant qu'il avoit dit que s'il ne changeoit de religion, il seroit damné, que celle qu'il avoit iusques icy professée ne valoit rien, et qu'il vouloit mourir catholique romain ; et nous dirent mille faussetez de cette nature, et voulurent mesme nous pousser et entrer par force en la chambre du malade. Le S' de Brunel commença à se

(1) M. de Brienne, écrivant au chancelier pour lui demander de tenir la main à l'exécution des édits qui levaient le sequestre mis sur les navires et les marchandises des Pays-Bas, parle de cette fête et y voit un motif de plus pour qu'une juste satisfaction soit accordée à ce pays : « Certes, dit-il, les dernières lettres de M. de Thou nous convyent d'avoir en consideration les subjects de Messieurs les Estats dont les deputés ont assisté à un festin et à un feu de joye fait par M. l'ambassadeur au sujet de la prise de Montmedy, et le peuple en a temoigné beaucoup de rejouyssance, auquel il n'a pas deplu de boire du vin que deux fontaines ont versé pendant plus de six heures. Je ne vous aurois pas mandé cette particularité n'estoit qu'elle fait quelque chose au sujet dont il est question ; et il est certain qu'il fault ou perdre pour tousiours les Estats ou adoucir les mecontentements dont ils sont pleins. C'est une republique si opposée à nos ennemis, et qui est l'ouvrage de cette monarchie, qu'elle semble ne pouvoir estre ny negligée ny abandonnée. » (Dépêche du 3 septembre).

fascher, et leur dit qu'ils estoient de mechantes gens et des perturbateurs du repos de toute l'Europe; et que tandis qu'il y auroit des prestres et de telles sortes de gens qui ne cherchoient que sedition, la chrestienté seroit en trouble, et que devant Dieu ils n'en pourroient avoir pardon. Pour flatter le S' de Brunel, ils disoient qu'il estoit un fort honneste homme, et qu'ils ne croyoient pas qu'il eust cette opinion d'eux, taschants tousiours d'entrer; ce qui fit que nous les menaçasmes de les ietter du haut en bas des degrez. S'appercevants que nous prenions feu et que nous nous mettions en colere, ils s'en allerent et advertirent le commissaire du quartier, et luy soufflerent cent faussetez aux oreilles; ce qui fit qu'il nous vint voir à l'instant, nous demandant ce que c'estoit; s'il estoit vray que nous avions refusé et mesmement chassé les prestres, le malade les ayant demandés. Nous luy accordasmes le premier, mais pour l'autre nous luy dismes que personne n'en avoit demandé, et que le pauvre affligé n'y avoit songé de sa vie. Il pria le S' de Brunel de vouloir aller treuver le lieutenant civil, pour luy expliquer toute l'affaire: ce qu'il fit et parla au dit lieutenant civil qui luy dit qu'il viendroit luy mesme voir le malade, comme il fit; et luy ayant demandé s'il estoit vray qu'il avoit demandé des prestres pour se convertir, il respondit que non et qu'il vouloit vivre et mourir en la religion qu'il avoit tousiours professée, et qu'il n'avoit eu iamais la moindre pensée de changer. Le lieutenant civil lui dit: « Mais Monsieur, peut-estre qu'on vous fait parler ainsi. —Non, répondit-il, Monsieur, ie ne pretends pas de changer de religion, ni d'admettre aucun prestre. » Mʳ le lieutenant civil donques se retira, et comme il fut hors de la chambre, nous luy fismes une petite harangue que nous nous estonnions fort de l'insulte et de l'insolence de ces prestres; qu'on establissoit par là en France une espèce d'inquisition, qu'en nostre pays nous laissions mourir le monde en sa religion, qu'on ne les venoit pas troubler lorsqu'ils estoient aux abbois, et que nous nous estonnions que nous, qui ne dependions pas du Roy estant estrangers, fussions inquietés de la sorte; mais que nous ne manquerions pas d'en advertir Messieurs les Estats, afin qu'on s'en plaignist au Roy. Il haussa les espaules, et nous parla fort civilement, disant que ces prestres avoient eu advis qu'on les avoit demandés. Nous luy dismes que nous voulions sçavoir qui estoient ceux qui avoient avancé une telle fausseté, et en tirer iustice. Il nous dit que nous n'avions qu'à faire faire une requeste, et qu'il ne manqueroit pas à y avoir esgard. Le Sʳ Drelincourt fit encore à son depart la priere, voyant le malade bien bas et ne croyant pas qu'il passast la nuict.

Le 30ᵉ, le Sʳ Herbert expira sur le midy, treizieme iour de sa maladie, pieusement et fort resolu, recevant les bonnes exhortations et prieres du Sʳ Drelincourt et les nostres avec une ardeur et constance non pareilles. Il conserva le iugement iusques à un demi-quart d'heure avant sa mort; il confirma ses legats de son propre mouvement, et ayant dit qu'il prioit ses tuteurs de reconnoistre le Sr de Brunel de quatre mille francs, son valet La Rivière de deux cents livres, etc., il adiousta qu'il donnoit cinq cents livres aux pauvres de cette eglise. Il les voulut mettre par escrit, mais le Sr de Brunel et nous tous l'en empeschasmes, afin qu'il ne se troublast point l'esprit, disants que le Sr de Ficquefoord et quelques autres qui y estoient presents, serviroient avec nous de temoings, pour pouvoir rendre valide ce qu'il avoit voulu escrire, et nous luy promismes de faire sçavoir sa volonté à messieurs ses tuteurs et heritiers. Il se laissa ainsi contenter. On voit par là ce que c'est de l'homme, et qu'on ne doit pas se glorifier ni de ses forces, ni de sa ieunesse, car quand cette heure est venuë, il n'y a personne qui y puisse resister. Nous en sommes tellement touchés que nous ne le sçaurions estre davantage pour un de nos freres, aussi l'aimions-nous comme s'il l'eust esté, car il avoit des qualités qui nous y obligeoient, outre que nous avions esté eslevés ensemble une bonne partie de notre bas aage au college, où l'on contracte cette forte amitié qui ne finit qu'avec la vie. Sa mort a pu mettre fin aux devoirs de celle que nous luy portions, mais elle n'en mettra iamais au souvenir que nous aurons de sa vertu et de son merite.

Le 31e, nous le fismes enterrer sur les six heures du soir, au cimetière de ceux de la religion, du fauxbourg Saint-Germain. M^r notre ambassadeur et tous nos amis y assisterent, et il y eust une assez belle compagnie.

Le 1ᵉʳ septembre, avant que d'aller à l'academie, nous fusmes dire adieu aux Sʳˢ de Gentillot, Keppel et Marbay qui partoient ce iour mesme pour retourner en Hollande. L'apres disnée nous rendismes visite au sieur de Ficquefoord, pour le remercier de la peine qu'il avoit prise de nous assister pendant la maladie et iusques à la mort du pauvre Sʳ Herbert. Il nous dit que le siege d'Alexandrie estoit levé, faute d'infanterie, et que les François en quittant le camp y avoient mis le feu. Nous apprismes aussi de luy, que Saint-Venant s'estoit rendu à Mʳ de Turenne, et qu'en suite il avoit secouru Ardres; mais que Bouteville avec quelques troupes de Mʳ le Prince, luy avoit pris 400 charrettes de bagage. Le gouverneur de la Fere, nommé Cyron, creature de M. le cardinal, à qui il avait donné le commandement du convoy, en luy defendant de faire aucune halte, fut cause de ce malheur : car n'estant qu'à une lieüe du camp de Mʳ. de Turenne, il fit halte et prit le devant avec les meilleures troupes du convoy, pour porter la nouvelle que tout estoit en seureté; mais pendant qu'il la donnoit, il en vint une qui portoit que tout estoit perdu, et que les troupes de Bouteville, ayant eu le temps de ioindre le bagage, avoient donné dessus, pris ce qu'il y avoit de meilleur, et mis le feu au reste. Sur cet advis Mʳ de Turenne commanda en toute diligence à sa cavalerie de monter à cheval pour leur faire quitter la proye, mais ce fust trop tard, car ils avoient desia gaigné le devant et il n'y avoit pas moyen de les atteindre. Il envoya incontinent apres Cyron prisonnier à la Cour, pour lui faire faire son procez, parce qu'il avait contrevenu au commandement de son general. En quoy certes il luy fit service, car les officiers estoient si outrés contre luy, à cause de la perte qu'ils avoient faite que peut-estre ils lui auroient faict mauvais party, s'ils n'eussent veu qu'on le vouloit chastier. Il nous dit aussi que le mareschal de l'Hospital estoit parti pour Noyon, avec les nouveaux eschevins pour y prester serment de fidelité au Roy.

Le 2°, ayant esté le matin à Charenton, en fiacre que nous avions loüé pour toute la iournée, nous revinsmes disner à Paris, pour nous divertir l'apres disnée à la pourmenade. Comme nous estions à table, le cocher nous fit dire qu'il ne pouvoit point mener, à cause que l'un de ses chevaux estoit malade, en quoy il nous mentit; mais parce que c'estoit un iour de dimanche, et qu'il avoit loüé son carrosse à quelqu'un il inventa cette defaite. La difficulté de treuver un autre carrosse, à cause qu'aux iours de feste il y a peine d'en avoir, fit que nous fusmes à pied chercher les S^{rs} des Champs, d'Alone et Moulines, mais ne les ayant pas treuvés, nous revinsmes au logis où le Sr de Manse vint nous tesmoigner la part qu'il prenoit en notre affliction, et qu'il avoit esté fort surpris de cette triste nouvelle, d'autant plus qu'il n'avoit rien appris de la maladie du Sr Herbert. Il nous raconta qu'il s'estoit passé depuis peu une vilaine action et tout à fait noire au fauxbourg Saint-Germain : c'est que deux amis, aagés de 24 à 25 ans, dont l'un estoit fils d'un president de Bourdeaux, et l'autre d'un advocat au Parlement de Paris, ayants ioüé une bonne partie de la nuict ensemble et le fils du president ayant retenu l'autre à coucher avec luy, il se leva de grand matin, et par frenesie ou par despit d'avoir perdu son argent, prist son cousteau et en donna cinq ou six grands coups au fils du president, qui se sentant ainsi traité cria deux ou trois fois au meurtre. A ce bruict ceux de la maison accoururent, et le treuvant en un si pitoyable estat menerent l'autre en prison : le fils du president mourut cinq iours apres sa blessure, et on travaille à faire son procez à cet enragé d'ami, et à resoudre de quelle mort on doit le faire mourir, d'autant qu'il a confessé d'avoir tué du monde de la mesme façon.

Le 3°, les Srs de Moulines et de Brasset le fils nous vinrent voir, et apres les premiers compliments de regrets, qu'ils nous firent sur la mort de nostre amy, en changeant de matiere, ils nous dirent que la Reyne d'Angleterre estoit partie pour Bourbon afin d'y prendre les eaux pour recouvrer sa santé. Il y en a plusieurs qui l'y regaignent plustost par la bonne compagnie, qui s'y treuve en une saison fort agreable, que par la qualité de l'eau, tellement que par le divertissement de l'une et l'imagination de l'autre, on se fait plus que si l'on prenait toutes les medecines du monde ; outre que la diëte et le bon regime qu'on y observe, contribuent beaucoup à se bien porter. Ils nous apprirent aussi que la Reyne de Suede seroit en peu de iours icy, et que pour y paroistre elle y avoit desia fait faire la plus belle livrée du monde, et entre autres cent casaques de gardes en broderie, dont chacune avec l'habit cousteroit pres de mille francs. Du commencement elle les a voulus vert brun, disant que de toutes les livrées il n'y en avoit point qui lui eust plus agréé que celle de M^r d'Espernon, qui est de cette couleur. Mais par ce caprice qui luy est si naturel, elle a desia changé d'advis et veut une livrée violette et d'evesque. Je ne sçay si c'est pour mieux faire icy sa cour à la mitre (1), et en obtenir une bonne pension et qui supplée à ce où ne peut atteindre la sienne de Suede.

Le 4°, nous rendismes visite au Sr de Ficquefoord, nostre voisin. Il nous apprit que le Protecteur insistoit fort à ce que cette couronne fist quelque siege par mer, et principalement celuy de Dunquerque qui luy doit appartenir selon le traité; et que la France voyant la faute qu'elle avoit faite en le promettant, commence à avoir horreur de cette entreprise, d'autant que donnant ainsi pied aux Anglois au deça de la mer, elle peut en recevoir un iour tres grand dommage. Pour remedier à ce grand inconvenient, elle court hazard de se brouiller avec l'Angleterre ; pourtant elle auroit fort envie

(1) Allusion au cardinal Mazarin.

de se bien reünir avec la Hollande qui doit aussi apprebender un tel voisinage.

Ce mesme iour le comte Charles, cadet de Mʳ le Rhingrave, nous vint voir et dire adieu à mesme temps, car il n'estoit venu icy que pour quelques affaires, et estant arrivé le soir auparavant, devoit partir le lendemain. C'est un gentilhomme dont la seconde veuë ne fait point rabattre de la bonne opinion qu'on en a conçeue en la premiere, et il nous semble mesme qu'il acquiert tous les iours et de l'esprit et de l'estime. Il nous raconta forces nouvelles du siege de Montmedy, combien on y avoit tué de monde, combien de peines et de travaux on y avoit soufferts et comment ils avoient estez tourmentez des mouches, tant en leurs personnes, lorsque les viandes estoient sur la table, qu'en leurs chevaux, lorsqu'ils estoient en campagne. La vigoureuse defense des assiegés ne s'estant pas arrestée à ceux de la garnison, il nous dit qu'outre les paysants qui s'estoient iettés dedans, les femmes avoient fait des merveilles, ayant paru sur les remparts avec des mousquets pendant que les hommes dans les tranchées estoient aux mains avec les assiegeants. Il est fort bien aupres du mareschal de la Ferté, et est de dessein de passer l'hyver en cette ville où il fera sa cour sans doute de la belle maniere.

Sur le soir nous visitasmes notre ambassadeur, et dans l'entretien il nous dit que Paris n'estoit point si grand qu'on le dit communement, adioustant qu'il avoit eü la curiosité de faire mesurer sa longueur, de la porte Saint-Martin iusques à celle de Saint-Jacques, et qu'elle n'est que de 4 554 communs pas ; qu'il avoit fait compter les ieux de paulme, et qu'il n'y en avoit que 114 ; et quant aux habitants il croyoit qu'il en avoit environ 600 000 et 30 000 maisons, ce qui est fort peu pour une si grande ville qu'est Paris. Le S' Gache, qui est l'un des ministres de Charenton et qui avoit assisté le S' Herbert, y estant survenu, nous changeasmes de discours, et lui racontasmes une droslerie qui nous estoit arrivée la nuict passée. C'est que ceux de noste haubergue, qui estoient tous catholiques, ayant esté faschez de ce que nous n'avions pas voulu admettre ces prestres qui avoient voulu voir le S' Herbert, comme nous avons dit cy dessus, avoient entrepris de nous faire peur, heurtants de nuict à nos portes et y faisants quelque bruict. Nous creusmes d'abord que c'estoient des voleurs : ce qui fit que nous estants levés, et ne sortants pourtant pas de nos chambres parce qu'il faisoit fort obscur, nous fermasmes nos portes à double tour. Dès que nous fusmes recouchés, on recommença à heurter, et bien que nous criassions : qui est là ? personne ne respondoit. Ce badinage dura iusques au iour.

Le 5°, le lendemain, sur ce que nous dismes à nostre hoste qu'il y avoit eü des voleurs la nuict, qui avoient voulu entrer de force en nos chambres en poussant les portes, il fit semblant d'en estre effrayé, et alla chercher par toute la maison, et n'ayant treuvé personnne, dit qu'il croyoit que c'estoit l'ame du defunct qui estoit revenuë pour demander qu'on lui fist dire des messes ; qu'il estoit mort de leur religion, et que nous avions tres mal fait d'avoir chassé les prestres, et que son âme nous viendroit bien souvent tourmenter. Voyants que c'estoient des choses apostées, nous fismes semblant de le croire pour attraper cette ame, et pour voir si elle ne sentiroit pas les bons coups de baston que nous lui preparions. Mais ie crois qu'elle s'apperçeut de notre dessein, car nous estant couchés, et ayants mis aupres de nostre chevet de quoy la bien frotter, et laissé une chandelle allumée sous nostre cheminée pour voir quelle forme elle avoit, elle ne heurta qu'une fois à la porte : nous nous levasmes aussitost, et nous tenants pres de la porte pour la laisser heurter la seconde, soit qu'elle eust apperçeu la lumière, soit qu'elle nous eust entendu lever, elle ne revint plus ; et ainsi, sans faire dire messe, nous l'avons chassée.

Nous fusmes chez monsieur le Premier qui estoit arrivé icy le iour auparavant ; il nous tesmoigna qu'il avoit esté touché de la mort du Sr Herbert, et qu'il en avoit esté fort surpris, l'ayant apprise le iour mesme de son arrivée. Il nous dit qu'il estoit venu en cette ville pour quelque procez, et qu'il faisoit estat d'en partir en peu de iours. Il nous pria d'asseurer nos pere et mere de ses tres humbles services. En sortant nous treuvasmes le S^r des Champs en l'escurie voyant panser un cheval qui avoit mal à la iambe. Il nous dit qu'il avoit mené ses chevaux anglois à la Cour, et que Sa Maiesté en avoit choisi les meilleurs. Il nous apprit une assez bonne nouvelle, en nous asseurant que le Sr de Heemveliedt estoit sur le poinct d'estre disgracié et chassé de la cour de madame la princesse royale, par le moyen de la Reyne d'Angleterre, qui en faisoit de fortes instances, voyant que c'est un fourbe qui ne merite pas d'estre traité d'autre façon. Sur le midy nous receusmes nos lettres par lesquelles nous apprismes que la foudre estoit tombée à la Haye, et qu'elle avoit abattu la tour de la maison de Maes où estoit logé l'ambassadeur de France. On nous escrivit aussi que madame de Dona la douairiere estoit morte, et que le S^r d'Ameronges estoit de retour de son ambassade de Dannemarck.

L'apres disnée nous nous en allasmes pourmener avec le Sr de Brunel au Luxembourg, pour nous divertir et prendre l'air de ce beau iardin. Apres y avoir fait quelques tours nous nous assismes sur un banc où quatre à cinq personnes que nous ne connoissions point vinrent aussitost se mettre aupres de nous, estants de differente religion, profession et nation. Car quant à la religion, il y avoit des huguenots et des catholiques. Pour la profession il s'y treuvoit un advocat, un agent des affaires des marchands d'Angleterre, et un horloger de Paris. Pour la nation on y voyoit des Anglois, des Hollandois et des François, si bien qu'on eust dit qu'on estoit en la barque de Delft, exceptez que ceux cy parloient avec plus de iugement et de raison que ne font d'ordinaire nos petits bourgeois. L'Anglois nommé Muller estoit le plus sensé d'eux tous et qui avoit les plus grandes correspondances. Nous apprismes de luy que Mʳ de Turenne, pour suppléer au besoing de l'argent qu'on ne luy pouvoit faire tenir seurement à Saint-Venant, avoit fait couper pour 30 000 livres de sa vaisselle d'argent, et qu'il en avoit fait marquer les pieces d'une fleur de lys, et qu'il y en avoit de 15, 30 et 60 sols, qui ont esté distribuées aux Anglois qui commençoient à se mutiner. Quand on aura recouvré de l'autre argent, on reprendra ces pieces. Il nous dit aussi que quatre ou cinq capitaines du regiment des Gardes estant allés aupres de Mʳ le cardinal pour avoir quelque recompense de ce qu'ils s'estoient si bien acquités de leur devoir dans le siege de Montmedy qu'ils en portoient encore les marques, il leur avoit respondu avec une mine serieuse, qu'il estoit plus que raisonnable que des personnes de leur condition et de leur merite, reçeussent quelque recompense, et que mettant la main à la poche, il avoit donné à chacun un escu d'or, dont ils avoient esté si honteux et si outrés qu'ils s'en estoient retournés en pestant contre l'avarice du ministre. Cependant la politique en est admirable, car par là il sait que personne ne luy viendra plus rien demander, de peur qu'il ne luy en arrive de mesme. Il nous dit aussi qu'on faisoit courir le bruict qu'il y avoit eü un combat entre les deux armées aupres du Catelet, mais qu'il sçavoit fort bien qu'il n'y avoit eü qu'une escarmouche entre les troupes du comte de Grandpré et celles de la garnison de Rocroy, dont il avoit defait et taillé en pieces 800 chevaux, et que le Sʳ de

Montalt, qui en est gouverneur et qui commandoit le party, ayant esté blessé en cette rencontre, s'estoit retiré en desordre et en grande haste dans la ville, et qu'il y avoit perdu beaucoup de ses officiers entre autres le chevalier de Foix. Il nous dit de plus qu'il avoit nouvelle d'Angleterre, que le Protecteur avoit donné ordre à sa flotte de suivre et d'observer les Hollandois, dès qu'ils seront en mer, et que au cas qu'ils attentent quelque chose contre les Portugais, où on croit qu'ils doivent aller, elle les charge. Nous apprismes aussi de luy que la Republique d'Angleterre estoit tres mal satisfaite de cette Couronne, parce que M^r le cardinal voudroit bien se degager de ce qu'il a promis au Protecteur, et s'exempter de faire un siege maritime pour satisfaire au traité qui est qu'au cas qu'on prenne Dunquerque, il sera mis entre les mains des Anglois et qu'à la premiere campagne on s'attachera à Gravelines, ou à quelque autre place d'importance, qui sera pour les François suivant le convenu. L'ambassadeur Lockard presse fort la Cour et parle assez haut. Il s'est mesme laissé emporter à dire que son maistre ne trompe personne et qu'il pretend aussi qu'on ne le trompe pas, et que si on ne veult pas entreprendre ce siege, son maistre luy a commandé de demander le remboursement des frais qu'on a faits pour l'armement de la flotte depuis le 1er d'avril iusques au 1er de septembre, à raison de 25000 escus par iour, et qu'au cas qu'on luy refuse ce dedommagement, il treuvera bien moyen de se faire iustice.

Le 6ᵉ, en revenant de chez madame de Longschamps, où nous avions passé l'apres disnée, nous rencontrasmes le Sʳ Dalonne qui nous dit qu'il avoit donné 40 pistoles au Sʳ d'Oudeyck par ordre du sieur de la Villomer, pour luy faire faire des habits, et qu'il taschoit de luy en faire encore obtenir 100 autres de sa grand'mere pour payer icy quelques petites debtes, et s'en retourner en Hollande avec le reste, comme il le luy a promis : mais nous l'advertismes de ne luy faire rien toucher iusques à ce qu'il fust tout à faict prest à partir, qu'autrement il ne bougeroit pas d'icy, et y resteroit pour y manger l'argent qu'on luy auroit mis entre les mains. Il nous respondit qu'il s'en doutoit bien, mais que quand il auroit reçeu l'argent, il l'accompagneroit iusques à Dieppe où il le mettroit en un bon vaisseau, et qu'alors il lui donneroit ce qui resteroit de son argent, pensant que par ce moyen il l'empescheroit bien de iouër aucun tour de ses fripponneries ordinaires.

Le 7ᵉ, au retour de l'academie, le Sʳ de Lorme nous vint voir, et nous dit que le cardinal Anthoine (1) estoit parti en grande diligence pour Rome, afin d'y estre lorsqu'on taillera le Pape de la pierre, qui s'en treuvant fort incom... dé est resolu

---

(1) Antonio Barberini, archevêque de Rheims, neveu du pape Urbain VIII qui l'avait fait cardinal en 1627. Il avait laissé à Rome une assez mauvaise réputation. « C'est une chose bien digne de la legereté de la France, dit Olivier d'Ormesson (1645), de recevoir le cardinal Antoine auquel on enleva les armes de France avec ignominie il y a sept ou huit mois, comme à un traistre qui nonobstant

de se faire tailler pour la troisième fois ; et on croit que ce ne sera pas sans courre risque de la vie, et ce cardinal ne voudroit pas estre absent en une telle conioncture. Il nous dit de plus que trois galeres turques ayant fait descente sur la coste de Marseille, avoient pillé quelques villages et emmené une galiotte.

Il nous leut aussi quelques vers qu'on a faits sur la morale des Jesuites et sur la vie du clergé ; en voicy une copie :

Rondeau sur la morale des Jésuites.

Retirez-vous, pechez : l'adresse sans seconde
De la fameuse troupe en Escobars feconde
Nous laisse vos douceurs sans leur mortel venin ;
On les gouste sans crime, et ce nouveau chemin
Mène sans peine au ciel, dans une paix profonde ;
L'Enfer y perd ses droicts, et si le diable en gronde
On n'aura qu'à luy dire : Allez, esprit immonde,
De par Boni, Sanchez, Castro, Gans, Tambourin,
    Retirez-vous.

Mais, ô Pères flatteurs, sot qui sur vous se fonde,
Car l'autheur incognu, qui par lettres vous fronde (1),
De vostre politique a decouvert le fin.
Vos probabilités sont proches de leur fin :

---

qu'il en fust protecteur, en avoit abandonné les interests. » (Journal d'Ormesson, publié par M. Chéruel, etc., t. Ier, p. 332.)

Le cardinal Antoine avait rempli à Rome les fonctions de *Protecteur* pour la France. (Voir dans l'*Appendice*, n° V, en quoi consistaient ces fonctions.)

(1) Allusion aux *Lettres provinciales* de Pascal, qui achevaient alors de paraltre, sans que le public sût à qui les attribuer.

On en est revenu, cherchez un autre monde.
Retirez-vous (1).

Sur la vie du clergé.

Miramur cuius sint ordinis Prælati : in administratione bonorum agunt ut Laici, in perceptione decimarum ut Clerici, in ornatu vestium ut Mulieres : et tamen non laborant ut Laici, non prædicant ut Clerici, non parturiunt ut Mulieres : quia igitur nullius sunt ordinis, ibunt ubi nullus est ordo, sed sempiternus horror inhabitat.

Il ne se fut pas si tost en allé, que le Sr de Saint-Nicolas, qui a esté en Hollande avec le Sr Servien, nous vint apporter un secret fort excellent et esprouvé pour la pesche des truittes, que nous l'avions prié de nous donner. Il nous le dicta et nous fit promettre de n'en donner copie à personne, parce que cela luy feroit quelque tort d'autant qu'on avoit donné un arrest en Dauphiné contre un gentilhomme, à qui il l'avoit donné, et qui là y avoit ruiné toute la pesche des truittes.

Secret pour la pesche des truittes. Il faut prendre musch 4 grains, civette 4 grains, ambre-gris 4 grains, et les bien incorporer ensemble, avec de la moëlle d'heron masle. Après il faut prendre un quart d'once de la graisse du dit héron, tué en pleine lune, ou environ, parce qu'en ce temps-là il y a plus de moëlle dans les cuisses du dit héron, que lorsque la lune est foible. Plus il faut prendre un quart d'once de chat, un quart d'once de Mommie

(1) Ce rondeau se trouve imprimé en tête des premières éditions des *Provinciales*.

du Levant et un quart d'once de graisse humaine. Il faut bien incorporer le tout et y mesler une bonne pincée de sel bien menu, et garder cette paste ou mixtion dans une boite bien fermée, sans qu'elle s'esvente, comme pourroit estre une boite de plomb, et on la pourra garder trois ans ainsi sans qu'elle se gaste. Pour s'en servir, faites chercher des vers de terre en quelque lieu humide qui soyent mediocres, car les gros ne sont pas bons à cet usage : laissez-les purger de leur terre dans un sachet, et lorsqu'ils ont ietté leur terre, mettez-les dans un autre sachet où il y aura de la mousse bien nette et bien lavée, où ils acheveront de se purger; et lorsqu'on voudra pescher, il faut avoir une petite boite de fer blanc et la frotter par dedans de la composition susdite, afin qu'elle en prenne bien l'odeur, et apres mettre dans la ditte boite iusques à cinq ou six vers purgés, qui prendront cette odeur, puis en mettre un à l'hameçon et pescher selon l'art. Les truittes y viendront avec ardeur pour prendre le dit hameçon, et pour estre prises. La verge de la ligne doit estre de douze à treize pieds de longueur et le filet de dix, qui doit estre de crin de cheval, bien subtilement entortillé. Il faut faire les hameçons des plus fines esguilles, et avant que les plier les faire rougir au feu, autrement elles se casseraient, et les plier apres avec de petites pincettes, puis les remettre au feu, et les retremper bien rouges, puis leur faire prendre la couleur violette affin qu'ils ne se cassent, et qu'ils soient assez forts pour tirer toute truitte sans s'ouvrir.

Le 8°, apres avoir esté à Charenton au catéchisme, parce que le iour auparavant nous n'avions pas esté à la preparation de la sainte Cene, à nostre retour nous fismes quelques tours au Palais-Royal avec le Sr Gauthier, advocat au Conseil, que nous y treuvasmes. Nous nous y amusasmes à regarder deux ou trois chiens qui nageoient apres une cane qui, en se plongeant sous l'eau lorsqu'ils estoient prests de la prendre, ioüa si souvent et les barbets et les spectateurs, que ceux-cy se lasserent de voir le badinage et ceux-là de la poursuivre.

Le 9ᵉ, nous allasmes de grand matin à Charenton, pour y faire la sainte Cene. Le Sʳ de Speyck y communia aussi pour la premiere fois; et afin que nous peussions estre au second presche, nous y fismes apprester le disner. Il fut tres mediocre, bien que pour ce qu'il nous en cousta nous eussions sans doute fait bonne chere à Paris. Nous en revinsmes assez tard, et employasmes le reste de la iournée à lire quelques chapitres de la Sainte-Escriture.

Le 10ᵉ, nous demeurasmes toute la iournée au logis pour l'amour de la pluye, et nous aydasmes le Sʳ de Brunel à faire revuë de ses livres, et à les ranger sur des tablettes parce qu'il craignoit qu'ils se gastassent dans le coffre où il les avoit laissés enfermés depuis cinq ou six ans. Sur le soir le Sʳ de Routes nous vint voir, qui nous dit que le matin on avoit pendu et ensuite bruslé un prestre breton. Il avoit esté condamné à ce supplice parce qu'il avoit eü de grandes privautez avec des religieuses. On nous dit de plus que pendant sa prison il n'avoit pas seulement confessé son crime, mais qu'il y avoit adiousté qu'il n'avoit pas esté seul à le commettre, que l'archevesque d'Auxerre avoit esté de la partie.

Le 11ᵉ, le Sʳ de Mortaigne nous vint voir, et nous dit que le marquis de Hauterive (1) ayant eü querelle chez madame de Marolles avec un de ses galants, nommé le Sʳ de Martigny, s'estoit battu contre luy à cheval, et qu'il avoit eü de l'avantage au commencement; car Martigny ayant tiré ses pistolets et manqué son homme, en fut blessé de deux balles. A mesme temps Hauterive se ietta sur luy pour luy faire demander la vie ; mais Martigny luy disant qu'il estoit trop brave pour l'y obliger, et qu'il croyoit qu'il se battroit encore à pied contre luy, il fust si mal advisé que de tirer son autre pistolet en l'air et de mettre l'espée à la main. En cet estat il va à Martigny, mais la chance tourna, car celuy-ci ayant paré le coup qu'il luy portoit, il luy en donna un au petit ventre, dont on croit qu'il mourra, à cause que la lame de l'espée dont il a esté blessé est si estroitte qu'on n'a pu sonder la playe pour sçavoir s'il y a quelques parties nobles d'offensées. Ce sera dommage s'il n'en eschappe pas, car il est tout à fait bon et honneste garçon. Nous l'avons fort cogneu, d'autant qu'il a appris à monter à cheval en nostre academie. Il est de l'une des meilleures maisons de Bourgogne, et des plus accommodées.

La dame chez laquelle ils prirent querelle, est veufve de ce brave Sʳ de Marolles qui est mort gouverneur de Thionville. Il l'avoit espousée pour sa beauté. Elle n'est pas françoise, mais du pays de

(1) Probablement le fils de celui dont il est question page 80.

Limbourg, de la maison de Kronenburg. Ce fut un grand bonheur pour elle et toute sa famille que le dit Sʳ de Marolles en devint amoureux, car ayant partie de ses biens aux environs de Thionville, elle en a peu iouïr avec autant d'advantage que si cette place n'avoit pas changé de maistre. Son mary en mourant luy a laissé un grand doüaire; mais d'abord qu'il fut mort elle en usa mal en donnant carriere à son humeur coquette. Elle se retira à Metz, où elle vescut avec tant de privauté avec un sieur Saint-Ange, fils d'un maistre d'armes de cette ville, que le mareschal de Schomberg, qui estoit alors à Metz luy fit dire de s'eloigner ou qu'il le feroit mettre hors de la ville. Il en partit, mais s'estant rendüe icy, il l'y a gouvernée quelque temps fort insolemment et s'est enfin brouillé avec elle.

Nous receusmes le mesme soir nos lettres qui nous apprirent que le Sʳ Houwaert, escuyer de la Princesse Royale, estant allé à Bruxelles pour ses affaires, y a eü une mauvaise rencontre, car une Angloise, nommée Barlow, qui a esté la maistresse du Roy d'Angleterre, ayant sceu qu'il y estoit, aposta un garçon de seize à dix-sept ans pour le guetter par les rües. Ce ieune homme, dès qu'il le vit, ne marchanda point et luy donna un grand coup de poignard par derrière; sans doute c'est quelqu'un de ses galants dont elle a voulu se servir pour se venger de quelque affront qu'elle croit avoir receu de Houwaert : cependant la blessure en est si dangereuse que l'on desespère de sa vie.

Elles nous apprirent de plus que le roy de Dannemarck demandoit un secours d'hommes et d'argent à Messieurs les Estats, en declarant que s'ils ne luy donnoient il ne pouvoit pas resister aux Suedois qui l'avoient desià si mal mené que toute son armée estoit à demy dissipée.

Le 12ᵉ, les Sʳˢ de Ficquefoord et de Lorme nous vinrent voir pour apprendre quelques nouvelles de nous, d'autant que le premier n'en avoit point receu par cet ordinaire. Ils nous dirent que monsieur et madame de Saint-Geran avoient obtenu un arrest par lequel on leur adiugeoit et declaroit pour fils legitime celuy que la Beaulieu disoit estre sien (1), à laquelle pourtant la Cour enioignoit de ne point desemparer, et d'avoir sa maison pour prison, iusques à ce qu'on eust mis fin à tout ce qui la concerne en cette affaire. Elle pourroit bien luy estre fort peu favorable, parce qu'on l'accuse de n'avoir pas seulement resserré l'enfant mais mesme de se l'estre approprié.

Ils nous apprirent aussi que la Seigneurie de Venise avoit remporté une grande victoire par mer, tout près des Dardanelles, qu'elle avoit coulé à fond trente-trois galeres du Grand Seigneur, et en avoit pris treize et delivré huit cents esclaves chrestiens. Ils nous dirent de plus que les lettres d'Italie portoient qu'il estoit mort à Gennes de la peste plus de cent mille âmes, mais qu'elle commençoit à diminüer, parce qu'il y restoit si peu de monde

---

(1) Voir plus haut, page 64.

qu'elle n'avoit plus le moyen d'y faire si grand ravage. N'y ayant pas assez de monde pour enterrer les corps, on a esté obligé de les charger en des vaisseaux qu'on a laissés aller en mer au gré des vents iusques à ce que des ressorts, disposés expres, en mettant le feu à la pouldre qu'on avoit destinée pour cet effect, les faisoient sauter en l'air et treuver à ces pauvres corps leur sepulture en l'eau. Ils ne furent pas si tost partis que le S^r d'Oudeyck nous vint voir : il nous dit qu'il avoit reçeu les mille francs dont nous avons parlé cy dessus, et qu'il estoit prest à partir d'icy pour la Haye, sans dire adieu à ses creanciers, et qu'afin qu'ils ne se doutassent de rien et ne le peussent poursuivre en tout cas il se serviroit de chevaux de loüage iusques à la seconde poste de Roüen, et en suite feroit toute sorte de diligence pour gaigner Dieppe et s'y embarquer, avant qu'ils le peussent ioindre. Il demeura à disner et soupa avec nous.

Le 13e, le Sr de Haucourt nous vint voir et nous apprismes de luy que la Cour estoit allée à Metz pour s'apprecher de l'Allemagne et y pouvoir negotier plus puissamment. Nous parlasmes ensuite du bruict qui couroit que l'Electeur de Brandenbourg avoit accepté la neutralité avec le Roy de Pologne, du consentement de celuy de Suede, et que le Sr Servien estoit parti pour la Cour, les uns disants qu'il n'y avoit esté mandé que pour assister le premier ministre aux deliberations touchant les affaires d'Allemagne et aux despesches qu'il faut qu'il fasse en ce pays là, les autres que c'est afin qu'au passage de Pignoranda, que le Roy d'Espagne envoye en Allemagne pour l'election de l'Empereur, il laboure avec luy et reprenne le traité de paix que le S⁻ de Lionne avoit commencé à Madrid. L'apres disnée nous fusmes occupés à faire monter deux garnitures de plumes de lict. Elles sont neufves et fort belles, et si l'on n'y est present on ne fait point de scrupule de les changer. Nous les avons acheptées à fort bon marché, car le plumassier nous offre, pour les aigrettes seules, ce que les bouquets ont cousté : c'est une rencontre que nous avions faite, car autrement elles sont furieusement cheres.

Le 14ᵉ, apres avoir fait nos lettres de bonne heure, nous allasmes faire de petites emplettes pour le Sʳ d'Oudeyck qui avait disné avec nous : car, comme il s'estoit resolu de retourner en Hollande, et qu'il avoit touché de l'argent, il ne vouloit pas y retourner tout nud, en aussi mauvais equippage qu'il est.

Le 15ᵉ, nous allasmes au marché aux chevaux avec le Sʳ de Routes, pour tascher de nous defaire de notre cavalle morveuse : on en offrit au cocher qui y avoit esté avant nous une pistolle, mais comme il ne l'osa donner sans nous en avoir parlé, on ne la voulut plus prendre quand il y retourna. Voyants donc qu'il n'y avoit plus rien à faire, nous revinsmes au logis.

Le 16ᵉ, apres que le Sʳ d'Oudeyck nous eust interrompu toute la matinée nostre devotion, et donné beaucoup de peine aux Sʳˢ de Brunel et Dalonne qui ont pris soin de le faire partir d'icy, et de l'ayder à s'en tirer, il prit enfin congé de nous, et nous luy prestames deux chevaux de selle pour aller iusques à Saint-Denys, parce qu'il n'en avoit peu treuver de loüage le iour auparavant. Mais afin qu'il ne pust estre reconnu de ses creanciers, nous le fismes monter à cheval à la porte de derriere de nostre escurie, avec le Sr de Routes, que nous avions prié de le vouloir conduire iusques audit ieu, et de luy faire prendre la poste pour Rouen. Ainsi partit Guillaume de Nassau (1), apres avoir subsisté en France plus de dix huit moys, de sa propre industrie, sans avoir tiré un sol de son pere.

L'apres disnee, le Sr de Saint-Nicolas nous vint voir et nous dit que le Sr de Girardin (2), qui est ce riche partisan que le Sr Barbezieres - Chemeraut avoit enlevé l'esté dernier et amené au prince de Condé, étoit mort à Malines. On luy demandoit 100 000 livres pour sa rançon, et comme il estoit sur le point de s'accommoder avec Barbezières de la somme qu'il devroit luy donner, celuy-cy fut pris, lorsque monsieur le Prince ietta le secours dans Cambray (3), et mené icy à la Bastille. On voulut

---

(1) M. d'Oudeyck était le petit-fils du prince Maurice de Nassau (voir page 224).

(2) Cet enlèvement avait eu lieu près de Paris. On trouve de curieux détails sur les suites de cette affaire dans les mémoires de M. de Gourville qui avait été chargé par Mazarin de négocier avec Barbezières pour la fixation de la somme à lui payer comme rançon de Girardin; celui-ci étant mort, cette négociation n'eut pas de suite.

(3) Turenne assiégeait alors Cambray qu'occupaient les Espagnols,

tout aussi tost l'eschanger contre Girardin, mais monsieur le Prince fit response qu'il esperoit d'avoir en peu de temps des prisonniers contre lesquels il l'eschangeroit, mais qu'il ne rendroit pas Girardin à si bon marché, qui pouvoit luy payer une grosse rançon.

On nous communiqua à mesme temps un epigramme qu'on avoit fait durant la guerre civile sur le cardinal Mazarin, et un rondeau qu'on avoit fait sur la harangue que l'evesque de Montauban, choisi par le clergé pour cette belle action, avoit fait à l'honneur de madame de Manchini, sœur du cardinal, le iour des funerailles qui se firent aux Augustins. Voicy la copie de l'un et de l'autre :

Epigramme sur le cardinal Mazarin.

Il est soldat, prestre et marchant.
En toute qualité meschant,
Cent fois le iour il se deguise :
Il nous trouble comme soldat,
Comme marchand il vend l'Estat,
Et sans ordre il mange l'Église.

Rondeau sur l'Oraison funèbre de Madame de Manchini, prononcée par l'Évesque de Montauban.

De verité son discours est charmant :
Jamais prescheur avec tant d'ornement

et le prince de Condé parvint à introduire des secours dans la place sans autre perte que celle de trois prisonniers parmi lesquels fut Barbezières.

D'un tres passé ne prosna la memoire :
Par ses beaux dits il nous veut faire croire
Que les vertus sont dans le monument,
Bien que chacun sçait assez comme il ment.
Il nous le dit aussi naivement,
Que s'il avoit à conter une histoire
De verité.

Excusez-le, s'il ment si hardiment:
Ce qu'il en fait c'est par commandement;
Sa contraincte est tout à fait meritoire,
Puisqu'en ce iour c'est chose bien notoire,
Qu'il n'estoit pas en chaire asseurement
De verité.

Le Sr de Codure nous estant venu voir ce mesme iour, nous apprit qu'on avoit presché en françois chez l'ambassadeur de Hollande, et qu'il y avoit eü deux missionnaires qui, pendant qu'on communioit et qu'on faisoit la priere, avoient tousiours esté teste nuë; mais lorsqu'on chantoit le cantique de Simeon, ils avoient mis leur chapeau. Tout le monde en estant scandalisé on leur fit souvent signe qu'ils se decouvrissent, mais ils demeurerent tousiours en la mesme posture, iusques à ce qu'un honneste homme le leur vint oster, et leur dit : « Messieurs, quand nous sommes en vos eglises, nous n'y apportons point de scandale ; quand vous venez aux nostres faites en de mesme. »

Le 17e, le Sr Blanche nous vint dire adieu, estant sur le point d'entreprendre un voyage de cinq ou six sepmaines, avec le Sr Choisival qui le mène à Tours dans son carrosse. Il est de dessein de parcourir en suite la pluspart des villes qui sont le long de la riviére de Loire. Il ne fut pas si tost sorty de chez nous que les creanciers du comte de Nassau, autrement le Sʳ d'Oudeyck, nous vinrent demander de ses nouvelles. Il en a un assez bon nombre et entre autres un baigneur, qui est fort en vogue, nommé Frison; il a logé chez luy cinq ou six mois, et il nous conta sa façon de vivre, et nous fusmes estonnés de ce qu'il nous asseura qu'il devoit plus de 15 000 livres, et de ce qu'il a eü l'adresse de treuver tant de credit. Il ne s'est pas seulement adressé aux marchands, mais aussi aux personnes de condition, et entre autres au duc de Navailles de qui il a eü des chevaux pour 200 pistoles. L'apres disnée nous fusmes avec le Sʳ de Brunel à l'academie du Sʳ d'Arnolfini, pour tascher de nous y defaire de notre cavalle morveuse, en la luy donnant en payement d'un mois, mais il ne la voulut pas : ce qui fit que nous la vendismes 100 sols ce soir mesme à un escorcheur.

Le 18ᵉ, en revenant de la pourmenade des Thuilleries, nous vismes arriver Mademoiselle : le peuple tesmoigna tant de ioye de la revoir, que lorsqu'elle passa sur le Pont-Neuf peu s'en fallut qu'on ne l'accompagnast d'acclamations. Aussi est-ce une princesse pour qui les Parisiens ont une affection particuliere depuis les dernieres guerres. Elle s'y mesnagea en vraye amazone du parti, et avec cette humeur populaire qu'elle tient de monsieur son père, elle fit autant que les autres qui estoient le plus avant dans la ligue contre la Cour. Elle vient de voir le Roy et de se reconcilier avec leurs Maiestez. Elle est logée au palais d'Orleans, et y sera dix ou douze iours à prendre les bains, et elle s'en ira à Bloys voir monsieur son père, en allant executer son arrest pour Champigny. On croit qu'elle reviendra icy passer l'hyver et augmenter les divertissements du carnaval.

Le 19°, avant que d'aller à l'academie nous receusmes nos lettres, parce qu'on ne les avoit pas distribuées le soir auparavant. Elles nous apprirent que monsieur et madame d'Ossenberg estoient encore à la Haye, et qu'ils n'en partiroient pas si tost à cause que la peste s'étoit renforcée à Wesel qui n'est qu'à deux lieuës de leur maison. A nostre retour, le Sr Ficquefoord nous vint voir pour nous prier de luy prester nostre carrosse, parce que le sien estoit chez le charron. Il nous dit que la justice avoit mis les scellés chez Girardin, afin que ses heritiers ne fussent fraudés de rien de ce qu'il laissoit : et qu'on avoit eu advis de Turin, que le feu s'estant mis à la Vigne de madame de Savoye, n'avoit presque rien laissé de ce beau bastiment où elle se plaisoit tant à cause que l'air y est fort bon. Il est situé au delà du Po, sur un agreable costeau. L'apres disnée nous allasmes iouër à la paulme et y employasmes le reste de la iournée.

Le 20°. le Sr de Longschamps nous vint voir et demeura à disner avec nous. Pendant que nous estions à table, il survint un grand orage accompagné de tonnerre, d'esclairs et d'une furieuse pluye qui dura environ deux bonnes heures. Voyants donques qu'il n'y avoit pas moyen de sortir, nous nous mismes à iouër au berlan pour tuër le temps. Comme nous avions fait deux ou trois tours, le Sr de Manse qui nous vint rendre visite se mit de la partie. Il nous dit que monsieur de Turenne avoit pris la Motthe-aux-Bois, qui est un chasteau dans l'Artois qu'on a fortifié; il est à deux lieuës de Saint-Venant. Les François l'ont rasé dès qu'ils l'ont pris, pour estendre la contribution de la place et n'entretenir pas tant de garnisons. Le gouverneur en est sorti avec la garnison qui estoit de quatre-vingts hommes, avec armes et bagages; il a esté conduit à Aire. Il n'a defendu sa place que vingt-quatre heures, quoy qu'il l'eust pû tenir encore trois iours : aussi croit-on qu'il sera chastié aussi bien que celuy de Saint-Venant, nommé le Sr de Lavergne à qui les Espagnols ont fait trancher la teste à Gand. Nous apprismes aussi de luy que le Sr de Meule, officier de la Cour des Aydes, qui a un furieux dogue d'Angleterre, a esté en danger d'estre assommé et sa maison d'estre pillée, parce que ce chien s'estant ietté sur un porteur d'eau l'avoit à demy estranglé. Toute la ruë s'en estant esmuë se disposoit à le maltraiter, et pour se retirer de ce mauvais pas, il commanda luy mesme qu'on tuast son chien.

Le 21e, nous fismes dresser un acte à un notaire en forme d'attestation des legats que le fû Sr Herbert avoit faits, que nous signasmes tous, aussi bien que ceux qui avoient esté presents en sa chambre lorsqu'il etoit aux aboys.

Le 22ᵉ, nous demeurasmes au logis et travaillasmes à notre Journal, d'autant que nous n'y avions rien escrit depuis quelque temps.

Le 23ᵉ, nous leusmes un presche, à quoy nous employasmes toute la matinée. L'apres disnée, ayant fait le dessein de ne point sortir, nous en fusmes neantmoins empeschés par madame de Longschamps qui nous envoya un laquays pour nous demander si nous voulions y venir iouër chez elle. Nous y allasmes d'abord, aymants mieux passer le temps en bonne compagnie, que de demeurer renfermés dans une chambre.

Le 24ᵉ, on nous dit que Mʳ le chancellier avoit envoyé prier l'ambassadeur de Hollande qu'il ne fist plus prescher en françois dans sa maison, d'autant que le concours de monde rendoit les assemblées grandes, que le peuple en murmuroit et disoit qu'on permettoit aux huguenots de faire leurs devotions dans la ville mesme, et qu'il luy conseilloit que, pour esviter le desordre qui pouvoit arriver, il ne fist prescher qu'en sa langue. L'ambassadeur luy fit respondre qu'il le remercioit fort du soing qu'il prenoit de sa personne, mais qu'il trouvoit fort estrange qu'on le voulust empescher de prescher chez soy en telle langue qu'il luy plairoit; et que si on vouloit limiter le droict de son ambassade de ce costé là, il en advertiroit Messieurs les Estats ses maistres afin qu'ils fissent la mesme defense à l'ambassade de France et ne luy permissent pas de dire la messe en latin (1).

Le 25°, apres avoir passé quelques heures à faire des emplettes de quelques nippes que nous voulions envoyer en Hollande avec les hardes du Sʳ de Mortaigne, nous reçeusmes visite du Sʳ de Gillier, qui nous dit que la reyne de Suede estoit partie de Nevers pour se rendre en cette ville, et que l'ambassadeur Lockard estoit tres mal satisfait du chancellier qui n'avoit pas executé les ordres de la Cour, qui portoient qu'on luy remettroit entre les mains

---

(1) Ce que rapportent les voyageurs est confirmé par la correspondance diplomatique du temps M. de Thou, sur l'ordre contenu dans une lettre du roi du 27 septembre, porta plainte contre l'ambassadeur de Hollande et demanda aux États Généraux qu'il lui fût interdit de faire prêcher chez lui et dire des prières en français, et d'y faire célébrer des mariages, pratique qui était contraire à l'usage observé par ses prédécesseurs, et avait l'inconvénient d'attirer la foule et de provoquer des désordres.

Il résulte d'une dépêche de M. de Thou qu'il fut fait droit à sa réclamation : « Je vous diray que ces Messieurs icy ont escrit à Monsieur leur ambassadeur de se comporter dans l'exercice de la religion qui se fait dans son logis de façon que Sa Majesté n'eust pas lieu de s'en plaindre. Il a aussitôt mandé de par deça un ministre hollandais pour prescher en sa langue, de sorte que je pense qu'à cet esgard il n'y aura plus aucun subject de plainte, et je pense qu'il a pu entrer là dedans quelque zèle des Pères de la Mission qui peuvent un peu exagérer les choses. Pour les catholiques qui sont dans ces provinces, ils n'ont jamais joui d'une si grande liberté, et je les exhorte autant que je puis d'en user avec retenue et discretion affin de se la conserver. (Dépêche à M. de Brienne du 20 décembre 1657.)

Le gouvernement des Etats-Généraux interdisait, de son côté, aux catholiques du pays d'aller au service divin chez les ministres étrangers accrédités à la Haye (voir dans l'*Appendice n° VI*, l'extrait d'une dépêche de M. Chanut, à ce sujet, et les instructions données à M. de Thou pour la conduite qu'il devait observer à l'égard des catholiques des Pays-Bas).

le fils d'Insequin que des Religieux avoient enlevé de sa maison, où il s'estoit refugié du collége des Grassins où son pere l'a mis depuis sa revolte, pour l'y faire instruire dans la religion catholique romaine à laquelle il a une repugnance entière (1) Les raisons que le chancellier apporte pour s'excuser de n'avoir pas suivi les ordres de la Cour, sont qu'il ne le peut qu'en suivant les ordres de la iustice, et que cette affaire ayant esté mise en deliberation au Conseil du Roy, on y avoit resolu que l'on ne l'y remettroit pas purement et simplement, et que deux conseillers y assisteroient pour ouyr la relation que feroit ce ieune homme. Cependant il est à remarquer que ce chancellier est de la famille des Seguiers, qui a esté de tout temps fort contraire à ceux de la religion, et que pour ne pas dementir ceux de sa race en une si belle passion, il leur fait tout le mal qu'il peut : et ayant la charge qu'il a il ne manque ni de pouvoir ni d'occasion de leur nuire.

Nous apprismes ce mesme iour que le S^r d'Avaugour, qui estoit ambassadeur de S. M. tres-

---

(1) Cette affaire, que lord Lockard avait prise fort à cœur, causa beaucoup d'ennui à Mazarin. Le comte d'Insequin, catholique, marié à une protestante, en avait eu un fils qu'elle avait détourné et placé dans l'hôtel même de l'ambassadeur d'Angleterre ; le père à son tour avait enlevé son fils et l'avait confié au principal du collége des Grassins. Lord Lockard demanda que l'enfant lui fût rendu, menaçant de rompre ses relations, s'il n'était fait droit à sa réclamation. M. Pierre Clément donne sur cette affaire et la part qu'y prit Colbert, des détails intéressants dans son travail intitulé : *Colbert intendant de Mazarin*. — Voir la *Revue Européenne* du 15 mai 1864, tome XV, page 270.

chrestienne auprès du Roy de Suede, estoit mort à Lubeck, ce qui sans doute retardera fort l'accommodement de ce Roy avec celuy de Dannemarck, parce qu'outre qu'il y devoit travailler puissamment, en ayant ordre de cette Cour, il estoit fort sçavant dans tous les interests et les desmeslés de ces deux princes.

Le 26°, avant que d'aller à l'academie, nous receusmes nos lettres. Elles nous apprirent qu'il avoit fait de si grandes pluyes en nos quartiers, que le pauvre paysan ne pouvoit ni labourer sa terre, ni faire ses semailles. On eust advis ce mesme iour que l'armée du mareschal de Turenne s'estoit saisie de Bourbourg, et qu'on y avoit laissé le Sr de Schomberg pour y commander et en restablir les fortifications; et qu'au passage de la Coline on n'avoit point trouvé de resistance, les Espagnols ayant retiré leurs meilleures troupes dans les villes maritimes qu'ils apprehendent qu'on assiége avant la fin de la campagne. On eust aussi nouvelles que les troupes du Roy de Suede avoient taillé en pieces un party de 1,800 hommes, que la ville de Dantzic avoit envoyés avec deux pieces de canon et quantité d'outils, pour faire un logement sur la Vistule en dessein de s'en rendre par là la navigation plus libre. Cependant le Roy de Suede estant entré dans le païs d'Holstein, et avancé iusques au païs de Iutlandt, sans que les Danois luy ayent fait teste, y avoit assiegé Frederiksort, que le Roy de Dannemarck avoit fait fortifier, il y a quatre ou cinq ans, considerant que c'est un poste tres important. On nous dit de plus ce mesme iour, que la ville de Munster se defendoit tousiours tres bien contre les troupes de son evesque et de ses alliés, qui la tiennent assiegée, et qu'elle ne veut entendre à aucun traité qui preiudicie tant soit peu à ses priviléges.

Le 27ᵉ, nous apprismes de l'abbé de Faget, qui loge en mesme haubergue que nous, que Mʳ de Turenne, apres avoir pris quelques petits forts sur la rivière de l'Aa, a envoyé le Sʳ Talon en Angleterre pour conferer avec le Protecteur touchant le siege de Dunquerque. Il nous dit de plus qu'il avoit veu une lettre de Londres, qui marquoit qu'on y faisoit courir le bruict que les vaisseaux qui estoient sortys de la riviere de Tamise devoient debarquer dix à douze mille Anglois entre Mardik et Dunquerque, et qu'ils en vouloient faire le siege, demandant seulement que l'armée françoise tint la campagne pour les y favoriser, et qu'on leur donnast de la cavalerie pour les y ayder.

Le 28ᵉ, pendant que nous escrivions nos lettres, le sieur de Lorme nous vint voir. Il nous dit qu'on avoit puny les autheurs de la sedition qui estoit arrivée à Chaalons, et qu'on avoit decouvert par leur confession mesme, qu'ils y avoient esté poussés par des riches marchands de la mesme ville sous pretexte du nouvel impost qui consistoit à dix sols d'augmentation sur chaque pièce de sarge, pour lever en deux ans 80 ou 100 mille livres à l'acquit des debtes de la ville : où il est à remarquer que ces marchands qui ne vouloient rien payer seront obligés de deslier leur bourse, puisqu'on en a pris huit dont quelques uns seront punis par corps, et les autres mis à une amende qui pourra payer la meilleure partie de cette somme. Il nous apprit aussi que les eaux estoient tellement desbordées par les continuelles pluyes, que la rivière de Loire avoit emporté quantité de maisons et de bois, qui estoient sur ses bords, depuis Roüanne iusqu'à Orleans, et mesme que la ville de Monbrizon qui est la capitale du Forez en avoit esté deux iours inondée. Il nous dit de plus que le cardinal Anthoine avoit failly d'estre noyé avec son carrosse et ses gens, auprès de la Bresle, petite ville du Lyonnois, et qu'il n'en fust pas eschappé s'il n'eust esté promptement secouru des paysans.

Le 29°, nous receusmes une lettre de Londres du Sr de Marbay qui est avec le Sr de Voorst. Elle nous apprit que l'ambassadeur de Messieurs les Estats leur avoit promis de leur faire voir le milord Protecteur, et qu'apres cela ils repassoyent en Hollande, et fairoient le plus de diligence qu'ils pourroient, à cause de l'indisposition du Sr de Keppel, pere de ce gentilhomme, qu'on leur escrivoit estre en danger de ne vivre pas longtemps. Il nous marquoit de plus qu'on avoit faict descendre la Tamise à une barque, tenduë de drap noir avec force escussons et banderolles, où estoit le corps de l'admiral Blake (1) qu'on avoit ensuite enterré ma-

---

(1) Né en 1599, mort le 17 août 1657. Improvisé chef d'escadre en 1649, sans avoir jamais commandé que des troupes de terre,

gnifiquement dans la chapelle de Henry VII (1), au bruict du canon et de l'escoppetterie, tant de vaisseaux qui y avoient moillé l'ancre, que de la bourgeoisie et de la milice qui estoient sous les armes; que le Protecteur avec tout son conseil et tous les deputez de la marine, outre quantité de personnes de condition, avoit assisté à cette ceremonie, et que tous generalement regrettoient fort la perte d'un si brave homme, et qui s'estoit si genereusement et avec tant de bonheur employé à agrandir cette Republique et à en faire valoir la puissance par mer.

L'apres disnée nous fusmes nous pourmener à pied, et en passant devant la maison de cet homme qui a treuvé le secret de raffiner si bien l'estain qu'il puisse resister au feu, autant de temps que l'argent ou les autres metaux les plus difficiles à fondre, nous y entrasmes et treuvasmes que c'est une merveille de voir que dans un plat de son estain il en fait fondre un d'argent. Voilà un beau secret decouvert, et qui faict desia que les personnes de condition se servent de sa vaisselle, qui couste moins et faict le mesme effet que celle d'argent, estant aussi belle, aussi legere et d'autant d'esclat. Il la vend cent sols la livre, quand ce sont des pieces où il y a peu de façon; celles qui en ont beaucoup il les vend plus cher. C'est un

---

comme volontaire, il se plaça bientôt par ses talents et son intrépidité parmi les plus célèbres des marins anglais.

(1) L'abbaye de Westminster.

anglois qui est venu icy pour y debyter ce beau secret, et il ne faut pas douter qu'il ne s'y enrichisse dans peu de temps.

Le 30°, comme nous avions leu un presche, Forestier nous vint dire adieu, estant sur son depart pour la Hollande. Il nous dit qu'en passant devant Nostre-Dame, il avoit veu dans le carrosse des gentilshommes de Mademoiselle le Sr du Bret, beau frère du Sr de Wimmenon, et qu'il en avoit esté fort estonné : et qu'ayant quelque petite affaire avec luy, il avoit suivy le carrosse iusques au Luxembourg où il avoit appris par un garde de cette princesse, qu'elle l'avoit gratifié de la charge de son escuyer ; et ce par un assez ioly caprice, parce que ne voulant plus avoir de domestiques qui dependent de la Cour, ou du duc d'Orleans son pere, elle creut que celuy cy, qui luy avoit dit à Forges qu'il avoit tousiours servy en Hollande et ne connoissoit que trois personnes à Paris, estoit un de ceux qu'il luy falloit.

Ce mesme iour, pour tenir parole à madame de Longschamps, à qui nous avions promis de faire voir Meudon, qui est ce beau bastiment que le Sr Servien (1) fait faire à trois lieuës de cette ville, nous fismes loüer deux chevaux de carrosse l'apres disnée, qui estoient les plus belles happelourdes du monde, car estants venus au pied du costeau où est cette belle maison, ils

(1) Abel Servien, dont il a été déjà parlé. Né à Grenoble en 1592 ; négociateur à la paix de Westphalie, en 1648 ; surintendant des finances en 1653 ; mort en 1659.

ne nous y purent pas monter, si bien que nous fusmes obligés de sortir du carrosse et d'aller tout doucement à pied. Nous arrivasmes enfin à la terrasse qui a pour le moins cinq ou six cents pas en quarré. Elle n'est pas encore achevée, mais il y fait travailler continuellement quantité de monde pour applanir et abattre le reste de l'eminence qui l'empeschoit d'avoir une grande basse court et une belle avenüe. Elle est soustenuë du costé de Paris d'une tres haüte muraille qui s'esleve d'un lieu si bas et si enfoncé, qu'il semble un precipice. De cette terrasse on a une veuë qui n'en a point d'egale pour sa beauté ni pour sa diversité qui est la mieux meslée qu'on se la puisse imaginer, car on voit la Seine serpenter en une agreable et riche plaine, une quantité incroyable de belles maisons et de grands villages, les uns dans des vallées, les autres sur de petits tertres, et le tout si bien placé qu'il semble qu'on ait devant les yeux un tableau fait à plaisir. Mais ce qui est le plus advantageux est qu'on en contemple à plein la plus vaste, la plus riche et la plus magnifique ville de la chrestienté.

Cette place sert d'avant-court, et au bout on trouve le corps de logis qu'on fait rabiller et rebastir à la moderne. Messieurs de Guyse, de qui le Sr Servien l'a achetée, l'ont creue une piece assez achevée pour eux, mais elle ne l'a pas esté pour un surintendant, qui en change toute l'ordonnance, et du rond fait le quarré, et du haut le bas, et de l'eslevé l'applani. On y entre par une basse court qui a sur la droicte et la gauche deux belles galeries voutées par des pilliers de pierre de taille, qui servent de passage pour aller aux deux pavillons, ayant leur veuë sur la porte de l'entrée qui est au milieu d'un demi-croissant qui forme cette basse court. Apres l'avoir traversée, on rencontre au milieu du corps de logis une seconde grande porte sous un bastiment neuf, fait en forme de dome percé, où il y a un beau vestibule et aux deux costés le grand degré de la maison : en le traversant on passe en un parterre. Quand ce degré sera achevé, il pourra passer pour un chef-d'œuvre de l'art, parce qu'il est soustenu en l'air sans noyau. C'est un ouvrage aussi hardy qu'on en puisse voir, et qui ne peut manquer d'estre merveilleux quand il sera achevé.

Au bout du parterre on treuve une statuë de bronze qui represente le rapt de Panthée par Mercure. La reine de Suede en a fait present au Sr Servien (1), et affin que personne ne l'ignorast, il y a sur le piedestal, qui est de marbre blanc et noir, escrit en lettres dorées le nom de celle qui l'a donnée, ses tiltres et tout ce qu'une si belle liberalité peut produire d'eloges et de loüanges : aussi la statuë est à estimer, car elle est tres bien faite, quoy qu'elle ne soit pas antique ni de celles à qui les

---

(1) Cette statue avait été apportée à la fin de 1653, sur un vaisseau qui transportait en France ce que la reine avait de plus précieux, S. M. ayant déjà arrêté sa résolution d'abdiquer et de quitter la Suède. (Voir dans l'*Appendice*, n° VII, une curieuse dépêche de M. Chanut sur ce sujet.)

années donnent le prix parmi les curieux, bien qu'elles n'en vaillent pas mieux en elles-mesmes.

Un peu plus bas que ce parterre on en rencontre un autre plus enfoncé, et à costé quelques pavillons imparfaits que le cardinal de Lorraine avoit fait bastir pour une retraite plus particuliere. Il y a une belle grotte qui a esté ruinée par les guerres civiles : on travaille à la reparer, et elle le sera plutost qu'on ne luy pourra donner de l'eau ; on la doit tirer du grand bassin qui est au milieu du grand parterre, mais ce sera là la peine d'en treuver, car on n'a que celle d'une mare. De cet endroit on a la veuë sur le village, sur une vallée et sur un tres-beau costeau, tellement que l'on diroit que la nature a rassemblé icy tout ce que la diversité des situations et des obiects peut faire voir de plus beau et de mieux agencé. Sur la droicte de tout ce bastiment que nous venons de representer, il y a un grand bois auquel on monte par un degré d'environ une vingtaine de marches qui donnent assez à cognoistre qu'il est beaucoup plus eslevé que la maison. Il est tout contourné de murailles, et il s'en forme un beau parc où l'on voit quantité de longues et larges allées. On y en fait quelques nouvelles depuis qu'il est au Sr Servien ; et comme tout est trop petit pour les immenses richesses d'un surintendant, il a fait aggrandir cet enclos d'environ une demi lieuë de pays. Comme il a fait de grandes acquisitions et passé d'un costeau à l'autre, il a eu la commodité de faire deux beaux estangs en un vallon qu'y forment ces deux petites eminences. A la pente du premier parterre qui regarde le village, il fait bastir de nouvelles orangeries, ne s'estant pas contenté des premieres; elles sont fort longues et couvertes de plomb, et iustement exposées au soleil levant. On nous dit qu'il avoit dessein de bastir au bout un petit pavillon pour sa retraite, quand il voudra estre tout à fait en son particulier, et que le dessus de l'orangerie luy servira de galerie. Enfin il a si fort augmenté l'estenduë de cette terre, qu'elle est à present de 20,000 livres de rente, et a tellement changé le bastiment et toutes ses dependances qu'on peut dire qu'il a enchery pardessus toute la magnificence de la maison de Guyse.

Ayant ainsi parcouru ce qu'il y avoit à voir, nous retournasmes au carrosse, qui pendant tout ce temps avoit eü le loisir de monter : mais comme nous vismes que la descente estoit un peu rude, pour ne pas trop charger les chevaux qui l'estoient assez des femmes et de ceux qui leur tenoient compagnie, nous la descendismes à pied avec le Sr de Longschamps et gaignasmes ainsi le devant, en esperance de les rencontrer en chemin. Nous passasmes au travers de quelques vignes pour tascher d'y treuver quelques restes de raisin. Nous pensasmes plus à doubler le pas pour les atteindre qu'à poursuivre nostre chasse ; mais ne treuvants pas le carrosse, nous fusmes contraincts de retourner à pied à Paris, où nous arrivasmes sur les huit heures. Nous allasmes avec le Sr de Longschamps nous reposer chez luy, et il nous y fit allumer quelques fagots, car il faisoit un aussi grand froid que si l'on eust esté en hyver. Cependant il estoit nuict close, et nous ne voyions point arriver le carrosse, ce qui nous mit en grande peine, car comme nous perdions patience et que nous estions prests à souper d'une espaule de mouton rostie, avec une estuvée de concombres et de champignons, nous entendismes le bruict d'un carrosse qui venoit de loin, et ayants mis le nez à la fenestre, nous vismes que c'estoit le nostre qui revenoit avec tout son monde, les trois laquays marchoient devant avec une vieille lanterne et deux torches de paille qui leur servoient de flambeau. Ils nous racontèrent leurs aventures : que le carrosse avoit esté embourbé longtemps dans un chemin creux où les chevaux qui ne valoient pas grande chose pour l'en tirer, cassèrent le timon, et que pour le faire raccommoder, ils avoient esté obligés d'aller à pied iusques au village de Meudon. Ils s'estoient divisez en deux bandes, car le Sr de Speyck et madame de Longschamps voyants le carrosse embourbé, avoient pris le devant, et le Sr de Brunel et mademoiselle le Tellier estoient restés à mettre ordre au debris. L'ayant fait et ne scachant où nous reioindre, ils treuverent en passant par Issi madame de Longschamps et le Sr de Speyck, qui avoient fait apprester une fricassée de poulets pour les attendre avec plus de patience. Apres qu'ils leur eurent aydé à manger, on parla des moyens de gaigner Paris, et comme la clarté estoit necessaire, on prit une lanterne d'un homme qui en demanda d'abord trente sols, mais à la fin il la donna à quinze, à condition qu'il la viendroit reprendre le lendemain. Ils se mirent ainsi en chemin avec cette lanterne et une botte de paille dont ils firent des torches, qui les esclairerent depuis ce village iusqu'à Paris, c'est-à-dire durant deux bonnes lieuës, et de plus il en resta assez pour nous conduire au logis, où nous retournasmes sur les onze heures, apres avoir pris congé de monsieur et de madame de Longschamps qui devoit partir le lendemain par la voye du coche de Diion, y voulant faire ses couches aupres de madame sa mere. Comme nous estions aupres de la porte Dauphine à attendre qu'on nous l'ouvrist, il y eust quelqu'un d'une maison voisine qui s'estant levé pour verser son pot de chambre, nous le ietta à demi sur la teste, car nous estions à la portiere et iustement du costé qu'il falloit pour en estre un peu arrousés.

Le 1er d'octobre, à l'issuë du disner, le Sr de Lorme nous vint voir, et nous dit qu'il avoit sçeu que le S^r d'Oudeyck avoit esté au Havre, et qu'il y avoit touché les 125 livres dont on lui avoit faict donner une lettre de change, et qu'au lieu de retourner en Hollande, il s'estoit embarqué pour l'Angleterre. Il nous apprist de plus qu'il avoit parlé au Sr du Bret et qu'il luy avoit conté de quelle façon Mademoiselle l'avoit pris pour son escuyer : c'est qu'estant à Forges, lorsque cette princesse y estoit, il luy fut faire la reverence, et continua deux ou trois jours à luy faire sa cour. Elle luy demanda un jour s'il avoit quelque attachement, et si sa famille ou quelque employ qu'il eust le retenoit en sa province ? Il respondit que ni l'un ni l'autre ne l'empeschoit point de s'en absenter; mais qu'il avoit toujours esté en Hollande, et ne connoisssoit que peu de monde en France, et qu'à Paris il n'avoit que deux ou trois habitudes. Ce discours pleust si fort à Mademoiselle, qu'ayant dessein de changer son train, et d'avoir du monde qui ne dependist ni de la Cour, ni de Monsieur son pere, elle lui dit: vous avez à choisir, ou de vous attacher à ma Cour, et ie vous donneray pension, ou de traiter avec le Sr de la Tour de la charge de mon escuyer. Le Sr du Bret ne voulant pas estre à elle par une simple pension, ni debourser une grosse somme pour estre son escuyer, fut si heureux que Mademoiselle ordonna qu'il donneroit au Sr de la Tour 10,000 escus; et pour ayder du Bret à treuver une telle somme, elle promit d'en payer 10,000 livres. C'est ainsi qu'il s'est acquis cette belle charge, qui luy vaut 10 à 12,000 livres de rente, car il y a 2,000 escus d'appointement, et les entrées des pages ne luy valent guere moins; un carrosse à son commandement, la disposition entière de l'escurie, bouche en Cour, pour luy et ses valets sont aussi des advantages fort considerables; ioinct qu'estant bien dans l'esprit de cette princesse, il est en passe de faire fortune, et de mettre sa femme aupres d'elle en qualité de dame d'honneur.

Apres qu'il fut party, nous nous allasmes pourmener po·r voir le nouvel appartement d'esté, qu'on faict pour la Reyne, consistant en cinq ou six chambres de plein pied, les lambris y sont en voute tous parsemés d'or et enrichis de quantité de beaux tableaux. Il respond sur le parterre qui a un beau iect d'eau au milieu et quantité d'orangers tout au tour. Tout au long du costé de la riviere est cette belle terrasse, pavée de pierre de taille blanche, que la Reyne a fait achever et continuer depuis peu.

De là, nous allasmes à la galerie d'en bas, qui est d'environ sept cents pas et aussi grande que celle d'en haut. Les plus excellents artisans de l'Europe y travaillent, et c'est le Roy qui les y loge. Henry IV l'avoit destinée pour des Flamands et Hollandois qu'il y vouloit attirer, à cause qu'ils sont d'ordinaire plus propres et plus industrieux que ceux des autres nations. Devant chaque porte il y a un escriteau du nom du maistre qui y demeure. Ayant rencontré celle d'un homme qui s'appelle Du Pont, nous y entrasmes pour voir une espece de tapisserie qu'il nomme façon de Turquie, parce qu'elle en approche fort, mais est bien plus belle : les figures y sont si bien representées, et les couleurs si bien couchées que le pinceau d'un excellent peintre ne sçauroit mieux faire. Il nous monstra quelques pourtraits qu'il avoit faicts, entre autres ceux des trois Roys qui vinrent saluer nostre Seigneur, deux ou trois paysages et un bouquet à fleurs. Nous les prismes de prim'abord pour des tableaux de veritable peinture, et fusmes longtemps en cette imagination ; mais nous en estants approchés de plus pres, nous vismes enfin que tout estoit faict de laine. Le pere de cet excellent ouvrier en apporta le secret de Perse, où il avoit passé quelques années, et ce fut luy qui en establit la facture de la Savonnerie (1), où quantité de petits enfants sont entretenus avec un insigne advantage du public, parce qu'outre qu'on les empesche de gueuser, on faict fleurir un art qui n'est n'est guere connu en l'Europe qu'en cet endroict. Ce maistre pourtant s'est en reservé la delicatesse et la perfection, et il a faict les plus belles pieces. Quand nous y fusmes il avoit deux apprentis qui travailloient à un tapis de pied : ils avoient une toile penduë en long, et le patron du dessin au-dessus de leur teste : ils regardent tousiours à ce patron, et avec des bobilles où il y a des laines de toutes les couleurs qu'il leur en faut, ils forment les figures de ce qu'ils veulent representer. Dès qu'ils ont fait une centaine de poincts, ils prennent un fer denté, avec lequel ils serrent leur ouvrage ; apres ils le tondent pour le rendre egal, et ils font cela d'une vitesse incroyable.

De là, nous allasmes à l'imprimerie royale, fondée par Louys XIII, qui est aussi dans la

---

(1) Sur le quai de Billy, au bas de Chaillot. C'était une « manufacture royale d'ouvrages façon de Perse et à la turque. » Elle fut établie en 1604 par Pierre du Pont, à qui Henri IV en avait concédé le privilége. Du Pont et son successeur, Simon Lourdet, obtinrent des lettres de noblesse de Louis XIII, en récompense de leurs travaux.

galerie du Louvre. Il y a cinq grandes salles voutées de plein pied, dans l'une desquelles il y a cinq presses où l'on imprime les livres; les autres ne servent qu'à faire seicher les feuilles, et à garder les livres imprimés. Il y a de plus la chambre de composition, qui est au-dessus de celle de l'imprimerie. On n'y travailloit pas comme en celle d'en bas où les presses rouloient sur quelques feuilles de l'Histoire Bysantine (1). Cette impression passe pour la plus grosse et la plus belle de toute la France. M^r le chancellier en est le directeur, et c'est par sa permission que les livres s'y impriment. Les Cramoisys (2) ont le soing de faire les achapts des papiers, et les avances des autres frais, et de debiter les exemplaires dont il faut qu'ils rendent compte au bout de l'an ; et leurs profits distraits, le reste est pour l'entretien de l'imprimerie.

Le 2·, nous employasmes l'apres disnée à sortir nos habits d'hyver du coffre et à les faire raiuster, parce qu'il avoit si fort gelé les nuicts precedentes, que nous estions obligés de faire du feu le matin et le soir pour nous garantir du froid, qui surprit bien du monde en une saison qu'on est encore habillé à la legere.

Le 3·, nous fusmes iouer à la paume, et à nostre retour au logis nous y treuvasmes les Srs Stoupa et

---

(1) *Corpus scriptorum historiæ Bysantinæ.* Cette vaste collection des historiens bysantins forme 36 volumes in-f°, qui furent imprimés de 1644 à 1711.

(2) Les frères Sébastien et Claude Cramoisy, imprimeurs et libraires renommés de ce temps.

de l'Isle avec le Sr de Brunel. Le premier venoit de l'armée pour quelque petite affaire qu'il a icy, et est de dessein d'y retourner bientost. Le second y est arrivé en poste du païs de Vaux pour des interests de famille. Il nous apprit que le comte de Dona (1), gouverneur d'Orange, avoit achepté la baronie de Coppet et la terre de Prangau, pres de Geneve, et que Messieurs de Berne, de qui elle releve ne luy ont fait grace des los et vente, mais l'ont fort caressé et traité d'Excellence, et luy ont donné la droicte au festin qu'ils luy ont fait. Ces deux terres luy coustent 200.000 livres, et l'on tient que le Sr de Ferracieres, son beau-père, luy en a fourni 100,000, et madame la douairiere les 100,000 autres. Leur situation est tres belle, et elles valent 8 à 9,000 livres de rente. Le Sr de Balthasar en avoit offert 10,000 livres de plus; mais dès qu'il sceut qu'il avoit encheri sur le marché du Sr de Dona qui est son amy, il ne voulut pas passer plus avant, et retira la parole qu'il en avoit fait porter au baron de Coppet.

Nous receusmes ce mesme iour nos lettres, par lesquelles on nous advertissoit de l'embarquement de nos chevaux, et que le Sr de Serooskercke estoit de retour au païs; elles nous apprirent de plus que Mr et madame d'Ossemberg estoient partis de la Haye et que mademoiselle de Speyck avoit eü per-

---

(1) Le comte de Dona était neveu de la princesse douairière d'Orange. La principauté d'Orange, dans le Comtat-Venaissin, appartenait alors à la maison de Nassau; elle fut réunie au Dauphiné en 1714.

mission de les accompagner et de demeurer un mois avec eux. On nous marquoit aussi que Messieurs des Estats de Hollande avoient resolu d'envoyer des desputez à l'evesque de Munster pour tascher de l'accommoder avec cette ville qu'il tetenoit assiegée; et que pour donner plus de poids à leur entremise, ils avoient fait avancer de ce costé là trente cornettes de cavalerie et quelque infanterie, et envoyé ordre au Rhingrave de les aller commander.

Le 4e, l'abbé de Chassan nous vint voir et nous dit que la Cour avoit envoyé ordre au lieutenant criminel de transporter de la Bastille au Chastelet le Sr de Barbezieres et de luy faire ensuite son procez, d'où l'on iugeoit qu'il estoit perdu, et qu'en le punissant de sa derniere action, on alloit mettre en execution l'arrest qui le condamne à la mort pour l'enlevement de la sœur du Sr de la Basiniere (1).

Le 5e, apres avoir fait nos lettres, le Sr de Codure nous apprit que François Barbezieres Chemeraut, prevenu et deferé en iustice pour plusieurs crimes enormes par luy commis, en ayant esté deuëment atteint et convaincu mesme d'avoir, depuis qu'il estoit prisonnier au chasteau de la Bastille, escrit

---

(1) Il est parlé plus haut du Sieur de la Basinière, page 57. « Il avait épousé, dit Saint-Simon, mademoiselle de Barbesières-Chémerault, fille d'honneur de la reine. » Barbezières ayant enlevé mademoiselle de la Basinière, l'avait emmenée à Steany, dit Gourville, et l'avait épousée. On lui fit un premier procès de ce chef après l'avoir pris à Cambray et ramené à Paris.

une lettre à monsieur le Prince, qui a esté intercéptée par laquelle il luy donnoit advis de ne pas relascher Girardin pour les 40,000 livres qu'il avoit offerts, parce qu'il en tireroit 60,000 escus de M^r le cardinal desirant la liberté de cet homme, pour s'en servir en quelques affaires de consequence, avoit esté condamné par sentence du lieutenant criminel et presidial du Chastelet, à avoir la teste tranchée en Greve : ce qui fut executé ce mesme iour sur les quatre heures. Le bourreau n'ayant sçeu luy trancher la teste du premier coup, et luy en ayant donné plus de seize, fut enfin contrainct de se servir de ses valets qui avoient des haches pour l'achever. Le peuple murmura longtemps de le voir aussi souffrir, et n'eust esté la garde de deux cents mousquetaires de la Bastille qu'on avoit mise autour de l'eschaffaut, outre les archers, le bourreau eust couru risque d'estre maltraité. Apres l'execution ses gens prirent le corps et l'ayant enveloppé dans un drap blanc avec du sable et du son, le mirent dans un carrosse qui l'emmena escorté de quelques soldats pour empescher le desordre, car la foule estoit tres grande, et quantité de personnes de condition assisterent à ce triste spectacle.

Le 6e, le Sr Dalone nous apprit que Mr de Turenne, apres avoir laissé quelques troupes à Bourbourg sous le Sr de Schomberg, pour travailler à ses fortifications, estoit parti le 28e du mois passé du camp de Wate, ayant fait prendre à chaque fantassin une fascine, et s'estoit rendu devant Mardick où il avoit en mesme temps fait planter les palissades et commencer les lignes, et qu'on avoit ouvert la tranchée dès le lendemain, pendant que les Anglois qui estoient en mer taschoient d'entrer dans le canal, et n'attendoient que le vent et la marée. Ceux de la garnison avoient mis le feu au bas fort, de crainte que les François y fissent quelque logement advantageux, et paroissoient d'autant plus resolus à se defendre, qu'outre que le fort est tres bien muni de gens et de toutes les choses necessaires à soustenir un siege, l'armée espagnole estoit aux environs de Dunquerque, et à la veuë de celle des François, n'y ayant qu'un canal entre deux, de façon qu'elles se canonnoient l'une l'autre.

Le 7e, apres avoir fait nostre devotion au logis, l'abbé Faget nous donna à lire une lettre qu'un gentilhomme avoit escrite de Rome à un sien amy, sur les affaires de la Diete de Francfort, par où il monstroit que, parce que l'on ne devoit pas elire un empereur de la maison d'Autriche et que ceux qui pretendoient à cette dignité n'estoient pas capables de s'y faire bien valoir, on devoit choisir le Roy de France. Ensuite il s'estend sur toutes les qualitez de ce grand monarque, et dit qu'il semble d'estre ce prince parfait dont toute l'antiquité ne nous a tracé que l'idée : car sa taille est belle et bien formée, sa beauté n'a rien de la mollessse, ni de l'affectation ; sa presence est maiestueuse et agreable ; sa façon de s'habiller est noble, et tout ce qu'il porte le pare ; sa santé est forte et robuste ;

il souffre la fatigue; il aime les exercices du corps; il est plus sage et plus arresté que ne le porte son aage; il n'a que de tres bonnes habitudes et de tres raisonnables sentiments; il est capable et intelligent, mais qui ne presume de son sens, ni ne s'obstine à le defendre; au contraire, il se rend volontiers à la raison; il reçoit aisement conseil; il escoute avec plaisir, et il ne parle qu'à propos; il n'est ni cruël ni altier, mais humain et tres sociable; il n'a d'inclination que pour le bien, et naturellement il abhorre le mal; il est liberal sans prodigalité; il est brave et courageux sans ostentation, et son genie le porte asseurement aux armes, mais sans ferocité, puisque d'ailleurs il ayme quand il est temps le bal, la musique, les comedies, et les autres honnestes divertissements, les prenant par principe de generosité et de gloire, et pour un ornement de la grandeur royale, laquelle il sçait bien faire principalement consister à pouvoir et sçavoir defendre son royaume de ses ennemis et à secourir ses alliés.

Le 8ᵉ, estants sortis avec le marquis de Cadillac, et le Sʳ d'Escouville, pour leur ayder à achepter des bouquets de plumes noires, nous apprismes d'eux que Mardick estoit pris, et que 800 soldats s'y estoient rendus à discretion, et avoient esté faits prisonniers de guerre, mais que le gouverneur avec 200 officiers reformés avoit fait composition. Ils nous dirent de plus que les lettres du Sʳ de Comminges marquoient qu'il avoit enfin conclu le traité avec le Portugal, et qu'il porte qu'il donnera dix millions au Roy son maistre pour les troupes qu'il luy doit envoyer pour resister aux Castillans; qu'il en payera 15,000 livres contents, et de trois mois en trois mois 600,000, iusques à ce que la somme soit entierement acquittée. Mais peut estre qu'il ne voudra pas executer ce traité à present qu'il se treuve moins pressé, car le Sr de Reede de Renswoude, gentilhomme envoyé de la part de Messieurs les Estats aupres du roy d'Espagne, à Madrid, nous marque par une des siennes, qu'on s'y resout de ne plus faire le principal effort du costé du Portugal, et qu'on en tire toutes les troupes pour les faire marcher en Catalogne où les François estoient en posture, bien qu'ils n'y ayent qu'une armée tres faible, d'emporter quelque place de consideration, les Catalans, qui ont encore le cœur françois, estants disposés à les favoriser, si l'on n'y envoyoit plus de monde pour les tenir en crainte et les en empescher.

Le 9e, estants demeurés au logis, nous apprismes du Sr de Brunel que l'ambassadeur Lockard estoit parti en grande diligence pour l'Angleterre. Les uns disent que c'est pour representer au Protecteur les raisons des François pour s'excuser du siege de Dunquerque; les autres que c'est pour faire gouster à son maistre la proposition qu'il leur a faite, qui est qu'il veut entreprendre ce siege avec les 6,000 Anglois qui sont de l'armée de Flandres, pourveu que les François luy donnent 4,000 chevaux, et s'obligent à garder seulement la campagne pour battre l'estrade, et empescher le secours; et de payer tous les despens, au cas qu'il n'y reüssisse pas. Il nous monstra de plus une lettre qu'il avoit reçeuë d'Espagne, qui marquoit qu'à l'imitation de cette Cour, on y avoit defendu toutes les sortes d'estoffes d'or et d'argent, comme aussi les dentelles et passements de la mesme matiere, aussi bien que celles de soye noire; toutefois avec cette reserve qu'il seroit permis aux femmes seules d'en porter à leurs mantelines. Sur le soir arriva l'escoutette de Speyck : il avoit laissé les chevaux à Beaumont avec un homme de Gorçum, qui estoit venu avec luy de Hollande pour voir le païs. Il l'avoit chargé de les conduire iusques à Saint-Denys, pendant qu'il prenoit le devant pour nous en donner la nouvelle et chercher nostre logis, dont il avoit perdu l'adresse. Par bonheur il rencontra en chemin le marquis de Chasteauneuf, fils du Sr de Hauterive, qui revenoit de l'armée avec les Srs du Fayant et Backx qui parlants flamand luy enseignerent nostre haubergue : sans cette heureuse rencontre, il se seroit trouvé fort embarrassé dans cette grande ville, ne sçachant pas la langue, et s'en venant ainsi au hazard chercher nostre logis.

Le 10e, l'un de nous monta de grand matin à cheval avec l'escoutette pour aller à Saint-Denys, où les chevaux avoient couchés. Nous revinsmes sur les onze heures et les fismes passer en reveuë en nostre court, et les trenvasmes en si bon estat qu'on n'auroit pas dit qu'ils eussent esté cinq iours sur mer dans un petit batteau de 25 tonneaux, où ils avoient esté fort pressés. A nostre retour nous treuvasmes nos lettres. Elles nous apprirent que la bande des comediens du fû S. A. le prince d'Orange, avoit obtenu permission de la cour de Hollande, de divertir tout cet hyver le beau monde de la Haye. Et que Messieurs les Estats avoient envoyé des patentes à 32 compagnies de cavalerie, avec ordre à M^r le Rhingrave, gouverneur de Mastricht, de les aller commander, et à autant d'infanterie avec un pareil ordre au Sr de Winberge, colonnel et gouverneur de Bois-le-Duc, pour marcher vers la frontiere de Juliers afin d'y appuyer la deputation qu'ils avoient faite à l'evesque de Munster, pour le disposer à un accommodement avec la ville qu'il tenoit assiegée, et qu'au cas qu'il refusast d'accepter les Estats pour arbitres du differend, ils estoient resolus de la prendre en leur protection et d'y envoyer ces troupes pour la secourir.

Le 11e, apres avoir esté en ville à pied avec le Sr de Brunel pour y faire quelques emplettes, nous rencontrasmes sur le Pont-Neuf, en revenant au logis, le Sr Gautier qui nous dit qu'il avoit veu une lettre de Londres, qui portoit que le Protecteur y avoit fait tuër et saler 3,000 bœufs pour les envoyer aux troupes qu'il a en Flandres, et qu'il avoit fait embarquer 4,000 fantassins et quantité de canons, d'outils, et d'autres munitions de guerre : d'où l'on iuge qu'il veut à toute force entreprendre le siege de Dunquerque, et qu'il le pourra d'autant plus facilement que les François luy ont cedé Mardick, avec les 14 pieces de canons de fonte qu'ils y ont treuvées. Il nous dit aussi qu'on avoit envoyé à la Bastille et à Vincennes quantité d'officiers qu'on avoit fait prisonniers au combat de Silleri pres de Rocroy, et que la Cour avoit depesché icy un courrier pour luy apporter les pieces du procez de Barbezieres-Chemeraut, afin qu'elle pust faire voir à Dom Juan d'Autriche qu'il avoit esté condamné à mort avec toute sorte de iustice, et qu'il n'estoit pas vray prisonnier de guerre. Nous apprismes de plus qu'on avoit transporté de la Bastille au Chastelet le Sr de Marolles, et qu'on luy faisoit son procez pour avoir favorisé et donné retraite aux coureurs de Rocroy en sa maison de campagne.

Le 14e, apres avoir leu le matin quelques chapitres du Nouveau Testament, nous allasmes voir le Sr de Ryswick, et apres y avoir esté une grosse heure nous revinsmes au logis où nous apprismes que le fils du Sr de Vieux-Maison, nommé Sapponnet, avec lequel nous avions logé quelque temps en l'hostel de Montpellier, estoit mort des blessures qu'il avoit reçeuës devant Montmedy. Le pere en aura esté fort affligé, car outre qu'il luy vouloit faire espouser une sienne niepce, nommée mademoiselle de Sainte-Colombe qui a 20,000 livres de rente, c'estoit un ieune gentilhomme tres bien fait, sage, posé, et qui avoit de fort belles qualitez pour se faire valoir et pousser sa fortune.

Le 15e, le Sr de Lorme nous envoya demander par son laquays si nous voulions iouër au piquet, et qu'il viendroit passer l'apres disnée avec nous. Comme il faisoit fort mauvais temps, et qu'il n'estoit pas possible d'aller rendre visite à quelqu'un, nous respondismes que nous, en estions tres aises et que nous l'attendions de pied ferme.

Le 16ᵉ, en revenants de chez le plumassier, où nous avions fait monter nos bouquets de plumes, nous fusmes obligés de demeurer au bout du Pont-Neuf, parce qu'il y avoit une grande foule de monde qui y estoit accouruë pour voir pendre un voleur qui avoit derobé pour 10,000 livres en vaisselle d'argent chez Mʳ de Vendosme, et qui avoit fait encore plusieurs autres vols dans Paris. Il nous estoit impossible de la pouvoir fendre, si bien que ce fust presque par contrainte que nous vismes ce triste spectacle.

Le 17ᵉ, avant que d'aller à l'academie, nous receusmes nos lettres; elles nous apprirent l'arrivée des Sʳˢ d'Oudeyck et de Voorst. On nous marquoit aussi que les Estats de Hollande s'estoient separez, et avoient resolu trois choses : l'une de rappeler l'infanterie qui est à Dantzic; l'autre de prester 300,000 livres à cette ville; et la troisième de subvenir par un prest de 600,000 livres au roy de Dannemarck, et que la ville d'Amsterdam fairoit les advances des deniers, à quoy elle tesmoignoit n'avoir pas grande disposition. On nous marquoit de plus que le roy de Suede (1) s'estoit embarqué sur sa flotte pour aller combattre celle du roy de Dannemarck (2), ou

---

(1) Charles-Gustave, cousin de la reine Christine, qui monta sur le trône en 1654, par suite de l'abdication de cette reine.

(2) Frédéric III, né en 1609, mort en 1670. Il fut assiégé dans Copenhague, en 1658, par le roi de Suède.

pour mettre pied à terre en quelque isle de ce royaume là.

Le 18°, nous allasmes dire adieu au S' Felix, tresorier en la generalité de Marseille, que nous apprismes avoir esté à nostre logis pour prendre congé de nous. C'est un homme qui a de belles lumieres et qui est tres obligeant, car lorsque nostre couzin de la Platte passa par sa ville (1), il luy fit toutes les civilitez imaginables.

Le 20°, nous allasmes au Palais pour y achepter des drolles : ce sont de certains collets qui ont pardevant une cravate, faite comme celles des hommes, et qu'on lie avec un ruban de couleur de feu. Les femmes les portent avec leurs iusteaucorps-à-la-Christine et leurs tocques de plumes. On nous monstra de plus des assortiments entiers pour femme, de crespon iaune ; et on s'en sert de mesme que de la gaze blanche et de la toile de soye.

Le 21°, ayant cherché les S" de Hauterive, Chanut, Brasset, de Manse et Beringhen, que nous ne treuvasmes pas, nous allasmes faire un tour aux Thuileries, afin de laisser un peu reposer nos chevaux neufs. De là nous allasmes au Cours où il n'y avoit pas grand monde, si bien que nous nous retirasmes de bonne heure, et allasmes repasser devant le logis du S' Brasset pour luy souhaiter toute sorte de bonheur en son nouvel establissement. Il nous dit que le S' Chanut l'avoit fait prier d'assister à la ceremonie de la profession de sa fille qui se

---

(1) En se rendant d'Italie en Espagne, en 1654.

rendoit religieuse au couvent des sœurs Cordelieres.

A nostre retour au logis, nous apprismes qu'un petit batteau revenant de Charenton rempli de monde avoit esté renversé par un cable que le battelier n'avoit pas evité, le brouillard l'ayant empesché de le voir, et que deux ou trois personnes s'estoient noyées, et qu'on avoit repesché une femme auprès du Pont-Marie, qui toute morte qu'elle estoit tenoit ses pseaumes à la main (1).

On nous dit de plus que le Sr de Bouteville, ayant esté adverti que quelques officiers anglois avoient accoustumé de se pourmener sur le sable devant Mardick, s'estoit meslé parmi eux et ayant chargé l'escharpe blanche, avoit esté pris pour un officier de Mr de Turenne. Sur ce preiugé il les mena peu à peu en s'entretenant avec eux, iusques au lieu où estoit l'embuscade, et les avoit faits prisonniers et conduits à Dunquerque.

Le 22e, nous sortismes avec le Sr de Rodet, pour rendre visite à madame de la Grange, femme

---

(1) Tallemant des Réaux parle de cet accident à propos d'un sermon du ministre Drelincourt : « Il y a quelques années, dit-il, qu'un batteau plein de fidèles périt auprès du moulin de Charenton. Le petit bonhomme, qui se trouva le premier à prescher, prit exprès le texte de la tour de Siloé et dit, entre autres belles choses, que ce malheur estoit plus grand que l'incendie du temple qui fust bruslé à la mort de M. du Maine (*); car en cette aventure plusieurs *temples* du Seigneur avoient esté détruits. Pour plaire aux parents des defuncts, il fit imprimer ce sermon avec une lettre au marquis de Pardaillan dont les deux fils, parce que le carrosse s'estoit rompu, s'estoient mis dans ce batteau et y avoient esté noyez. »

(*) Henry de Lorraine, duc de Mayenne, tué devant Montauban, en 1621.

d'un president aux requestes du Palais; mais elle estoit encore à la campagne. Il avoit fait cette cognoissance à Bourbon, et il nous la vouloit donner, d'autant que c'est une femme d'esprit, ieune et tres bien faite. De là, nous allasmes voir madame Roger qui nous dit que M^r le procureur general avoit fait dresser une histoire particulière de la Lorraine par un chanoine de Verdun, qui y adiouste une recherche tres exacte de la genealogie de toutes les bonnes maisons de ce païs là et de leurs alliances. Ce qui l'a obligé de travailler à cet ouvrage, est comme il sçait qu'il est arrivé en ce duché beaucoup de choses remarquables et qui meritent d'estre mises en lumiere, et que ceux du païs ont esté assez negligents, et s'en sont rapportés aux auteurs qui en ont fait mention par cy par là en leurs histoires de France.

Ayants ainsi fini la conversation, nous fusmes demander madame de Messi, qui est une dame de fort bonne condition, et où l'on voit les meilleures compagnies de tout Paris : ce n'est pas tant pour l'amour d'elle qui est fort aagée qu'elles s'y treuvent, que pour sa fille, la comtesse de Concressant (1), qui est une dame tres bien faite, et qui loge avec sa mere. Nous fusmes si malheureux que de ne l'y treuver pas, car elle estoit à la campagne. Cette bonne dame nous fit mille civilitez et caresses dès que le Sr de Rodet nous eust fait connoistre. Elle

---

(1) Femme de Joseph d'Angennes, marquis de Poigny, comte de Concressant.

nous dit qu'elle n'estoit pas en bonne intelligence avec le marquis de Poigny qui a espousé sa cadette, et qu'il vouloit luy faire rendre compte des biens de fù son mari, dont elle avoit eü l'administration depuis son decez. Par où l'on voit que d'ordinaire les plus grandes maisons et les plus accommodées sont celles où il y a le moins d'union, surtout quand il s'agit du mien et du tien qui sont la vraye pomme de discorde de ce monde. De là, en revenant au logis nous fusmes demander le Sr du Boys, conseiller de la Grand'chambre, pour le prier de differer de deux iours le rapport du procez d'un de nos amis, le S^r des Routes ; ce qu'il nous accorda honnestement et de fort bonne grace.

Le 23e, nous prismes le Sr du Breuil pour nostre maistre de danse. Il enseigne bien, prend peine, et nous promit de nous donner leçon cinq fois la sepmaine, bien que les autres ne veuilent la donner que trois. Nous fusmes ensuite à la maison de madame Coutturier, mais nous apprismes qu'elle n'estoit pas encore de retour de Bourbon. De là nous fusmes rendre visite à madame Polfour, qui a une fort iolie fille, mais elle estoit à la campagne avec sa tante, ce qui fit que nous n'y demeurasmes pas longtemps. A la sortie nous fusmes voir madame la marquise de Belleval. Elle s'est retirée en un couvent nommé Nostre-Dame-de-Bon-Secours, parce qu'elle est tres mal avec madame sa mere et avec son mari, à qui on a tranché la teste en effigie pour s'estre battu en duël, et dont on a confisqué son bien qui valoit plus de 25,000 livres de rente. Nous luy parlasmes au travers des grilles, car bien qu'elle ne soit pas religieuse, parce qu'elle est dans un couvent elle est obligée de faire comme les autres. C'est une des plus belles et spirituelles femmes qui soient à Paris, outre qu'elle est de tres bonne maison. Nous y demeurasmes le reste de la iournée iusques à ce qu'une religieuse luy vint dire de la part de l'abbesse, qu'elle se devoit retirer.

Ce mesme soir nous receusmes nos lettres qui nous apprirent que mesdames les princesses d'Orange sont en mesintelligence touchant le deuil de la princesse de Landtsbergue, sœur du fû prince Frederic Henry. La Royale veut que le prince son fils en prenne le deuil, et la douairière dit qu'il est trop ieune et qu'il n'est besoin de l'habiller d'une couleur si triste. Elle en use de la sorte pour se venger de ce que la Royale bien loin de prendre le noir et de le faire prendre au prince apres la mort de madame de Dona, sœur de la princesse douairiere, la vint voir avec son fils en habits de couleurs fort gayes et qu'on eut dit qu'elle avoit choisis exprès.

Le 25°, nous fusmes rendre visite à madame de Longuet, femme d'un tresorier de l'extraordinaire des guerres. Elle a esté autrefois belle, bien qu'elle ne soit pas d'un aage fort avancé. C'est une dame qui possede de belles qualitez, car elle est fort obligeante et civile ; outre qu'elle est d'une taille fort advantageuse, elle a la voix ravissante, et on voit souvent chez elle Lambert, ce fameux musicien (1). Sa maison est richement meublée, et des plus propres que l'on voye : car le plancher qui est de marquetterie y est si luisant qu'on a de la peine à s'y tenir. Nous y vismes aussi quantité de belles peintures des plus excellents maistres de ce siecle.

De là, nous fusmes voir madame l'Advocat qui est la femme d'un maistre aux Comptes : nous la treuvasmes sur son lict où elle s'estoit mise pour recevoir ses visites avec moins de contrainte, autant que pour se mieux delasser des fatigues du voyage de Bourbon, dont il y avoit fort peu qu'elle estoit de retour. C'est une dame qui fournit bien à la conversation et qui reçoit le monde de fort bonne grace. Elle a deux grandes filles qui, sans hyperbole, sont les plus belles personnes que nous ayons encore veuës, et les mieux eslevées. Et comme c'est dans l'ordre qu'à la premiere visite on s'adresse tousiours à la mere, et que d'ordinaire l'on s'attache rarement aux filles, nous ne les entretinsmes point ; mais nous eusmes bien de la peine à nous en empescher, et à ne pas contrevenir à la coustume, estants auprès de deux si belles personnes. Par bonheur nous fusmes delivrés de cette contrainte par une dame du quartier, qui vint don-

---

(1) Michel Lambert, né à Vivonne près de Poitiers, en 1610, mort à Paris en 1696; beau-père du célèbre Lulli. C'était un excellent homme qui promettait à tout le monde, mais qui ne venait jamais. Boileau a immortalisé son nom en le citant dans sa troisième satire :

« Nous n'avons, m'a-t-il dit, ni Lambert, ni Molière ;
Mais puisque je vous vois, je me tiens trop content. »

ner la bienvenuë à sa voisine. Pendant qu'elles se firent des compliments de part et d'autre, nous nous glissasmes vers ses filles, laissants les femmes avec le Sʳ de Rodet à la ruëlle, qui raconterent tout ce qui leur estoit arrivé pendant leur voyage, et se demanderent des nouvelles de ceux qui avoient esté à Bourbon du temps qu'ils y estoient. Nous ne perdismes rien au change, et vismes bien que la premiere naissance n'avoit pas mal esté aidée de la seconde, car elles ne sont pas moins advantagées d'esprit que de corps : si bien que nous eusmes une conversation fort agreable que nous fusmes contraincts de quitter pour ne point passer pour des personnes qui ne cognoissoient pas quand elles ont esté assez longtemps en un lieu.

Nous estants donc retirés d'une si belle compagnie, nous fusmes chez madame Cotentin, qui est la femme d'un conseiller au grand conseil : c'est une dame qui entretient fort bien la compagnie qui la vient voir, mais sa grossesse l'empesche d'y employer tout son esprit; elle l'incommode si fort qu'elle est obligée d'en garder le lict. Après que nous lui eusmes fait notre compliment, son mari survint, qui est tout à fait honneste homme. Il nous receut fort bien, et comme il aime la chasse, et a equipage de chevaux et de chiens, il nous promit de nous faire advertir de la premiere qu'il feroit pour en vouloir estre, et de nous pourvoir de chevaux.

Ce mesme soir, après souper, nous allasmes veiller chez madame de Leschot, qui est une dame de nostre voisinage tres bien faite, et qui a infiniment d'esprit, et fort propre à f..re le bec à un ieune homme. Elle est fort coquette, et aime fort qu'on la cagiole. Elle fait mesme quelques fois les advances, quand elle voit qu'on tombe sur d'autres discours qui s'esloignent de la galanterie. Enfin c'est une dame qui par son humeur enioüée, et par sa conversation qui est fort raffinée, rasseureroit les plus timides de tous les hommes, car elle fournit assez de matiere à un chacun selon son talent.

Le 26°, apres avoir fait nos lettres de bonne heure, nous allasmes voir madame de Belleval. Il y avoit deux ou trois iours que nous luy avions promis de la venir prendre pour la pourmenade. Mais son abbesse ne luy avoit pas voulu donner la permission de sortir : si bien que nous fusmes obligés de passer avec elle l'apres disnée au parloir. Elle nous pria fort de nous enquerir s'il n'y auroit pas quelque dame de condition et de bonne reputation, qui la voulust prendre en pension chez elle, parce que outre que ce couvent est trop esloigné de son homme d'affaires, elle a trop de peine à obtenir la permission de sortir, ce qui nuit souvent à ses affaires, car elle demande par provision qu'on luy assigne deux mille livres de pension sur le bien de son mari, en attendant qu'elle ait obtenu que nonobstant la confiscation on la laisse iouir de tout son bien.

Le 27°, nous fusmes au marché avec le Sr de Rodet qui y vouloit acheter deux chevaux pour son voyage ; mais nous n'y treuvasmes rien qui luy pust servir, et en nous retirant, ce qui fut fort tard, nous allasmes rendre visite à M⁵ et à madame Masclary, qui sont deux bonnes personnes et de nostre religion ; le mari est secretaire du Roy. Ils nous firent beaucoup de caresses et nous y passasmes le reste de la iournée, car il estoit trop tard pour faire d'autres visites.

Le 28ᵉ nous allasmes à Charenton à six chevaux, ce qui reüssit assez bien pour la premiere fois que nous mismes tout nostre attelage ensemble. Le S⁵ Daillé nous fit un fort beau presche et de grande edification. A nostre retour, nous treuvasmes que le S⁵ de Rodet, qui estoit resté à Paris pour quelques petites affaires, y avoit fait une partie de pourmenade pour l'apres disnée, avec mesdames de Leschot et de Fougeray. Nous leur donnasmes la collation, mais elle ne nous cousta que trente sols, car passant devant un patissier, l'envie leur prist de manger des patés de requeste et des petits choux, qui est une espece de friandise semblable à nos *olikoecken*.

Le 29ᵉ, nous fusmes demander mesdames Coutturier, Saint-Albin, Montauban et la marquise de Rosenbeau, mais ne les ayants pas treuvées, nous allasmes rendre visite à la marquise de Bellangreville : c'est une dame du Dauphiné qui est icy pour un procez ; son mari est un homme d'esprit, et qui nous fit beaucoup de caresses.

Le 30ᵉ, nous fusmes rendre visite à madame de Lorme ; elle s'estoit fait saigner ce iour-là, à cause d'une douleur de teste dont elle estoit attaquée, depuis son retour de la campagne. Elle estoit au coin de son feu avec madame de Saint-Albin qui l'estoit venuë voir pour la divertir : certes c'est une femme qui a l'esprit vif et agreable ; elle a esté mariée au fils du president Pourroy, de Grenoble. Il luy fit longtemps l'amour, et apres de grandes recherches l'espousa sans en donner advis à ses plus proches et en eust un enfant. Le pere l'ayant appris en fust fort fasché, intenta procez à la fille et à ses parents, et tascha de persuader à son fils de l'abandonner. De prim'abord il refusa de le faire, d'autant qu'il en estoit fort amoureux, mais à la fin s'estant laissé fleschir par les raisons et par les menaces de son pere, il se ioinct à luy et playde contre sa femme. Enfin contre tout droit il obtient un arrest au Parlement de Toulouse, par lequel le mariage est declaré nul, et Pourroy condamné à luy donner dix mille livres pour tous dommages et interests et pour l'entretien de sa fille. Aussitost apres cet arrest le pere va à Lyon, y marie son fils à une fille du Sr Vidau et par là oste tout moyen au S^r le Sage de se pourvoir au conseil et demander un autre Parlement ; parce qu'on luy dit que si en un autre Parlement on declaroit le mariage de sa fille bon, il falloit couper la teste à Saint-Albin qui se trouveroit avoir deux femmes.

Nous fusmes sur le soir chez le Sr de Ficquefoord, et y apprismes que Messieurs les Estats avoient augmenté les gages à l'ambassadeur de Hollande de 5,000 livres, et qu'ils luy en donnoient 20,000, qui en feront environ 25,000 ou 26,000 de celte monnoye, et que mesme pour plus grande gratification, ils luy avoient accordé le payement de son voyage de Bourdeaux selon la teneur de ses comptes.

Le 31⁰, nous receusmes nos lettres qui nous apprirent que le Sr de Sommelrdyck et plusieurs autres hauts officiers ont eü ordre de Messieurs les Estats de se treuver avec leurs compagnies à Grol, qui est le rendez-vous general des troupes qu'ils envoyent au secours de la ville de Munster, qui est encore assiegée par son evesque; mais on croit ou qu'il levera le siege, ou qu'il s'accommodera avant qu'elles y arrivent, et qu'elles ne serviront que d'espouvantail à un prestre. On a donné le commandement de ce petit camp à M. le Rhingrave, sur ce qu'on a recognu que le prince Guillaume, gouverneur de Frise, ne se soucioit guere de cet employ. Ce secours est composé de 50 compagnies de cavalerie et de 89 d'infanterie, et a 12 pieces d'artillerie.

Nous allasmes l'apres disnée voir madame Roger qui nous apprit que la sœur de madame de Messi estoit aux abbois. Elle nous dit de plus, qu'il couroit un bruict que le prince Ferdinand, fils du prince François (1), estoit promis avec la segnora Hortenzia, niepce du cardinal, et que le prince de Salm qui est fort proche parent de la maison de Lorraine, avoit esté invité aux nopces

---

(1) François II, duc de Lorraine. — Hortense Mancini épousa, en 1661, le duc de la Meilleraye. Voir la note au bas de la page 52.

qui se doivent celebrer icy cet hyver. En nous retirant, la roüe du devant du carrosse se rompit, et nous eusmes grand peine à regaigner le logis, en estants fort eloignés : un mareschal nous voyant en cette perplexité, et ayant oüy la bestise d'un charron, qui ne nous vouloit pas loüer une roüe mais la vendre bien cher, nous fit la faveur de nous prester des cordes et d'aider nostre cocher à relever le carrosse, à tourner la roüe et à la lier, si bien que nous arrivasmes à sauveté au logis, apres avoir esté plus d'une heure et demi à attendre qu'on remediast à nostre malheur. Nous y treuvasmes le Sr de Lorme qui iouoit au piquet avec le Sr Speyck, et nous estant mis de la partie, nous l'obligeasmes à souper avec nous et le fismes ramener en carrosse à son logis.

Le 1er de novembre, nous fusmes rendre visite à la veufve du S^r d'Osson, qui est de la maison de Haucourt, tante de la fille du fû Sr de Haucourt dit d'Aumale (1), qui est avec elle : c'est une demoiselle qui est belle, bien faite et fort spirituelle : avec tous ces advantages, elle a celuy que l'on prise le plus en ce temps, car on la tient riche de 50,000 escus en fonds de terre. Elle est desia promise avec

---

(1) Daniel d'Aumale, sieur d'Haucourt, ancien sous-gouverneur du prince de Condé. Il était mort en 1651, laissant deux filles à qui madame de Longueville faisait une pension. Celle dont il est ici question et qu'on appelait mademoiselle d'Aumale, était une *précieuse* des plus distinguées. Elle épousa plus tard le maréchal de Schomberg.

son cousin, fils de madame d'Osson, qui a sceu fort bien mesnager cette affaire pour ne pas laisser sortir le bien de la maison. On nous y fit beaucoup de caresses, et surtout lorsqu'ils apprirent du Sʳ de Rodet que, outre que le Sʳ d'Haucourt d'à present a espousé une de nos parentes, nous estions nepveux du Sʳ de Sommelrdyck, de qui le Sʳ de Villarnoul, qui est cousin germain de cette dame, fait profession d'estre fort serviteur et ami. Nous passasmes le reste de nostre apres disnée chez madame d'Arnolphini, qui a trois grandes filles assez bien faites. C'est la femme d'un escuyer qui a le haras du Roy. Il a mesme enseigné Sa Maiesté à monter à cheval. Sa femme a esté une grande despensiere et ioueuse, et qui a mis ses affaires fort en arriere, outre que le malheur les a tousiours persecutés. Il y a quelque temps qu'un mal contagieux se mit en son escurie, et qu'il perdit plus de cent mille escus en chevaux, si bien que presentement ils sont chargés d'une prodigieuse quantité d'enfants et accablés de beaucoup de debtes. Nous y apprismes qu'on avoit mis en prison cinq ou dix gentilshommes qui s'estoient battus en la ruë, parce que, comme on les vouloit separer, ils s'estoient iettés sur les bourgeois et en avoient blessé quelques uns.

Le 2ᵉ, apres avoir achevé nos lettres, nous allasmes rendre visite à madame Polfour sous l'esperance d'y rencontrer sa fille qui a infiniment d'esprit ; mais nous apprismes de sa mere qu'elle estoit encore à la campagne avec sa tante. Son pere nous dit que la princesse de Conti (1) estoit arrivée en cette ville, et sans la bonne escorte qu'elle avoit, elle auroit couru risque d'estre emmenée prisonniere à Bruxelles ou à Anvers; car on luy avoit dressé trois ou quatre embuscades, et mesme le prince de Condé, son beau-frere, avoit donné ordre à la garnison de Rocroy d'envoyer plusieurs sur le chemin par où elle devoit passer. De là nous allasmes voir madame de Belleval, où après avoir demeuré iusques à la brune nous nous retirasmes de peur d'estre volés, d'autant qu'elle demeure dans un lieu fort escarté où logent d'ordinaire les filoux. Estants revenus au logis, nous allasmes encore causer chez madame de Leschot, iusques à l'heure de souper. Nous y treuvasmes l'abbé le Geay, bastard du fû president le Geay, qui se rend assidu aupres d'elle pour gaigner ses bonnes graces pendant l'absence du mari qui est allé à Lyon pour quelques affaires. Il nous dit que les François faisoient travailler à un canal d'Ardres à Bourbourg, et qu'ils restablissoient le vieux canal de Bourbourg à Mardick, que les Espagnols avoient destruict, afin qu'ils puissent plus commodement pourvoir en tout temps ces deux places de toutes sortes de vivres et munitions de guerre.

Le 3°, ayant appris du S' Brasset qui nous estoit venu visiter que nostre ambassadeur estoit fort malade, et que depuis trois ou quatre sep-

---

(1) Une nièce de Mazarin, qui avait épousé le prince de Conti, frère puîné du grand Condé.

maines en ça il avoit esté fort incommodé d'une defluxion qui luy estoit tombée sur les espaules et sur l'espine du dos, si aspre et si corrosive qu'elle avoit fait escuarre en quelques endroits, nous fusmes temoigner à son fils la part que nous prenions en son affliction. Il nous dit dans l'entretien que le laquays du S^r d'Oudeyck estant arrivé avec son maistre à Rotterdam, luy avoit volé quarante livres et un habit que madame de Mecheler luy avoit envoyé, affin qu'il ne parust pas à la Haye si mal en ordre qu'il estoit parti d'icy : par où l'on voit qu'ayant appris avec ce bon maistre à filouter, il luy a voulu monstrer qu'il n'avoit pas mal profité; il s'en estoit revenu icy se faire soldat aux gardes.

Le 5e, le Sr de Riswick nous vint voir, et nous prier de l'aider à acheter un chappeau et des plumes de la couleur de la garniture qu'il avoit fait mettre à son habit. Il nous dit que le duc de Simmern s'estoit logé dans l'academie du S^r d'Arnolfini, où il est; mais qu'il ne cherche guere sa compagnie, parce que la moindre frequentation avec ce ieune seigneur est la meilleure pour ceux qui veulent profiter, puisque, outre qu'il est fort adonné au vin et qu'il se saoule souvent, il aime tellement le ieu qu'il y passe des nuicts entieres sans se lasser. Il veut passer pour simple comte, mais il est trop connu des Allemands qui se rendent en foule dans cette academie, et qui croiroient luy faire grand tort en ne le traitant pas d'altesse. Le train qu'il a n'est pas excessif, mais assez ioly, consistant en un gouverneur, un gentilhomme, deux pages, un valet de chambre et deux laquays.

Le Roy et toute sa cour revint sur le soir en cette ville, après avoir passé tout l'esté et une partie de l'automne à aller partout où le besoin de ses affaires le portoit. Ainsi il passa de la Fere à Sedan et à Stenay pour donner chaleur au siege de Montmedy ; et dès que cette place eust capitulé, il vint à Peronne pour faire reüssir celuy de Saint-Venant, et comme il vist son armée en estat de ne rien craindre de l'ennemie, il s'en retourna du costé de la Lorraine, et a esté quelque temps à Metz à donner ordre à ce qui est de cette frontiere, à bien asseurer le gouvernement de Metz à M^r le cardinal, et à negolier du costé de l'Allemagne en cette belle conioncture où elle doit s'elire un chef. Voilà donc ce ieune monarque de retour en sa capitale, tout triomphant et glorieux, ayant pris deux assez bonnes places en Flandres : Montmedy et Saint-Venant, et enlevé Mardick aux Espagnols, et fait fortifier Bourbourg.

Ce mesme iour mourut le fils unique du fû duc de Chastillon : par où cette illustre branche de la maison de Coligny a fini au monde peu de temps apres qu'elle avoit fini d'estre de la vraye Église par la revolte du pere de celuy qui vient d'expirer, qui fust tué assez malheureusement et mal à propos à l'attaque de Charenton, et à la veuë du temple où les verités de Dieu luy avoient esté si souvent preschées avec si peu de profit, puisqu'il en avoit abandonné la profession par des considerations mondaines. La comtesse de la Suze (1), sa sœur, s'est aussi revoltée depuis peu, mais elle mene une vie si descriée, qu'il ne faut pas s'estonner si l'esprit de Dieu l'a abandonnée. Elle doit estre heritiere de tous les biens de cette maison avec la duchesse de Montbelliard son autre sœur, qui en recueillera apparemment toute la succession puisque la comtesse de la Suze n'a point d'enfants : les biens pourtant n'en sont pas fort grands, puisque c'est une maison qui a tousiours esté plus riche en honneurs qu'en revenus. Ainsi il n'y a plus icy de descendants de ce grand admiral de Chastillon (2), la terreur de ses ennemis, que l'envie et la faction firent perir, et que tous les siècles compteront parmi les heros du passé.

---

(1) Henriette de Coligny, comtesse de la Suze, née à Paris en 1618, était fille de Gaspard de Coligny, duc de Chastillon, maréchal de France, qui fut tué devant Charenton en 1640. Elle épousa en secondes noces le comte de la Suze, de la maison des comtes de Champagne. Son mari était fort jaloux, elle belle et fort mondaine : elle mit tout en œuvre pour se séparer de lui, et commença par abjurer le protestantisme, ce qui fit dire à la reine Christine : « qu'elle avait quitté sa religion pour ne voir son mari ni dans ce monde ni dans l'autre. » Plus tard elle obtint l'annulation de son mariage par arrêt du Parlement. — Madame de la Suze comptait parmi ses amies la célèbre Ninon de Lenclos, et fut vantée par la plupart des poëtes de son temps ; elle a composé elle-même des poésies qui ne manquent ni de grâce ni de sentiment. Elle mourut en 1673.

(2) Gaspard de Chatillon, sire de Coligny, né en 1517, fils du maréchal de France du même nom. Fait amiral par Henri II, en 1552. Élevé dans la religion catholique, il avait embrassé la réforme protestante; il périt dans le massacre de la Saint-Barthélemy en 1572.

Le 6°, nous fusmes rendre visite à madame Coutturier. C'est une petite femme qui a le bout du nez rouge, mais qui est autrement fort bien faite et d'une jolie taille. Elle est de fort bonne humeur et d'un entretien agreable. Elle nous dit que M' le prince de Harcourt (1), qui avoit esté aux eaux de Bourbon, estoit si bas, que tous les medecins desesperoient de sa vie.

De là nous allasmes chercher le S' de Champfleury : c'est un gentilhomme de Dauphiné de fort bonne maison. Il a esté lieutenant du Roy dans Porto-Longone, et l'a defendu en dernier lieu contre les Espagnols ; mais enfin ayant esté obligé par diverses raisons de rendre la ville, il se retira en sa province, où le duc de l'Esdiguieres, qui en est gouverneur, le considerant de merite et de naissance, le choisit pour gouverneur de ses deux fils. Nous apprismes de luy que le duc d'Elbeuf estoit mort, et que ces iours passés on avoit ioüé un ioly trait à un riche banquier : au milieu de la rüe en plein iour et à la veuë de tout le monde, il fut enlevé par des gens contrefaisants les archers, qui luy dirent qu'il falloit qu'il allast en prison au Chastelet. On creut qu'on l'y trainoit pour ses debtes, et personne ne s'en esmeut. Ainsi estant sous le pouvoir de ces faux archers, ils le lient, et le menent au fauxbourg Saint-Anthoine où ils luy disent, que s'il ne leur faisoit compter sur-le-champ 50,000 francs, ils le meneroient à Rocroy. La dessus il leur dit : « Mes-

(1) Charles de Lorraine, prince d'Harcourt, puis duc d'Elbeuf.

sieurs, ie vous donneray un billet pour les aller recevoir chez moy, si quelqu'un qui vous soit affidé veut aller les prendre de ma femme. » Il y en eust un assez hardy pour se charger de la commission. Il y va, et la femme d'abord se met en estat de treuver cet argent ; mais pendant qu'elle y travaille, l'espouvante prend ce gaillard qui se iette à ses pieds, luy demande pardon et luy declare le tout. La dessus elle mande de veritables archers qui vont prendre ces faux, delivrent son mary, et menent ces canailles au Chastelet, où on leur fait leur procez et d'où ils ne sortiront que pour estre conduits au gibet.

Le 7e, nous reçeusmes nos lettres qui nous apprirent que le Sr de Thou avoit acheté la maison du prince Guillaume qui est au Poote, en ayant payé 22,000 livres. On nous marquoit de plus que le siege de la ville de Munster avoit esté levé par accommodement, et que son evesque luy avoit accordé des conditions fort advantageuses, voyant que nos troupes se mettoient en campagne pour la secourir et la maintenir dans ses privileges. Cependant on peut dire que ç'a esté au seul bruict de nos armes qu'il s'est radouci, puisque les provinces et les villes particulieres, et surtout Overyssel et Gueldre avoient si mal obéi aux ordres de l'Estat, qu'elles n'avoient pas laissé sortir les garnisons, alleguants qu'elles estoient bien adverties que ce ne seroit qu'une courvée inutile et que l'evesque s'accommoderoit : par où l'on voit l'effet d'un vray libertinage où l'on examine les commandements des superieurs avant que de les executer.

L'apres disnée nous fusmes rendre visite à madame de Lorme. Nous y treuvasmes madame Saint-Albin et les S⁹ˢ de Turcan et Linieres (1) qui est ce bel esprit qui escrit contre les academies. Nous y apprismes que les ennemis ayants assemblé toutes leurs troupes, avoient, la nuict du 2 au 3, donné un assaut general à Mardick, et s'estoient d'abord rendus maistres de la contrescarpe, nonobstant la bonne resistance de ceux du dedans; mais sur un faux bruict que l'armée de M⁹ de Turenne estoit en marche pour leur couper le chemin, ils se retirerent fort confusement dans les villes circonvoisines, laissants beaucoup de morts sur la place, et abandonnants toutes leurs grenades, eschelles, fascines et autres outils propres et servants à une escalade. En cette rencontre les Anglois se sont acquis beaucoup d'honneur et de reputation, car ce sont eux qui ont soustenu l'attaque, qui a duré huit heures avec une opiniastreté qui peut-estre seroit venuë à bout de son dessein, si le iour et le bruict de l'aproche du secours ne l'eust empeschée de le poursuivre. Le roy d'Angleterre et le duc d'Yorck son frere, ont esté les principaux chefs de cette entreprise. Monsieur le Prince ne s'y est pas treuvé; les uns disent qu'il n'a pas voulu se risquer si legerement, prevoyant qu'il avoit une armée vic-

---

(1) François Payot de Linières, poëte satirique, né à Paris en 1628. Très-désordonné dans sa vie, il mourut dans la misère, en 1704, à Senlis où il s'était retiré. On l'avait surnommé l'*athée* et l'*Idiot de Senlis*, à cause de son impiété.

torieuse et tres puissante sur les bras; les autres, que c'a esté pour ne point faire ombre à la vaillance de ce roy et de son frere; mais il est tres constant qu'il est l'autheur de l'entreprise et qu'il l'a conseillée, et que pour en couvrir le dessein, il avoit fait mettre dans toutes les gazettes qu'il estoit fort malade et qu'on l'avoit transporté dans un brancard de Dunquerque à Bruxelles.

Le 8º, ne pouvants pas sortir en carrosse, parce que nostre cocher avoit cassé le timon le iour auparavant, nous allasmes passer nostre soirée chez madame de Ficquefoord. Elle nous dit que tous les gros et riches marchands de Paris avoient establi une banque de tout ce que l'on peut imaginer, et que chacun y avoit quelque chose de sa marchandise. On dit qu'il y en a pour trois millions : chaque billet couste un escu, et afin qu'il n'y ait point de fraude, le lieutenant civil assisté de douze des plus principaux bourgeois de cette ville, a une clef du lieu où on les a mis et d'où on les tire.

Le 10º, nous fusmes voir le Sʳ Cotantin, qui ayant fait dessein d'aller au marché aux chevaux pour y acheter quelques coureurs, nous pria de l'y vouloir mener, ce que nous fismes, mais nous n'y en treuvasmes pas un qui luy pleust; aussy faisoit-il si mauvais temps qu'on n'y avoit pas amené les plus beaux.

Le 11º, estants à Charenton, il y eust une femme, qui un peu avant le presche, vint dire au Sʳ de Speyck de la part de madame des Reaux qu'elle le prioit de vouloir presenter un enfant au baptesme avec mademoiselle de Letan sa niepce, ce qu'il accepta, mais comme elle ne luy avoit pas dit pour quand ce seroit, ou que peut-estre il ne l'avoit ouï, estant un peu surpris de ce qu'on ne l'en avoit pas adverty le iour auparavant, il fut chercher madame des Reaux à la sortie du temple, pour estre mieux esclaircy de cette affaire. Il ne la rencontra pas, et l'on nous dit qu'on croyoit qu'elle s'en estoit allée à Rully, ce qui nous obligea d'y passer, mais ne l'y ayant pas treuvée, nous revinsmes tout droit à Paris, et laissasmes un laquays audit Rully pour sçavoir au iuste ce qu'elle luy avoit fait dire au presche. Apres y avoir attendu quelque temps, la sœur de madame des Reaux y arriva, avec une partie de la famille, et luy dit que le père de l'enfant en viendroit prier le Sr de Speyck l'apres disnée ; ce qu'il fit, et luy apprit que c'estoit pour jeudi au matin ; tellement qu'il sera parrain à cette fois, bien qu'une autre il s'en soit excusé au suisse de l'ambassadeur, qui le vint prier de tenir son enfant au baptesme avec la fille du dit ambassadeur.

Sur le soir le Rhingrave nous vint voir, estant arrivé le iour auparavant de l'armée, qu'il avoit laissé campée à Rumingen entre Ardres et Bourbourg. Il nous dit qu'il avoit esté ce iour là à Vincennes prendre congé du Roy, et qu'il en venoit faire de mesme de nous autres, devant partir le lendemain pour Mastricht, et y passer cinq ou six semaines aupres de ses pere et mere, et ensuite retourner icy le plus viste qu'il luy seroit possible pour y iouïr des divertissements du carnaval. Il a fait une assez heureuse campagne, et a eü un assez ioli employ, M' de Turenne luy ayant donné à commander 4oo hommes, pour les ietter dans Landrecy sur l'advis qu'on avoit eü que les ennemis avoient dessein de l'assieger.

Le lendemain 12°, apres estre revenus de l'academie, nous fusmes rendre visite à M' le Rhingrave, et le voyant occupé à faire quelques petites emplettes, nous ne la fismes pas longue, et luy dismes adieu, esperants de le revoir bientost en cette ville. L'apres disnée nous allasmes voir le S' Gleser en l'academie de du Plessis; il nous dit que le S' des Loges s'estoit battu le iour auparavant en duël contre un gascon, mais qu'il avoit eü l'advantage et luy avoit donné deux grands coups d'espée au ventre; et qu'ils avoient conceu une telle haïne l'un contre l'autre, que si on ne les eust separés, ils se seroient tuëz tous deux. Nous fusmes ensuite chercher le S' de Riswick en son academie, et nous y apprismes que le pauvre S' d'Arnolfini (1) venoit d'expirer, ce qui mettra toute sa maison à la besasse, car il laisse treize enfants, peu de biens et beaucoup de debtes. Il estoit natif de Lucques en Italie, et avoit succedé au S' de Beniamin en l'hostel d'O, où il tenoit academie. Sa fortune a esté diverse et fort agitée par l'envie des austres escuyers. Il estoit en estat de faire quelque chose à present qu'il avoit enseigné le Roy, et qu'il estoit protegé par le car-

---

(1) Voir plus haut, page 43.

dinal Mazarin qui vouloit le favoriser du haras du Roy, qui luy auroit valu 10,000 livres de rente.

Le 13ᵉ, nous fusmes rendre visite à madame de Saint-Armant. Nous apprismes que le 10ᵉ du courant, la reyne de Suede (1) ayant fait venir dans sa chambre le comte de Monaldeschi, natif d'Orvieto, en Italie, qui luy servoit d'intendant de sa maison, elle luy monstra une lettre, et luy demanda s'il ne cognoissoit point cette escriture ; il respondit qu'ouï et que c'estoit la sienne. Pour mal mettre dans son esprit le comte de Santinelli, natif de Pesaro, au duché d'Urbin, il avoit escrit et supposé diverses lettres, adressées à la reyne, comme si elles luy estoient escrites par des personnes amies de la reputation de cette Maiesté vagabonde. On y circonstantioit certains faits que personne ne pouvoit sçavoir qu'elle et Santinelli. Cette fourberie pensa faire disgracier Santinelli qui protestant et iurant qu'il n'en avoit iamais rien dit à personne, espia si bien Monaldeschi, son competiteur, qu'il descouvrit que c'estoit luy qui luy ioüoit ce mauvais tour. Il en advertit la reyne, et l'asseura que ces lettres estoient de son invention et de sa main. Elle le fit venir en sa chambre, et luy ayant fait lire la lettre interceptée, et voyant qu'il blesmissoit, elle luy dit : « Certes ie vois que vous ne vous portez pas bien, car vous palissez trop, et vous pourriez bien mourir. » Elle le fit ensuite entrer dans la ga-

(1) Christine, reine de Suède, née le 8 décembre 1626, avait abdiqué en 1654. Elle mourut à Rome, le 19 avril 1689, à l'âge de 63 ans.

lerie des Cerfs du palais de Fontainebleau, l'y enferma, et s'estant saisie de tous les papiers qui estoient dans ses cassettes, elle envoya Santinelli luy dire qu'il n'eust qu'à se preparer à la mort, et qu'elle ne luy bailloit qu'une heure pour se confesser.

Monaldeschi fut fort estonné d'entendre une si brieve sentence et demanda qu'on luy donnast au moins un iour pour se preparer à bien mourir ; mais il ne put l'obtenir, et le confesseur luy dit : « ne songez qu'à vostre conscience, car le temps s'escoule desia ; » et apres qu'il se fut confessé, Santinelli son ennemi vint le percer de coups, et fit la plus lasche action qui se soit iamais faite ; et ainsi un Italien expedia l'autre par ordre d'une forcenée, et dont la lubricité, qui est mere de tous les desordres, fait connoistre qu'elle n'a iamais eü de veritable vertu, ni de beaux sentiments, puisque par cette action elle a tesmoigné qu'ayant fait faux bon à Dieu, elle ne se soucioit guere de le faire à son honneur. Apres avoir quitté les François qui l'avoient gouvernée en Suede, avant qu'on l'eust obligée à quitter sa couronne, elle se donna aux Espagnols, et ses amours pour ceux cy finirent des qu'elle fut en Italie : elles luy ont duré iusques à ce qu'elle a esté en France, où elle vient de s'en defaire avec eclat, et ie ne sçay si à present elle ne medite point de sçavoir combien valent les Escossois, les Anglois et mesme les Arminiens.

Comme nous en sommes icy, l'on nous communique une relation italienne de cette belle action, que Marco-Antonio Conti, romain, grand amy d'Ondedeï qui fut envoyé à cette reine aussitost qu'elle eust donné advis à la Cour de la tragedie qu'elle venoit de iouër, a composée sur le recit mesme qu'Oudedeï luy en a fait. Bien qu'il traite ce suiet avec la souplesse ordinaire à ceux de sa nation, il est aisé de voir qu'il le depeint assez vivement, bien qu'avec paroles de respect. Voicy copie de la dite relation.

Relation de Marco Antonio Conti touchant la mort de Monaldeschi (1).

La Regina di Suecia, ammirabile in questo secolo e per le virtù dell'animo, delle quali dalla natura è stata con larga mano arrichita, e per le scienze con incessanti fatighe acquistate, delle quali si è si ben servita ch'ha saputo cangiare un caduco regno terreno col celeste eterno, se ne passò già due anni sono da Fiandra, dove per qualche tempo era dimorata, in Italia per dover rinovare, si come fece, la professione della fede cattolica alli piedi del sommo Pontefice in Roma, con una numerosa corte composta quasi tutta de Spagnuoli, dei quali il principale che la reggeva, era il Duca della Cueva col titolo di Maggiordomo

---

(1) *Traduction de la relation de Marco-Antonio Conti, touchant la mort de Monaldeschi.*

La reine de Suède, admirable en ce siècle et par les qualités de l'âme dont la nature l'a enrichie à pleines mains, et par les sciences dont elle avait acquis la connaissance par des travaux incessants, vertus et sciences dont elle s'est si bien servie qu'elle a su changer la royauté fragile de la terre contre l'empire éternel du ciel, se rendit, il y a déjà deux ans, de Flandre où elle était restée quelque temps, en Italie pour renouveler, comme elle l'a fait, la profession de la foi catholique, aux pieds du Souverain-Pontife à Rome. Elle était accompagnée d'une cour nombreuse composée presque toute d'Espagnols, dont le premier et le directeur était le duc de la Cueva,

Maggiore, e la Duchessa sua moglie con quello di prima Dama, tralasciando il Conte Pimentelli che l'accompagnava in qualità d'ambasciatore del Re Cattolico, o più tosto per spiare i di lei andamenti. Avvedutasi la saggia Regina ch'i Spagnuoli esercitando la lor natura non men superba che avida, arrogandosi maggior autorità di quella che le conveniva, e nel comando, e nell'amministrazione degl'effetti reali de quali con ingordigia e rapacità, a lor voglia disponevano, per liberarsene cominciò ad introdurre al suo serviggio Italiani, de quali a poco a poco rinovò la sua corte; fra questi vi fu il Conte Santinelli e il Marchese Monaldeschi, l'uno e l'altro sudditi della Chiesa. Il primo della città di Pesaro, nel Stato d'Urbino, e l'altro di quella d'Orvieto, nella Provincia detta del Patrimonio; ambedue, e per antica nobiltà e per proprie qualità virtuose, degni di servire una tal Regina. Al Monaldeschi fu data l'incumbenza dell'amministrazione della casa, e per le di lui mani passava tutt'il danaro; e al Santinelli quella di Mastro di Camera, con apparenza d'esser il più favorito

Fra questi due Cavallieri nacque grandissima emulatione,

avec le titre de majordome; la duchesse sa femme avait celui de première dame. Le comte Pimentel l'accompagnait en qualité d'ambassadeur du roi catholique, ou plutôt pour surveiller ses démarches. La prudente reine ayant vu que les Espagnols, suivant leur caractère non moins superbe qu'avide, s'arrogeaient une autorité plus grande qu'il ne convenait, et dans le commandement et dans l'administration de ses biens royaux dont ils disposaient à leur volonté avec avidité et rapacité, commença pour s'en délivrer à faire entrer à son service des Italiens avec lesquels peu à peu elle renouvela sa cour. Parmi ceux-ci étaient le comte Santinelli et le marquis Monaldeschi, l'un et l'autre sujets de l'Église. Le premier, de la ville de Pesaro, dans l'Etat d'Urbino, et l'autre de celle d'Orvieto, dans la province dite du Patrimoine; tous deux, et par leur ancienne noblesse et par leurs belles qualités personnelles, dignes de servir une telle reine. La charge de l'administration de la maison fut donnée à Monaldeschi, et tout l'argent passait par ses mains; et à Santinelli celle de premier chambellan, étant en apparence le favori préféré.

e cominciarono a perseguitarsi entrambo; mà il Santinelli per molte parti che lo rendevano amabile, pervenne in qualche grado di gratia maggiore appresso la Regina; e era anche più amato nella di lei corte, e per il contrario odiato il Monaldeschi dalla maggior parte, mentre tutte le sfere inferiori regolano il lor moto dal primo mobile: il che accresceva maggiormente nel petto del Monaldeschi l'odio e l'emulatione verso il Santinelli, e deve ben credersi che se l'uno vegliava, l'altro non dormiva; ma molto più il Monaldeschi che scorgeva il suo emulo assai avanzato e sempre più avanzarsi nella gratia della Patrona; e però andava continuamente pensando al modo di scavalcarlo non tralasciando mezzi per arrivar a questo suo intento, che doveva al fine condurlo ad un infelice morte.

Haveva havuto notitia non si sa in che modo, d'alcune cose molto secrete e pregiuditiali o alla fama o all'inteteresse di Stato della Regina, che questa poteva pensare non esser note que al Conte, e che quando mai se fossero sapute altri, la Regina non havria potuto incolparne che il Conte e in tal modo pigliarlo in odio. Dell' opportunità di

. Une très-grande jalousie naquit entre ces deux cavaliers, et ils ne tardèrent pas à se persécuter l'un l'autre. Mais Santinelli, par beaucoup de raisons qui le rendaient aimable, parvint à un degré de faveur plus grand auprès de la reine ; il était aussi plus aimé à la cour, et au contraire Monaldeschi était détesté par le plus grand nombre, tous les inférieurs réglant leurs sentiments sur celui d'en haut, ce qui augmentait dans le cœur de Monaldeschi la haine et la jalousie envers Santinelli ; et on doit bien penser que si l'un veillait, l'autre ne dormait pas : mais surtout Monaldeschi qui voyait son rival s'avancer de plus en plus dans la faveur de la souveraine ; il songeait donc continuellement au moyen de le supplanter, ne perdant aucune occasion pour arriver à son but, qui devait le conduire à la fin à une mort malheureuse.....

Il avait eu connaissance, on ne sait comment, de plusieurs choses très-secrètes et préjudiciables ou à la réputation de la reine ou à l'intérêt d'Etat, et que S. M. pouvait penser n'être connues que du comte, en sorte que si elles étaient jamais sues par d'autres, la reine n'aurait pu en accuser que le comte et ainsi le prendre en haine. Monaldeschi

questo mezzo pensò servirsi il Monaldeschi per far cadere il suo competitore. Onde finse e fece scrivere alcune lettere, figurando che venissero da Roma e d'altre parti d'Italia alla Regina medesima, alla quale da persone supposte, e però incognite, con finto zelo verso di quella, era avvertita della notizia che si haveva delle cose secrete ; e la Regina pensando, che solo il Conte l' haveva potuto rivelare, e che questo non fosse stato fedele e secreto, l' havesse disgratiato : come con effetto dubitò e per quanto dicono ne fece qualche passaggio sensato seco. Ma questo sapendo di certo non esser stato egli autore d'haverle publicate, ne accertò con caldissime e ferme attestationi la sdegnata Regina appresso la quale trovò credito, si come per avanti vi haveva ritrovata gratia, e fù giudicato che questa potesse esser stata opera del Monaldeschi per far cadere il Conte, e fù applicato il modo di scoprirne il vero, tanto più che si sapeva non solo l'odio intestino che questo nudriva contro il Santinelli, ma che havendo quasi perso il dovuto rispetto verso la Patrona scioglieva ben spesso la lingua in non dovuti accenti ; essendosi fatte l' altre dili-

pensa à mettre à profit cette circonstance pour faire tomber son compétiteur. En conséquence, il imagina et fit écrire plusieurs lettres qui étaient adressées de Rome et d'autres parties de l'Italie à la reine elle-même par des personnes supposées et inconnues, où avec un zèle simulé envers elle, elle était avertie de la connaissance qu'on avait de ces choses secrètes ; et la reine pensant que le comte seul avait pu les révéler, et qu'il n'avait été ni fidèle ni discret, l'aurait disgracié. Mais elle conçut des doutes, et lui communiqua, dit-on, quelques passages de cette correspondance ; et celui-ci sachant bien ne pas être l'auteur de cette divulgation, en donna l'assurance à la reine indignée, dans les termes les plus chaleureux et les plus nets, et il retrouva son crédit après être rentré en grâce. On jugea que cette manœuvre pouvait avoir été ourdie par Monaldeschi, pour faire tomber le comte, et on chercha le moyen de découvrir la vérité, d'autant plus que l'on savait non-seulement la haine intérieure que celui-ci nourrissait contre Santinelli, mais qu'ayant presque perdu le respect dû à la souveraine, il se laissait aller à tenir des propos inconvenants. Ayant fait des démarches auprès de celui qui avait fait

genze con chi aveva havuto parte in far capitare le supposte lettere alla Regina, questo confessò non venir altrimenti d'Italia, ma esser opera del Monaldeschi.

Si era havuto di ciò qualche sentore da un suo confidente, e prese ad avertirlo, persuadendolo che se contenisse e che lasciasse libero l'arbitrio della Regina agradir chi più gl'andasse a genio, essendo il favor dei Principi momentaneo, chi non sta sempre collocato nell' istesso soggetto, il che poteva maggiormente credersi nel sesso femineo, che quantunque alle volte per sforzo di natura alcune habbia del maschile, ad ogni modo la medesima natura non le trasforma del tutto che non sian donne, come con la flemma e prudenza havria potuto sperare il Monaldeschi, o pure lasciar il servitio per liberarsi affatto da questa passione; persuadendoli anco che havendo penetrato che in camera havesse diverse scritture e lettere che l' havesse o abbrugiate, o levate, o consegnatele a lui perche l' havria portate in luogo dove non sariano state trovate. Ma l'infelice che non volse prestar fede a i saggi ricordi dell' amico fù forzato à suo malgrado credere ad un infelice nuntio del-

parvenir les prétendues lettres adressées à la reine, celui-ci confessa qu'elles ne venaient pas d'Italie, mais qu'elles étaient l'œuvre de Monaldeschi.

Un sien confident avait eu connaissance de ses projets et il tenta de lui persuader de se contenir, et de laisser toute liberté à la reine d'agréer celui qui lui conviendrait le mieux; la faveur des princes étant passagère et n'étant pas toujours fixée sur le même objet, ce qui pouvait surtout être vrai du sexe féminin, car bien que parfois il y en ait qui, par un effort de la nature, aient quelque chose du masculin, cette nature cependant ne les transforme pas si complétement qu'elles ne restent femmes; qu'ainsi avec de la modération et de la prudence Monaldeschi pouvait espérer, ou bien quitter le service de la reine pour s'affranchir de cette passion. Il essaya en outre de le persuader de pénétrer dans une chambre où il y avait divers papiers et lettres, de les brûler, ou de les enlever, ou les lui confier pour les placer en un lieu où ils ne seraient jamais trouvés. Mais le malheureux, qui ne pouvait pas prêter confiance aux sages avis de cet ami, fut forcé bien malgré lui à ajouter foi au

l'inimico ch'andò a denuntiarli l'inevitabil morte, che poco apresso andò a presentarli col ferro ignudo.

Dimora la Regina doppo il suo ritorno in Francia nel Real Palazzo di Fontanableo 12 leghe lungi da Pareggi. In questo medesimo sabbato, mattina dieci del corrente, si fece chiamar in camera Monaldeschi, quale intrato se lo chiuse, e con maestà regale, e con concetti pieni di sapere mostrandosi informata di tutti i suoi maneggi e artificii per giettar à terra il Santinelli, lo strinse si ch'il meschino o non seppe o non volse negarli, il tutto confessando; non si sà però se la Regina à ciò l'havesse indotto con promessa di perdono sotto la real parola.

Doppo di che e nel medesimo instante facendo, dalla stanza entrarlo nella galeria detta dei Cervi, dove di sua mano serratolo sen'andò incontinenti alle di lui stanze, dove si pigliò tutte le scritture e le lettere dalle quali non e dubio, che trovasse verificato quanto dal Monaldeschi gl'era stato spontaneamente confessato, e davantaggio il che si crede da quello che immediatamente, mà con poca consideratione seguì: poichè nella medesima galeria nella

messager funeste de son ennemi, venant lui annoncer la mort inévitable qui bientôt après se présenta à lui avec une épée nue.

La reine demeurait depuis son retour en France, au Palais-Royal de Fontainebleau, à douze lieues de Paris. Ce samedi même, au matin, 10 du courant, elle fit appeler dans sa chambre Monaldeschi. Quand il fut entré elle l'enferma, et avec une majesté royale et dans un discours plein d'habileté, se montrant informée de tous ses manéges et artifices pour renverser Santinelli, le pressa tellement, que le malheureux ou ne sut ou ne voulut pas nier, et confessa tout. On ne sait pas si la reine ne l'y avait pas engagé par une promesse de pardon sous la parole royale.

Après cela et dans le même instant, le faisant entrer de la chambre dans la galerie dite des Cerfs, où elle l'enferma de sa main, elle s'en alla incontinent dans les appartements de Monaldeschi, où elle prit tous les papiers et les lettres par lesquels se trouva vérifié ce que Monaldeschi avait confessé lui-même, et en outre ce que peut faire supposer ce qui suivit immédiatement, mais sans grand examen. En effet, dans la même galerie où peu de temps avant avait été

quale poco di anzi haveva ferrato il Monaldeschi, fù mandato il Santinelli, col sua camerata, non in forma di cavalieri, per farlo mentire di quanto falsamente haveva detto, scritto, e operato; mà più tosto di sicarii: questi fattiseli avanti gli disse il Conte che pensasse all'anima sua, perche fra un'hora doveva morire. Ognun puo da se stesso considerare quanto li fosse duro tal nuntio, apportatoli dal suo inimico. Ad ogni modo facendo della necessità virtù, si ridusse in chiederlo in gratia, che gl'¹ avesse dato tempo tutta la notte per potersi meglio rassignarsi à Dio: li fù replicato dal Santinelli non esservi altro tempo ch'un hora, e che si voleva confessarsi, li saria stato mandato il confessore. E perche il Monaldeschi si diffundeva in parole per prolongar vita, gl'altri impatienti non puotendo soffrir più lungo indugio cominciorno à ferirlo di colpi mortali, à quali il Monaldeschi non fece atto alcuno di resistenza e si ridusse à chiedersi il confessore; e introdottoli il capellano del Palazzo e fatta la confessione sacramentale ed apena finita, lo finirono d'occidere con stoccate, senza ch'il meschino facesse alcun segno di re-

enfermó Monaldeschi, Santinelli fut envoyé avec ses gens, mais non comme des gentilshommes pour lui donner un démenti de ce qu'il avait faussement dit, écrit et fait; mais plutôt comme des assassins. Il dit au comte de penser à son âme, parce que dans une heure il devait mourir. Chacun peut de soi-même comprendre combien lui fut cruelle une telle nouvelle apportée par son ennemi. Cependant faisant de la nécessité vertu, il s'abaissa à lui demander en grâce qu'il lui accordât toute la nuit, pour pouvoir se mieux résigner à la volonté de Dieu; Santinelli lui répondit qu'il n'aurait pas d'autre temps qu'une heure, et que s'il voulait se confesser, le confesseur lui serait envoyé; et comme Monaldeschi s'étendait en paroles pour prolonger sa vie, les autres impatients ne pouvant souffrir un plus long délai, commencèrent à le frapper de coups mortels, auxquels Monaldeschi ne fit aucune résistance et se borna à demander le confesseur. On introduisit le chapelain du Palais (*), et il fit la confession sacramentelle; à peine était-elle terminée qu'ils achevè-

(*) Le père Le Bel, auteur d'une relation de la mort de Monaldeschi. (Voir la note au bas de la page 358.)

sentimento. Non si sà se la Regina fosse à vista di sì horrendo spettacolo o pure stasse dentro la stanza dove poco d'anzi l'haveva sentito, e da quella fatto l'entrar nella galeria.

Il giorn' appresso, chi fù la domenica, la Regina mando un suo cavaliere à darne parte alle Maestà del Rè e Regina e à Sua Eminenza acciò questa havesse la giusta causa ch'à ciò l'haveva mossa e resone capaci le Maestà loro, perche non havessero appresa sinistramente quest' attione attentata nel loro regno e palazzo reale.

Il Cardinale spedì un suo più intrinseco il lunedi alla Regina facendoli dire che non haveva ardito di dirlo à Sua Maestà, non sapendo come fosse stato per apprenderlo. In che si nota molto la prudenza e destrezza del Cardinale, che se bene non e dubio ch'il Rè l'habbi saputo ad ogni modo vuol farlo professare di non haverne havuto notitie per non obligarlo à sentirsene offeso, o pure di non curarsi del poco rispetto portatoli con essersi fatto assassinare dentro le stanze del suo palazzo reale un cavaliere quantunque fosse stato meritevole di cento morti, e con

rent de le tuer avec des poignards, sans que l'infortuné fît aucun signe de ressentiment. On ne sait pas si la reine fut témoin d'un si horrible spectacle, ou si elle resta dans la chambre où peu de temps avant elle l'avait interrogé, et d'où elle l'avait fait entrer dans sa galerie.

Le lendemain, qui était dimanche, la reine envoya un de ses gentilshommes pour donner connaissance de ce qui s'était passé à Leurs Majestés le roi et la reine, et au Cardinal afin que Son Eminence sût la juste cause qui l'y avait poussée, et pour empêcher que Leurs Majestés n'apprissent pas d'une manière fâcheuse cet acte accompli dans leur royaume et dans leur palais royal.

Le Cardinal envoya le lundi à la reine un de ses plus intimes, pour lui annoncer qu'il n'avait pas osé en informer Sa Majesté, ne sachant comment s'y prendre pour le faire. En quoi on remarque beaucoup la prudence et l'habileté du Cardinal qui, bien qu'il n'y a pas de doute que le roi avait tout su, voulut faire croire qu'il n'en avait pas eu connaissance, pour ne pas l'obliger à s'en trouver offensé et à ne pas se montrer blessé du peu de respect qu'on lui

modo tanto imperioso; che come suo servitore li consigliava ch'addossasse tutta la colpa al Santinelli e sua camerata e che havessero commesso questo occesso senza sua participazione, e che la Regina per maggiormente testimoniarlo gl'havesse subito mandati via; perchè havria procurato d'oprare che Sua Maestà si fosse appagata di questa dechiarazione, altrimenti non havesse aspettato ch'il Rè fosse andato in Fontanableo à vederla come già haveva risoluto.

La persona mandata da Sua Eminenza giunse in Fontanableo il martedi e fatto l'imbasciata alla Regina. Questa disse haverlo ella ordinato e giustificò le cause molto urgenti ch'à ciò l'havevano mossa, ma ch'ad ogni modo perche cosi comandava il Rè, tenendo ch'il consiglio dato dal Cardinale fosse ordine reale, gl'havria mandati via: sicome d'indi à noi molto montati sù le poste partirono.

Non si deve dare l'arbitrio in giudicare l'attione d'una Regina di tanto sapere, ne se si habbi fatto bene o male, o ecceduto nel modo, nel tempo, nel luogo, e se col chiuder bocca con la meritata morte ad un mendace ch'ha

avait porté, faisant assassiner dans les appartements de son royal palais un gentilhomme, quand même il eût mérité cent fois la mort, et d'une façon si cavalière; que comme son serviteur, il lui conseillait de rejeter toute la faute sur Santinelli et son entourage, et de dire qu'ils avaient commis cet assassinat sans sa participation, et que la reine, pour le mieux prouver, les avait de suite renvoyés, et qu'ainsi il ferait en sorte que Sa Majesté fût satisfaite de cette déclaration; autrement elle ne pouvait pas espérer que le roi vînt à Fontainebleau la voir, comme il l'avait résolu auparavant.

La personne envoyée par Son Eminence arriva à Fontainebleau le mardi, et s'acquitta de sa mission auprès de la reine. Celle-ci répondit qu'elle avait tout ordonné, et exposa les raisons très-urgentes qui l'y avaient poussée; mais que cependant puisque le roi l'ordonnait ainsi, considérant le conseil donné par le Cardinal comme un ordre royal, elle allait les renvoyer; et en effet, peu de temps après ils montèrent sur des chevaux de poste et partirent.

On ne doit pas se permettre de juger l'action d'une reine de tant de savoir, ni si elle a fait bien ou mal, ou manqué dans la manière,

falsamente parlato, possa haverla in pregiuditio della sua
fama aperta al mondo tutto, anco per i futuri secoli ; perche se per giustificar l'attione vorrà farli un processo estragiuditiale contro un defunto, chi non sà che simil sorte di
processi fatti dopo morte d'un incolpato, quantunque ne
diffamato di enormi delitti, non ritrovano fede appresso
l'universalità. Ma chi il Santinelli per altro cavaliere, e
per nascità, e par valore, e per virtù qualificato, e di molta
stima, non habbi fatto in ciò attione degna della sua professione, è facile à giudicarlo perche quand' anche fosse
stato, non solo sotto la Patronanza, ma sotto l'assoluto
dominio e giurisdittione di questa Regina nel suo regno, e
che dalla medesima li fosse stato espressamente commandato, egli doveva ben si obedirla, mà non in qualità di sicario e masnadiere, mà di cavaliere, con pigliarsi al Monaldeschi non inferiore à lui di antica nobiltà e d'altro per
la mano e diratoselo in disparte fuor del palazzo, e mentirlo di quanto haveva falsamente detto, e con la spada in
mano, e col valore confermarli la mentita giustificando in
tal modo la verità senza nota d'infamia ; e il mondo non

dans le temps, dans le lieu, et si d'avoir fermé la bouche par une
mort méritée à un menteur qui a faussement parlé, peut causer un
préjudice à sa réputation connue de tout le monde et même des siècles
futurs ; car si pour justifier cette action, elle voulait faire un procès
extrajudiciaire contre un défunt, qui ne sait que des procès de cette
espèce, faits après la mort d'un accusé, quoique coupable de crimes
énormes, ne retrouvent plus de créance auprès de la généralité des
hommes. Mais que Santinelli, d'ailleurs gentilhomme et distingué par
la naissance et par la valeur et par un grand mérite, et très-estimé,
n'ait pas fait en cela une action digne de sa position, c'est facile à juger, parce que quand même il eût été non-seulement sous la protection, mais sous l'autorité absolue de la juridiction de cette reine dans
son royaume, et qu'elle-même lui eût expressément ordonné, il devait
lui obéir, mais non en qualité d'assassin et de brigand ; et comme
un gentilhomme, prendre par la main Monaldeschi son égal par
l'ancienneté de la noblesse et d'autres qualités, et l'entraîner hors
du palais, lui démentir ce qu'il avait faussement dit, et avec l'épée
en main et avec courage lui prouver son mensonge, établissant de

havria che dire contro di lui, e molto meno contro la Regina, alla quale anche non sariano mancati modi più proportionati alla sua somma prudenza e sapere, quando da se stessa gl'havesse regolati, potendosi castigar l'infamia altrui senz'ombreggiar la propria reputazione. Accresce quella del Santinelli la codardia ch'in ciò ha mostrata perche ha manifestato non bastarli l'animo eseguir il commandamento della Regina con forma cavalieresca, mentre ha voluto associare la sua vita con quella di assassino con modo tanto biasmevole (1).

Aux considerations de cet Italien, sur la lascheté d'un homme de sa nation, on peut adiouster qu'il falloit en estre pour se laisser employer à une si infame action qu'a commise le Santinelli. Aussi, remarque-t-on, que lorsque Henri III voulut se defaire du duc de Guyse, il commanda au Sr de Crillon de le tuër. Il l'avoit choisi pour cette execution

---

cette façon la vérité, sans se couvrir d'infamie; et le monde n'aurait rien à dire contre lui, et encore bien moins contre la reine à laquelle, du reste, n'auraient pas manqué des moyens plus proportionnés à sa grande prudence et à son habileté, et qu'elle aurait réglés elle-même, pouvant ainsi châtier l'infamie d'autrui sans obscurcir sa propre réputation. Celle de Santinelli s'accroît de la lâcheté qu'il a montrée dans cet événement, parce qu'il a manifesté qu'il ne lui suffisait pas d'exécuter le commandement de la reine d'une manière chevaleresque, mais qu'il a voulu assimiler sa vie à celle d'un assassin, et d'une manière si blâmable.

(1) Cette relation complète sur plusieurs points, notamment sur ce qui se passa entre la reine Christine et Mazarin, après l'événement, le récit du Père Le Bel, supérieur du couvent des Mathurins de Fontainebleau, qui avait été obligé d'assister à ce drame affreux. Ce récit, qui a pour titre : *Relation de la mort du marquis de Monaldeschi, grand écuyer de la reine Christine*, se trouve imprimé dans le tome IV des *Pièces intéressantes et peu connues*, et aussi dans le tome Ier de la *Description de Fontainebleau*, par l'abbé Guilbert. 1731. 2 vol. in-12.

Monaldeschi fut enterré dans l'église d'Avon; à l'entrée, au pied

parce qu'il sçavoit que le duc de Guyse luy avoit donné quelque suiet de n'estre pas son serviteur; mais Crillon refusa d'accepter une telle commission, et dit au Roy que si Sa Maiesté vouloit il appelleroit le duc de Guyse en duël et feroit son possible pour l'y faire perir, mais que de l'assassiner il ne pouvoit s'y resoudre.

Son procedé fut loué de tout le monde, bien que ce fust le commandement d'un souverain à son subiect et pour le rendre executeur de ses ordres contre un autre sien subiect : au lieu qu'icy c'est un domestique qui, pour plaire à sa maistresse, se porte à commettre un assassinat, et fait pis que le bourreau en executant un homme à qui on n'a point fait le procez, et que sa partie condamne à la mort dans la chaleur de sa passion, ce qui n'est pas mesme permis aux souverains puisque les loix veulent qu'ils fassent accuser pardevant des juges ceux qu'ils croyent criminels, pour les avoir offensés, et s'en estre pris, ou à leur personne ou à leur

du bénitier, se trouve une petite pierre noire sur laquelle sont gravés ces mots :

CY - GIT
MONADES -
XI.

Une autre pierre, moins ancienne, porte l'épitaphe suivante : *Le samedi 10 novembre 1657, à 5 h. 3/4 du soir, ont été déposés près du bénitier, les restes du marquis de Monaldeschi, grand écuyer de la reine Christine de Suède, mis à mort dans la galerie des Cerfs du château de Fontainebleau à 3 h. 3/4 du soir.*

Non loin de cette tombe de sinistre mémoire se trouvent celles de Bezout et de Daubenton, dont le souvenir amène le visiteur à des impressions plus calmes.

Estat. Mais depuis que cette reyne a quitté Dieu et la religion dans laquelle elle est née, la pluspart de ses actions n'ont esté que des devoyements de prudence et des contraires de tout ce que l'on avoit dit d'elle de merveilleux et de grand.

Le 14°, nous apprismes par nos lettres que les Suedois avoient receu quelque eschec, mais peu considerable, en l'isle de Schoonen, et qu'en revanche ils achevoient de se rendre maistres du païs de Iutlandt et de Holstein pendant que leur Roy faisoit son possible en Pomeranie pour y assembler des forces capables de s'opposer aux Polonois qui y vouloient entrer pour faire une diversion advantageuse aux Danois.

Nous fusmes voir l'apres disnée mademoiselle de Senonville, fille d'esprit, et qui a esté de tout temps fort attachée à la maison de Lorraine. Elle nous dit que le mariage du prince Ferdinand avec la segnora Ortensia (1) ne se fairoit point qu'on n'eust rendu à ce prince la Lorraine; et que c'estoit par où son pere vouloit que l'on commençast.

Le 15°, le sieur de Speyck nous mena voir madame des Reaux que nous n'avions pas encore saluée. Il faut advouër que c'est une personne fort agréable, qui reçoit civilement le monde, et leur fait fort bon accueil. Il ne faut pas s'estonner que nostre couzin de la Platte eust tant d'estime pour elle, car elle la merite fort bien, et la soustient avec

---

(1) Hortense Mancini, la quatrième nièce de Mazarin, qui épousa en 1661 le duc de La Meilleraye (voir page 52). Morte à Londres en 1699.

esprit : elle en a beaucoup et est sans doute fort propre à ayder un ieune homme à former le sien, ayant toute la vivacité et toute la douceur qu'on peut souhaiter en une personne de sa sorte. Nous y passames une couple d'heures, pendant lesquelles mesdames Tallemant (1) et de la Sabliere (2) y survinrent : la derniere est fort bien faite et elle est d'une humeur fort eniouëe. Nous fusmes ensuite rendre visite à madame de Saint-Pont : c'est une dame de nostre voysinage, dont la beauté fait tout l'agrement, car on ne treuve pas en sa conversation cet esprit delicat et adroict qui se rencontrant ioinct à cet advantage de la nature, en rehausse le prix et en rend les charmes plus puissants. Elle a pourtant esté si heureuse que d'avoir donné dans la veuë d'un homme de condition qui l'a espousée et qui, ayant sceu qu'elle avoit esté un peu coquette, l'eclaire de si pres qu'il ne luy laisse que la volonté de vivre de la maniere qu'elle vivoit avant qu'il fust son mari ; et afin qu'elle ne treuve pas cette contraincte rude, il luy permet de iouër tout autant qu'elle veut. Elle aime fort le ieu, et ayant moyen de satisfaire cette passion, elle est moins emportée pour la galanterie.

Le 17°, nous allasmes voir madame de Belleval,

---

(1) Probablement la femme de Pierre Tallemant, sieur de Boisneau, maître d'hôtel du roi, demi-frère de Tallemant des Réaux.

(2) Madame Rambouillet de la Sablière, une des femmes les plus distinguées du XVII° siècle, dont le nom est devenu inséparable de celui de La Fontaine, son ami, qui reçut chez elle l'hospitalité pendant vingt années.

pour luy rendre quelques papiers qu'elle avoit baillés au Sr de Rodet, qui nous en avoit priés. Elle nous dit que madame la comtesse de Caravas estoit arrivée en cette ville, et qu'elle s'estoit logée chez Mr de Sourdis son oncle, en dessein d'y passer une bonne partie de l'hyver. Nous apprismes ce mesme iour que l'aisné du fû duc de Bouillon avoit donné 936,000 livres de la charge de grand chambellan, que M^r le duc de Guyse exerçoit depuis la mort du duc de Ioyeuse son frere; et que parce qu'on pretend qu'il epousera une des nieces de M^r le cardinal (1), il a esté preferé au duc de Longueville qui en offroit un million pour son fils.

Le 18e, nous allasmes à Charenton, où le Sr de Speyck presenta un enfant au baptesme avec mademoiselle de Letan. L'apres dinée nous fusmes voir madame de Ficquefoord, où nous passasmes toute nostre soirée. Elle nous dit que le Sr de Benserade estant venu voir la reyne de Suede avec une mine triste et serieuse, elle luy avoit demandé ce qu'il avoit le voyant ainsi hors de sa belle humeur, et le prenant par la main l'avoit mené au mesme lieu où elle avoit fait tuer Monaldeschi, et luy avoit raconté toute cette belle action : apres en avoir achevé l'histoire, elle luy dit : « N'avez vous pas « peur que ie ne vous traite de mesme ! » Sur quoy haussant les espaules, il se retira assez confus et surpris de ce narré et de ce compliment.

Le 19e, nous fusmes rendre visite à madame Cout-

(1) Le duc de Bouillon épousa en effet, en 1662, Marie-Anne Mancini, nièce de Mazarin, née en 1649.

turier, que nous treuvasmes occupée à faire tendre toutes ses chambres de meubles d'hyver, comme font ordinairement les bonnes mesnageres, pour conserver leurs beaux ameublements, à cause que le feu les gaste. Comme nous vinsmes à parler de la lotherie et des belles choses qu'on y estale, elle nous dit qu'elle n'y avoit pas trouvé cette beauté qu'on publie, et qu'il n'y avoit que les poincts qui luy pleussent, car quant aux pierreries, qu'elle en avoit de bien plus belles, et apres avoir ouvert un petit cabinet, qui estoit au chevet de son lict, elle en tira une layette, où il y avoit pour environ 80,000 livres en bijous qu'elle nous moustra. Elle avoit raison de le dire, car en effet nous y vismes un beau collier de perles de 20,000 livres, avec une paire de pendants d'oreilles avec les boucles, qui ne valoient guere moins, et encore quelques pieces de prix. De là nous allasmes voir madame de Lorme, qui nous dit que madame la comtesse de Mailly ayant surpris un billet doux du comte de la Serre à mademoiselle de Caravas sa fille, dont il estoit devenu amoureux, l'avoit maltraitée, et que la fille despitée de la rigueur de sa mere, avoit fait venir un beau matin une chaise, et s'en estoit allée à son insceu, sans qu'elle ait pû decouvrir où elle est. On fait courir le bruict qu'elle s'est retirée chez une madame de Barneville, qui mene une vie fort infame et scandaleuse quoy qu'elle soit parente de monsieur le Premier.

Le 20ᵉ, le sieur de Lemonom ayant esté en nostre logis nous demander, et tesmoigné qu'il avoit quelque chose à nous dire, nous le fusmes voir, et dans l'entretien nous apprismes de luy, que le Roy avoit commandé à ses mousquetaires de se pourvoir de chevaux gris, voulant que toute la compagnie en fust montée, et qu'ils eussent la queuë longue. Il nous parla ensuite de quelques terres bien basties et de bon revenu qu'on pouvoit avoir à assez bon marché, entre autres de la Fresnaye auprès d'Estampes, qui est en beaux droicts et qu'on pourroit avoir pour 100,000 livres, bien qu'elle vaille plus de 5,000 francs de rente.

Le 21°, nous fusmes rendre visite à madame d'Osson, où nous treuvasmes madame de Ruvigny, femme du deputé de ceux de la religion reformée. Elles nous dirent qu'elles avoient appris d'un Augustin, qui ne faisoit que de sortir, qu'il avoit esté en Suede en habit de seculier, et que la reyne Christine y avoit de ce temps là changé en secret de religion, et qu'il l'avoit confessée ; lorsqu'elle fut à Rome en faire profession au pied du pape, il la rebaptisa et luy donna le nom d'Alexandra, et par l'action qu'elle vient de commettre, elle a monstré qu'elle ne veut pas seulement ressembler de nom à ce grand roy de Macedoine, dont est tiré le sien, et que s'il sceust faire mourir Clitus, elle a sceu faire egorger Monaldeschi, enyvrée de sa colere aussi bien que l'autre estoit *vino tortus et ira* (1).

---

(1) *En proie à l'ivresse et à la colère.* Celle citation est empruntée à ces vers d'Horace :

    ... Arcanum neque tu scrutaberis illius unquam,
    Commissumque teges, et vino tortus et ira.
                         (*Epist. ad Lollium.*)

Le 22ᵉ, nous fusmes voir monsieur et madame de Caravas, qui estoient de retour en cette ville depuis cinq ou six iours, aussi gays et aussi ioyeux que jamais. Ils nous dirent que partout où ils avoient esté, ils avoient eü de la satisfaction en leurs affaires et principalement en celles de la baronie de Saint-Loup, et que pour s'en mettre en possession, ils en alloient prendre le bail iudiciaire. Ils passeront icy l'hyver, et ont loué la maison du comte de Montresor, au Marais, à la ruë neufve Saint-Louys, et cherchent partout des meubles à acheter. Ils se veulent absolument ruïner, au moins en prennent-ils le chemin, s'ils ne sont icy que pour leur plaisir, où les riches s'incommodent, s'ils n'ont point d'autre but. Ils receurent pendant que nous y estions mille escus de madame de Saint-Loup (1), et nous dirent qu'elle leur en devoit bien davantage, et qu'ils estoient si heureux que de ne devoir rien à personne. Si cela est et qu'il dure, les voyla bien et cette petite femme sera fort satisfaicte de son tiltre de comtesse. Elle va faire parade de la parenté de son mari, qui l'oblige à prendre le deuil de la mort du duc d'Elbeuf.

Le Roy partit ce iour mesme d'icy pour aller coucher à Villeroy en dessein d'aller voir le lendemain la reyne de Suede à Fontainebleau. On dit qu'il ne luy parlera de rien et que la visite ne sera que d'une petite demi heure.

(1) On trouve dans les Mémoires de Gourville des détails assez piquants sur cette dame, qui offrait un singulier mélange de dévotion et d'intrigue.

Le 24°, n'ayants pas trouvé mesdames de Caravas et des Reaux au logis, nous fusmes passer toute nostre apres disnée chez madame de Saint-Armant, où nous eusmes une assez belle et agreable conversation. On se mit à faire des contes de la reyne de Suede, et il y eust un abbé qui parmy les extravagances de cette princesse nous en raconta une qui est tout à fait bigearre : c'est qu'en une ville d'Italie elle demanda ce qu'il y avoit de plus beau et de plus remarquable à voir ; on lui dit que c'estoit un lion qui estoit epouventablement grand, et qu'on ne le pouvoit voir que de haut en bas, tant il estoit furieux. Elle y alla, et y estant menée par beaucoup de personnes de qualité, et entre autres un homme qui lui avoit tesmoigné beaucoup d'attachement, elle luy demanda son chappeau qu'il luy presenta avec beaucoup de civilité ; elle le prend, le iette dans la caverne du lion, et luy dit qu'elle avoit tant ouy parler de sa bravoure et de son courage, qu'elle luy donnoit le moyen d'en donner des preuves. Le gentilhomme tout estonné de ce procedé, alla treuver le gardeur du lion, et lui demanda comment il pourroit approcher cette beste. — Il luy repondit qu'il vestist une robe de toile blanche, et tinst un morceau de viande d'une main et de l'autre une dague, et que si le lion le caressoit, il luy presentast le premier, et s'il rugissoit, il se servist du dernier. Le gentilhomme alla en cet equipage dans la caverne, treuva le lion de bonne humeur, et luy presentant la chair, reprit son chappeau et s'en alla à cette inhumaine reyne, et luy dit qu'il avoit executé son commandement, et qu'il ne demandoit plus rien que la permission de se retirer d'aupres d'elle, apres luy avoir tesmoigné qu'il avoit esté assez temeraire que de hazarder sa vie pour luy plaire; et que si sa hardiesse avoit egalé son caprice, il ne desiroit plus d'estre reduit à la necessité de luy donner de si sottes marques d'un courage qu'il devoit mieux mesnager, puisqu'elle l'exposoit à si bon marché.

Voila comme un chacun debite tout ce qu'il sçait de cette reyne que le Roy vient de visiter à Fontainebleau, car on s'est enfin resolu à la cour de dissimuler cette execution qu'elle y a fait faire : en quoy l'on voit que les princes ne sont pas comme le reste des hommes; ils appreuvent les actions les uns des autres en public, bien que souvent ils les condamnent en particulier. On ne sçait pas bien ce qui s'est passé en cette entreveuë. Ce qu'on en publie, est qu'elle n'a duré qu'une heure, que la reyne vint recevoir le Roy dans la court du chasteau, et qu'apres les premiers compliments, elle se mit à exagerer les avantages que S. M. avoit remportés cette campagne en Flandres. On adiouste, mais ie croys qu'on le veut deviner, que dans une conversation secrete cette reyne dit au Roy, qu'elle estoit fort faschée de ce qui s'estoit passé en sa maison, mais qu'elle avoit eu de iustes causes de se defaire de Monaldeschi, et que si elle avoit failly, elle estoit preste de se ietter à ses pieds pour luy en demander pardon. On veut que le Roy luy ait respondu qu'il ne doutoit point qu'elle n'en eust iuste raison. La response estant ambiguë donne suiet au monde de la rapporter à l'action ou au pardon.

Le 25ᵉ, à nostre retour de Charenton, nous fusmes visiter le Sʳ de Moulines, qui avoit fait reproche à un de nos laquays de ce qu'il avoit esté bien malade, et que nous n'avions point envoyé sçavoir de ses nouvelles. Nous le treuvasmes delivré de sa goulte, et dans l'entretien entre autres contes qu'il nous fit du Sʳ d'Aubigné (1) qui avoit esté à Henry IIII, il nous dit qu'un iour ayant reçeu pour present de ce prince un tableau, il en fit ce quatrain :

> Ce prince est d'estrange nature ;
> Je ne sçay quel diable l'a fait,
> Pour qu'il recompense en peinture
> Ceux qui le servent en effet.

Le 26ᵉ, nous fusmes voir madame de Saint-Armant ; nous y apprismes qu'on avait pourveu le comte de Soissons de la charge de colonel general des Suisses, et que les officiers de ce corps l'en estoient allés complimenter et luy rendre leurs premiers devoirs. Cet employ est l'un des plus beaux de la couronne et qui donne un grand credit à celuy qui en est pourveu ; car il commande generalement à tous ceux de cette nation qui sont au

---

(1) Théodore Agrippa d'Aubigné, né en 1550, favori d'Henri IV et dévoué à sa cause ; il demeura cependant zélé calviniste, et se retira à Genève où il mourut en 1630. Il avait un esprit caustique et original. On sait qu'il fut le grand-père de madame de Maintenon.

service du Roy, pourvoit à toutes les charges; et du temps qu'il y en avoit près de 30,000, il estoit encore d'une plus grande estenduë. A present il n'y en a que deux regiments : celuy des gardes et le regiment de Pfeiffer; mais le revenu de la charge n'en est pas minué et va tousiours à 80 ou 100 mille francs.

Le 27ᵉ, nous fusmes rendre visite à madame de Belleval, qui nous demanda des nouvelles du monde et ce qu'on y faisoit. Elle est dans un couvent si reculé, et où l'on voit si peu de personnes, qu'elle est tres aise d'en apprendre quelque chose dès qu'elle reçoit des visites de ceux qui sçavent ce qui s'y passe. Nous voulusmes d'abord luy conter l'histoire de mademoiselle de Caravas, comme une piece extraordinaire et de la plus fraische date. Nous ne l'eusmes pas commencée, qu'elle nous fit signe du doigt de ne parler pas si haut, en disant tout bas : elle est icy, mais, ie vous prie, ne laissez pas de me dire de quelle manière on en parle. Nous la luy racontâsmes de la façon que nous l'avons couchée cy dessus. Elle nous respondit : on lui faict tort, car dès qu'elle a quitté sa mere elle s'est retirée icy, et quant au billet dont on parle, c'est une lettre que quelqu'une de ses amies luy avoit escritte, et l'ayant laissée sur sa table, le comte de la Serre la treuva, l'ouvrit, et y voyant quatre ou cinq doigts de papier vuide au bas, le remplit d'un compliment et recacheta la lettre. La mere qui est ialouse de sa fille, d'autant qu'elle ayme cet homme, et craint que sa fille ne luy fasse prendre le change, prend la lettre, la lit, et à demy enragée, va tout droit à sa fille, qui revenoit de la ville, et commence à la battre, à luy donner cent coups de pieds et à luy deschirer sa coiffe en l'eschevelant. Mesdames de Barneville et de Saint-Simon, qui estoient presentes à cette comedie, taschoient de ramener la mere à la raison et d'appaiser la fille, qui toute desolée fit son pacquet le lendemain de grand matin et se vint refugier dans ce couvent, d'où la mère, se repentant de ce qu'elle en a si mal usé, tasche de la retirer par belles paroles.

Nous la vismes un moment apres au parloir. Elle a beaucoup d'esprit, danse fort bien, et a la taille fort avantageuse; de beauté elle n'en a que fort peu et autant qu'il en faut pour faire que l'agreement qui luy vient d'ailleurs n'ait rien de choquant.

Le 28°, nous receusmes nos lettres, et on nous y marquoit un grand advantage que nostre Estat venoit de recevoir, et qu'il sembloit que Dieu luy eust envoyé pour chastier l'orgueil et la trahison des Portugais en nostre endroict. Car en suite de la conference pour l'aiustement des affaires du Brasil, que nous avions envoyé rechercher dans Lisbonne mesme par des commissaires que nostre admiral y avoit mis à terre, nosdits commissaires suivant l'ordre de l'Estat, voyant qu'on ne pouvoit point s'accommoder, avoient declaré la guerre aux Portugais, et estoient revenus au bord de nostre admiral. Là il fut deliberé ce que l'on auroit à faire, et s'il falloit attendre la flotte du Brasil, qu'on avoit appris devoir arriver dans le mois par un batteau d'advis qu'on avoit intercepté, ou s'en retourner au pais, les provisions commençant à manquer. Au conseil de guerre, qui en fut tenu apres que nostre admiral s'estoit eloigné de trente lieuës de la riviere de Lisbonne, il fut conclu qu'on s'en retourneroit au païs ; et comme on estoit sur le poinct de se mettre à la voile pour en prendre la route, on vit paroistre la flotte portugaise : on luy alla à la rencontre, on la chargea, et sans beaucoup de difficulté on en prist ou on en dissipa la pluspart des vaisseaux : ce n'en estoit pourtant qu'une esquadre composée de trente six vaisseaux, et celuy qui commande les cinq prises qui sont arrivées au Texel, et qui en ont apporté la nouvelle, rapporte que l'on attendoit l'autre escadre qui est composé de 44 vaisseaux. Il ne doutoit point qu'elle ne tombast entre les mains de nos gens, parcequ'elle ne sçavoit point qu'ils l'attendissent.

On tient que toute cette flotte porte près de 20 millions, tant en 50,000 caisses de sucre dont elle est chargée, qu'en autres denrées. Voilà ce qu'on en a sceu par ce commandant, qui ayant esté separé du gros par le mauvais temps, et contrainct de relascher au païs, ne pouvoit rien dire de plus touchant cette rencontre dont on attend le detail par quelque envoyé de la part de l'admiral.

L'apres disnée de ce mesme iour M. le cardinal partit d'icy, pour aller recevoir la reine de Suede en une belle maison, nommée Petit-Bourg (1), où il la doit traiter et resoudre avec elle si elle viendra icy ou si elle ira ailleurs. On fait bien toutes les demonstrations de l'y vouloir recevoir, mais en effet on n'a guere d'envie qu'elle y vienne. M. le cardinal a bien fait preparer sa maison pour l'y loger, mais selon le bruict commun il luy est allé au-devant pour la dissuader d'y venir. Comme il ne manque pas d'adresse, il pourra aisement luy protester qu'il le passionneroit et qu'il s'estoit preparé à luy faire le meilleur accueil qu'il auroit pù, mais que pour diverses raisons il ne sçavoit pas si elle ne devroit point prendre une autre resolution. Quoy qu'il en soit de l'intention qu'il a, la mine qu'il fait de la vouloir loger nous a donné occasion de voir tous ses beaux meubles, qui sont richement estallez en son palais (2). Tout le bas apartement est presque orné de statuës si bien choisies et si excellentes, que l'on diroit qu'il ne leur manque que la parole; aussi sont elles de grand prix, et on nous en monstra une qui represente la Clemence en une femme qui serre son petit enfant entre ses bras,

---

(1) On lit dans une lettre de l'ambassadeur de Hollande à Paris, en date du 7 décembre 1657 :

« La reyne Christine de Suede a esté visitée de M. le Cardinal, et le Roy luy a faict un present de 12,000 pistoles. On tient que la dite reyne ne viendra pas icy à Paris, mais qu'elle ira à Bourges jusques à ce que les eaues qui sont débordées presque partout le royaume seront diminuées, pour poursuivre alors son voyage de Provence. Son Éminence a traité fort magnifiquement la reyne à Petit-Bourg à la maison de l'evesque de Langres. »

(2) Ce palais, qui était l'ancien hôtel Tubeuf, est aujourd'hui, comme on sait, la *Bibliothèque impériale* ou *de la rue Richelieu*.

qui est inestimable, bien qu'elle n'ait cousté que 10 mille escus. Toutes les autres sont aussi de prix. Celuy d'en haut est tendu des plus belles et plus fines tapisseries et brocards d'or et d'argent que l'on sçauroit voir; outre quantité de cabinets de toute sorte de matiere, et autres raretez que la vanité fait estimer parmi les grands. Il y a une table de marbre au milieu d'une sale, qui est la plus belle chose du monde, enchassée d'or et de pierres precieuses; elle est si polie, si egale et si luisante, qu'elle pourroit servir de miroir au besoin. Il y en a encore une autre de la mesme estoffe, où les fleurs sont si artistement representées avec leurs vrayes couleurs toutes de marbre, qu'un peintre ne les sçauroit mieux contrefaire avec son pinceau.

Nous vismes ensuite une galerie où toutes les raretez des Indes sont estallées; elle est tendue d'un brocard verd d'or et d'argent. Il y a deux tapis de pied dont chacun est presque une fois aussi long que la grande galerie du sieur de Sommelrdeyck. Pour la conclusion de toutes ces merveilles, on nous mena dans une chambre où de prim'abord on ne sçait ce que l'on voit, la veuë se treuvant toute offusquée des grandes richesses qu'on a mises au iour pour recevoir l'incomparable Christine, ce grand prodige du siecle, et qui l'est encore depuis sa dernière action, cette magnanime et legale façon de se defaire de ses domestiques. On n'y voit qu'or et argent, et c'est une chose d'assez dure digestion aux bons François de voir que ce ministre a tiré toutes les plus belles nippes du Louvre en sa maison ; car il se sert du lict sur lequel la Reine accoucha du Roy, qui est de veloux cramoisi, doublé de brocard si plein de broderie que l'on n'en voit pas le fond ; le dais, les sieges et les tapis de table sont de mesme. Il a cousté pour le moins 60,000 livres.

Le 1ᵉʳ decembre, il arriva icy un courrier qui apporta une lettre du duc d'Enghien, fils unique du prince de Condé, au sieur Guenaud, medecin de ce prince. Il luy marquoit que son pere se treuvant à l'extremité, il le supplioit de se rendre en diligence à Gand pour l'assister (1). Guenaud fut chez M. le Tellier pour demander un passeport ; mais avant que de le lui accorder il en voulut donner advis à M. le cardinal qui estant entré en la chambre du Roy, luy dit que M. le Prince se treuvant dangereusement malade, avoit mandé son medecin, et que s'il plaisoit à S. M., il iroit promptement aupres de luy pour l'assister. Le Roy hesista et dit que puisque le Prince s'estoit si longtemps passé de ce medecin, il pourroit bien s'en passer en cette rencontre, qu'il est rebelle et a les armes à la main contre son Souverain. Là-dessus M. le cardinal vit occasion de faire un acte de generosité, et dit au Roy que M. le Prince ayant

(1) On lit dans une lettre adressée de Paris, le 7 décembre, au gouvernement des Pays-Bas : « M. le duc de Longueville a envoyé en diligence à Ghent quelques médecins et maistres bien expers en la chirurgie, à cause que M. le prince de Condé s'y trouve extrememement malade : ce sont les personnes qui avoient accoustumé de traitter Son Altesse icy en France. »

l'honneur de luy appartenir, luy devoit estre cher et considerable, et qu'il ne devoit pas s'arrester à ce qu'il estoit hors de son devoir, puisqu'en cette urgente necessité, il falloit tout oublier pour conserver un si grand homme; adioustant, dit-on, qu'il estoit necessaire à l'Estat, et que mesme si S. M. pouvoit se passer de son premier medecin,

auroit treuvé bon qu'on le luy envoyast. On expedia ensuite le passeport, et on ne permit pas seulement au medecin d'y aller, mais on voulut que Dalencé, chirurgien ordinaire du Roy, l'accompagnast.

Le lendemain 2°, il arriva un autre courrier qui assura que ce Prince estoit aux abois; mais on eust bientost nouvelle apres que Guenaud s'estoit rendu aupres de luy, qu'il luy avoit appliqué des remedes et qu'il esperoit de le guerir. Comme on a permis à MM. les prince de Conty et duc de Longueville d'y envoyer tous les iours des courriers et d'en recevoir; on sçait tout ce qu'il a dit pendant son grand mal; il manda d'abord la princesse sa femme et le duc d'Enghien son fils, les exhorta de retourner en France, de se soumettre au Roy, recommandant à son fils de ne iamais rien faire d'indigne de son rang, et de ne prendre iamais les armes contre son Souverain. On adiouste qu'il tinst le mesme langage aux François qui estoient dans sa chambre. Les Espagnols ont sçeu son repentir, et n'en sont guere contents; non plus que de la declaration que firent les gouverneurs de Rocroy et du Catelet, lorsque Don Juan les fit sommer de reconnoistre ses ordres, car ils protesterent que s'il venoit faute de M^r le prince de Condé, ils ne reconnoistroient que ceux du duc d'Enghien.

Ce mesme iour nous fusmes au presche chez nostre ambassadeur à cause du mauvais temps. Le fils de Lotius qui est nouvellement arrivé de Hollande, y fit son premier sermon. Il estoit assez estudié, mais il ne le recita guere bien et il estoit aisé à voir que c'en estoit un de son pere, qu'il avoit appris par cœur, car il besitoit par fois et cherchoit la suite de ses periodes, et s'y mesprenoit souvent. L'apres disnée nous fusmes pour faire quelques visites, mais nous ne treuvasmes personne : aussi n'avions nous pas sçeu que c'estoit le premier dimanche de l'Advent, que les papistes ont en une particuliere consideration et ne manquent guere ni le sermon, ni les vespres.

Le 3e, on nous dit que le cardinal estoit revenu le iour auparavant de Petit-Bourg, et qu'il avoit esté si content de sa negotiation avec la reine Christine, qu'après qu'elle l'eust quitté pour retourner à Fontainebleau, il monta à cheval et s'en vint icy au galop. Il ne fut pas arrivé au Louvre, que montant à son apartement, et y rencontrant Ondedeï, il luy dit : *Habbiamo guadagnato la battaglia, la regina non ci venra* (1). En effet il en livra presque une pour la persuader de n'y point venir. Il luy representa que Paris est une grande ville où il n'y a ni ordre, ni moyen d'y en

---

1. « Nous avons gagné la bataille; la reine ne nous viendra pas. »

mettre ; que cette grande diversité de personnes de toutes conditions faisoit qu'on n'y respectoit presque personne : que le Roy et luy apprehendoient, qu'elle n'y auroit pas la satisfaction qu'ils souhaitoient ; et notamment apres l'action qu'elle venoit de commettre, qui avoit ouvert la bouche à tant de monde, et qui sans doute l'exposeroit au mespris et à la haine de la pluspart des consciencieux qui blasmoient et detestoient ce procedé ; que partant il estoit obligé de la prier de se vouloir plus de bien à soy mesme que de se commettre à l'indiscretion commune de ce grand peuple, et d'espargner au Roy la peine qu'il tireroit de ne la pouvoir pas faire respecter, comme il sçait qu'il y est obligé à cause de sa qualité et de ses merites.

Toutes ses belles raisons ne persuaderent pas la reyne qu'elle ne deust pas venir icy, mais la rebuterent, voyant bien qu'on ne l'y vouloit pas ; et elle tesmoigna qu'elle s'appercevoit bien de l'intention de la cour et du premier ministre. Mesme on dit qu'elle s'escria plusieurs fois : « Quoy ! l'on souffrira bien à Paris plus de deux mille Allemands, et on fera difficulté d'y recevoir une ancienne alliée ! »

La Reyne Mere qui a des aversions pour tout ce qui choque le cardinal, tesmoigna plusieurs fois qu'on fist ce que l'on pourroit pour l'empescher de venir icy, et que si elle y venoit, elle ne la verroit point, ayant de l'horreur pour sa personne et pour sa façon de vivre depuis l'assassinat qu'elle avoit fait faire dans la maison du Roy. Ce discours donne suiet de parler aux medisants, et de dire qu'elle avoit raison de vouloir du mal à Christine, puisqu'elle avoit plus osé en ce royaume qu'elle qui y a esté regente et mere du Souverain, et qui n'a iamais fait mourir aucun de ceux qui ont mal parlé d'elle : aussi si elle l'eust voulu faire, elle auroit estendu sa vengeance sur une bonne partie de cette ville et de ce royaume, où pendant sa regence et mesme apres on a escrit et chanté d'estranges choses d'elle et du cardinal.

Le 4ᵉ, on nous dit que le 2ᵉ du courant on avoit fait partir 80 mousquetaires du Roy, et autant de gardes de Mʳ le cardinal pour s'aller ietter dans Mardick sur l'apprehension qu'on avoit que les ennemis ne l'attaquassent une seconde fois; tous les advis de Flandres portants que Don Juan et les autres chefs d'Espagne estoient à Ypre avec les deputés des quatre membres de Flandres, pour y adviser aux moyens de reprendre cette place. Il leur sera pourtant difficile d'y reüssir parce qu'elle est en si bon estat, et si bien munie, qu'ils seroient obligés d'y faire un siege formel, ce qui ruineroit leur armée ; outre que celle de France qui est sur la frontiere y accourra incontinent, et les obligera d'en deloger lorsqu'ils s'y seront engagés. Le Sʳ de Bats, gouverneur du Sʳ de Manchini et lieutenant desdits mousquetaires, y a esté envoyé pour les commander.

Le 5ᵉ, nous apprismes que l'on avoit preparé icy un ioly escrit pour en regaler la reyne Christine, si elle y fust venuë. Il devoit porter pour tiltre:

La Metempsycose de la reyne Christine. On y eust veu quantité de iolies choses, et entre autres belles ames qu'elle avoit euës, on luy donnoit celle de Semiramis, qui se travestissoit si bien, et qui tantost homme, tantost femme ioüoit tousiours des siennes et surtout lorsque faisant appeller iusques à des simples soldats pour coucher avec elle, elle les faisoit poignarder au relever, de peur qu'ils ne s'en vantassent. La derniere ame qu'on luy donne est celle de la Mathurine, cette gentille folle de la vieille cour (1). Mais à present qu'elle ne viendra point, cet escrit sera supprimé, M^r le cardinal ayant fait dire à l'autheur de la laisser aller en paix. Si elle fust venuë on l'auroit publié pour l'obliger à quitter un lieu où on la depeignoit de ses plus vives couleurs.

Le 6e, nous reçeusmes nos lettres, où l'on nous confirmoit bien que nostre admiral avoit rencontré la flotte portugaise, mais qu'il n'en avoit pris que quelques vaisseaux, les plus grands et plus richement chargés s'estant sauvés et ayant gaigné les ports de Portugal. Cependant tout ce que l'on en dit ne se fonde que sur le bruict, et on attend d'en sçavoir la verité au retour de nostre admiral qui a ordre d'estre au pays au 15e de ce mois.

Le 9e, on nous dit que la comtesse de Mondeiu, femme du gouverneur d'Arras, qui pour quelque

(1) La cour de Marie de Médicis. « Cette Mathurine, dit Tallement des Reaux, avoit esté folle, puis guérie, mais non pas parfaitement. Elle gaigna du bien et laissa un fils qui a esté un admirable ioueur de luth ; on l'appeloit Blanc-Rocher. »

mauvais traictement qu'elle pretendoit avoir reçu de son mari, l'avoit abandonné, avoit esté condamnée à l'aller reioindre. L'occasion de cet arrest fut que la Cour, ayant fait solliciter ce comte de quelque chose qu'elle desiroit de luy, il s'en estoit excusé sur ce qu'on luy retenoit sa femme. Pour l'y obliger, le Roy ordonna à son Conseil de revoir le procez; ce qui fut fait, et l'arrest du Parlement, qui luy donnoit la permission de se separer de son mari de corps et de biens, fut cassé, et ordonné qu'elle l'iroit reioindre; et pour l'y obliger sans delay, on adiousta que 80 archers l'y escorteroient et qu'elle y seroit menée pieds et poings liés : ce qui a esté fait auiourd'huy, et dans peu de temps nous sçaurons que son mari, qui est un maistre homme, luy aura fait une reception toute telle qu'elle la merite.

Le 10ᵉ, on fit partir d'icy le reste des mousquetaires pour se rendre à Calais, sur le soupçon qu'on avoit que les Espagnols avoient dessein d'attaquer Mardick. Mesme afin que Son Eminence fist voir qu'elle n'y vouloit espargner personne, elle voulut que son nepveu de Manchini, qui en est capitaine, les allast commander : et afin que cette compagnie, qu'on veut estre une pepinière de braves, soit plus forte et plus considerée, le Roy l'augmenta de dix, et l'a mise à 130 hommes.

Le 11ᵉ, on eust ici advis que la reyne d'Espagne (1) estoit accouchée d'un fils, et que le roy en

(1) Marie-Anne d'Autriche, fille unique de l'empereur Fer-

avoit escrit à la Reyne sa sœur (1), luy ayant despesché un Allemand qui après avoir esté regalé en cette Cour d'un beau diamant, avoit passé outre pour porter une si bonne nouvelle en Flandres et en Allemagne. La naissance de ce prince tant attendu et tant desiré, arrestera toutes les esperances et les visées des grands d'Espagne, qui regardoient desia ce royaume comme la peau du lyon, qu'ils se devoient partager; et au sens de plusieurs, il sera l'alcyon qui calmera ces grandes tempestes de guerre qui regnent depuis si longtemps entre ces deux couronnes. Le Sr de Reede nous marquoit aussi, par sa dernière de Madrid, que don Luis de Haro, favori du roi et premier ministre, avoit marié sa fille avec le duc de la Niebla, fils du duc de Medina Sidonia. Par cette alliance, ce seigneur aura la liberté de sortir de Valladolid où il avoit esté renfermé depuis le soulevement des Portugais, à cause que la reyne de Portugal est sa sœur, et qu'on le soupçonnoit d'intelligence avec elle.

Le 12e, on nous vola un manteau de pluye que nous avions quitté dans nostre chambre à nostre retour de l'academie, sans que nous ayons pû descouvrir qui ç'a esté.

Le 13e, monsieur de Turenne retourna de sa campagne, qu'il avoit finie par la prise de Mardyck, qu'il avoit appris estre en si bon estat qu'il n'y avoit rien à craindre.

dinand III, mariée à son oncle Philippe IV, roi d'Espagne, en 1649.

(1) Anne d'Autriche.

Le 15ᵉ, on nous dit que la duchesse de Roquelaure estoit morte, après estre accouchée d'une fille qui ne l'a survescuë que de deux heures. C'est grand dommage de cette dame, car elle passoit pour la plus belle de la Cour. Elle estoit fille du comte de Lude, qui avoit esté gouverneur de M. le duc d'Orléans. M. de Roquelaure l'avoit espousée autant pour sa beauté que pour ses biens, et en estoit si ialoux qu'il lui avoit presque interdit de voir le monde.

Le 16ᵉ, la comtesse de Soissons, l'une des Manchini et niepce du cardinal, accoucha d'un fils, et on en tesmoigna une ioye extraordinaire à la Cour; et afin que celle de l'accouchée ne fust troublée que de la douleur qu'elle en sentoit, on luy cela la mort de la duchesse de Roquelaure, sa bonne amie. Mais, comme si ce mois estoit fatal aux belles de la Cour, on nous dit que la comtesse d'Olone estoit en danger de perdre une iambe pour une fluxion qui s'y est iettée et où l'on apprehendoit la gangrene.

Le 17ᵉ, sur l'advis qu'on eust icy que les Espagnols marchoient du costé de Mardick en intention de l'assieger, nonobstant la rigueur de la saison et que la place est tres bien munie de monde et de toutes sortes de provisions, on manda M. de Turenne au Louvre, où le Roy luy fit connoistre qu'il estoit necessaire qu'il retournast sur la frontière, et qu'il y ramassast toute l'armée pour marcher au secours de la place. Il est parti à ce matin pour cet effect. Cependant on ne croit pas qu'elle soit en danger, et que les ennemis reüssissent en leur dessein : parce qu'on asseure que, outre que les fortifications y sont en bon estat et qu'il y a pres de 3,000 hommes en garnison, les Anglois ont dans le canal vingt vaisseaux, sur lesquels il y a 2,000 soldats des vieilles bandes du Protecteur, qui aussitost se ietteront dans la place ; ioinct que le mareschal d'Aumont, gouverneur de Boulogne, s'est rendu dans la place pour donner ordre à tout, et que les Anglois, qui sont au Fort-de-Bois, incommoderont fort les assiegeants qui, d'autre costé, dans ce païs de sable, n'ayant que peu de materiaux pour hutter et presque point de fourrage pour leur cavalerie, auront beaucoup à pastir en cette saison. Aussi croit-on qu'ils n'entreprennent ce siege que pour contenter les quatre membres de Flandres, et les obliger à fournir l'argent qu'ils offrent pour l'armée, si on l'employe à reprendre cette place.

Le 18e, nous sceusmes que madame de Mondeiu estoit arrivée à Arras et qu'elle y avoit esté mieux receuë et traictée qu'elle ne l'avoit esperé.

Le 19e, le Roy fut au palais, pour y faire enregistrer la declaration contre les Jansenistes et accepter la bulle du Pape qui les condamne. On parle fort diversement de cette action, et on la treuve si hors d'exemple qu'on croit que la passion particuliere du ministre en a esté le principal motif. On soupçonne qu'il l'a fait pour deux considerations : la premiere pour se bien maintenir à Rome et gaigner l'esprit du Pape qui souhaitoit avec ardeur que l'on fist valoir sa bulle ; la seconde pour ruiner le Port-Royal et tous ceux qui sont du sentiment de ceux qui s'y sont retirez, et qu'on nomme Jansenistes. Ce qui fait qu'on leur en veut, est qu'ils sont fort amis du cardinal de Retz, et qu'on croit que c'est une faction qu'il a dedans l'Estat : iusques là qu'on soupçonne que pendant l'assemblée du clergé, ce sont eux qui ont escrit en sa faveur, qui ont fait tenir de ses lettres et quelquesfois si fraisches qu'on a presque esté persuadé à la Cour qu'il estoit à Paris caché parmi eux. Voilà ce qu'on croit estre la cause secrete et interieure de cette affaire. Il ne faut point douter que les Jesuites n'ayent esté l'exterieure, et qu'ils n'ayent sollicité avec vigueur l'enregistrement de la bulle et de la declaration. Le Père Annat, qui est de leur ordre et qui est confesseur du Roy, y a employé toute sa ruse et toute celle de son ordre.

Avant que le Roy se rendist au palais, pour y tenir son lict de justice à une si belle occasion, selon la coustume ses gardes se saisirent de toutes les avenuës de l'Isle. On en voyoit tout le long des quays, dès le milieu du Pont-Neuf iusques au palais ; les cent-suisses et les gardes du corps estoient dans le palais mesme aux portes et aux degrez, et le capitaine des gardes s'en estoit, des le grand matin, fait donner toutes les clefs. Le Roy y vint sur les six heures et fut reçeu à l'accoustumée. Tous les grands de la Cour, le duc d'Anjou et Son Eminence l'accompagnoient. M. le chancelier fut celuy qui parla à la compagnie, et il chancela se trouvant embarrassé dans sa harangue. M. de Nesmond (1), qui est le chef du parlement en attendant qu'on luy donne un premier president, le releva et prit la parole : et comme il tasche de suivre tous les mouvements de la Cour, parce qu'il pretend à la charge, il conclud à tout ce que souhaitoit le Roy. Il fut suivi de tous ceux qui parlerent et il n'y en eust pas un qui ne prist bien garde à ce qu'il disoit de peur d'estre couché sur le papier rouge, s'il s'efforçoit de garder en presence du Roy la liberté des suffrages. Il y eut pourtant un president qui parla un peu hardiment et qui eust esté suivi, si le Roy n'y eust esté present. On verra ce qui se fera apres ces festes, et si ces Messieurs se contenteront d'enregistrer purement et simplement cette declaration et cette bulle, sans faire des remonstrances.

Le 20°, apres avoir assez cherché à nous defaire de nos chevaux surnumeraires nous en conclusmes enfin le marché à 680 livres de la couple : ce fut le fils du Sr Poncet, maistre des requestes, qui les acheta. Le courtier qui nous les fit vendre le trompa et nous aussi, car il luy fit accroire qu'ils coustoient 730 livres, et en mit dans sa bourse 50.

Le 21°, nous receusmes nos lettres, et y apprismes le retour de nostre admiral, et que les quinze prises, qu'il avoit faites sur les Portugais, n'estoient estimées qu'à un million et demi, ce qui n'est pas capable de payer les frais de nostre armement qui

---

(1) F. Th. Guillaume de Nesmond, sieur de Combérau, fuit conseiller au Parlement en 1649, puis président à mortier. Mort en 1693.

nous revient pres de 3,500,000 livres. On nous marquoit de plus, que le landtgrave de Hesse estant à la chasse et rampant apres un sanglier, avoit esté pris à la noirceur de son chapeau pour la beste mesme par un arquebusier qui avoit fait une decharge sur luy, et l'avoit blessé tout au long de l'espaule, mais que le coup n'estoit pas dangereux, et qu'on esperoit qu'il en seroit bientost gueri.

Le 22°, nous apprismes qu'enfin la reyne Christine partoit de Fontainebleau et qu'ayant dressé un leste train de douze gentilshommes, seize pages, vingt valets de pied, vingt-quatre suisses, elle devoit prendre le chemin de Bourges(1). Elle aura de la peine à se bien divertir en une ville champestre comme celle-là, si elle ne fait ce que M' d'Orléans entreprend à Blois : qui est, que ne pouvant avoir favorables les influences de cette Cour, il s'en va chercher celles du ciel. Il fait dresser une butte, tertre ou montagne, comme on voudra l'appeller, au plus haut de son jardin ; il veut la mettre à quarante toises de hauteur, et quand ce bel ouvrage sera achevé, il veut de ce lieu (plus eslevé que la Tour de la Magie de l'Hostel de Soissons et mesme que celle de Babel) contempler les astres, estudier leurs aspects, et voir s'ils ne luy promettent rien de plus favorable à l'advenir, que n'a esté iusques

---

(1) On lit dans une dépêche de l'ambassadeur des Pays Bas :
« Le 20 décembre 1657, partit de Fontainebleau la reine Christine de Suede pour passer ces festes à Bourges. Elle avoit tout richement paré selon sa condition, avec un train de douze gentilshommes, seize pages, vingt valets de pied, vingt-quatre suisses de ses gardes. »

icy le cours de sa vie. En quoy il faut s'estonner de l'inclination de ce prince, qui après avoir si longtemps rampé sur la terre à la recherche de ses simples, change tout d'un coup, et ne veut plus connoistre d'autres tulipes, ni d'autres anemones que les estoiles et ces beaux corps lumineux, qu'il nomme des fleurs d'or et dont le lustre ne s'efface point. Il a à Blois un grand astrologue qu'il a pris auprès de soy, et s'il ne peut pas travailler à corriger le gouvernement, il va au moins corriger les almanacs et les ephemerides, et l'on le nomme desia icy le Iustinien de l'astrologie.

Le 23°, on nous dit en une conversation, qu'on ne preparoit point de ballet à la Cour, et qu'on croyoit que c'estoit par mesnage qu'on s'y sevroit de ce divertissement, M' le cardinal voulant que tout ce que l'on employoit en musiciens et en baladins, se mette à faire un fond pour achever le bastiment du Louvre. En effet on assure que l'on a desia tant ramassé de ces petites espargnes, que l'on treuve que l'on en pourra faire un fond de 300,000 livres tous les ans, qui serviront à un si beau dessein. On en destine 100,000 liv. pour les officiers et 200,000 liv. pour les ouvriers et architectes, tellement qu'en peu de temps on n'entrera plus par cette vilaine porte qui fit dire un gros mot à un ambassadeur, lorsqu'estant entré dans la court, et ayant admiré la belle façade du grand corps de logis, il se tourna et voyant la deformité qui luy estoit opposée, il s'en mocqua et dit : « Zest d'une telle entrée! elle seroit meilleure pour une prison que pour la maison d'un si grand prince. »

Le 24°, il vint icy advis qu'il estoit arrivé un grand malheur à Bourdeaux, et qui avoit ruiné une partie de la ville. C'est que comme un homme passoit par un grand vent sur le pont du fossé de la ville avec un rechaut à la main, il fut porté quelques bluëttes de feu dans le magazin aux poudres qui tout aussitost sauterent et enleverent toute la maison de Ville, les jurats et quelques echevins qui y estoient assemblés. On dit que ce malheur est grand et que, outre quantité de personnes qui y sont peries, il y a plus de 80 maisons toutes fracassées : celle des Jesuites et leur college ont esté de la partie, et apres deux sieges consecutifs qu'a soufferts cette ville pendant les dernieres guerres, elle n'avoit point besoin de ce mauvais coup dont elle aura peine de se relever.

Le Sr de Ficquefoord nous donna au matin à desieuner, et nous fit manger des huistres, du fromage et du beurre de Hollande, et boire du vin blanc si fort et si insolent qu'il donne à la teste aussitost qu'il est dans l'estomac. Le iour d'auparavant il avoit disné avec nous chez le S^r del Campe nostre escuyer qui nous traita splendidement.

Le 25°, nous fusmes à Charenton : c'estoit le iour de Noël, et il fit si beau, et le temps estoit si pur et si peu froid, que l'on eust creu d'estre au mois de may, si l'on n'eust veu les arbres sans feuilles et la campagne sans verdure.

Le 26°, on nous dit que la reyne de Suede alloit tout droict en Provence. Un bruict court qu'elle sera à Toulon iusques à ce que l'armement qu'on y fait soit prest, et qu'elle doit aller en Italie pour y conquerir le royaume de Naples. Le chevalier Paul est parti d'icy avec ordre de faire promptement equipper 8 vaisseaux. Les Anglois en fourniront quelques-uns pour cette entreprise, et M. de Guyse y sera employé en qualité de lieutenant-general de cette reyne. Il partit hier pour Fontainebleau, où il luy est allé dire adieu et tesmoigner qu'il tient à honneur de combattre sous une si grande amazone, et pour laquelle il souhaiteroit d'estre un Alexandre. Certes s'il estoit un Jason, elle pourroit estre sa Medée, mais il est à craindre qu'entre eux deux ils ne prendront iamais de toison d'or, et que ce seront de pauvres Argonautes, s'ils s'embarquent pour cette grande expedition. Cependant il est vray et tout asseuré qu'il y a de grands mescontentemens en tout ce païs-là ; que la noblesse et le peuple sont unis ; et que ces bandits dont on parle sont appuyés et doivent estre la mesche de la revolte qu'on tient estre sur le point de s'y allumer.

Le 27ᵉ, l'abbé de Manchini, nepveu de Son Eminence, eust un accident assez drosle, et qui luy pourroit bien couster la vie. En badinant et se ioüant avec de ieunes seigneurs, qui sont au college de Clermont, ils commencèrent à se berner, et en bernant ce pauvre abbé, le bout de la couverture eschappant à l'un, il tomba par terre, et il en a une si grande blessure à la teste, que quand il renifle, le sang luy sort par le haut. Il l'a fallu trepaner et l'on ne sçait s'il en eschappera. M. le Cardinal en est fort affligé, car il l'aime tendrement, à cause qu'il promet beaucoup et a de la vivacité et de l'esprit. On dit que ce fut le fils du comte d'Harcourt qui lascha la couverture; et comme son père n'est guère bien avec ce premier ministre, si ame si ieune estoit capable d'un dessein de vengeance, on pourroit croire qu'il y en auroit eu en cette rencontre.

Le 28°, le Roy estant à Vincennes, Monsr le Cardinal voulut gager avec luy qu'en cinq heures de temps il ne tuëroit pas 100 lapins; ce qui luy donna de l'exercice, car l'ayant entrepris, il fit tant qu'il en tua 112.

Le 29°, le Sr de Saint-Pont nous apprit que dans un entretien au Louvre, où quelques seigneurs se railloient, il y en avoit un qui estoit demeuré court, ce qui avoit obligé l'autre de respondre pour luy, et de dire ce qu'il eust deu repliquer. Celuy-là reprit qu'il le trouvoit fort eveillé, et celuy-cy qu'il le iugeoit fort endormi. De là il se forma une cabale des *Eveillés* et des *Endormis*. Toute la ieunesse de la Cour prit parti, et s'enroolla sous ces deux noms. Le prince de Marsillac (1), bien que fort eveillé et fort gentil, se fit chef des Endormis, et le comte de Soissons (2), qui ne l'est guère, prit le

---

(1) Fils du duc de la Rochefoucauld, l'auteur des *Maximes*.

(2) On a vu plus haut (pages 49 et 75) qu'il avait épousé la deux ème nièce du cardinal Mazarin. Il fut colonel-général des Suisses, gouverneur de Champagne et lieutenant-général. Fils de Thomas-François de Savoie, il tenait le titre de comte de Soissons

parti des Eveillés. La cabale en estoit venuë à ce point, qu'un homme n'y osoit plus parler, s'il n'estoit ou Eveillé ou Endormi : car dès qu'il n'estoit d'aucune de ces deux bandes, il estoit drappé de toutes les deux, et quand il avoit pris parti, il estoit incessamment contrepointé du parti contraire, mais avoit cet advantage qu'il estoit appuyé de sa cabale. Pour empescher une plus grande division, le Roy a esté obligé de defendre qu'on ne parlast plus de ces noms factieux et de cabales sous de grieves peines. Et pour tesmoigner au prince de Marsillac combien peu il estoit content de ce qu'il s'estoit rendu chef de parti, il ne le prist point dans son carrosse un iour qu'il se presentoit pour y entrer.

Le 30ᵉ, nous fusmes à Charenton et y participasmes à la Sainte-Cene. On n'y fit ce iour-là qu'une action, à cause que cette eglise n'a que trois pasteurs qui sont fort surchargés, l'embarras de la vocation du Sʳ Morus (1) qu'on ne sçait encore si l'on

---

du chef de sa mère Marie de Bourbon, fille et héritière de Charles de Bourbon, comte de Soissons, prince du sang, fils plus jeune de Louis I, prince de Condé. Né à Chambéry en 1633. Mort en 1673.

(1) Il a déjà été parlé de M. Morus, page 144. On voit par la correspondance de M. de Thou qu'il fut retenu en Hollande par ordre du roi : « J'ay esté extrèmement surpris d'avoir trouvé le Sʳ Morus, professeur et ministre, sur le point de s'en retourner en France engagé par de grandes promesses de ceux de Charenton pour aller prescher en leur église. Je luy ay dit qu'il ne debvoit point s'en retourner en France sans un ordre et une permission particulière de Sa Majesté, et que j'avois escrit à la Court qu'il pouvoit servir le Roy dans la ville d'Amsterdam. Je ne croyois point qu'on eust agréable qu'il retournast en France. C'est pourquoy je vous prie de dire à M. de Ravigny qu'il advertisse ces Messieurs de

aura ou s'il ne viendra pas, faisant qu'on n'en a pas un quatrième.

A nostre retour, nous treuvasmes qu'on avoit icy nouvelles que M. le Prince se portoit mieux, qu'il se disposoit à aller à Bruxelles pour changer d'air, et que madame la princesse estoit retournée à Malines. De plus on nous communiqua ce sonnet, qui avoit esté fait sur la maladie de ce prince, et sur la generosité que M. le Cardinal avoit tesmoignée en cette rencontre :

> Quoy ! ce Prince dont la valeur
> Parut tant de fois triomphante,
> Et par qui l'Espagne tremblante
> Retarde son dernier malheur,
>
> Sous une mortelle douleur
> Fait voir sa vertu languissante,
> Et de la parque menaçante,
> Attend l'incertaine fureur !
>
> Jule (1), à cette triste nouvelle,
> Ton ame si grande et si belle
> Plaint cet ennemi valeureux !

Charenton qu'ils ne sollicitent point le dit Sʳ Morus pour aller chez eux et que le Roy pour ses considérations particulières désire qu'il demeure où il est... » (Dépêche à M. de Brienne, du 7 février 1658).

Il résulte d'une autre dépêche du 21 mars 1658, que M. Morus avait été alors employé par M. de Thou dans une mission secrète. « En cette occasion, comme en toutes autres, dit l'ambassadeur, il a tesmoigné le zèle et l'affection qu'il a pour sa patrie et pour son Roy. »

(1) Prénom de Mazarin.

Ainsi Jule (1) de qui l'espée
Sousmit l'univers à ses vœux,
Pleuroit le destin de Pompée.

Le 31ᵉ, nous apprismes que M. de Turenne, suivant l'ordre qu'il en avoit receu de la Cour, avoit cassé tous les capitaines qui ne s'estoient pas presentés pour l'assister, lorsque les ennemis menaçoient Mardick, et que leurs troupes ont esté incorporées aux vieux regiments : s'ils veulent servir la campagne prochaine, il faudra qu'il lèvent des compagnies à leurs despens.

Le 1ᵉʳ de janvier 1658, il arriva un courrier à M. le Cardinal qui luy fit rapport de l'estat auquel estoit Mardick, et qui luy dit franchement qu'on n'avoit point travaillé aux fortifications de la sorte qu'il le croyoit, et qu'il y avoit des endroicts tout à fait ouverts et qu'on ne pouvoit esperer de defendre cette place que par la forte garnison de 3,000 hommes qui y est. Cela a fait qu'on a envoyé ordre au mareschal de Turenne de faire avancer toute la cavalerie entre Bourbourg et Mardick, pour eviter quelque surprise pendant cette gelée.

Le 2ᵉ, on ne parloit en la plupart des compagnies que d'une lotterie que le duc d'Aniou, la comtesse de Soissons et mademoiselle de Villeroy ont dressée à l'imitation de la grande. On dit qu'elle est composée de beaux bijoux et de riches pierre-

---

(1) Jules-César.

ries, qui donnent envie à plusieurs de la Cour d'y mettre leur argent. On adiouste que M. d'Aniou n'y a mis que 15,000 livres, et que M. le Cardinal en a fourni 50,000. Ce qui a fait dire en riant à la Reine que Son Eminence estoit plus riche que son fils.

Le 3°, nous receusmes nos lettres, par lesquelles nous apprismes que la princesse Louyse, fille de la reyne de Boheme, la nuict du 20° de decembre, s'en estoit fuite de la maison de sa mère, sans en avoir emporté ni ses pierreries, ni ses habits, ni amené aucune de ses filles. Cet accident troubla toute cette Cour, et apres avoir bien cherché dans sa chambre, on y treuva une lettre par laquelle elle demandoit pardon à la Reine, et que sa conscience l'obligeant d'embrasser la religion romaine, elle avoit esté contrainte de se retirer de la sorte. La princesse d'Oxolder l'a beaucoup aydée à venir à bout de ce dessein, qui apparemment a eu un tout autre mouvement que celui d'un pur zèle, car on sçait de quelle façon elle a autrefois vescu, et l'on soupçonne que la Rocque, cy-devant capitaine des Gardes du prince de Condé, avoit eu quelques entretiens fort secrets avec cette princesse et qu'il estoit parti de la Haye le iour d'auparavant sa fuite (1).

---

(1) Le départ de cette princesse et sa conversion au catholicisme firent beaucoup de sensation à La Haye ; les ministres protestan.s en prirent occasion pour réclamer contre la tolérance dont jouissaient les catholiques en Hollande, et le gouvernement des Pays-Bas s'en montra lui-même fort ému. M. de Thou en parle tout au

L'apres disnée nous fusmes voir la bibliothèque de M. le Cardinal, qui est fort belle, bien qu'elle ait ressenty le malheur de la guerre civile, et que sa cruauté n'ait pas mesme epargné ce temple des muses, puisque pour la vente qu'on en fit publiquement, il y a quantité d'exemplaires qui en ont esté eclipsés (1). Il est vray que par les soins du

long dans sa correspondance : « Messieurs les Estats, écrit-il, prennent cette affaire à cœur. Ils ont ce matin arresté un gentilhomme françois, nommé de Bocage, qui est cousin du sieur de la Roque, qui a esté cy-devant capitaine des gardes de M. le Prince, pour ce qu'avant hyer au soir qui estoit la veille de la retraitte de la princesse, on prétend qu'il lui porta une lettre, et le dit Sr de la Roque qui estoit depuis peu revenu de France estoit party la veille de ce lieu sans que l'on sache où il est allé.

« ..... L'on me donna hier advis que de chez l'ambassadeur d'Espagne l'on avoit fait publier dans le peuple que c'estoit moy qui avois mesnagé cette conversion.... ; mais je pense que je n'auray pas de peine à le destromper de ce bruict, pour ce qu'il n'est pas vray et que je n'ai pas esté assez heureux d'avoir part à ce bon œuvre. — ... Ce qui est bien veritable est que depuis deux moys l'on a recognu en elle une profonde et secrete melancholie, comme d'une personne qui a quelque combat dans l'esprit et qui medite quelque resolution extraordinaire. L'on m'a dist aussy que Monsieur Chanut avoit dans son sejour icy recognu des dispositions portées au dessein qu'elle vient d'executer. » (Dépêche de M. de Thou à M. de Brienne, du 20 décembre 1657).

(1) Un arrêt du Parlement du 29 décembre 1651 avait déclaré Mazarin et ses adhérents criminels de lèse-majesté, mis la tête du cardinal à pr , ordonné la vente de tous ses biens, et statué que sur le produit de cette vente, et par préférence, il serait prélevé une somme de 150,000 livres pour récompenser ceux qui le livreraient à la justice, mort ou vif. C'est en vertu de cet arrêt et de celui qui fut rendu le 24 juillet 1652, que la bibliothèque de Mazarin fut vendue en détail, le Parlement n'ayant pas voulu qu'elle le fût en bloc, de crainte que le cardinal ne la fît racheter par un prête-nom.

Cette bibliothèque était la plus complète qu'il y eût alors en Europe. Ce fut la première qui fut rendue publique. Par son testament du 6 mars 1661, Mazarin en régla le service à perpétuité en y

Sʳ de la Potterie qui en est à present le bibliothéquaire, on en a recouvré une bonne partie, et il travaille encore tous les iours à la rendre plus complète. Elle est dans une grande galerie, qui a pour le moins 150 pas de longueur et qui est bien esclairée. Il nous dit qu'il y avoit plus de cent mille différents autheurs, qui sont rangés par ordre selon leurs facultez, sur des tablettes qui sont faites en forme d'armoires, soustenuës par des piliers de charpenterie, canelés et fort bien taillés. On voit à droite tous les imprimés; et à gauche quantité de manuscripts grecs, hebreux, chaldeens, syriaques, latins et de beaucoup d'autres langues. La reyne de Suede en avoit eu une bonne partie, mais apres le retour de Son Eminence et son restablissement, elle les luy a rendus (1). Tous ces livres ne sont pas des mieux reliés, parce que comme il y manque quantité de tosmes des œuvres des autheurs qui y sont, on tasche de les retrouver, pour

---

affectant une rente considérable. Quelques années plus tard le cardinal eut la pensée de fonder un collége destiné aux jeunes gens des pays récemment annexés à la France, et où sa bibliothèque serait déposée (Voir sur ce sujet, dans l'appendice n° VIII, une lettre de M. de Thou du 7 mars 1658). — Ce collége, dit des *Quatre-Nations*, est aujourd'hui le palais de l'Institut, où se trouve, comme chacun sait, la *Bibliothèque Mazarine*.

(1) On lit dans une lettre de M. Chanut au cardinal, datée de la Haye, le 8 octobre 1654 :

« La reine de Suède me dit qu'elle se tenoit fort obligée de la manière dont elle sçait que Votre Éminence traitte sa personne en toutes occasions, et elle me pria d'excuser le retardement arrivé à la délivrance des manuscripts qu'elle a destiné de faire remettre en Votre Éminence. »

Voir aussi dans l'*Appendice*, n° VII, la lettre de M. Chanut au cardinal, du 11 décembre 1653.

les faire ensuite tous relier d'une mesme façon. Le dessein en est fort beau, et certainement si l'on le poursuit, on en fera la plus belle bibliothèque de toute l'Europe. On nous y monstra un livre de parchemin de deux doigts d'espaisseur, dans lequel on a peint en mignature les plus rares poissons de riviere et de mer et une bonne quantité de coquilles. On l'estime mille pistoles, et effectivement le peintre qui y a travaillé les avoit bien meritées, car tout y est representé au vif et au naturel, et à mesme temps qu'on y iette les yeux, on admire son ouvrage.

En nous retirant nous allasmes voir l'escurie. Elle est au-dessous de la bibliothèque, bien voûtée de plus de 300 pas de longueur. Tout y est fort propre et bien entretenu. Elle peut passer pour une des plus belles de tout le royaume, mais elle n'est pas des mieux garnies, et on voit bien que celuy a qui elle est ne se pique pas de cavalcade, de tournois ny de combats.

Le 4ᵉ, nous escrivismes nos lettres le matin, et l'apresdisnée nous allasmes voir la marquise de la Fayette (1), qui est logée dans nostre voisinage chez le Sʳ de Saint-Pont, son oncle : c'est une femme de grand esprit et de grande reputation, où une fois du iour on voit la pluspart des polis et des biendi-

---

(1) Magdeleine Pioche de la Vergne, née en 1634, avait été mariée en 1655 à François Motier, comte de La Fayette. Son père avait été maréchal de camp et gouverneur du Havre. Auteur de nombreux romans et d'une Histoire d'Henriette d'Angleterre, madame de la Fayette occupe un des premiers rangs parmi les femmes illustres du XVIIᵉ siècle. Morte en 1693.

sants de cette ville. Elle a esté fort estimée, lorsqu'elle estoit fille, et qu'on la nommoit mademoiselle de la Vergne, et elle ne l'est pas moins à present qu'elle est mariée. Enfin c'est une des *preticuses* du plus haut rang et de la plus grande volée.

Le 5º, nous fusmes voir l'appartement de M. le cardinal, qui est au Louvre. Il n'est pas fort grand ni richement meublé. Tout ce qu'il y a de plus beau sont deux petits cabinets, qui sont à la chambre où il couche. Nous y entrasmes par le moyen du Sʳ Marco Antonio Conty, qui connoissoit le valet de la garderobbe de Son Éminence, qui est aussi italien. Nous y vismes de fort beaux tableaux, et entre autres choses rares il nous moustra une grande coupe de nacre, d'un grand prix, et richement enchassée en or, et fort artistement ouvragée. De là nous passasmes par une galerie où nous vismes le portrait de l'Infante de Portugal, que le peintre Nocret (1), que l'on y avoit envoyé expres, en a rapporté. Il est certainement beau, et si l'original est de mesme, on peut asseurer qu'il est capable de donner de l'amour à un grand monarque et à le bien divertir. C'est une belle brune et on nous dit

---

(1) M. de Thou, dépêche adressée de la Haye, le 1ᵉʳ mars 1658, à M. de Brienne, cite Nocret en même temps que Le Brun, comme devant être chargé de faire le portrait du roi.

« Je vous supplie aussy de vous souvenir du portraict de Sa Majesté dont on fera icy bien des copies, et comme il n'y a que des mains les plus sçavantes qui doibvent travailler à cet ouvrage, il faudroit qu'il fust de la main des Sieurs Le Brun ou Nocret, et qu'ensuitte on en fist graver quelque belle taille-douce par Nanteuil, qui est admirable pour la ressemblance. Je vous prie aussy de vous ressouvenir de la médaille de Sa Majesté. »

qu'on le fit voir au Roy aupres de celuy de l'Infante d'Espagne qui est blonde, et que Bautru (1) luy dit que celle-cy n'avoit que les cheveux dorés, mais que l'autre avoit tout le corps farcy de millions. Nous y vismes de plus ses deux freres et la reyne regente leur mere, comme aussi beaucoup d'autres pourtraits de personnes illustres.

Le 6ᵉ, nous fusmes à Charenton où Mʳ de Turenne qui estoit nouvellement revenu de sa campagne, fit aussi sa devotion. Nous y apprismes que la mort de l'abbé de Manchini avoit si fort touché Mʳ le cardinal, qu'il s'en estoit retiré à Vincennes pour ne pas se treuver dans son affliction à la feste des Roys. Le Roy l'y fut voir et le consoler. On dit que Son Eminence regrette si fort ce nepveu, sur lequel il fondoit toute son esperance, qu'il en reçeut tres-mal les Jesuites en la visite qu'ils luy rendirent, leur disant qu'il ne les pouvoit voir de bon œil depuis que leur ayant fié tout ce qu'il avoit de plus cher au monde, ils le luy avoient si mal gardé.

Le 7ᵉ, il arriva icy une plaisante affaire. Un homme de condition s'estant fait chartreux, apres avoir esté dans le monde iusques à l'aage de 35 à 40 ans, mesme apres y avoir porté les armes et avoir esté capitaine de cavalerie, se reduisit à cette vie austere, et y vescut deux ans dans une severité si grande, que le Pere prefect l'en reprenoit sou-

---

(1) Né à Angers en 1588, mort en 1665, ambassadeur en Espagne et en Angleterre. Bel esprit et diseur de bons mots, il fut un des premiers membres de l'Académie française.

vent et luy disoit qu'il en faisoit trop et plus que ne portoit leur Ordre ; mais il soustenoit tousiours qu'il n'en faisoit pas assez, et qu'ayant esté si grand pecheur, il falloit qu'il rachetast le temps perdu et qu'il travaillast à son salut. Ayant ainsy gaigné l'opinion de tout le couvent qui le croyoit un beat, il s'est advisé depuis quelques iours de le fourber. Il feignit une lettre d'un sien frere qui luy marquoit que se devant marier, il le supplioit de luy acheter des ioyaux et des estoffes de prix. Il porte la lettre au prefect, et luy dit qu'estant entierement sequestré des affaires de ce monde, il ne pouvoit se mesler de ces emplettes. Le Pere luy respondit que la religion n'esteignoit pas les offices de bon parent, mais les recommandoit, et luy fit prendre resolution de s'y laisser employer et tascher à contenter son frere. Il fait venir au couvent tout ce qu'il y avoit de plus rare chez Bidal, et de plus pretieux chez les orfevres ; et ayant ramassé pour 3o ou 4o mille francs en biioux, sous pretexte de les faire voir à des personnes qui s'y entendissent, il s'est evadé avec un homme qui le venoit voir souvent en carrosse, sans que l'on sçache ce qu'il est devenu. Cependant Bidal et les autres ont attaqué le couvent et le plaident, disants que c'est à la consideration de l'Ordre qu'ils y ont laissé leurs marchandises et que c'est à luy à les leur payer. Cette fripponnerie est d'autant plus remarquable qu'elle est arrivée à un Ordre qui s'est tousiours si bien maintenu en son entier qu'il n'a point eu besoin de reforme, et n'a point fait parler de soy comme les autres.

On dit de plus, qu'il y a quelques iours qu'il s'est sauvé un autre moine de ce mesme couvent, qu'on nomme le docteur Baillet; mais par un autre mouvement, car on tient qu'il est allé à Geneve se faire de nostre religion, et que c'est par un principe purement bon, et par une vraye connoissance des erreurs de l'Église romaine.

Le 8e, nous fusmes voir le S^r d'Hauterive, qui de iour à autre devient plus sourd et plus caduc. Pendant qu'on luy parle, il est comme assoupi et abattu de sommeil. Il ne laisse pas d'aller souvent se pourmener en sa maison de campagne qui s'appelle Montrouge, et d'y faire bastir. C'estoit cy devant un vieux chasteau tout ruiné et peu logeable; mais depuis qu'il y a fait travailler, et ioindre deux pavillons à ce grand corps irregulier, il l'a si bien accommodé et si aggrandi qu'un roy y pourroit à present loger à son aise. Il a ce bastiment si fort à cœur, que pour le faire advancer, et donner à entendre aux entrepreneurs de la façon qu'il le veut, il y a passé presque tout l'esté dernier. Il nous dit qu'il est reduit à se faire porter en siege, et qu'il a perdu en six semaines ou deux mois vingt chevaux, qui luy sont morts d'une maladie qui regne fort en cette ville et qu'on nomme *mal de teste*; et bien qu'il ne soit pas si communicatif, ni si contagieux que la morve, il ne laisse pas d'estre fort dangereux, et l'on voit d'ordinaire que ceux qui en sont atteints n'en eschappent guere. Pendant le peu de seiour que le Roy fit l'esté dernier à Metz, il y en mourut de ce mesme mal plus de 300. En nostre particulier, nous avons ressenti des effects de ce mesme malheur, car de ceux que l'on nous a envoyés de Hoïlande, il y en a un qui en est mort en quinze iours, bien qu'on y ait apporté tous les soins et tous les remedes imaginables pour l'en sauver.

Le 9ᵉ, il nous vint des visites de trois ou quatre provinces de nos quartiers, de Gueldre, de Hollande et de Zeelande, par le moyen des Sʳˢ Blanche, Gleser et Reygersberghe. On eust dit qu'ils s'estoient donné le mot pour se treuver tous ensemble chez nous : et afin que nous *flamandisassions* plus amplement, le Sʳ Lamire y survint aussy. Ennuyés d'avoir si mal employé une partie de l'apresdinée, nous en fusmes profiter l'autre chez madame de Saint-Armant ; nous y passasmes notre soirée, tant la compagnie de mademoiselle sa fille est agreable et divertissante ; nous nous en retirasmes sur les 7 heures, et en chemin faisant il y eut un fer qui commença à clocher à l'un de nos chevaux. Le cocher s'en estant apperçeu descendit et y remit deux ou trois clous, mais comme il voulut remonter, les chevaux prirent l'espouvante, s'enfuirent à toute bride, et fracasserent quelques bancs et sieges qui estoient devant une boutique, où pour s'en faire payer, l'on retint le manteau de nostre cocher. Il y eut un de nos laquays renversé et qui l'eschappa belle, mais cet accident servira à luy apprendre à saisir la bride des chevaux des que le cocher descend, comme cent fois on le leur a commandé.

Le 10ᵉ, il arriva icy une action assez tragique. Les heritiers de Hoeust ont recueilly cette succession avec assez de mesintelligence, et ont plaidé longtemps. Il y en a eu un, nommé Beck, qui s'est tousiours plaint de ce qu'on ne luy donnoit pas la part qu'il en devoit avoir. Enfin ils se sont accommodés ; mais comme les Sʳˢ de La Croix, Heilsbergh et Fabrice estoient venus visiter ce Beck, on ne sçait sur quoy ni comment Beck empoignant un pillon, en donna un si furieux coup à La Croix, qu'il luy en fracassa la teste. Il traita de mesme Heilsbergh, et tous deux tomberent à ses pieds à demi morts. Fabrice à ce beau traitement prend la fuite et les abandonne. L'hoste des *Trois Mores*, où tout cecy s'est passé, y accourt, et Beck luy porte un coup qui le iette par terre et luy oste le moyen de secourir les autres. D'autre monde y accourt, et Beck ayant esté poussé dans une petite chambre à costé de la cuisine, où il avoit si bien ioüé du pillon, se tüe soy-mesme en se donnant un coup de cousteau au ventre et en s'esgorgeant. La iustice fust aussitost appelée : on fait des informations, le corps est porté au Chastelet, et les biens de Beck ont esté confisqués. Le Roy en a gratifié le chevalier de Gramont. La Croix est en danger de vie, et il l'a fallu trepaner. Ferrand, qui est l'hoste, n'est en de guere meilleurs termes, et s'ils meurent la iustice et leurs vefves emporteront une bonne partie du bien.

Tout cecy donne assez de peine à Mʳ l'ambassadeur, qui demande le corps de Beck (1). On dit à present au Louvre, qu'il ne faut que deux ou trois Hollandois pour destruire tout le genre humain, et qu'avec un pillon ils feroient autant d'executions que Samson avec la machoire d'asne. Ce Beck estoit un yvrogne et un lasche, et avoit donné un coup d'espée en traitre au S*r* Blanche de Nimmeghen, pour une dispute touchant l'heritage. Enfin depuis la mort du bon homme Hoeust, ce grand bien qu'il avoit amassé n'a causé que de la division, et il semble que c'est une pomme de discorde pour tous ses proches.

Le 11*e*, nous sçeumes que l'electeur de Saxe avoit icy deux envoyés qui luy font faire un bel esquipage, pour paroistre à la Diëtte de Francfort, qu'on luy brode vingt gonfanons de trompettes, qu'on luy fait faire vingt trompettes d'argent, qu'on luy a acheté des chappeaux et des plumes pour 40,000 livres, et qu'on luy fait un carrosse de 18,000 livres.

Ce mesme iour le prince Edouard partit d'icy pour aller au-devant de la princesse Louyse sa sœur, qui estoit arrivée à Peronne. Elle doit se retirer à Chaillot, au couvent que la reine d'Angleterre y a fondé (2). La reyne de France luy don-

---

(1) Voir dans l'*Appendice*, n° VIII, des extraits de la correspondance diplomatique qui eut lieu à ce sujet.

(2) Henriette de France, fille de Henri IV et veuve de Charles I*er*, roi d'Angleterre, acquit la terre de Chaillot en 1651, et y fonda le couvent de la Visitation de Sainte-Marie. C'est dans l'église de ce couvent que Bossuet prononça l'Oraison funèbre d'Henriette en 1669.

nera une pension de 2,000 escus. Là elle estudiera la vie du couvent, et si elle s'y peut accommoder, on la pourra avec le temps pourvoir de quelque bonne abbaye.

Le 12⁰, il se forma divers raisonnements sur l'advis qu'on eut que les Electeurs de Saxe et de Brandenbourg avoient resolu en leur entreveuë de presser l'election d'un Empereur, et qu'ils tesmoignoient d'estre entierement portez de continuër cette dignité à la maison d'Autriche. Les plus speculatifs, en examinant ce que la France faisoit et pour la paix entre les deux couronnes et pour ce demeslé de l'Empire, tomboient dans ce sentiment que ni l'un ni l'autre n'estoient ni du but, ni de la passion du Conseil, et qu'il estoit rempli de trop habiles gens pour ne pas faire tousiours semblant de souhaiter avec ardeur le premier, pendant qu'ils ont un moyen infaillyble de n'y point parvenir, en l'alliance faite avec Cromwel ; et qu'ils n'ont pour l'autre que la simple demonstration et les offices qu'ils sçavent bien n'estre que l'intermède de la piece, à laquelle il faut d'autres parties et d'autres actes pour estre representée avec succes. En effet, on n'oublie rien quant à l'exterieur pour faire croire que l'on veut la paix, mais on n'avance rien au dedans et dans le particulier, de tout ce qui peut la faire naistre. C'est un traict de la politique du premier ministre que d'avoir fait ligue avec l'Angleterre; car par là il a arresté toutes les pensées qu'on pouvoit avoir dans le Conseil de la traitter tout de bon : des qu'on y en parle, on a peur que le Protecteur ne le sçache, et que s'en appercevant, il ne donne du change et ne dise aux Espagnols : ne la faites pas, et ie me ioindray à vous. Tellement qu'on iuge que tout ira bien entre le Protecteur et le Cardinal, parce qu'ils sont dans les mesmes interests. On veut qu'ils soient aussi dans les mesmes sentimens pour ce qui est de l'election d'un Empereur qui ne soit pas de la maison d'Autriche : on fera tant d'offices que l'on pourra pour faire croire qu'on le veut empescher, mais on n'employera que faiblement le seul et unique moyen d'en faire choisir un autre, qui est de donner de l'argent, estant très-certain qu'avec quatre millions on auroit la voix de quatre Electeurs. Mais on seroit fort fasché que ce pretexte manquast en Allemagne, et qu'on n'y eust pas touiours moyen de mettre de la division entre le chef et les membres de cette vaste province, en faisant peur à ceux-cy du pouvoir de celuy-là, ce qui leur manqueroit si l'Empire passoit à une autre maison : tellement que c'est icy une opinion assés commune, qu'en apparence l'on y fait tout ce que l'on peut pour la paix que l'on ne veut pas, et qu'en effet les Espagnols la voudroient sans en faire semblant. Aussi bien qu'en apparence on veut les eloigner de l'Empire, qu'on souhaite qu'ils retiennent afin qu'ils servent touiours d'espouvantail à ceux qui autrement pourroient nuire.

Le 13ᵉ, il courut un bruict qu'on avoit fait un traitté avec l'Electeur Palatin, par lequel on lui donnoit le gouvernement de l'Alsace avec 200,000 escus de pension, et qu'on le faisoit general de l'armée qu'on veut entretenir en Allemagne ce printemps, et que moyennant cela il doit recevoir garnison françoise dans Frankenthal et donner sa voix à l'Electeur de Bavière, qui luy rendra le premier Electorat qu'il luy a enlevé. On adioustoit qu'en consequence et conformité de ce traitté, M. de Gramont estoit allé en Baviere pour traitter avec cet Electeur de luy faire escheoir la dignité imperiale, et qu'on croyoit d'y reüssir, d'autant que sa femme qui est de la maison de Savoye l'y avoit disposé : mais qu'on l'a treuvé tout changé, et que par les conseils de sa mere et du comte de Curtz, il a tesmoigné qu'il aimoit mieux estre riche Electeur que pauvre empereur. On assure qu'il en arriva hier un courrier à M. le Cardinal, et on veut qu'il en ait fait partir un à ce matin avec de nouveaux ordres.

Le 14°, on continuoit de parler de l'affaire de Naples avec plus de particularitez que iamais. Nous avons un italien à nostre table qui, sans que nous luy ayons donné la torture, nous en a confessé quelque chose. On ne sçauroit croire combien il se plaint de l'esprit evaporé et peu secret de cette nation. Le Cardinal, avec tout son artifice et son adresse, n'y peut apporter du remede : tout luy eschappe dès qu'il s'ouvre à quelqu'un, et il tient pour une chose fatale au bonheur de cette entreprise, que le duc de Guyse se soit iamais meslé des affaires de ces pauvres peuples. Il ne sçait d'où il peut venir qu'il le rencontre en tout ce qu'il traitte sur ce suiet. La reine Christine y est aussy meslée bien avant, et on veut qu'elle ait 1,200 escus à y employer : les uns disent qu'elle les prend à Venise des trois millions qu'elle y avoit remis pour ce grand coup, avant son abdication de la couronne : les autres que la France les luy fournira, et que le roy de Suede les comptera sur ce qu'on luy fournit de par deça. Toutes les coniectures qu'on a de ce dessein sont appuyées par les grands apprests qu'elle fait faire icy de riches nippes, et d'un grand equipage, et de ce que l'on a mandé en haste le duc de Casientovo, napolitain de la maison des Caraffes, de Normandie où il estoit en une terre nommée Chasteauvilain, que le Roy luy a donnée. Il est bien allé à Fontainebleau sous pretexte d'y estre grand maistre d'hostel de la reine Christine; mais on sçait qu'en effet il n'y est allé que pour y y conferer avec elle, et qu'ensuite il revient icy faire son rapport et donner ses avis.

Le 15e, le pape s'eschauffoit fort pour la liberté des deux evesques que le comte de Castriglio, viceroy de Naples, avoit fait prisonniers sous pretexte d'intelligence avec les bandits et avec les François. On apprit de plus que l'armée d'Italie estoit dans le Modenois, et qu'au commencement du printemps il en devoit passer deux mille chevaux à Naples, et qu'elle estoit sur le point d'entrer dans le Mantuan, si le duc de Mantoué ne fournissoit pas les 1,200 mille livres que celuy de Modene luy demandoit pour qu'il ne pille pas son païs. Mais on croit que pour eviter ce malheur, le Mantüan renvoyera icy son argent pour traitter avec cette Cour.

Le 16ᵉ, il passa icy un espagnol de la maison de Liganés, nommé Mexia, qui s'en va en Flandres pour y estre intendant des finances. Sa femme vist la Reine qui l'entretint longtemps de l'Espagne, de la paix et de Madrit.

Le 17ᵉ, l'accident qui estoit arrivé à un marchand qui s'en retournoit chez soy apres avoir vendu de la marchandise en cette ville, servit d'entretien en la plupart des compagnies que nous vismes. Un peu au delà du bois de Boulogne il rencontra des voleurs qui le despouillèrent et qui furent tentés de le tuër; mais à force de prières, il en obtint la vie; et ils s'advisèrent d'un assez ioly moyen pour avoir temps de se sauver avant qu'il peust les deferer et les faire suivre : c'est qu'ayants eventré le cheval qu'il montoit, ils l'y enfermerent en reioignant les peaux et les sanglant si bien, qu'il ne pouvoit s'en tirer. En ce pitoyable estat, il eust recours aux plaintes et aux cris, et un courrier en passant par là fut effrayé d'entendre cette lamentable voix et de ne pouvoir descouvrir d'où elle venoit : s'estant enfin approché de ce cheval, son estonnement redoubla d'entendre qu'elle en sortoit. Il fit aussitost mettre pied à terre à son postillon, et apres qu'ils eurent lasché les sangles qui lioient le ventre du cheval, ils en virent sortir ce pauvre homme tout nud et en plus mauvais desarroy que ceux qui sortirent de celui de Troye. Il leur raconta son malheur, et le postillon l'ayant accommodé de son caleçon et de son manteau, ils le menèrent à Saint-Cloud et furent si heureux qu'ils allerent descendre au logis où estoient ces voleurs; et le courrier ayant prié l'hostesse de luy faire treuver quelque meschant habit pour ramener à Paris ce pauvre homme qui y en acheteroit un autre, elle luy dit qu'il y avoit en une chambre haute des messieurs qui en avoient un à vendre. Là dessus elle le leur va demander et l'apporte au courrier. Le marchand reconnut tout aussi tost que c'estoit le sien, ce qui fit que le courrier envoya son postillon en cette ville pour en advertir le prevost de l'Isle, et cependant fit investir l'hostellerie; et quand le prevost fut arrivé, on prit deux de ces voleurs, les autres s'estant fait tuër en se defendant. Ils sont en prison et dans peu de iours on les executera.

Le 18ᵉ, nous fismes responses aux lettres que nous avions reçuës de Hollande par lesquelles nous avions appris : que le Sʳ des Minières (1), cy-devant maior en la garnison de Philipsbourg, et qui est à present au roy de Suede, estoit parti de La Haye pour s'en aller à Paris où il est envoyé de la part de son maistre : c'est un homme d'esprit et de iugement, et qui l'y servira bien dans la negotiation dont il est chargé; qu'on ne doutoit presque

---

(1) On voit dans la correspondance de M. Chanut que le cardinal l'avait envoyé en Suède en 1655 : « M. des Minières a passé icy cette semaine allant en Suède, où il m'a fait entendre sans me le dire ouvertement qu'il est envoyé par Votre Eminence. J'ai tasché de luy rendre les offices et luy donner les meilleurs advis que je pouvois pour son voyage. » (La Haye, 18 mars 1655.)

plus que l'Empire ne retombast en la maison d'Autriche, parce qu'on ne treuvoit pas un prince dans tout l'Empire qui voulust accepter et qui fust propre à soustenir cette dignité, et que les Electeurs de Saxe et de Brandenbourg, pour s'exempter des ravages de la guerre, avoient fait ligue, et qu'on croyoit qu'elle tendoit à ayder le roy de Hongrie de leur voix et empescher les Suedois d'entreprendre avec succes quelque chose en Allemagne; que les Espagnols estoient plus en peine de bien pourvoir les villes de Gravelines et de Saint-Omer, que de se preparer à reprendre Mardick, qu'ils sçavent estre si bien muni qu'ils ne pourroient l'attaquer qu'avec une grande perte de monde et sans esperance d'y reüssir; que les États-Generaux avoient osté à la princesse d'Oxolder le pouvoir de faire le magistrat en sa ville de Bergue sur le Soom, pour la chastier des mauvais conseils qu'il paroist par ses lettres qu'elle a donnés à la princesse Louyse, et de son ingratitude tant envers la reine de Boheme qu'envers la maison d'Orange, à laquelle elle a intenté un procez sur de legers fondements; que le Sr de Nieupoort (1) avoit fait le rapport de sa negotiation en Angleterre, et qu'à mesme temps les ambassadeurs, qui y conclurent nostre honteuse paix, avoient pris cette occasion d'y livrer leur iournal, afin de se mettre hors de reproche par un agreement et par un remerciement de l'Assemblée; mais que l'opposition de la Ze-

---

(1) Ambassadeur de Hollande auprès de Cromwell.

lande, Frise et Groningue avoit empesché qu'il ne s'en estoient pû descharger comme ils l'avoient minuté.

Le 19°, il y eust grand regal, grand bal et belle comedie chez le duc de l'Esdiguieres (1). Il traita six belles dames et entre autres la vefve du marquis de Sevigny (2), à qui l'on dit qu'il en veut. La salle estoit eclairée de 36 lustres de cristal de 12 bougies chacun, et toutes les chambres tres proprement et richement ornées. Le Roy fut à l'hèure du bal, masqué à la portugaise aussi bien que Monsieur, et quelques autres seigneurs de la Cour. S. M. menoit mademoiselle d'Argencourt, et Monsieur la petite et gentille Riviere Bonœil. Les autres furent les chevaliers d'honneur de mesdames de Navailles, de Comminges et de la fameuse mademoiselle du Fouillon. Au sortir du Louvre on delibera où l'on iroit auparavant faire monstre des habits, et Monsieur dit qu'il falloit aller chez Mademoiselle; mais le Roy voulust qu'on allast chez la comtesse de Soissons, disant qu'il ne vouloit point passer le pont : ce qui fust aussi tost remarqué. Mr de l'Esdiguieres reçeut fort bien cette belle bande portugaise, qui ne sentoit point du tout la synagogue, et lui donna une superbe collation. Elle ne fust pas finie, et le roy estoit à peine

(1) François-Emmanuel de Bonne, comte de Sault, puis de Crequy, duc de l'Esdiguières, gouverneur du Dauphiné. Né en 1600, mort en 1677.

(2) Madame de Sévigné, auteur des *Lettres* qui ont pris place parmi les meilleurs ouvrages du grand siècle. On disait indifféremment *Sévigny* ou *Sévigné*.

sorti qu'on commença à iouër des mains et à piller tout, iusques là que l'on asseure qu'il fallust remettre quatre ou cinq fois de la bougie aux lustres, et qu'il en cousta pour ce seul article plus de 100 pistoles à M^r de l'Esdiguieres.

Le 20e, le Sr de Brunel receut trois lettres à la fois du Sr de Reede qui est à Madrid, par lesquelles il luy marquoit que le 13e de decembre on y avoit baptisé le prince; et que le roy ayant fait distribuër les bassins de ceremonie entre les ducs de Medina, de las Torres et d'Alba, l'Amirauté de Castille et le duc de Vejar, et ce dernier ne s'y estant pas rendu à temps, S. M. commanda au connestable de Castille de prendre sa place, mais il respondit qu'il n'estoit pas homme à estre employé *por falta de otros* (1). Sur le champ le roy commanda qu'il s'en retournast en exil, d'où il avoit esté rappellé à cause de la naissance du prince, et il enioignist à deux alcades de ne le point abandonner qu'il ne fust à quelques lieuës de la ville. Pour achever la ceremonie, on commanda au comte d'Ognate de suppleer à l'absence dudit duc de Vejar, ce qu'il fit en disant : *Quando el Rey manda, varrer y fregar* (2). Le prince fut ensuite baptisé par le cardinal de Toledo, et eust toute cette kyrielle de noms : Philippo, Prospero, Joseph, Francesco, Ignacio, Antonio, Miguel, Luis, Isidoro, Idelphonso, Buenaventura, Domingo, Ramon, Diego, Victor.

(1) *A défaut des autres.*
(2) *Il faudrait balayer et écurer, si le roi l'ordonnait.*

Le 21ᵉ, on nous communiqua ce sixain qui a esté fait sur la mort de l'abbé de Manchini. On l'a treuvé assez ioli et plein d'esprit, bien qu'un peu picquant.

Epigramme.

> Quand Dieu nous veut faire sçavoir,
> Secrettement nostre devoir,
> Les enfants ont part au mystère :
> Aussi des marmots sans aveu
> Ont berné nostre ministère,
> Dans la personne d'un nepveu.

Le 22ᵉ, le Sʳ de Longchamps, escuyer de Mʳ le duc d'Aniou, nous raconta de quelle façon Fromanteau s'est bien mis auprès de madame de Beauvais (1), a gaigné ses bonnes graces et est devenu son galant. Comme il ne sçavoit où donner de la teste, il fit connoissance avec un abbé qui gouvernoit cette dame ; il s'attascha à luy et fit si bien que par son moyen mesme il entreprit sur sa conqueste ; car apres qu'il l'eust produit et qu'il luy eust donné acces auprès de Margot (c'est ainsi qu'on nomme cette femme de chambre de la Reyne), il travailla si heureusement à s'en faire aimer, qu'il y reüssit, et l'a enfin emporté par dessus le pauvre abbé, qui une autre fois sera plus advisé que de se fier à aucun ami en fait d'amour et de galanterie d'interest. Depuis alors on voit Fromenteau chez le Roy, chez la Reyne, et chez Mʳ le Cardinal aussi

---

(1) Première femme de chambre de la reine Anne d'Autriche.

avant et aussi bien veu que la plus part de ceux qui y sont des premiers et de la plus secrette intrigue. Mesme il est en esperance d'avoir un regiment de cavalerie, la campagne prochaine ; et afin qu'il y puisse mieux parvenir, et qu'on ne dise pas hautement que c'est la seule Beauvais qui l'y a porté et qui le luy a fait donner, il est allé se ietter dans Mardick avec tous les volontaires et tous les braves de la Cour. Il est vray qu'il en peut estre de retour, puisqu'on asseure qu'entre Calais et icy l'on a treuvé des relais pour luy, que cette bonne dame y a envoyez. Elle luy entretient un carrosse à quatre chevaux et trois laquays.

Le 23e, nous vismes un fort beau ioyau et de grand prix que la reyne d'Espagne fait faire icy. Il est en forme de boite de diamant et a au milieu un Jesus et une Vierge. On dit que c'est pour en faire present à Nostre-Dame-de-Lorette, en reconnoissance de son heureux accouchement qu'elle croit avoir obtenu par les prières de cette reyne du ciel. Nous sceusmes ce mesme iour, qu'enfin le Parlement avoit donné un arrest en faveur du Corps des marchands de cette ville, par lequel la grande lotterie estoit defendüe, et ordonné à ceux qui l'avoient entreprise de rendre l'argent aux particuliers sans leur en retenir un sol. Aussi a-t-on affiché auiourd'huy que tous ceux qui y ont mis quelque chose ayent à se presenter entre cy et le mois de febvrier pour le retirer.

Nous apprismes de plus que le corps de Beck avoit esté salé et qu'on le gardoit au Chastelet pour en faire iustice exemplaire, et le trainer par la ville au cas qu'il soit bien averé qu'il se soit tüé soi-mesme, comme il n'en faut point douter. Le pauvre La Croix, nepveu du fû Hoeust, est mort du coup de pillon qu'il luy avoit donné, ce qui diminüera les biens de la confiscation qui a esté donnée au chevalier de Gramont, car il faudra dedommager la vefve, et la justice en mangera une bonne partie et les parents en cacheront le plus qu'ils en pourront. On publie, mais avec peu de vraysemblance, que sur ce que le chevalier de Gramont se plaignit au Roy de ce que l'ambassadeur de Hollande faisoit son possible pour l'empescher de iouir de la dite confiscation, S. M. dit qu'elle s'estonnoit fort qu'il s'en meslast et qu'elle entendoit qu'il ne traittast que ce qui estoit de sa charge, sans s'amuser à luy disputer ses droicts.

Le 24°, nous apprismes qu'il y avoit quelques iours qu'on avoit ioüé un assez ioli tour à l'un des plus habiles chirurgiens de cette ville. Une dame l'estant allé voir, luy dit qu'elle n'avoit qu'un fils, qui luy estoit extremement cher et qu'elle souhaitoit fort de conserver, et que cependant ce malheureux menoit une vie qui la tenoit en de continuelles apprehensions de le perdre : qu'il estoit iour et nuict avec des femmes de ioye, que mesme elle croyoit qu'il estoit desia atteint de quelque galanterie, qu'elle avoit fait son possible pour le descouvrir et l'en faire guerir, mais que ce debauché en reiettoit le discours et nioit tout ; qu'elle avoit une grace a luy demander, à sçavoir qu'il voulust bien examiner ce garçon et tirer de luy confession de son incommodité, afin qu'il le pust guerir. Le chirurgien luy promit d'y travailler, et qu'elle le luy envoyast le lendemain au matin sur les 9 à 10 heures, et qu'il l'attendroit et l'examineroit de la bonne façon. Le iour de l'assignation venu, cette femme se leve de bon matin, et s'en va chez un marchand de la ruë aux Fers, qu'elle sçavoit estre des intimes amis de ce chirurgien, et luy dit qu'il se marioit, et qu'il luy avoit donné ordre de luy choisir les plus belles estoffes qu'il eust pour des meubles et pour des habits. Le marchand dit que ce seroit avec ioye qu'il luy feroit voir ce qu'il avoit de plus beau et de plus propre. Elle choisit, et enfin leve des estoffes pour pres de 500 ecus. Quand cela fut fait, elle dit au marchand qu'elle n'avoit pas l'argent sur soy, mais que s'il luy plaisoit de luy donner un de ses valets, il recevroit le payement de M^r le chirurgien, et aideroit à sa servante à porter les estoffes. Il s'y accorde et comme ils arrivent à la maison du chirurgien, la dame demande aux compagnons de boutique, si le maistre y est; ils respondent qu'ouy, et qu'il estoit à sa chambre à l'attendre, sur quoy elle fait laisser dans la boutique les estoffes au valet du marchand et luy dit de monter en haut. Pendant qu'il y monte elle et sa servante reprennent lesdites estoffes et s'en vont.

Le valet ne fut pas en la chambre du chirurgien, que ce bon homme, apres avoir reçeu son salut, commence à le regarder et à luy dire qu'il luy treuvoit mauvaise couleur, qu'asseurement il avoit quelque chose, et qu'avec luy qui estoit du mestier il ne devoit pas faire le fin. Le courtaut s'excuse, et dit que Dieu merci il se portoit bien, et qu'il ne venoit pas pour se faire traitter, mais pour avoir de l'argent. Le chirurgien le presse plus fortement et le veut amener à confession; le courtaut s'en defend, et luy explique mieux pourquoy il estoit là. Le chirurgien luy dit qu'il se railloit, et luy demande s'il n'estoit pas le fils unique d'une mère à laquelle il causoit beaucoup d'ennuy par ses debauches. Enfin ils s'esclaircissent l'un l'autre, et le chirurgien connaissant que cet homme estoit effectivement valet du marchand son ami, ils descendent en bas avec vitesse pour treuver ces femmes, mais elles avoient desemparé avec la marchandise. Le chirurgien nie qu'il se marie, et qu'il ait donné ordre qu'on luy achete des estoffes, mais le marchand ne s'en contente pas, et dit qu'il ne les a pas seulement livrées sous son nom, mais que de plus elles ont esté portées en sa maison et mises dans sa boutique. Il s'intente procez, et il y a eu arrest qui les condamne à porter chacun sa part de la fripponnerie; tellement que le marchand y est pour ses 70 pistoles aussi bien que le chirurgien, qui est un bon vieux bon homme, qui n'a point de pensée de se marier.

Le 25e, ceux qui avoient reçeu des lettres d'Italie nous asseurerent que les divisions qui sont au Milanais entre les principaux chefs avoient faict que l'armée françoise avoit gaigné le Modenois, sans que les Espagnols luy ayent disputé aucun passage; que Trotti et Boromée qui sont les deux plus braves capitaines qu'ils ayent, estoient mescontents et avoient quitté leurs charges; et qu'on attendoit le comte d'Ognate pour remedier à tous ces desordres, mais le Sr de Reede, fils du Sr de Reuswoude, escrit de Madrid qu'il n'en veut point partir qu'il n'ait un million en main, en de bonnes lettres de change, afin qu'il ne s'y treuve sans argent, et en estat d'y perdre sa reputation, sans y restablir les affaires de son roy, qui sont assez delabrées et qui le seront encore encore plus si le duc de Mantouë est obligé de traitter et de s'accommoder, comme on croit qu'il en est en termes. Au moins sçait-on que l'armée françoise est arrivée tout auprès du Mantüan, qu'elle y doit prendre ses quartiers d'hyver, et que, bien qu'elle ne soit forte que de 5 à 6 mille hommes, elle donne l'espouvante à tout le païs, estant composée de gens d'eslite.

Le 26e, on tint divers discours touchant le dessein de Naples. Ceux qui s'en mesloient, faisoient leur possible pour faire croire le contraire de ce qu'on en publioit. On sçeut pourtant qu'on avoit mandé le duc de Mercœur (1) pour en conferer, qu'il seroit icy dans peu de iours, et que l'on travailloit le plus que l'on pouvoit à ce que Mr de Guyse ne s'en meslast point. On apprit de plus qu'on y vouloit employer le comte de La Serre, en qualité

---

(1) Fils de M. de Vendôme, mari de l'aînée des nieces de Mazarin.

de lieutenant-general, et que le chevalier Paul avoit esté envoyé en tous les ports de Normandie et de Bretagne, pour y assembler autant de vaisseaux qu'il y en trouveroit de propres pour servir à l'armement proietté, qui doit estre de 30 vaisseaux et de 7 galeres. Il se rencontroit pourtant des personnes bien sensées et instruictes des affaires, qui asseuroient que l'on n'en vouloit point à Naples, et que l'on en faisoit courre le bruict pour mieux couvrir le dessein qu'on a d'attaquer Barcelone ou quelque place dans le destroict.

Ce mesme iour il vint advis que le duc de Candale revenoit de Catalogne avec une tres belle escorte; car sur ce que le marquis de Monrevert estoit en campagne pour venger la mort du chevalier son frere, une partie de la noblesse d'Auvergne, quantité d'officiers, et bon nombre de ses amis l'accompagnent, et on dit qu'ils sont bien pres de 400, ce qui ne luy coustera pas peu, puisqu'apparemment il sera obligé de defrayer tout ce monde.

Le 27ᵉ, le mariage du comte de Guiche avec mademoiselle de Sully fut enfin consommé mercredy dernier. Le mardy il pensa se rompre sur ce que Mʳ le chancelier ne vouloit y consentir, que la commission de maistre de camp des gardes ne fust remplie de son nom. On la luy avoit bien fait expedier, mais par une ruse on avoit laissé le nom en blanc. Sur cette difficulté, le comte qui est fort hardy alla droit s'en plaindre au Roy, qui d'abord, sans consulter Son Eminence, luy accorda qu'on y mist son nom en belle et bonne forme. Quand

M^r le cardinal le sçeust, il en fit de grandes remonstrances au Roy, en luy representant que promettant ainsi si librement, il se mettoit en hazard d'estre surpris, et qu'accordant purement et simplement cette charge au comte qui est fort ieune, on couroit risque de la voir remplir à une personne qui y sera peut-estre peu propre. Le Roy, dit-on, reconnust sa faute et promit de n'aller point si viste à l'advenir : et des le lendemain on l'amena à Vincennes, où il est encore et d'où l'on croit qu'il reviendra bien catechisé, et pour cette rencontre et pour ses amours avec la petite Argencourt (1).

Ce comte de Guiche est un ioli esprit, mais malicieux et le plus corrompu de la Cour. On dit que dernièrement en un bal il prit le manchon d'une dame, et s'amusa à y..... La courante finie, comme elle revint et reprist son manchon, et qu'elle y

---

(1) Mademoiselle de Lamothe-Argencourt était de Montpellier. Admise parmi les filles de la reine en 1657, elle fut bientôt remarquée par sa beauté, que Loret a célébrée dans sa *Muse* historique :

> Argencourt, autrement Lamothe,
> Pour qui maint amoureux sanglotte,
> Incomparable en agrément
> Et qui danse fort joliment.
> (*Muse* du 23 février 1658.)

« Elle n'avait, dit madame de Motteville, ni une éclatante beauté, ni un esprit fort extraordinaire, mais toute sa personne était aimable. La peau n'était ni fort délicate ni fort blanche, mais ses yeux bleus et ses cheveux blonds avec la noirceur de ses sourcils et le brun de son teint faisaient un mélange de douceur et de vivacité si agréable qu'il étoit difficile de se défendre de ses charmes. Sitôt qu'elle fut admise à un petit jeu où le Roy se divertissoit quelquefois les soirs, il sentit une si violente passion pour elle que le

mist les mains elle fut toute honteuse et decontenancée d'y treuver..... On adiouste que la Reyne a sçeu cette malice, et qu'elle en veut grand mal au comte, et travaille puissamment à le mettre mal dans l'esprit du Roy où il est fort bien et encore mieux en celuy du duc d'Aniou.

Le 28ᵉ, le comte de Roye nous vint voir et nous apprit que Chamarande, premier valet de chambre du Roy, avoit eu ordre de se retirer, et qu'on le luy avoit fait pressentir d'une assez iolie façon. On ioüoit au Louvre à un ieu nommé *le Conseil*, qui est qu'à l'oreille on dit à son voisin le conseil que l'on donne à quelqu'un de la compagnie. Celuy à qui on l'a dit, le recite tout haut à la fin du ieu, et souvent il fait rire la compagnie, et celuy s'y treuve l'obiect de la raillerie de la satyre secrette, qu'il y pense le moins. En ce ieu on donna conseil à Chamarande d'en user autrement, de se retirer, et

ministre en fut inquiet. Le Roy un jour parla à mademoiselle de la Motte comme un homme amoureux qui n'était plus sage; il lui offrit, ane si elle vouloit l'aimer, qu'il résisteroit à la Reyne, sa mère, et au cardinal; mais elle, n'ayant point voulu ou n'ayant osé entrer dans ses propositions, refusa tout ce qui pouvoit être contre son devoir. Le Roy gémit, soupira, mais enfin il vainquit (*). » Pour mademoiselle d'Argencourt, qui avait le cœur déjà pris par un autre attachement, sa mère obtint de la Reyne la permission de la mettre au couvent des Filles Sainte-Marie de Chaillot. Entrée sans vocation, mais non sans douleur dans cette maison, elle finit par se résigner, et devint une religieuse accomplie : cette touchante destinée ne semble-t-elle pas annoncer celle de mademoiselle de la Vallière, cette héroïne de la tendresse et de la pénitence, qui bien des années plus tard vint chercher un asile dans la même communauté, en attendant qu'elle cachât sa vie sous l'habit plus austère des Carmélites ?

(*) Mémoires de madame de Motteville, tome V.

d'aller faire un tour chez soy, et voir sa femme. Aussitost il souhaita de sçavoir qui luy donnoit ce bon conseil; et comme on luy eust dit que c'estoit le Roy, il demanda des le soir mesme son congé, prist le lendemain la poste pour gaigner sa maison. On ne sçait pas encore le mouvement secret de cet eloignement, mais il faut qu'il y ait anguille sous roche, et qu'il ait parlé trop librement au Roy, ou qu'il l'ait favorisé en ses amourettes avec l'Argencourt, et que la Reyne et Son Eminence l'ayent ainsi voulu eloigner. Il y en a qui croyent que madame de Beauvais, qui l'a porté à cette charge, luy a ioüé ce mauvais tour, pour y porter le Sr de Fromanteau; mais il y a fort peu d'apparence.

Le 29°, le S^r de St-Romain nous vint voir, et dans l'entretien nous sçeusmes qu'on a fait des almanachs en Flandres, où Messieurs Fouquet et Servien sont representez à une table servie de plats de pistoles, de louys et de quart d'escus, et M^r le Cardinal au haut bout, qui empesche le monde d'y manger et d'y toucher, l'envoyant à l'hospital. M^r Le Tellier (1) tourne la broche, et tire de temps en temps quelques lardons d'or qu'il donne au Roy.

Le 30°, par nos lettres de Hollande nous apprismes que la religion avoit servi de pretexte à la fuite de la princesse Louyse et qu'effectivement elle ne s'estoit retirée que pour cacher ce qu'elle aprehendoit

---

(1) Michel Letellier, qui fut successivement conseiller au grand conseil, maître des requêtes, ministre de la guerre, chancelier et garde des sceaux. Né en 1603, mort en 1685. Bossuet fit son oraison funèbre.

que le monde sçeust. La princesse d'Oxolder estoit arrivée à la Haye pour y descouvrir tout ce mystere, afin d'empescher qu'on la privast du pouvoir d'eslire les consuls de Bergue sur le Soom. Elle avoit voulu parler à la reyne, mais n'avoit pu obtenir audience; et on croyoit qu'elle seroit obligée de demander des commissaires aux Estats pour leur declarer le tout et se iustifier.

Ce mesme iour il fut donné arrest au Chastelet, par lequel il fut ordonné que le corps de Beck seroit trainé par la ville, pour estre ensuite attasché au gibbet. On a longtemps disputé avant de prononcer cette sentence, et les juges ont esté assemblés plus de dix à douze heures de suite à examiner l'enqueste. Il y a au reste de quoy s'estonner que trois grands corps, comme estoient la Croix, Heyleusbergh et Fabrice, n'ayent pas arresté ce furieux, apres le premier coup, et il faut qu'il y ait eu et bien de la timidité, et bien de la lourdise en des personnes qui autrement ne passent pas pour impertinentes. Cependant ils observent le mesme ordre à mourir, qu'il observa à les frapper; car la Croix est mort le premier, comme celui qui avoit reçeu le premier et le plus rude coup; et Heyleusbergh, qui avoit esté frappé ensuite, vient d'estre enterré, et Werrer, qu'on nomme icy Ferrand, a esté condamné et abandonné des medecins. Cet accident est extraordinaire, et n'en a guere de pareil dans l'histoire, et si le bonhomme Hœust eut laissé beaucoup d'heritiers comme Beck, il n'en auroit bientost aucun, puisqu'ils se destruisent ainsi les uns les autres. Heyleusbergh estoit du païs de Cleve, et passoit pour fort honneste homme: en mourant il a legué 10,000 livres à la femme et aux enfants de Werrer, pour les dedommager en partie de la perte qu'il voyait qu'ils alloient faire de leur pere, qui devoit bientost le suivre.

Le 31°, les mousquetaires revindrent de Mardick, en cette ville, ce qu'on prend pour une marque asseurée, que l'on n'apprehende plus que les Espagnols l'attaquent.

Le 1. de fevrier, la mort du duc de Candale ietta la plus part de la Cour dans une tres grande affliction. Mais personne n'en a esté plus touché que M' le Duc d'Aniou. Il l'aimoit tendrement, et dès que la nouvelle arriva qu'il ne vivoit plus, il se retira dans sa chambre et le pleura, disant qu'il avoit perdu le meilleur ami qu'il eust. Il en a pris le deuil, et fut hier voir le duc d'Espernon et monsieur de Metz. Il mourut à Lyon, dimanche dernier, d'un flux hepatique, accompagné d'une fièvre assez violente. Il laisse 700,000 livres de debtes, et a si bien ordonné qu'on ne fist rien perdre à ses creanciers, qu'on croit qu'ils auront tous contentement du pere, dès qu'il pourra agir et se r'avoir de sa grande affliction. Voilà cette illustre maison apparemment finie, car le pere est marié à une femme de qui il ne peut avoir des enfants. On parle de retirer sa fille du couvent, mais on doubte si on le pourra, parcequ'elle a pris l'habit et fait son dernier vœu. S'il se veut resoudre à luy faire espouser le nepveu de l'Eminence, on croit que le Roy employera tout son pouvoir à Rome, afin que le Pape luy permette de se remettre au monde; et on parle desia que M⁰ le cardinal consentira à ce qu'il prenne les noms et armes de la maison d'Espernon. Mais on croit que le pere le porte trop haut, pour vouloir perpetuër sa maison par un moyen si bas. Les Nanons seront sans doute celles qui profiteront le plus de ce malheur; et ce bon seigneur, qui les aime si tendrement, va verser à pleines mains ses richesses dans leur maison. Il avoit desia commencé à leur en faire bonne part dès le vivant de son fils, car ayant mis en vente Plassac, l'une de ses meilleures Seigneuries et l'une de ses plus belles maisons, il a fait que Saint-Quentin, capitaine de ses gardes, qui en a espousé une, l'a acheté pour la somme de 400,000 livres; et afin que son fils ne s'en formalisast point, il fit treuver de l'argent au dit Saint-Quentin, sous sa caution. Il y a quelque temps que cette adresse fut descouverte à l'occasion de la compagnie colonelle des gardes, qui luy appartenoit, à cause de la mort du S⁰ de Veine qui en estoit lieutenant colonel : aussitost il la donna à Saint-Quentin, quoy qu'on luy en eust recommandé plusieurs autres. La Reyne luy en parla, et luy dit qu'on s'estonnoit de ce qu'il faisoit tant pour Saint-Quentin. Il luy respondit : « Il m'a bien servi, Madame, et bien que ie sois le plus pauvre gentilhomme de France, si ie ne le rendois riche de quarante mille livres de rente avant ma mort, ie mourrois avec regret. »

Le 2°, en une visite qu'on rendit à M^r le Duc de l'Esdiguieres, on sceust qu'à la Cour on avoit encheri par dessus la façon ordinaire de faire des loteries, et qu'on y en avoit fait où il n'y avoit pas un billet blanc, tous estants remplis de quelque chose, tellement que ce traffic se rendra asseuré et sans aucune tromperie. Chaque billet couste cinq pistoles, et on court risque d'en tirer de cent et de deux cents, mais aussi on est en hazard de n'en tirer que d'une, que de deux, que de trois, et ainsi des autres. Ce commerce fait qu'il y a tousiours grand monde chez le Roy et chez la Reyne.

Il y a quelque temps qu'à l'apartement de celle cy, madame d'Olonne eust une envie qui luy a causé beaucoup d'ennuy, et autant que soufflet qu'elle ait eu de sa vie. On croira d'abord qu'on parle de quelque chose de semblable à cette application de main, dont l'honora son mari aux eaux de Bourbon, mais ce n'est rien moins que cela. C'est qu'estant à la chambre de la Reyne, elle y devint amoureuse d'un beau soufflet d'ebeine, qu'elle y avoit aupres de son feu, garni d'argent, et d'une peau d'Espagne ou de la frangipane si bonne, que la chambre en estoit toute parfumée, dès qu'on commençoit à souffler le feu. Elle ne parloit que de ce soufflet, elle n'avoit bonne contenance que lorsqu'elle le tenoit, et elle ne se chauffoit bien que lorsqu'elle s'en pouvoit servir pour faire flamber le feu. On la nommoit la souffleuse de la Reyne et la soufflettée de son mari, et chacun s'esgayoit sur cette fascheuse rencontre de Bourbon, et sur cette agreable inclination pour le royal soufflet. Elle la porta à former le dessein de l'enlever; et sans aprehender le crime de lese Maiesté, elle en recherche les moyens. Elle en parla au marquis de Vardes (1) qui tout aussitost se chargea d'en faire le rapt. Il en espie l'occasion, et un soir que la Reyne estoit fort attaschée à son ieu, il mist adroictement le soufflet sous son manteau, sortit de la chambre, et le porta à madame d'Olonne qui le reçeut avec ioye et avec transport. Mais il ne luy dura pas beaucoup, car elle sceust dans peu de temps qu'il y avoit grand bruict pour le soufflet, et que la Reyne le vouloit ravoir. On vint mesme le luy demander de sa part quelques iours après, sur ce qu'elle avoit eu advis qu'il luy avoit esté enlevé en sa faveur. Elle nia de l'avoir, mais sur ce que l'on persista à le demander, elle fut conseillée de le renvoyer; ce qu'elle a fait; et voilà l'histoire du soufflet, qui fait qu'on la nomme la femme au soufflet; et Vardes, le marquis qui ne vaut pas un clou à soufflet, en fait de larrecin.

Le 3e, on enterra Ferrand, hoste de la *Ville d'Anvers*, par où le trio de ceux que ce desesperé

---

(1) François René du Bec, marquis de Vardes, comte de Moret. Louis XIV, dont il avait été le favori, l'exila de la cour à cause de ses intrigues. Il mourut peu de temps après être rentré en grâce, en 1688.

de Beck avoit si mal marqués fut malheureusement achevé. Ce mesme iour M⁏ le Premier prist la peine de nous rendre visite, et de nous faire offre de nous advertir quand le Roy danseroit son ballet, de nous y faire entrer, et de nous y faire donner place.

Le 4ᵉ, on sceust icy que l'armée d'Italie avoit establi ses quartiers d'hyver dans le Cremonois et dans le Mantüan, et que le secretaire du duc de Mantouë, nommé Bellissani, y estoit arrivé pour traitter à ce que l'on croit, de l'accommodement de son maistre, bien que l'on publie que c'est pour vendre à M⁏ le cardinal le duché de Nevers. On commença aussi de s'apercevoir par les discours de ceux qui se meslent des affaires de Naples qu'elles n'estoient plus guere en vigueur que dans l'imagination de la reyne de Suede et de celle de M⁏ de Guyse (1) : l'application de cette Cour en estant une assez bonne preuve, puisqu'elle est toute du costé de l'Allemagne et aux affaires du nord : estant certain qu'entre les autres causes de la retraitte à Vincennes, la deliberation des ordres que l'on envoyeroit aux ambassadeurs à Francfort, a esté l'une des plus apparentes, puisqu'après qu'on y eust tenu conseil, on envoya icy le comte de Brienne, pour leur expedier un courrier avec

---

(1) On lit dans une dépêche de l'ambassadeur de Hollande, Paris, 28 janvier 1628 : « M. le mareschal de Turenne a esté visiter, par ordre de la Cour, la reine Christine de Suède qui demeure toujours à Fontainebleau ; et après son retour, on y a envoyé M. Chanut, pour conférer sur l'instruction de la Cour avec la dite reine, au lieu de M. le duc de Guise qui autrement avoit esté destiné. »

de nouveaux ordres. Et comme l'on veut deviner sur tout, il y en a qui asseurent qu'à cause qu'on a iugé qu'en cette rencontre la connexité des interets de la Pologne avec ceux du roy de Hongrie, estoit trop grande pour pouvoir esperer de les separer, il n'estoit pas à propos d'y envoyer, à sçavoir en Pologne, Mr de Gramont.

On veut de plus qu'au conseil de guerre, qui y fut tenu en suite, et où Mr de Turenne fut appelé, il fut resolu d'armer puissamment du costé du Rhin, et qu'il ne falloit pas que le roy de Hongrie y parust avec des troupes pour intimider les alliés, sans que de ce costé l'on ne fist monstre d'une armée capable pour les rasseurer. Sur ce fondement on parle de restablir tous les capitaines des vieux corps, qui avoient estés cassés, de faire 4,000 dragons, et de faire partir le plus promptement qu'il se pourra le duc de Wurtemberg. Il vist hier le Roy et ensuite M^r le cardinal, qui le doit traitter, et luy faire toucher les sommes qu'on luy a promises pour ses apoinctements, afin qu'il puisse paroistre en general d'armée. On publie de plus que le Palatin leve, et que Cologne est dans les interests de la France. Il se voit des lettres qui portent qu'à Munick, Mr de Gramont dit à l'electrice de Baviere que si S. M. n'avoit pu la faire reyne, elle vouloit travailler à la faire imperatrice ; et qu'elle respondit que si elle en avoit la couronne, elle la mettroit aux pieds du Roy, et cent vies, si elle les avoit. Quoy qu'il en soit de tous ces bruicts, il est tres certain que les meilleures testes de ce royaume ne furent iamais plus longtemps ensemble, qu'elles le sont depuis trois ou quatre iours.

Mʳ Servien disne fort souvent avec Son Eminence, et ensuite ils sont enfermés deux ou trois heures dans son cabinet. Avant hier comme ils etoient ensemble, ils donnerent ordre qu'on leur amenast un courrier qui ne faisoit que d'arriver. Besemeau, capitaine des gardes de S. M., le fut querir et l'amena en une estrange posture. Il n'avoit que des pantoufles aux pieds, un pantalon de chamois, et une chemisette de deux couleurs, blanche et rouge. En cet equipage il traversa toutes les chambres de Mʳ le cardinal pour arriver à son cabinet, et en passant au travers du monde, pour n'estre pas reconnu, il enfonçoit son chappeau, et en abaissoit les bords. Nous ne croirions pas cette drollerie, n'estoit que le Sʳ des Minieres nous a asseuré qu'elle est tres vraye, et qu'il estoit à l'antichambre de Son Eminence lorsqu'on amena cet homme, et qu'il ne se peut imaginer qui il estoit, ni d'où il venoit.

De 5ᵉ, le comte de Guiche fut reçeu mestre de camp du regiment des gardes. La ceremonie se fit hors de la ville, derriere les Incurables, où le regiment estant rangé en trois bataillons, le marquis de Fourvilles, lieutenant de la colonelle, representant le duc d'Espernon, qui depuis l'affliction de la mort de son fils tient le lict, prit le comte de Guiche par la main et le mit à la teste dudit regiment, commandant aux soldats de le recognoistre pour leur mestre de camp, et de luy obeir en tout ce qu'il leur commanderoit. Ils respondirent tous avec des voix d'acclamation et de vivat. Ce comte portoit ce iour là un iustaucorps de veloux noir si riche, que iamais on n'en a veu de plus beau ; la broderie dont il estoit tout couvert, n'estoit que d'or et d'argent traict; les boutons estoient de mesme que ceux que l'on nomme icy à ferlusche ; il y avoit pourtant cette difference que ceux cy ne sont pas de soye, et que les autres sont d'or massif, mais si bien travaillés et ouvragés, que la main d'un peintre n'eut sçeu mieux reüssir avec son pinceau, que l'aiguille du brodeur l'a fait sur cette casaque : aussi a-t-elle cousté deux mille escus.

Le 6°, nous receusmes nos lettres, par lesquelles on nous marquoit que l'ambassadeur d'Espagne avoit fait de grandes reiouissances pour la naissance du prince d'Espagne. Outre ce que l'on a accoustumé en ces occasions, qui est de traitter les plus apparents de l'Estat, de faire des feux de ioye, et de donner à boire au peuple par du vin que l'on fait couler en forme de fontaines, il y adiousta la liberalité de ietter de l'argent au peuple. Mais il fut si malheureux en cette rencontre, que celuy qu'il fit ietter se treuva faux, et que le monde en murmura, disant qu'il ne falloit non plus se fier à l'argent des Espagnols qu'à leurs paroles (1). Il

---

(1) Ce fait est mentionné dans la correspondance de M. de Thou. « J'envoye à Votre Éminence, écrit-il à Mazarin, une inscription latine qui a esté faite par un homme qui est presentement dans ces provinces, et dont je fais mention dans la despeche de M. de

s'en excusa sur celuy qui l'avoit faict battre, mais il y a pourtant de sa faute, de n'avoir pas eu un homme affidé en une occasion si importante.

Le 7ᵉ, nous apprismes par les lettres que le Sʳ de Reede avoit escrites de Madrid au Sʳ de Brunel, que le prince d'Espagne ne se portoit guere bien et que la ioye qu'on avoit euë de sa naissance, pourroit bien estre courte, puisque l'on craint qu'il ne vive pas longtemps; que la premiere sortie que la reyne avoit faite apres ses couches, avoit esté pour entendre messe, et que là elle avoit consacré son fils à Dieu. Nous ne sçavons quelle est cette ceremonie, ni comment tout s'y est passé, mais elle pourroit bien estre exaucée, et perdre en offrant, ce qu'elle souhaite tant de garder.

Le 8ᵉ, il y eust grand bal chez le mareschal de l'Hospital, où le Roy et Monsieur vinrent en masque. Mademoiselle y parut aussi en ce mesme estat, avec quatre ou cinq femmes ou filles de sa suite. Les suisses du Roy qui estoient à la porte, n'ont iamais esté si insolents qu'ils le furent ce soir là; sur ce que Carnavalet s'estoit mis en colere contre eux de ce qu'ils laissoient entrer trop de monde, ils refuserent la porte à tous ceux qui se presentoient. Il y eut mesme des dames parées et

---

Brienne (*), sur cette distribution de monnoye fausse que M. de Gamara a faite, ou à dessein ou par la faute de ses gens, le jour de son feu de joye. Je l'ay jugée digne de luy pouvoir estre envoyée, et je m'assure que M. de Bautru dans la severité de son jugement ne la rebuttera pas. » (Dépêche du 7 février 1638.)

(*) M. Morus, dont il est question plus haut, page 144.

invitées, qui furent obligées de s'en retourner. Cette confusion fit que nous nous retirasmes avec quantité d'autres personnes, qui estants entrées ressortirent, voyant que la sale n'estoit pas assez grande pour tant de monde, et qu'on n'y pouvoit estre qu'avec beaucoup d'incommodité, et sans aucun plaisir. Cependant on dit qu'il y fut magnifique pour le Roy et pour la Cour, car au milieu du bal on lui donna une superbe collation qui sous ce nom eut tout ce que peut avoir un beau et grand souper. Il y avoit des plats qui revenoient à quatre cents escus, et s'il faut ayder l'hyperbole et suivre le bruict commun, il en cousta ce soir là à Mʳ de l'Hospital, pour une si belle feste, dix ou douze mille escus.

Le lendemain 9ᵉ, Mʳ le chancelier encherit sur toute cette profusion. Il donna un bal, où pour la quantité de lustres qu'il y avoit en sa sale, en sa galerie et en toutes ses chambres, on eust dit qu'il avoit voulu monstrer qu'il y avoit moyen de produire icy bas une lumière qui au milieu de la nuict pouvoit faire voir une clarté aussi grande que celle du soleil. Avant que le Roy y arrivast, il recevoit lui-même les dames, les faisoit passer de la sale du bal en sa galerie, et de là en ses chambres, et à chacune en un endroict il faisoit presenter des limons doux, en un autre des bassins où dans de beaux vases de porcelaine il y avoit de toutes sortes de confitures et de fruicts exquis, aussi bien que dans les bouteilles de tous les breuvages les plus agreables. Apres qu'il eust ainsi receu toutes les invitées, et qu'il leur eust fait parcourir sa maison pour leur en faire voir toute la magnificence (1), le bal se commença à l'arrivée du Roy. Sa Maiesté, comme de raison, dansa la première avec la princesse d'Angleterre, et ensuite Monsieur avec Mademoiselle. Tout y estoit extremement paré ; on n'y vist presque point de canons, la plupart des hommes de la Cour estoient en iartieres, et portoient des habits de veloux noir plein. Celuy de Monsieur esblouïssoit la veuë, il estoit tout couvert de perles et de diamants assemblés en forme de boutons à ferluche ou en broderie. Le marquis de Vardes estoit gentiment accommodé ; il avoit un pourpoint de satin couleur de chair, chargé d'une dentelle d'un gris si blanc qu'on eut dit qu'elle estoit d'argent : les chausses estoient d'un veloux noir plein, et chamarrées de la mesme dentelle, sous laquelle il y avoit du satin de la couleur du pourpoint. Tout cecy faisoit un assez bel effet et on iugea cet adiustement assez mignon, aussi bien que celuy du nouveau marié, le comte de Guiche : il estoit aussi de veloux noir plein comme les autres, mais l'adiustement estoit tout de perles au

(1) L'hôtel du chancelier Séguier était situé entre les rues du Bouloi et de Grenelle-Saint-Honoré; il porta successivement les noms d'hôtel de Condé, de Soissons et de Montpensier. Pierre Séguier en devint propriétaire en 1633 et y fit des agrandissements considérables. On y remarquait, dit M. Chéruel (*), une riche bibliothèque, une chapelle et des galeries que Simon Vouet avait ornées de peintures. Au XVIIe siècle, il prit le nom d'*Hôtel des Fermes* sous lequel il est encore connu aujourd'hui.

(*) Introduction au *Journal d'Olivier d'Ormesson*, page 113.

milieu d'une broderie de jés blanc, et de loin il s'en formoit un tres bel esclat. A tous ces habits il y avoit de grandes iartières, qui en façon et en dentelles coustoient plus de cent escus ; et ce qui fut le plus surprenant, est que la pluspart des hommes avoient des gants garnis dedans et dehors, à la façon des femmes, et chargés de perles et de diamants cousus au ruban, pour ceux qui en avoient sur leurs habits.

Les femmes y parurent aussi dans un esclat extraordinaire ; mais celles qui estoient purement de la ville et des gens de robbe, y estoient aisement remarquées par la difference qu'il paroissoit aux yeux les moins delicats, qu'il y avoit entre elles et celles de la Cour. On eust dit à leur port et à leur air qu'elles n'en estoient que les filles de chambre. La femme du marquis de Vardes, qui est fille du president Nicolaï (1), fut de celles qu'on remarqua n'avoir pas encore acquis ce je ne sçay quoy de grace et d'entregent que donne la Cour et le grand monde.

On prit garde que pendant qu'on dansoit, le Roy entretint touiours la comtesse de Soissons, qui estoit aupres de luy. Cela pourtant n'empescha pas que la petite Argencourt ne luy fist un petit souris, toutes les fois qu'elle dansoit et qu'elle faisoit une reverence à Sa Maiesté ; mais ce grand prince n'y correspondit iamais par le moindre mouvement

---

(1) Antoine Nicolaï, seigneur de Goussainville et d'Ivor, premier président de la Chambre des comptes de Paris, mort le 1ᵉʳ mars 1656.

de visage un peu favorable ; ce qui fait iuger qu'à present que la comtesse de Soissons est relevée de couches, et plus grasse que iamais (car pour belle, elle ne l'est aucunement), elle retient et possède toutes ses affections. Pendant tout ce bal, Monsieur parut peu gay ; il estoit entre Mademoiselle et la Princesse d'Angleterre, et ne se peina guere à les entretenir : ce qui fit remarquer qu'il n'estoit pas dans son element, et que s'il eust esté auprés de madame de Comminges, ou de quelque fille de la Reyne, il en auroit usé autrement. Au milieu du bal, on donna au Roy une magnifique collation de celles qu'on nomme ambiguës et qui peuvent passer pour des festins, où il ne manque rien, bien qu'ils ne soient qu'à un service. En cette rencontre la feste fust un peu troublée, car le marquis de Coaslin, petit fils du chancelier (1), voulut disputer au comte de Guiche l'honneur de donner la serviette au Roi ; il se fondoit sur ce qu'il estoit comme fils de la maison, et que l'autre n'y estoit qu'allié. Le comte de Guiche l'emporta pourtant sur ce que c'estoit pour luy que se faisoit la feste, et que sans faire tort au marquis de Coaslin, il est en une autre consideration que luy, tant à cause des merites et grands services du mareschal de Gramont, son pere, que pour ce qu'il vient d'estre reçeu

(1) Né de Pierre-César du Cambrent, marquis de Coaslin, colonel-général des Suisses, et de Madeleine Séguier qui épousa en secondes noces, en 1644, le chevalier de Boisdauphin, un des fils de la marquise de Sâblé.

à une charge qui luy donne rang à la Cour.

Le 10°. nous fusmes à la foire, et y vismes Monsieur, Mademoiselle et la comtesse de Soissons, qui y iouërent trois cents pistoles en bagatelles.

Le 11°, les advis de Flandres portoient de grandes plaintes contre les troupes de M' le prince de Condé, qui ont pillé et ravagé quantité de villages du Brabant où on les avoit logées en quartier d'hyver.

Le 12°, l'Italien que nous avons à nostre table, et qui est le deputé de ceux avec lesquels cette Couronne a intelligence au royaume de Naples, s'en expliqua d'une façon qui fit iuger que le dessein n'en estoit guere moins qu'avorté. Il se plaignit de l'imprudence de ses confreres, mesme de la trahison de quelques uns qui en ont tant escrit et tant parlé, qu'ils ont donné moyen aux Espagnols d'en descouvrir la mine avant qu'elle fust preste à iouër. On ne laisse pas de continuer l'armement de Toulon, et d'asseurer que quelques vaisseaux Anglois le doivent ioindre. Le duc de Mercœur, qui doit venir en Cour pour s'y mieux instruire de ce que l'on veut faire de cette flotte, a eu ordre d'aller auparavant à Nismes pour y chastier les seditieux; mais on croit que l'affaire sera accommodée avant qu'il ait assemblé assez de troupes pour leur faire du mal.

Le 13°, le S' des Minieres nous vint voir, et nous dit qu'il partiroit bientost pour la Hollande. Il a enfin eu ses expeditions, et s'en va en Moscovie pour les interests des couronnes de France et de Suede. Bien que les ministres de celle cy veuillent faire aprehender à ceux de celle là, que le roy de Suede se treuvera obligé de traitter avec la maison d'Austriche si l'on ne l'assiste puissamment et promptement, et qu'ils publient que Slippenbach a esté envoyé au comte Curtz, chancelier de l'Empereur, pour conferer avec luy, on n'en veut rien croire icy et l'on tient tout ce discours pour une feinte.

Le 14ᵉ, le baron de Su, bearnois, brave, beau et riche gentilhomme, fut tué pour un assez maigre suiet. Il logeoit avec une personne de condition, et se treuvant dans une sale commune, l'un voulust qu'on y fist du feu, et l'autre ne le voulust pas. Le feu y ayant pourtant esté allumé, ils s'y chauffoient tous deux, et comme l'un voulust y ietter un fagot, l'autre ne le voulust pas, et la dessus ils se querelerent, sortirent, se rencontrerent auprès de l'hostel de Soissons et s'y battirent. Le baron y fut tué, ayant reçeu un coup au travers du gosier et un autre tout au travers du cœur. Son corps fut porté par ordre de la justice au Chastelet.

Le 16ᵉ, nous sceusmes de bonne part que l'armement de Toulon reprenoit feu, et qu'on y avoit envoyé le chevalier de Folleville, avec ordre de le presser ; ce qui fait d'autant mieux croire que le dessein sur Naples n'est pas tout à fait eschoüé, puisqu'on y employe cet homme qui a esté l'un des principaux chefs de la dernière tentative qu'y fit le duc de Guyse (1).

Le 17ᵉ, le parlement donna arrest par lequel il fut ordonné que, suivant la rigueur des edicts, le corps du baron de Su seroit trainé par les ruës, sur une claye. Par où l'on voit qu'on ne pardonne plus en cette sorte de crimes; et si l'on en use tousiours de mesme, on pourra esperer qu'un mal qui avoit esté creu sans remede, sous tant de grands et sages rois, en aura treuvé un dans la ferme resolution qu'a prise celuy cy de punir sans exception tout ce qui aura la moindre apparence de duël.

Le 18ᵉ, le sieur de Saponnet, qu'on nous avoit asseuré avoir esté tué devant Montmedy, nous vint voir. Nous ne pusmes d'abord nous imaginer que c'estoit luy, et peu s'en fallut que nous le prissions pour quelque fantosme qui se venoit presenter à nos yeux; mais il nous tira bientost de doute, en nous disant que s'il n'estoit pas mort, il en avoit couru grand risque, puisqu'il avoit esté si dangereusement blessé que les chirurgiens l'avoient abandonné, et que sur ce preiugé, on l'avoit fait passer pour mort.

Le 19ᵉ, on resolut icy de faire partir la pluspart des compagnies des gardes, François et Suisses,

---

(1) Le duc de Guise, en 1647, avait pris une grande part à la révolte des Napolitains contre l'Espagne, et avait été mis à la tête de l'insurrection; après avoir d'abord défait les troupes de Don Juan, il fut fait prisonnier et conduit en Espagne d'où il ne revint qu'en 1652.

pour les ietter dans Mardick et autres villes frontières, pour prendre la place de celles qui y sont et que l'on veut en tirer, afin qu'elles ayent temps et lieu de se rafraischir. Dans le dessein qu'on a de mettre en campagne de bonne heure une belle et puissante armée, on parle de donner de l'argent aux officiers pour faire leurs recruës ; mais afin de les obliger à avoir tout leur monde effectif, on s'advise d'un assez ioli moyen et tout à fait de chicane, qui est d'obliger les officiers, par corps et devant notaire, d'avoir 50 hommes pour l'infanterie, et 30 pour la cavalerie.

Le 20°, le temps commença à se radoucir, après qu'une quinzaine de iours il avoit fait un si grand froid que de memoire d'homme on n'en avoit senti un pareil. Aussi la Seine en a esté prise en trois ou quatre iours, et on a veu du monde qui l'a traversée d'un bord à l'autre en passant dessus la glace qui avait aresté son agreable cours. Les lettres d'Avignon portent que le Rhosne y a aussi esté pris, et que le Vice-legat en avoit passé le premier bras en carrosse. On escrit d'Amiens que les neiges y ont esté de la hauteur d'un homme; qu'il y estoit tombé de la gresle d'une si horrible grosseur, que ceux qui en avoient esté frappés estoient morts ; que quantité de personnes, s'estant retirées dans une maison pour se sauver du grand debordement des eaux, y avoient esté noyées ; et qu'on y avoit veu de si espouvantables esclairs et ouï un si effroyable bruict de tonnerre, qu'il sembloit qu'on fust à la fin du monde. Cependant ce froid n'a pas esté seulement extreme, mais il a esté aussi malfaisant et mortel. Outre quantité de courriers qui en sont morts, on a nouvelles qu'un officier aux Gardes revenant de Mardick sur un brancard, dont son indisposition l'avoit obligé de se servir, estoit mort de froid en chemin où il fut abandonné par ses porteurs qui prirent l'espouvante de quelques cavaliers qu'ils croyoient estre un parti des ennemis. Il se nommoit Trassi, et est nepveu de celuy qui a servi de lieutenant-général.

Le 21°, M^r le Premier, pour s'acquiter de la promesse qu'il nous avoit faite de nous faire entrer et placer au grand ballet du Louvre, nous envoya le S^r des Champs pour nous en renouveler l'offre dès le matin, et nous donner le rendez-vous au Petit-Bourbon sur les quatre heures du soir. Il est impossible de croire combien il y avoit d'embarras et de foule. Apres avoir passé diverses portes, toutes gardées, nous entrasmes enfin à la sale où on danse. Il nous fallut attendre pres de trois heures, et c'est asseurement un assez maigre divertissement pour qui en a veu de pareils. Aussi est-il assez surprenant que le Roy y en treuve un si grand à le danser si souvent, car il semble qu'il s'en devroit lasser.

Il y a quelques entrées qui sont assez belles, mais il y en a aussi de fort mauvaises. Celle des Geants et des Nains est l'une des plus sottes; et des bonnes il n'y en a que celle des Baladins ridicules, qui veritablement par le grotesque des postures est tout à fait divertissante. Celle des quarante mousquetaires, dont vingt entrent les premiers, font l'exercice et ensuite attaquent une barricade, se battent contre vingt autres, et accordent leurs tambours, leurs fifres et le cliquetis de leurs armes avec l'harmonie des violons, est sans doute l'une des meilleures. Celle des Maures et de la Princesse de Mauritanie est merveilleuse. On y voit cette Princesse qui est la fille de Verpré, que nous avons eue en Hollande, y faire admirer son adresse par une chacone qu'elle y danse si iustement qu'on diroit qu'elle est allée l'aprendre en Afrique, où elle a estée inventée. C'est la dernière entrée, et où il y a grand concert de voix et d'instruments de toutes sortes, et on peut dire qu'on l'a rangée ainsi à la fin pour qu'on se retire sur un si bon mets et qu'on oublie tous les mauvais qu'on a servis.

Le lendemain 22e, il y eust grand bal chez Monsieur et grande collation. On y vist quantité d'habits de veloux noir plein. Celuy du marquis de Vardes fut le plus appreuvé; il estoit d'un pourpoint de moire aurore tout couvert de dentelles noires fort claires, et sur les chausses il y avoit des bandes aurores au costé et de la dentelle au-dessus. Le comte de Moret y parut aiusté d'une manière qui n'agrea pas. Il avoit un habit avec une dentelle grise, couleur de feu et noir, et le manteau doublé de panne couleur de feu. Cette bigarrure fut tout à fait condamnée et passa pour ridicule et rude. La pluspart des autres habits estoient ou de beau drap gris, avec des boutons à ferluche et de la guippure, ou de belles venitiennes. On en a à present d'une nouvelle façon et tout à fait admirable.

Le 23°, on donna audience aux deputez de nostre religion (1). Le S' des Fontaines, gentilhomme de Poictou, porta la parole. Le Roy les ouit à huis clos, afin qu'il ne semblast pas qu'ils eussent droit de deputation et qu'ils fissent un corps à part dans l'Estat. S. M. reçeut leurs cahiers et dit qu'elle entendoit que l'Edict de Nantes fust observé (2). On les a donnés à examiner au chancelier M' Seguier, et nonobstant sa haine inveterée contre les Reformés, il y verra qu'ils n'ont rien innové, et qu'on a faussement supposé qu'ils ayent fait

---

(1) On lit dans une dépêche de l'ambassadeur de Hollande, datée de Paris le 8 mars 1658 :

« Les députéz des Esglises reformées de toutes les provinces de France ont enfin apres une longue attente en cette ville obtenu du Roy leur audience, ou estants admis ils ont faict leur harangue et presenté leur cahyer qui consiste en quantité de plaintes de l'inobservance et contravention de l'Édit de Nantes. S. M. les a bien receus et leur a faict promettre par la bouche de M. le chancelier l'observance du dit Édict et qu'il leur en feroit rendre justice, louant en outre leur fidélité qu'ils ont montrée durant les inconvenients du royaume et les admonestant d'y continuer et d'accroistre. La moderation et sage conduitte de M' le cardinal y a beaucoup contribué, et on l'estime fort. Les Estats de Languedoc estants presentement assemblés ont icy envoyés des deputéz extraordinaires avec ordre de se ioindre à ceux de Nismes et de Lunel pour obtenir conjoinctement une amnistie generale de ce qui s'est naguère passé es dites villes touchant l'élection des consuls suivant les coustumes anciennes, et qu'estant accordé cela donnera beaucoup de repos tant à eux qu'aux autres provinces voisines. »

(2) Cet édit fut révoqué en 1685. On sait qu'il avait été rendu par Henri IV en 1598, et qu'il reconnaissait aux protestants la liberté de leur culte et l'égalité des droits civils et politiques.

bastir des temples qui ne soyent dans l'Edict, puisque si on le suivoit, il en faudroit restablir une bonne quantité de ceux qu'on a demolis pendant la vie du feu Roy.

Le 24ᵉ, il n'y avoit presque compagnie où l'on ne parlast de l'arrivée de la reine de Suede en cette ville (1), mais si diversement, que quelques-uns, qui ne penetrent pas fort avant dans les affaires de l'Estat, vouloient qu'elle n'y fust venuë que pour voir le ballet du Roy, la foire et la grande Comedie italienne que la bande de cette nation a preparée, et où l'on verra ce qu'elle sçait faire en cette sorte de recreation, tant pour les machines que pour la musique. Mais ceux qui vont au sens mystique asseurent que le ballet, la foire et la comedie ne sont que le pretexte de la veritable raison qui l'amène icy, et que tout va à une conference finale et de toute la cabale touchant l'entreprise de Naples; et nous oserions en croire quelque chose, parce qu'on en remarque une espèce de preuve aux discours de nostre Italien, qui est le chef de l'intrigue estant deputé de la part de ceux qui gemis-

(1) On lit dans la correspondance de l'ambassadeur de Hollande, Paris, 1ᵉʳ mars 1658 :

« La reyne Christine de Suede arriva enfin de Fontainebleau en cette ville dimanche dernier et logea au Louvre, dans une grande partye de l'appartement de Mʳ le cardinal. Le ballet du Roy fust remis pour cela jusques au lundy 25ᵉ et mercredy ensuitte fust encore donné un autre bal exprez chez Mʳ de la Basignière, tresorier de l'espargne, où le Roy, Monsieur, Mademoiselle et touts les autres grands de la court y vindrent en masque. La reyne Christine prend plaisir de voir les comedyes, elle attend maintenant que la foire Saint-Germain soit fynye. Elle fust lundy dernier en une longue conférence avec Son Eminence. »

sent en ce royaume-là sous le ioug de l'Espagne. Il est certain que l'on ne sçait comment adiuster les ducs de Guyse et de Mercœur pour cet employ, chacun d'eux pretendant d'y avoir droict; et bien que Son Eminence fasse tout son possible pour en exclure le premier, elle ne peut en venir à bout. On fait des levées en toutes les villes du royaume, et l'on veut mettre les regiments de cavalerie à dix compagnies, afin qu'ils puissent former de bons escadrons.

Le 25°, nous vismes rouër à la Croix-du-Tiroir deux de cette maudite race de Sarasins, qu'on nomme icy communement *bohemes*. Ils estoient douze qui voloient hardiment autour de cette ville, qui deroboient les petits enfants, qui enlevoient les calices des eglises et qui faisoient mille maux de cette nature. On les a enfin pris, et apres en avoir executé les plus coupables, on doit envoyer les autres aux galeres.

Le 26°, madame Fabert (1) fit voir icy une lettre de son mari qui portoit que durant douze heures on avoit veu à Sedan, à Metz, à Verdun et en quantité de places de la Lorraine, des cometes de diverses formes: les unes representoient des canons ardants et bruyants, les autres des tambours battans, quelques-unes des dragons, des verges et des fouëts, le tout accompagné d'esclairs et de tonnerre. Le 7° du courant il a aussi fait icy de grands

---

(1) M. Fabert, fait maréchal de France en 1654, et mort en 1662, était gouverneur de Sedan.

esclairs que plusieurs personnes asseurent d'avoir veu, et d'avoir oüy tonner en plein midy. La prognostique ordinaire de tous ces fascheux signes n'est iamais advantageuse aux Estats, puisque *nunquam impune micuit divus cometa.*

Le 27e. Par le degel il se forma icy un grand deluge, et la riviere deborda de telle façon que nos plus belles rues, les plus grandes et les plus frequentées, comme sont celles de Saint-Martin, Saint-Denis, Saint-Antoine et plusieurs autres, furent remplies d'eau en beaucoup d'endroicts. On n'y peut aborder la pluspart des maisons qu'en bateau, et au lieu d'entrer par la porte, on est souvent obligé de passer par les fenestres.

Mais cette incommodité vient d'estre suivie d'un fort grand malheur, puisque la violence de l'eau enleva cette nuict une partie du Pont-Marie. Il servoit de passage à l'isle Nostre-Dame, et avoit sur les deux costez de belles maisons où demeuroient quantité d'artisans. Quelques arches se sont fenduës en deux et sont tombées de telle façon et si nettement qu'on diroit qu'on a apporté de l'art à faire cette separation : 22 maisons en sont peries et abismées dans l'eau avec un tel fracas et un tel bruict, que toute l'isle et tous les lieux circonvoisins en ont esté alarmés et croyoient estre enveloppés dans la ruïne. Elle a surpris une partie de ceux qui habitent ce pont, et on tient qu'il y a eu pres de 120 personnes de submergées ; et comme dans les malheurs il arrive souvent quelque chose qui occupe ceux qui cherchent plus à s'en divertir qu'à s'en affliger, on raconte qu'il y eûst un gros clerc de notaire logé au bout du pont, dont la maison se fendit en deux et le lict où il couchoit fut ietté dans la ruë sans qu'il en sentist rien tant il dormoit profondement, qui fut tout estonné de se treuver à son reveil ainsi couché au milieu de la ruë et de tant de ruines et de debris. L'accident du nouveau marié est plus moral, puisqu'il a ioinct en un mesme temps ce que cet ancien treuvoit de bon au mariage, le premier et le dernier iour. Il n'y avoit que deux ou trois heures qu'il estoit couché avec son epouse, et il fut obligé de se lever au bransle de son lict et de toute sa maison et de se sauver en chemise : sa chere moitié y est perie et il s'est treuvé vef et marié en moins d'une nuict.

Un carrosse de masques qui y passoit à l'heure de cette ruine, et qui peut-estre l'avança de quelque moment, y est peri; et, s'il faut en croire tout ce que l'on en dit, un autre carrosse qui le suivoit y treuva sepulture lorsqu'il cherchoit quelque bal pour son divertissement. Cet accident a tellement estonné tous les surpontins, que ceux qui habitent le pont au Change ont tous desemparés. Le Sr Bouilly nous a dit cette apres disnée, en une visite qu'il nous a renduë, qu'un carrosse s'est abismé en la rue Saint-Denys, une cave qui estoit sous la ruë s'estant enfoncée.

Le 28e, on fit voir pour la seconde fois le grand ballet à la reyne de Suede en toute sa pompe, c'està-dire qu'il y eut ensuite grand bal et bonne collation. Elle estoit assise à la droite de la Reyne, et à chaque fois que le Roy dansoit elle faisoit des exclamations et disoit tout haut qu'il ne se pouvoit rien de mieux. Elle loge au Louvre à l'apartement de M^r le Cardinal, qui s'est retiré en une chambre qu'il a au bout de sa galerie, c'est-à-dire fort à l'estroit, afin qu'elle ait suiet de croire qu'on s'attend à ce qu'elle ne fasse icy grand seiour. Cependant elle s'y plaist fort et tesmoigne d'estre fort satisfaite des divertissemens de nostre carnaval.

Le 2e de mars, la mort du marquis de Bellebrune, gouverneur de Hesdin, l'une des meilleures places de l'Artois, et à la prise de laquelle Mr de la Milleraye eust le baston de marechal que le Roy lui donna sur la brèche, fit que le Sr de la Rivière(1), qui en est lieutenant du Roy, envoya ici le Sr de la Fargues, son beau-frère, qui est maior, pour en demander le gouvernement et representer ses services.

La Fargues n'oublia rien de tout ce qui estoit des interests de son beau-frère et des siens, adioustant qu'au cas qu'on le voulust vendre, ils en donneroient cent mille escus, et que si l'on n'acceptoit cette offre et qu'on les voulust priver de l'honneur d'y servir aussi bien le Roy qu'aucun autre qu'on y pust mettre, on leur donnast trois cent mille escus de recompense, tant pour eux deux et la garnison que pour la vefve du defunt, qui avoit autrefois

---

(1) Voir la note au bas de la page 168.

acheté cette charge deux cent mille francs. La cour ne s'estant expliquée sur aucun des deux partis qu'on proposait, donna le gouvernement au comte de Moret. La Fargues en estant adverti, prit la poste et le devant, et dès qu'il fut dans la place, travailla conionctement avec son beau-frère à gaigner la garnison (1) : s'en estant asseurés, ils ont traitté avec le mareschal d'Hocquincourt (2), qu'ils sçavoient estre mescontent, hardy et entreprenant. Il n'estoit qu'à quelques lieuës de là, et ensuite de leur traitté, ils l'ont reçeu dans la place où il a porté 200,000 livres, en a distribué une partie à la garnison, a refusé la porte au comte de Moret, et a escrit à M^r le Cardinal qu'il se ressouvienne que c'est luy qui l'a ramené en France, qu'il luy promist alors un bon gouvernement, qu'il a attendu longtemps qu'il luy tinst promesse, qu'il s'en presentoit une belle occasion, puisqu'il estoit dans Hesdin, et qu'il le prioit de luy en donner le gou-

(1) Ils demeurèrent maîtres de la place pendant deux années. Ce fut Olivier d'Ormesson, alors intendant de Picardie, qui fut chargé de les mettre à la raison, et en mars 1660 il fit rentrer la place sous l'autorité du roi. Loret en parle en ces termes dans sa *Muze historique* :

Les sieurs Fargues et la Rivière,	Et ce magistrat d'importance,
L'un et l'autre gens de rapière,	Qui du pays a l'intendance,
Qui commandoient dedans Hesdin	D'Ormesson qui dans maint employ
Le soldat et le citadin,	A dignement servy le Roy,
Dont ils s'estoient rendus les maîtres ;	Et fort prisé dans la contrée,
En ont, dit-on, tiré leurs guestres,	Y fit samedy son entrée,
Moyennant abolition	De la part de Sa Majesté,
De crainte et de punition ;	Avec grande solennité.

(2) Charles de Mouchy, marquis d'Hocquincourt, maréchal de France en 1651, mort en 1658. Olivier d'Ormesson rapporte qu'il avait vendu en 1643, sa charge de grand-prévôt de France à M. de Sourches, moyennant 430,000 livres.

vernement, l'asseurant qu'il le conserveroit pour le service du Roy. Il est aisé à iuger qu'il importe de beaucoup à l'auctorité du Roy qu'on ne se pourvoye ainsi de cette sorte d'employs. Mais on ne sçait encore quels remedes on y apportera, l'affaire estant delicate et qu'il faut manier doucement, de peur que ce mareschal n'appelle les Espagnols et Mr le Prince, bien qu'on sçache qu'il a desia refusé de grandes et belles offres qu'ils luy ont fait faire. Aussi n'auroit-il iamais parmi eux ce qu'il a icy. Sa femme et son fils se sont venus ietter aux pieds du Roy et protester qu'ils ne trempoient point dans cette entreprise : et pour en donner une marque asseurée, ils ont declaré qu'il avoit icy 5oo,ooo livres chez divers particuliers, que la cour a arrestés et fait saisir. Il est pourtant incertain si l'on a treuvé toute cette somme, puisqu'on asseure qu'il en avoit tiré et mis à couvert la meilleure partie.

Le 3e, il arriva icy un courrier du duc de Mantoue, qu'il y envoye pour traitter d'accommodement, mais on ne luy veut pas accorder la neutralité qu'il demande, et puisqu'il a pris les armes contre la France, on veut que pour estre bien avec elle, il tourne tout à fait casaque.

Cependant son païs se ruine de fond en comble, et les troupes françoises y iouissent d'un riche quartier d'hyver. Ils demandent à la ville de Mantouë mille escus par iour pour permettre qu'on luy porte ses necessités : ce qui a fait qu'on a fermé toutes ses portes hors celle par où l'on va à

Verone. On asseure que l'on fera passer les Alpes à dix mille hommes de recreuës pour cette armée, et qu'elles commenceront à filer aussitost apres Pasques.

Le 4°. Ayant fait ce iour-là quantité de visites sans avoir rencontré personne, nous fusmes chez M' le Premier pour le remercier de ce qu'il nous avoit fait entrer au grand ballet. Nous ne l'entretinsmes pas longtemps, parce que, outre qu'il est extraordinairement froid, il est dans un employ qui ne luy donne guere de loisir et qui ne lui permet pas de recevoir de longues visites de ses amis.

L'apres-soupée nous courusmes les bals, et fusmes à celuy de madame des Reaux, qu'on n'avoit pas encore commencé, et nous nous y treuvasmes pour y danser au bransle. Nous ne nous amuserons pas icy à descrire la beauté de madame des Reaux, mais nous dirons seulement qu'il n'y en avoit pas une qui luy fust comparable et qui eust plus d'esclat. Nous nous y divertismes assez bien, et apres nous en estre retirez, nous fusmes voir celuy du baron de Langlure. N'y ayant aucune connoissance, nous n'y dansasmes point, mais nous y vismes danser à des masques une entrée de ballet qui s'en acquittèrent si bien et avec tant d'adresse et de iustesse, qu'on peut asseurer qu'il n'y en avoit point au ballet royal qui la valust.

Le 5°, qui estoit le mardy-gras, nous fusmes, de mesme que l'année passée, nous pourmener au cours Saint-Antoine pour voir finir les folies du carnaval; mais il y avoit une si horrible confusion de carrosses, et de plus de trois mille, que nous ne pusmes iamais gaigner la porte. Nous vismes pourtant quantité de masques tant à pied qu'en carrosse et à cheval, qui estoient assez gentiment aiustés. L'après-soupée nous voulusmes courir les bals, mais comme nous estions sur le Pont-Neuf, une soupante se cassa au carrosse et nous empescha d'executer le dessein que nous avions pris. Ce soir-là toute la Cour se partagea par bandes, et la Reyne, le Roy, Monsieur, Mademoiselle et nostre reyne Christine furent chacun à part courre les bals. Son Eminence, qui a les gouttes et qui de l'autre costé n'a guere l'esprit libre depuis que le mareschal d'Hocquincourt s'est ietté dans Hesdin, garda le Louvre. On ne sçait pourtant s'il est veritablement malade : il y a bien de monde qui dit qu'il feint de l'estre pour obliger la reyne de Suede à lui quitter au plus tost son apartement, le voyant ainsi reduict à l'estroict et incommodé. Mais elle ne s'en esmeut guere, et on ne croit pas qu'elle parte sitost. Cependant elle desole la Cour par ses façons de faire : quand l'envie l'en prend, elle descend à la chambre du Roy, va à celle de la Reyne et à celles de Monsieur et de Son Eminence sans les en faire advertir et à des heures si incommodes qu'ils en sont à la gesne. Elle les fait veiller toute la nuict, et comme elle dort peu ou point, elle se leve de si bon matin qu'elle ne leur donne pas le temps de dormir.

Le 6ᵉ, on nous dit qu'au bal de la Reyne, qui se dansa lundy dernier, il y avoit eu quelque picque sur ce que Mademoiselle ne rendit point la courante à Monsieur. Il en tesmoigna du ressentiment et dit tout haut qu'il ne danseroit plus avec elle. On tient que Mademoiselle le fit pour se vanger de ce qu'au bransle Monsieur fit que mademoiselle Gourdon fut menée par le marquis de Frontenac, qui estant mal avec Mademoiselle à cause de sa femme, avoit tousiours eu ce respect pour elle de ne paroistre qu'à demy là où elle estoit, bien loin d'y danser. La reyne de Suede n'y voulut point danser, bien que la Reyne eût grand envie de la voir en cet exercice, sur ce que l'on luy avoit dit la façon dont elle s'estoit acquittée chez le Sr de la Basiniere (1) : mais elle ne vint que tard au bal et se mist à table au moment qu'on luy fit sçavoir qu'on alloit commencer, et dit qu'elle y viendroit mais qu'elle ne danseroit point, ce qui deplust fort à la Reyne qui avoit esperé de s'en pouvoir divertir. Tout le monde y estoit paré assez bigarrement, et le marquis de Bellefond portoit un habit de veloux plein, avec des boutons à ferluche bleus, blancs et noirs.

Le 7°, nous fusmes chez madame de Lorme, où on nous dit que le Chartreux dont nous avons parlé ci-devant, qui avoit escroqué quantité de marchandises à divers artisans de cette ville, avoit esté fait prisonnier à Geneve où il s'estoit sauvé avec tout ce qu'il avoit volé sous pretexte de

---

(1) Trésorier [de] l'Épargne, dont il a été parlé plus haut, page 57.

s'y convertir ; et qu'à la requeste de ceux de cet Ordre, qui avoient instamment prié messieurs de la religion de le leur mettre entre mains, il leur avoit esté livré. Ensuite de quoy ils l'ont enfermé entre quatre murailles, condamné au pain et à l'eau, et à ne voir d'autre clarté que celle du feu et de la chandelle. Il finira ainsi sa vie, estant une coustume parmy ceux de cet Ordre de punir de la sorte ceux qui ont violé leurs loix, et de cacher pour iamais le criminel aux yeux du monde, afin que le crime s'oublie plus aisément.

Le 8e, nous fusmes voir le Sr de Longschamps, qui, apres nous avoir entretenu de plusieurs droleries et plaisantes rencontres qui se passoient à la Cour, nous raconta deux pieces que la reyne de Suede avoit iouées à deux demoiselles de la Reyne, et dont la derniere la paya fort bien. La premiere fut qu'en regardant fixement mademoiselle de la Motte-Argencourt, elle luy dit : Je vous tiens malheureuse avec tous vos attraits puisqu'une absence de huit iours vous a pû derober la plus belle et la plus grande conqueste que vous puissiez iamais faire. Ce discours defit et decontenança tout à fait cette pauvre fille, qui n'eust point de bouche pour luy respondre au moment que tout le monde comprenant la poincte, rioit de la voir si interdite. Il n'est pas besoin que nous repetions icy que lorsque le Roy en estoit amoureux, on l'amena à à Vincennes d'où il revint tout à fait gueri de sa flamme, car nous en avons parlé cy-dessus. La seconde fust pour mademoiselle de Riviere Boncœil, à laquelle elle dit que si elle estoit monarque, elle luy sousmettroit son diadème et la prendroit pour l'obiect de ses premières amours, et qu'elle seroit son inclination et sa bien-aimée. Mais cette petite rusée, sans se troubler, luy respondit tout haut qu'elle seroit fort malheureuse, parce qu'elle lui feroit bien voir du païs et la meneroit battant iusques au bout sans qu'elle se pust iamais vanter de rien.

Le 9°, on accorda un regiment au comte Frederic, aisné de M. le Rhingrave, et le Cardinal representa au comte Charles, son frère, les raisons pour lesquelles il ne luy en pouvoit pas aussi donner un, et dit qu'il y avoit tant de troupes cassées et tant d'officiers qui sollicitoient leur restablissement, que si on leur donnoit à chacun un regiment, cela feroit crier le monde; ce qui fait qu'il servira encore cette campagne en qualité de capitaine de cavalerie, pour pouvoir à celle d'apres pretendre à plus iuste titre un regiment.

Le 10°, nous fusmes au Louvre pour voir la reyne de Suede, mais parce qu'elle s'estoit fait saigner et qu'elle s'estoit mise au lict, nous ne pusmes iouïr de sa veuë. Il y eust quantité de femmes qui y vinrent aussi pour la mesme curiosité, mais le duc de Castelnovo, son grand-escuyer, leur dit aussi bien qu'à nous qu'elle ne voyoit personne.

Le 11°, nous retournasmes au Louvre pour tascher de voir la reyne de Suede avant son depart. Nous fusmes plus heureux que le iour auparavant, car elle estoit visible et nous eusmes tout loisir de la bien considerer. Elle n'avoit plus son habit de femme auquel elle s'estoit accommodée pendant son seiour en cette cour. Elle avoit repris un iustaucorps de veloux noir garni partout de rubans, avec un drosle (qui est une espece de cravate à la moresque), qui estoit lié d'un ruban de couleur de feu. Elle portoit une toque de veloux avec des plumes noires; elle estoit coiffée de ses propres cheveux qui sont fort blonds, mais assez courts et couppés comme ceux des hommes; sa iuppe estoit d'une moire bleue avec une belle et grande broderie de soye guippée blanche et aurore. Elle est de petite taille assez ramassée; elle a le visage parsemé de quelques grains de petite verole, mais qui ne paroissent que de fort pres; son teint est fort frais, sur lequel on voit un peu de rouge meslé, qui semble en vouloir relever l'esclat; elle a le front large et les yeux grands et estincelants; elle a un nez aquilin, qui estant proportionné au visage ne luy sied pas mal; elle a la bouche assez bien faite, les levres vermeilles et les dents toutes gastées. Le menton luy descend un peu en poincte et acheve de luy former le visage en ovale. Nous ne pusmes remarquer qu'elle ait le corps si mal basti qu'on le dit. Il est bien vrai qu'elle a l'espaule droite un peu plus haute que la gauche, mais si on ne le sçavoit pas, on auroit de la peine à s'en apercevoir: aussi tasche-t-elle de couvrir ce defaut le mieux qu'elle peut; car pour treuver l'esgalité de ses espaules, elle advance tousiours le pied droit, met la main gauche au costé, et la droite sur son derrière.

Quand elle parle à quelqu'un, elle le regarde fixement et d'un œil si ouvert qu'il faut estre bien hardy pour soustenir longtemps sa veuë. Elle ne tint point de longs discours et parut ce iour-là tout à fait inquiète. Elle ne faisoit que courre d'un costé et d'autre dans sa chambre; et dans un moment on la voyoit au delà du balustre de son lict, aupres de sa cheminée, au coin du paravent, et aux vitres d'une fenestre, dire un mot à l'un, tirer l'autre à part, et faire paroistre une humeur dereiglée. Elle parle fort bon françois, en possede tout à fait l'accent, et dit parfois de belles choses, mais d'un ton de voix qui approche plus de celuy d'un homme que d'une femme. Quand quelqu'un luy vient faire la reverence elle luy en rend une de sa façon, qui est de moitié homme, moitié femme; et quand elle marche, elle fait de certains pas en tournant qu'on peut nommer des passades en demi-volte, ou des coupés de maistre à danser.

Le lendemain 12e, elle partit, et rendit *libertatem aulæ et lucem Cardinali* (1), qui dès le lendemain se leva, ne se plaignit plus de la goutte, et s'en alla treuver le Roy à Vincennes, qui y estoit allé le matin. Pour *ayuda de costa* (2), ou plus tost pour affranchir le Louvre de la gesne à laquelle elle tenoit tout le monde, on luy a donné 62,000 escus. Elle ne sera que quelques iours à Fontainebleau et s'en ira avec le plus de diligence

---

(1) *La liberté à la cour et la lumière au Cardinal.*
(2) *Pour l'aider dans ses dépenses.*

qu'elle pourra, en Provence où elle se doit embarquer pour de grands desseins (1).

Le 13°, nous eusmes une pourmenade au Luxembourg la plus belle du monde. La iournée estoit merveilleusement agreable, et de celles que les dames demandent pour y estaler la magnificence de leurs iuppes. Nous y rencontrasmes Mʳ l'abbé de la Vieuville (2), qui est tout autre qu'il n'est ou qu'il a esté, tant il a pris l'air et l'entregent de la profession qu'il a embrassée. Ses petits cheveux, son petit collet et sa mine devote le deguisent plus qu'on ne le sçauroit croire. Il nous dit qu'il s'en alloit estre evesque de Rennes. Cet evesché est le premier de toute la Bretagne, preside aux Estats de la province, de mesme que Mʳ de Narbonne à ceux de Languedoc, et vaut 25 ou 30 mille livres de rente. Il l'a eu par accommodement avec le frere du mareschal de la Motte-Houdancourt, qui s'en est defait, c'est à dire qui l'a vendu ou troqué, n'ayant pu le remettre à aucun de ses proches qui sont tous trop ieunes pour en estre pourveus. Le voila en un beau poste et il ne peut manquer de se faire considerer à la Cour à cause du credit qu'il s'acquerra en cette province là, estant homme d'es-

(1) On lit dans la correspondance de l'ambassadeur de Hollande, Paris, 22 mars 1658 : « La reyne Christine de Suede changea d'avis peu de temps avant son départ pour n'aller en Italie mais en Allemagne. Mais cette Cour ayant ordonné tous les préparatifs de son transport et lettres de change pour l'Italie, elle en a encore pris la route pour ces raisons, contre son intention, comme la Cour le souhaittoit. »

(2) Il en est parlé plus haut, page 5, 81, 143, 165 et 209.

prit et d'intrigue. Afin qu'il fust à la teste de ce corps avec plus de maiesté, il luy faudroit un peu plus de barbe qu'il n'en a, mais elle ne luy veut pas venir. Bien qu'il ne soit pas bigot, il le veut paroistre estant avec ceux de son caractere ou avec ceux qu'il sçait estre fort attachez au romanisme. Il y a quelque temps que le Sr de Saint-Ravy le rencontrant chez monsieur de Metz, luy tint un discours qui lui depleut extremement ; car en parlant du caresme, il luy demanda s'il le faisoit icy, luy qui en Hollande mangeoit de la chair le vendredy sainct ; il le nia fortement et dit en raillant à Saint-Ravy qu'il n'estoit pas seulement huguenot, mais de plus calomniateur.

Le 14e, nous apprismes par des lettres du Sr de Reede qu'il avoit escrites au Sr de Brukel, qu'il avoit fait un si horrible froid à Madrid, qu'il en estoit mort du monde dans les ruës, et que tous les pauvres d'un certain hospital en estoient peris, et que du costé du Prado, on avoit treuvé des moïnes tous gelés qu'on n'a iamais pu faire revenir ; tellement qu'il semble que le froid ait esté egalement grand par tout.

Le 16e, nous fusmes voir M^r l'abbé de la Vieuville pour le feliciter de sa nouvelle dignité d'evesque de Rennes, et luy tesmoigner la ioye que nous en avions, et que nous esperions qu'elle ne luy serviroit que d'un degré pour monter bientost à celle du chappeau cardinal (dont, pour vous dire la verité, il se flatte fort). Il nous remercia de la part que nous prenions à ses interests ; et ensuite nous changeasmes de discours, et nous le mismes sur le dégast que le debordement des eaux avoit causé tout le long de cette rivière, qu'on fait monter à près de 5o millions. Il nous dit qu'elle avoit creuë icy de 17 pieds, qu'elle avoit esté de 2 pieds plus haute que l'an du grand deluge, qui fut celuy de 1652, et que tout le bas de sa maison avoit esté tellement inondé qu'on avoit esté contraint de faire la cuisine au premier estage. En nous retirant, nous passasmes à costé du Pont-Marie : il faut avoüer que c'est un triste spectacle que de voir tant de bien et tant de monde de peris ; et nous n'eussions iamais pû nous imaginer que le debris fust si grand, et la misere si extreme qu'est celle de tous ces artisants qui y habitoient et outre leur petit avoir et leurs marchandises, y ayant perdu, qui son pere, qui sa mere, qui ses freres, qui sa femme, qui ses enfans, et tous l'espoir de se relever iamais d'un si grand malheur, n'ont à present pour retraite et pour refuge que l'hospital general (1).

(1) Le débordement de la Seine avait causé de grands dommages, et notamment occasionné la chute d'une partie du Pont-Marie. Le Parlement de Paris, remplissant dans cette circonstance des fonctions qui aujourd'hui n'appartiendraient qu'à l'autorité administrative, rendit deux arrêts, les 2 et 19 mars 1658, pour prescrire les mesures que réclamaient les circonstances. On voit dans les considérants de ces arrêts que plusieurs personnes qui habitaient des maisons construites sur le Pont-Marie furent victimes de cette catastrophe ; parmi eux était un des deux notaires qui habitaient dans ces maisons. « La Cour (porte l'arrêt du 4 mars) a ordonné et ordonne que par les lieutenant civil et officiers du Chastelet procès-verbal sera fait des minutes qui restent de celles qui estoyent ès maisons des dits notaires ; et que les prevots des marchands et eschevins feront faire la visite de ce qui reste du Pont-Marie et des autres ponts et quays de cette ville par experts et gens à ce con-

Le 17ᵉ, Mʳ le Cardinal donna audience aux députez de la religion à Vincennes, et le fils du Sʳ de Langle, ministre à Roüan, qui portait la parole, fut favorablement escouté, Son Eminence luy tesmoignant que le Roy estoit fort satisfait de ses suiets de la Religion, que luy Cardinal avait tousiours representé à Sa Majesté leur fidelité, et qu'il voudroit leur faire connoistre qu'il les aime *ab imo corde*. Ce furent les mesmes mots, qui sont forts beaux, s'ils sont veritables.

Le 18ᵉ, l'on continuoit à s'entretenir si diversement de l'affaire de Hesdin, qu'on n'en peut rien escrire de certain. La pluspart du monde asseuroit pourtant que pour empescher le mareschal de Hocquincourt de faire une folie qui rompist les mesures de la campagne prochaine, on luy promettoit une bonne somme d'argent, et que pour retenir la Riviere et la Fargues dans la fidelité, on

---

naissant, dont seront dressés procès-verbaux... — Enjoint la dite Cour au dit lieutenant-civil et officiers du Chastelet et aux prevost des marchands et eschevins, de veiller à la conservation des dits ponts et quays, et de prendre les dits avis et mémoires qui leur seront baillés pour empescher à l'avenir les accidents qui pourroient arriver et d'iceux faire rapport à la dite Cour pour y estre pourveu ainsi qu'il appartiendra, et ce qui sera par eux fait et ordonné sera exécuté nonobstant oppositions ou appellations quelconques.... »

Le prévost des marchands et les échevins ayant demandé à rendre compte au Parlement de ce qu'ils avaient fait en exécution de l'arrêt du 4 mars, la Cour rendit le 19 un second arrêt ordonnant qu'une assemblée générale, à laquelle deux de ses membres assisteraient, aurait lieu « pour aviser aux remèdes les plus convenables « pour empêcher les débordements de la rivière. » (Le texte de ces arrêts se trouve dans les archives manuscrites de la Cour de Cassation.)

leur avoit envoyé coniointement à tous deux les provisions du gouvernement. Carlier y est retourné, et y porte des conditions advantageuses pour ces deux derniers, et asseurence de cent mille francs pour le dedommagement de la vefve de fû Bellebrune. Il y en a qui disent qu'on tasche d'exclure le mareschal du traitté ; et il faut bien qu'il y ait quelque esperance d'accommodement puisque les troupes n'ont plus ordre d'y avancer, et qu'on ne parle plus d'investir la place avec les 5o cornettes de cavalerie qui estoient commandées pour cet effet.

Le 19°, nostre ambassadeur eut audience de Son Eminence, et devoit encore le lendemain l'avoir du Roy. Les uns disent que c'est touchant les affaires de Portugal, les autres que c'est pour quelques vaisseaux que l'admirauté a declarez de bonne prise; mais ce pourroit bien estre pour tous les deux ensemble. C'est, à ce que nous croyons, la premiere audience qu'il a euë depuis celle où il parla avec tant de chaleur, et par laquelle il se mit si mal en Cour.

Le 20°, le duc de Mercœur arriva icy en poste, ayant rencontré à la Charité la reyne de Suede, où elle luy avoit fait mille caresses, comme à celuy qui doit estre le Iason de l'entreprise de Naples. Il est icy pour en conferer et en prendre les ordres.

Le 21°, on nous dit une chose assez plaisante de cette reyne. C'est que le iour avant son depart, elle voulut assister à l'assemblée de l'Academie française, et voir tous ces beaux esprits dont elle avoit tant ouy parler. Ils s'assemblerent chez Mʳ le chancelier (1); elle y fut; on l'y harangua et on y traitta quelque matiere selon l'ordre accoustumé. Ensuite de quoy quelqu'un de ses plus confidents voulut sçavoir quel estoit son sentiment; d'abord elle s'en excusa, disant qu'elle estoit si esclairée de tous costez qu'elle ne pouvoit pas dire un mot qui ne fust aussitost rapporté. Mais estant encore plus pressée d'en dire sa pensée, elle la declara, en asseurant que cette Academie estoit un beau lustre de cristal qui imitant par les lumieres de ses bougies les rayons du soleil, et par son brillant celuy du diamant, n'en avoit ni la force, ni la solidité, et que parmi ces Messieurs elle ne voyoit que l'apparence et que l'escorce du sçavoir, sans y remarquer rien de la mouëlle et du vray suc : qu'il la falloit traitter comme les mysteres des dieux anciens, où le secret estoit si necessaire pour leur conserver de la veneration, et comme le palladium de Troye, et les anciles des Romains, dont les charmes et le pouvoir cessoient à mesme temps qu'ils estoient connus : qu'enfin c'estoit un ... de verre, dont l'esclat estoit grand et l'effet fort petit; et cita là dessus quelques vers de Juvenal, où il est parlé de *vitreo Priapo* (2). Imaginez-

---

(1) L'Académie française, dont le chancelier Séguier fut protecteur après la mort du cardinal de Richelieu, siégea dans l'hôtel Séguier de 1642 à 1673, époque de la mort du chancelier.

(2) Voici le passage de Juvénal :

> Ille supercilium madida fuligine tactum
> Obliqua producit acu, pingitque trementes
> Attollens oculos; *vitreo* bibit ille *Priapo*,
> Reticulumque comis auratum ingentibus implet.
> (SATIRE II, vers 93-96).

vous apres cela en quelle categorie elle va estre parmy ces Messieurs. On dit qu'il n'y en a pas un qui ne voulust passer une esponge pardessus tout ce qu'il a dit à son advantage, et demander pardon à la posterité et aux lettres d'avoir voulu abuser de la credulité de l'une, et de l'excellence des autres pour la reyne des folles et la folle des roys.

Le 21°, il nous arriva un monstre en copie, dont nous aurons bientost l'original. C'est un vray visage Chevremougne, qui n'est pas pourtant si laid, ni si affreux, qu'il ne se soit treuvé des femmes à Nantes, qui l'ont demandé en mariage à Mr de la Milleraye auquel il est venu de Madagascar. L'avarice est en son dernier comble, et triomphe de l'amour et de tout ce qu'il y a de plus invincible. Celles qui le demandent ne le veulent avoir que pour courre le païs et le montrer pour de l'argent. Ce sera Sa Maiesté qui en disposera, puisqu'on dit que Mr de la Milleraye le luy envoye. Ne diroit-on pas, à le voir homme des espaules en bas et à considerer son col en trompe d'elephant, sa teste de chameau, composée de deux oreilles de renard, couverte d'un poil de barbet, et qui se finit par un menton fait en bec de perroquet, que les fables des anciens n'ont pas esté tout à fait fables, et qu'il y a eu de veritables centaures qui ont pu donner occasion à ce que nous en ont dit les poëtes. Enfin l'esprit humain ne se peut rien forger de si grotesque, que la nature ne puisse produire en un endroict ou en un autre, quand elle se veut iouër et quitter son vray but pour suivre son caprice.

Le 23ᵉ, nous sçeusmes par les lettres d'Italie qu'il y avoit quelque temps que deux vieillards ayant debarqué à Reggio, au royaume de Naples, et marchants pieds et teste nuds, y preschoient la repentance, advertissant que le iour du iugement estoit proche, que Dieu avoit la main levée pour exterminer les hommes, qu'il falloit le mieux honorer qu'on ne le faisoit ; et crioient contre la corruption des mœurs et du service divin. On les laissa d'abord faire comme des personnes qu'on croyoit visionnaires ; mais voyant que par leur bonne vie et solide raisonnement ils attiroient le peuple, le magistrat les avoit fait prendre et interroger, et quand il leur avoit demandé d'où ils estoient, ils luy avoient dit de Galatie ; quel aage ils avoient, ils avoient respondu mille ans. On marque de plus que les Jesuites leur ont parlé en latin, en grec, en hebreu et en chaldeen, et qu'ils ont respondu en toutes ces langues ; qu'on les a voulu lier, et ce qui a estonné le monde est qu'en disant qu'ils n'estoient pas des mechants pour estre ainsi traittez, ils ont rompu leurs cordes, comme si elles eussent esté de papier, et brisé les chaisnes dont on voulut se servir ensuite, comme si elles eussent esté de verre. Le peuple voyant ces merveilles se mit à crier que c'estoient de veritables prophetes, et on n'osa les maltraiter ; on leur dit qu'on vouloit les mener à Rome, et ils respondirent qu'ils estoient contents d'y aller, et qu'ils n'estoient venus que pour cela.

Quelques-uns asseurent que ce sont des trembleurs ou quackers qui ont tant travaillé l'Anglegleterre. On montre douze propheties qu'ils ont prononcées sur les douze années qu'ils disent que doit encore durer le monde : en l'an 1661 il y doit avoir grande guerre ; en 1663, il n'y doit avoir qu'une foy et qu'une religion ; et en 1670, le dernier jour de l'an doit estre le dernier du monde. Si cela est nous verrons les belles funerailles de l'univers, et Dieu veuille que nous soyons reservés pour en faire l'epitaphe.

Le 24°, sur les advis qu'on eut à la Cour que les ennemis commençoient à se montrer à l'entour de Bourbourg et de Mardick, le Roy commanda à cinquante de ses mousquetaires et à cinquante gardes de M^r le cardinal de monter à cheval, et de se rendre à la grande escurie, et les autres à celle de Son Eminence pour aller dès le soir mesme coucher à Saint-Denis. Cet ordre precipité fait croire qu'on apprehende que l'une de ces deux places soit attaquée ; mais on vient de sçavoir que les ennemis ne se sont assemblés que pour ietter un convoy dans Gravelines.

Le 25°, on parloit icy aussi hautement du traitté de M^r le Prince (1), que si l'on eust eu quelque certitude de son accommodement. On vouloit que le

---

(1) Le prince de Condé qui avait alors, comme on sait, le malheur de servir dans les Pays-Bas espagnols, ne fut admis à rentrer en France qu'en 1659, en conséquence du traité des Pyrénées. — Il avait été condamné à la peine de mort, comme coupable du crime de haute trahison, par arrêt du Parlement de Paris du 28 mars 1654. Tous les parlements de France rendirent un arrêt semblable.

Protecteur se portast pour mediateur et offrist d'estrè caution de sa fidelité. On adioustoit, mais avec peu d'apparence, que c'estoit avec la participation des Espagnols, et que, soit pour la ialousie qu'ils voyent naistre entre Don Juan et luy, soit pour le grand empeschement qu'ils voyent qu'il apporte à la paix, ils consentoient à ce qu'il traittast à part; à condition pourtant de ne porter de trois ans les armes contre eux.

Le 26°, on nous dit qu'il se proposoit icy deux mariages, dont peut estre il ne se fera pas un. L'arrivée du comte de Verruë de la part de Madame de Savoye en donna occasion. Le premier est du Roy avec la princesse Marguerite, dont il a fait quelque ouverture par la princesse de Carignan. Le second est du duc de Savoye avec l'aisnée du second lict de M^r le duc d'Orleans. Il a esté à Blois pour voir la demoiselle, sous pretexte d'y aller complimenter Leurs Altesses de la part de Madame de Savoye; mais sur la proposition que M^r le cardinal en a faite par lettre, M^r d'Orleans s'en excuse, disant que sa fille est trop ieune, et que quand elle sera en aage il sera assez temps d'en parler.

Le 27°, le placart que Messieurs les Estats ont fait publier contre le Portugal fut porté au chancellier, et on iugea qu'il interessoit fort la France en cette clause qui porte que nos vaisseaux visiteront tous ceux qui iront à Lisbonne, et les arresteront et prendront s'il les treuvent chargés de marchandises appartenantes aux Portugais. Le conseil de l'admirauté a été assemblé pour ce suiet, et pour voir quel remede on pourroit apporter au dommage qu'on en craint. L'on y a dressé quelques memoires que l'on doit envoyer au Sʳ de Thou, sur lesquels il doit agir pour empescher l'execution du dit placart. On croit qu'il a esté fait et dressé sur les advis du Sʳ Boreel, qu'on dit avoir autrefois tenu des discours qui le preuvent assez, puisque le comte de Brienne a declaré que souvent il luy a dit que si la France se servoit de la loy qui porte que la robbe d'ennemy fait saisir celle d'ami, on pourroit lui rendre le change en la guerre qu'on alloit commencer contre le Portugal. Cela n'aidera guere à le bien remettre en Cour : car bien que nous apprenions que Mʳ le cardinal l'entretint fort lorsqu'il y fut en conference, et que nous sçachions qu'il a dit qu'il luy a fait beaucoup de caresses, il ne laisse pas d'en estre fort haï.

Deux heures apres qu'il en fut sorti, celuy du Protecteur y entra, par où l'on iuge qu'il estoit mandé à cette heure là, afin que Son Eminence luy communiquast tout ce dont il avoit traitté avec le Sʳ Boreel. On asseure que la semaine passée on luy donna cent mille escus qu'il doit envoyer au Protecteur, et que c'est une somme qu'on lui preste ou qu'on luy advance sur ce q̶̶̶̶̶̶̶̶̶̶nt dissous le Parlement, il n'a pas moyen̶̶̶̶̶̶̶̶r tant d'argent qu'il luy en faut de besoin pour le commencement de la campagne.

Le 28ᵉ, il nous vint une grande nouvelle, et qui avoit fort surpris nostre Estat. Elle contenoit l'accommodement des roys de Suede et de Danemark, à des conditions honteuses pour celuy cy et desavantageuses à nos Provinces (1). Elles portent que le roy de Danemark cede à perpetuité à la couronne de Suede les Provinces de Schoonen, de Bleycke, de Halland et l'isle de Bornholm, et quelques balliages dans la Norvege; promet de plus de ne faire aucune alliance que coniointement avec le roy de Suede; que les ennemis de l'un seront les ennemis de l'autre; luy donne une forteresse sur le Sundt, et une portion de l'impost avec cette clause que tous les vaisseaux suedois passeront et repasseront le Sondt et le grand Belt sans rien payer et sans estre visités; que les deux roys defendront le passage à toutes autres nations qui ne pourront avoir commerce que par leur permission. Le roy de Danemark s'oblige de plus à donner 10 vaisseaux au roy de Suede, 2,000 chevaux, 2,000 fantassins, et un million de rixdaelers. Il est vray que pour l'infanterie, le roy de Suede ayant sçeu qu'elle estoit composée la pluspart de milice danoise, a relasché cet article et a diminué quelque chose du million; mais en recompense il s'est fait donner deux villes dans le païs de Holstein pour son beaupère, à sçavoir celles de Dortheim et de Sleysvelt,

---

(1) La paix entre la Suède et le Danemark avait été signée le 27 février 1658. Le gouvernement de Louis XIV avait employé ses bons offices en faveur du roi de Suède. « Quoique cette paix, écrivait M. de Thou au cardinal Mazarin, paroisse être faite à des conditions bien rudes pour le Danemark, je vous diray neantmoins que nous n'avons pas subjet de nous en affliger, puisqu'il est certain que cette cour-là a esté entièrement dans les interetz d'Espaigne. » (Dépêche du 21 mars 1658.)

dont les Danois luy cedent la souveraineté, et les luy laissent en proprieté pour luy et les siens.

A ces conditions on en adiouste deux d'un effet moins durable et passager, qui portent que le roy de Suede pourra demeurer dans le Danemark iusques au 12 du mois de may, durant lequel temps Sa Majesté danoise sera obligée de le defrayer, luy et toute son armée ; et de plus, que ce roy pourra emporter toute l'artillerie qui est dans les places qu'il a prises, et que les Danois seront obligés de luy fournir des chevaux et attirail pour les emmener.

Le 29ᵉ. Ceux qui raisonnoient sur ce qui a pû obliger nostre Republique à pousser le roy de Danemark à declarer la guerre à celuy de Suede, disoient qu'ils ne pouvoient comprendre quelle a esté sa visée, puisqu'il leur semble que de quel costé fust la victoire, il n'y avoit rien de bon à attendre pour son commerce. Car, posons le cas, disoient-ils, que le Danois eust esté le victorieux, croit-on qu'il n'en fust pas devenu plus fier, et que n'ayant plus rien qui le contraignist dans la mer Baltique, il n'eust pas augmenté l'impost du Sondt, et n'eust pas voulu en profiter de plus qu'il ne fait, depuis qu'il l'a affermé aux Hollandois à un prix commode et mediocre pour se fortifier de leur alliance, et s'asseurer de leurs vaisseaux qui lui avoient fait tant de mal en l'invasion que Torstenson (1) fit en son païs. D'autre costé faisons le Sue-

---

(1) Né en 1595, mort en 1654, le général Torstenson est une des grandes célébrités militaires de la Suède. Le roi Gustave III a écrit son Éloge.

dois victorieux, comme en effet il l'est, qu'en pouvoient-ils attendre que ce qu'ils craignent à present qu'il l'est, à sçavoir qu'il se vengera et entreprendra de ruiner et incommoder leur commerce en ces mers, où sa victoire luy donne tant de pouvoir puisqu'elle le rend maistre d'une partie du Sondt. Aussi a-t-il desia fait remarquer qu'il n'en veut pas user moderemment en leur endroit, puisqu'il refusa l'entremise de leur ambassadeur, au moment qu'il se servoit de celle de l'Anglois, et qu'il a obligé le roy de Danemark de se liguer avec luy pour defendre l'entrée du Sondt à toute flotte estrangere, qui est un article directement contre eux. Disons la chose, concluoient-ils, comme elle est, et pour excuser la prudence des Estats en cette rencontre, confessons que l'interest particulier l'a emporté par dessus le public, et que le Sr de Benninghe, qui s'est malheureusement pour eux trœuvé leur ambassadeur en ces quartiers là, a creu qu'il ne devoit pas laisser eschapper une si belle occasion de se venger des Suedois, dont il croit avoir esté maltraité, et que Messieurs les Estats, n'ayant pas considéré que tout ce qu'il leur escrivoit sur ce suiet venoit d'un passionné, ont donné dans le piege où ils se treuvent pris.

Le 30e, Monsieur le Rhingrave ayant reçeu une lettre de M^r le mareschal de la Ferté, par laquelle il luy faisoit sçavoir qu'il eust à se rendre au plustost en son quartier d'hyver, qui est en Lorraine, pour mettre ordre à ses affaires et à tout son equipage, nous vint dire adieu, et eut mesme la bonté de disner avec nous, bien que nous luy dissions qu'il feroit fort mauvaise chere : aussi ne la peut on faire guere bonne en des villes où l'on observe le caresme : on n'y peut point avoir recours aux traitteurs, pour augmenter un peu l'ordinaire ; mais comme nous sçavons qu'il a beaucoup d'amitié pour nous, nous vivons avec luy avec toutes sortes de franchise. Aussi n'est-ce plus la mode de traitter le monde en ceremonie, et nous la treuvons fort bonne et commode, et plûst à Dieu qu'on l'observast partout ; on en vivroit avec beaucoup plus de familiarité et en meilleure intelligence.

Le lendemain 31e, nous rendismes sa visite à M^r le Rhingrave, et comme nous le vismes assez occupé à faire quelques emplettes pour son voyage, nous ne la fismes pas longue et lui dismes adieu. De là nous retournasmes au logis faire nostre devotion, ne pouvants aller à Charenton par ce qu'il estoit trop tard et qu'il faisoit un effroyable temps.

Le 1. d'Avril, le temps s'estant mis au beau, nous fusmes au Luxembourg, où il y avoit bon nombre de dames qui venoient y estaler leurs belles iuppes. Nous y en vismes de bien riches et de bien magnifiques selon la mode qui court : et comme d'ordinaire les femmes se picquent de paroistre plus les unes que les autres et d'avoir quelque chose de particulier, il y en avoit de diverses manières : les unes estoient brodées, les autres estoient chamarrées de dentelles, et il y en avoit dont l'enrichissement consistoit en la seule façon de l'estoffe; mais il n'y en avoit point qui n'eust sa beauté et sa magnificence qui, estalée avec pompe en une allée comme celle du palais d'Orleans, y faisoit voir un si grand melange de couleurs que la veuë en estoit agreablement partagée, n'en reconnoissant souvent aucune parmi une si grande confusion.

Les hommes y piaffent aussi à leur mode, et l'estravaguance des canons devient plus insupportable que iamais : on les porte d'une certaine toile blanche rayée, et on les fait d'une si horrible et si monstrueuse largeur qu'on en est tout à fait contraint et contrefait en sa demarche. Cet embarras des iambes ioinct à celuy de la teste par la quantité de plumes que l'on porte sur le chappeau, est tres fascheux à qui n'y est pas accoustumé, car on en porte des bouquets à trois rangs ; et afin que tout aille avec excez (qui est l'humeur des François), on chamarre les habits de dentelles de guipure qui coustent fort cherement.

Le 2e, on sçeust icy que le 27° du mois passé, 900 Valons, commandés par le S^r d'Harenthal, s'estoient advancés du costé de Hesdin, d'où on concluoit que c'estoit une place perduë pour la France. Mais s'il faut en parler selon le sentiment de ceux de la Cour, on n'en est pas à cette extremité, et on attend le retour de Carlier, qui doit estre definitif, ayant porté à la Riviere et à la Fargues tout ce que l'on veut faire pour eux. Enfin il y a autant d'incertitude en une negotiation qui est à la porte de cette ville, que si elle se faisoit en Canada, et l'on peut asseurer que cette place se treuve mal au matin, agonyse sur le midy, et n'est plus en danger sur le soir : c'est à dire que c'est une affaire en laquelle on ne voit pas encore bien clair, et dont la pluspart du monde ne parle que selon les coniectures qu'il en a, ou qu'il en forge.

Le 3ᵉ, on sçeust par les lettres de l'Isle, que le 29ᵉ du passé, le marechal d'Hocquincourt avoit passé par la dite ville, et qu'il s'en alloit à Bruxelles, et devoit ensuite aller prendre possession du grand balliage de Gand. Elles marquoient aussi que le regiment du chevalier d'Hocquincourt estoit arrivé en Flandres, et que les ennemis luy avoient donné de bons quartiers d'hyver et que de Aire il estoit passé à Hesdin quatre chariots de munitions de guerre, et soixante de bouche. S'il en va ainsi, l'autre bruict qui court pourroit bien estre vray, qui porte que Castelnau-Mauvissiere fait le degast autour de Hesdin, pendant que le comte de Moret assemble des trouppes à Abbeville, et que la Cour partira un iour de la semaine prochaine, pour prendre les resolutions qu'elle iugera à propos sur ces occurrences, puisqu'on craint pour Peronn   car bien que le marquis d'Hocquincourt fils du mareschal, escrive qu'on ne doit point douter de sa fidelité, il fait entendre d'autre costé, que pour le mettre à l'espreuve le Roy ne doit point advancer de son costé, ni le visiter. La mareschalle, sa mere, veut aussi respondre de sa fidelité pourveu qu'on n'aille point à Peronne. Tout cecy embarrasse fort la Cour, et tout le mal ne vient que de ce que le premier ministre ne sçait ou ne veut ni bien punir, ni bien recompenser. Les autres desseins de la campagne prochaine sont tous deconcertés par cet accident, et nous voyons que nostre Italien ne sçait où il en est pour ses affaires de Naples : ce n'est pas que l'Anglois ne soit prest d'accomplir ce qu'il a promis, et que l'ambassadeur du Protecteur n'ait fait sçavoir à la Cour que son maistre avoit soixante vaissseaux equipés pour ses diverses entreprises.

Le 4°, on fut asseuré de Peronne par un deputé de la bourgeoisie de cette ville là, qui en est maistresse, puisque c'est elle qui en fait les principales gardes. Le marquis de Hocquincourt, qui en est gouverneur, a aussi envoyé protester de sa fidelité; et comme M^r le cardinal estoit plus en peine de cette place que de Hesdin, on dit qu'il en eust tant de ioie qu'il traitta splendidement le lendemain le Roy, la Reyne, Monsieur, la reyne d'Angleterre et quinze ou seize femmes de la Cour, et parust extremement gay.

Le 6°, bien qu'on parlast icy assez diversement de l'affaire de Hesdin et que par la ville on veuille que tout ce qu'on en dit à la Cour, n'est pas veritable, nous receusmes une lettre d'Abbeville, d'un gentilhomme fort de nos amis qui s'y est rendu avec Mr de Castelnau, qui nous asseuroit que des le 5° les neuf cents Espagnols, qui estoient dans les fauxbourgs, s'estoient retirés. Sa lettre est du 3° et il adiouste que le courrier, qui passoit sur le moment, portoit icy le traitté à peu pres conclu, et qu'il ne restoit qu'à donner les 500,000 livres que les commandants et la garnison pretendent.

Le 7°, Mʳ le cardinal, soit pour la bonne nouvelle que nous venons de dire, que les ennemis s'estoient retirez de Hesdin, soit pour la ioye qu'il eust d'estre asseuré de la fidelité de Peronne, soit pour quelque autre raison secrete, fit une lotterie de 60,000 escus en bijoux. On a parlé fort diversement de cette liberalité, et les uns disoient qu'elle avoit esté semblable à celle de ceux qui estants saouls donnent les viandes qu'ils ne veulent plus, et que ne se souciant plus de toutes ces nippes, il les donnoit pour en acheter d'autres; les autres disoient qu'en sa lotterie il avoit faict son testament et faict quantité de legs à ses amis, dont il les mettoit en possession pendant sa vie. Quoy qu'il en soit, il fit faire une liste de tous ceux et de toutes celles qu'il a voulu gratifier de sa largesse, et fit mettre chaque lot dans une boëte de satin couleur de rose, bordée d'un petit passement d'argent et cachetée de son cachet, puis il fit venir un petit garçon, aagé de quatre à cinq ans, à qui il fit tirer ces boëtes, et selon les noms des personnes couchées sur la dite liste, il les leur a envoyées. Le Roy ayant eu deux lots, n'a eu qu'un esventail et qu'une paire de gans ; mademoiselle de Monbazon un chapelet d'agathe, dont elle a fait present au Sʳ de Viquefort ; madame la chancelliere deux marmites d'argent ; madame la mareschalle d'Hocquincourt un vase de vermeil doré à l'antique et de mesme que ceux dont on se sert en Espagne, ce qui donne occasion à mille belles rencontres qui se sont faites sur ce que son mari vient d'embrasser le parti espagnol et a eu la charge de grand baillif de Gand ; mesdemoiselles d'Haucourt, sœurs de nostre Haucourt, l'aisnée un tableau de 700 livres et la cadette les douze Apostres en or, estimés à 5 ou 6,000 livres.

Le 8ᵉ, il y eust une grande brouillerie au Louvre sur ce que Monsieur (1) qui fait gras, mangeant de la boulie, en presenta au Roy avec sa cuillier, lorsque Sa Maiesté le reprenoit de ce qu'il mangeoit maigre et gras tout à la fois. Le Roy fasché de son indiscretion qui le traitoit de petit enfant, le repoussa assez rudement : sur quoy Monsieur despité, luy donna de sa cuillier par le nez. Le Roy sans s'emporter se leva et luy dit : « Petit garçon, n'estoit le respect que ie porte à la Reyne ma mere, ie vous apprendrois celuy que vous me devez; » et le fit en mesme temps arrester dans une chambre. Cet accident embarrassa fort la Reyne et Son Eminence ; mais par leurs soins et leurs adresses, la paix se fit le lendemain à deux heures apres la minuict, que Monsieur demanda pardon au Roy. Cependant il est aisé à iuger de ces petits commencements que ce prince taillera un de ces iours de la besogne à son frere et à l'estat ; tant il est vray pour tout temps, pour tout aage et pour toutes sortes de conditions, et surtout pour celle des

---

(1) Le duc d'Anjou, frère de Louis XIV, qui fut plus tard duc d'Orléans et père du régent. — Voir la note au bas de la page 117.

grands, que *fratrum quoque gratia rara est* (1).

Le 9ᵉ, nous apprismes qu'enfin le comte de Bethune avoit reüssi pour l'accommodement de Mʳ le duc de Beaufort (2), dont il s'estoit meslé. Il coucha hier à Chaillot avec le duc de Mercœur (3) dans la maison de la reyne d'Angleterre, et doit estre reçeu à la Cour à bras ouverts, nonobstant qu'il ait esté le chef de la rebellion de Paris dans la premiere guerre, et que dans la seconde il se soit ietté à corps perdu du costé de Mʳ le Prince. Il est vray que l'iniure est vieille, et qu'il ne faut pas tant de temps à cette Cour pour qu'elle oublie le mal qu'on luy a fait, puis qu'elle vient de recevoir en grace Mʳ de la Beaume-Clairait, l'homme de France qui entend le mieux l'infanterie, et qui ayant quitté Mʳ le Prince, se rendit il y a quinze iours à Sedan où on luy a envoyé son pardon et des lettres d'abolition.

Le 10ᵉ, le Roy fut au Cours pour la premiere fois de cette année, et les comtes de Rochefort et de Monrevert y furent volés d'une nouvelle façon. C'est qu'en retournant d'Auteuil, où ils estoient allés voir le duc de Beaufort, ils furent attaqués à la porte du Cours, qui est du costé de Chaillot, par dix-huit mousquetaires : ayant arresté leur carrosse, et faisant grand bruict, ils ne leur demanderent

(1) *Même entre frères les bons procédés sont rares.*

(2) Second fils du duc de Vendôme, il prit une part très-active aux troubles de la Fronde, et acquit une sorte de popularité qui le fit surnommer le *roi des Halles*. Il avait été emprisonné à Vincennes comme accusé d'avoir pris part à un complot contre la vie de Mazarin. Né en 1616. Tué à la défense de Candie en 1669.

(3) Frère du duc de Beaufort.

pas la bourse selon la coustume, mais les chausses qu'ils les obligerent de mettre bas sur le champ ; disant que d'ordinaire quand on leur demande la bourse, ils ne donnent que quelques pistoles et en conservent tousiours une bonne partie, et des montres et autres bijoux, et que par ce moyen ils auroient tout. C'est un raffinage de volerie, auquel la largeur des chausses que l'on porte à present donne occasion, car on les peut quitter aisement. Il est vray que le comte de Monrevert leur donna un peu de peine, car n'ayant point de caleçons, et ses bas estant attachés à la doubleure de ses chausses, par impatience ils la luy couperent avec leurs espées, faute de cousteaux.

Le 11°, nous sçeumes que la princesse Louyse de Boheme estoit arrivée à Chaillot, et qu'elle y avoit esté visitée de la Reyne et de quelques personnes de la Cour. On asseure qu'elle n'est point grosse, et que tout ce que l'on en a dit n'a esté qu'une pure calomnie de la princesse d'Oxolder, qui pour se recouvrer et maintenir son droict dans la ville de Bergue, en avoit fait courre le bruict. Cependant on ne la fait voir qu'à ceux que le prince Edoüard son frere y mene. La Reyne luy a fait de grandes caresses, s'il en faut croire la voix publique, et luy a promis une bonne pension sur les premieres abbayes vacantes.

Le 12°, à la grande munificence de M^r le cardinal en fait de lotterie, on en adiouste une de plus grand esclat et de plus grande utilité. C'est que sur ce que le college des cardinaux s'est cottisé chacun à mille escus, pour assister la Republique de Venise en cette dure guerre qu'elle soustien depuis si longtemps contre l'ennemi du nom chrestien, il a d'abord offert de donner plus que tous ensemble et d'entretenir six vaisseaux au service de la Seigneurie, mais sur ce que l'ambassadeur de Venise a representé qu'on ne manquoit pas de vaisseaux, mais d'argent, il luy fist compter avant-hier cent mille escus. Ils n'empescheront pas que ce sage Senat ne prenne ombrage des grands advantages que les François peuvent avoir dans le Milanois, où il est certain que les Espagnols sont en tres mauvais estat, puisqu'ils n'y ont ni monde ni argent. L'armée françoise au contraire est lestée et s'est si fort augmentée en ses quartiers d'hyver dans le Mantuan, qu'on la croit capable de tout entreprendre. On a envoyé cent et cinq mille pistoles au duc de Modene, pour commencer la campagne; et pendant qu'il attaquera les Cresmonois, on croit que le duc de Navailles (1), qui va en Italie, entrera dans le Milanois d'un autre costé avec les troupes de Piemont.

Nous vismes hier la copie d'une lettre, qu'on escrit de cette Cour au comte Bichi en response de celle par laquelle il avoit representé à Son Eminence combien il estoit necessaire que la France envoyast un ambassadeur à Rome. On luy fait sçavoir qu'on n'est pas de dessein d'y en envoyer un, et que le pape n'y oblige guere la

---

(1) Montault-Benac, duc de Navailles, maréchal de France.

France, puisque pendant qu'il souffre et caresse à Rome un envoyé du prince de Condé, il ne veut pas admettre l'ambassadeur de Portugal, ni accommoder l'affaire de Parme par l'entremise du Roy; mais que Sa Maiesté mettoit une assez grande difference entre la dignité temporelle du pape et la spirituelle, et que n'ayant rien à deferer à celle là, s'il en use de la sorte qu'il a fait iusques icy, elle sçait bien de quelle façon elle devra vivre avec luy. Par là il est aisé à iuger que la France n'est guere bien avec Rome.

Le 13e, on respondit aux cahiers des desputez de la religion par un vray galimatias qui porte que l'edict de Nantes sera observé et les declarations données en consequence, et que pour cet effet on nommera des commissaires de part et d'autre pour se transporter sur les lieux, et quand ils ne pourront s'accorder ils dresseront un verbal, dont le conseil iugera. C'est leur former autant de procez qu'ils auront de difficultés; car il est asseuré que les commissaires papistes recourront tousiours aux declarations données au preiudice de ceux de la religion, et les autres au contraire à celles qui sont données en leur faveur, par où l'on se separera sans rien faire que verbaliser.

Le 14e, on commença à croire que Hesdin estoit perdu, et l'on sceut que Mr le Prince y avoit ietté du monde; mesme on publie que Mr d'Hocquincourt y a fait entrer un convoy, et que Mr de Castelnau s'y estant voulu opposer y a receu quelque eschec. On assemble les troupes de toutes parts pour reduire cette place dont on veut faire un exemple quoy qu'il en couste ; et on croit qu'on l'assiegera le 15 du mois prochain.

Le 16ᵉ, le Sʳ d'Ossenberg (1) arriva en cette ville et nous fut voir tout aussitost. Il nous confirma ce que nous avons dit de la princesse Louyse, et nous asseura qu'on ne la pouvoit voir sans y aller avec le prince palatin, ou au moins sans estre cognu de l'abbesse. Il nous dit qu'on fait cela afin que le monde ne s'y rende en foule, tant par curiosité que pour la feliciter de son noviciat. Il l'avoit esté voir avec le prince Edouard son frere qui l'y avoit mené.

Le 17ᵉ, le Sʳ de Schomberg attaqua quelques redoutes sous le canon de Gravelines, et les emporta à la barbe des ennemis, et y fit quelques prisonniers. Comme il marchoit vers celle qu'on restablissoit du costé de la mer, la garnison de Gravelines voulut luy couper chemin, mais il s'en desembarassa si bien qu'il prit la redoute et empescha de la secourir.

Le 18ᵉ, nous ayant esté dit qu'à Nostre-Dame il y auroit une belle musique, nous y allasmes pour l'ouïr. On ne voulut point d'abord nous laisser entrer au chœur, mais nous priasmes un prestre de nous en ouvrir la porte, ce qu'il fit fort civilement, et nous y ouïsmes chanter à nostre aise. De là nous fusmes aux Grands Augustins, où un prestre, croyant que nous avions envie de monter à la galerie pour mieux ouïr leur musique, nous en ou-

(1) Allié des voyageurs. — Voir la généalogie, n° 2, de l'*Appendice*.

vrit la porte. Comme nous y fusmes, nous eussions bien donné quelque chose pour estre en bas, car nous nous treuvions seuls parmi tous ces prestres, qui par leur plein chant nous estourdissoient fort. Comme ils eurent achevé leur musique, on eut dit qu'ils entroient en furie, car ils battirent des pieds et des mains pour dire que tout estoit fini.

Le 19°, les grands efforts du clergé contre nos eglises, la corruption de nos mœurs, et le peu de zele qui regne parmi nous, faisant apprehender à ceux de nostre religion qui sont en cette ville, que Dieu ne voulust nous chastier de nostre impieté et irreligion en nous ostant la predication de sa parolle et nous punissant de la façon que le furent les eglises d'Asie dont parle saint Jean, leur firent choisir ce iour pour l'employer au ieusne et à des prieres extraordinaires. Nous fusmes à Charenton depuis les huit heures du matin iusques aux six de l'apres disnée. Nous y ouïsmes trois beaux presches et fort touchants, et Dieu veuille que nous en ayons bien fait nostre profit.

Le 20°, qui fut le vendredy sainct, le Pere Morlaye (1), capucin, qui a presché tout le quaresme au Louvre, y finit cette devotion par un traict bien

---

(1) Il en est question dans le Journal d'Olivier d'Ormesson : « Le dimanche 6 décembre (1643), je fus l'apresdisnée à Saint-Paul, au sermon du père Joseph Morlaye qui faisoit merveilles. » — « Le dimanche 25 aoust (1647), je fus l'apresdisnée aux Jésuites où la reyne vint. Le Père Joseph de Morlaye, capucin, y prescha. Son texte fut : *Cor regis in manu Domini*. Son commencement fut fort beau, mais la fin ne satisfit pas. Il dit que la reyne devoit prendre parmi les Jesuites un confesseur pour le roy : dont chacun fut mal édifié, ce discours estant trop affecté. »

hardi. Comme il vist que la Reyne et le Cardinal n'estoient point à son sermon, il prit occasion de dire au Roy sur ce qu'il expliquoit la passion et parloit de Pilate qui par crainte de Cœsar faisoit ou laissoit crucifier Nostre Seigneur, que c'est là une mauvaise crainte et de la nature de celle qui fait que le droict est opprimé par des respects humains ; qu'il seroit coulpable de cette crainte s'il ne disoit au Roy l'estat auquel se trouvoit son royaume, le mescontentement et le desplaisir qu'avoient ses peuples de voir la façon d'agir de ses ministres ; qu'il y en avoit de plus riches que luy; que c'estoit une honte que les peuples qui se saignoient pour le bien de ses affaires, pour sa gloire et pour le soustien de sa couronne, vissent avec des soupirs et des larmes que tout leur bien, tout leur avoir et toute leur substance passast en des mains estrangeres. « En des mains estrangeres, Sire, adiousta-t-il, qui exercent des liberalités qui ne devroient partir que de Vostre Maiesté ; qui donnent toutes les recompenses et prennent pour elles et pour leurs creatures toutes les finances de vostre Estat ! » Et afin qu'on ne creust pas qu'il eut tenu ce discours par hazard, à sa conclusion il en repeta une partie, protesta qu'il avoit parlé de la sorte pour descharger sa conscience, et qu'il estoit preparé à toute sorte d'evenement, et mesme à souffrir le martyre et la mort, si on luy vouloit trancher la teste au partir de la chaire ; mais qu'il esperoit un autre traictement de la clemence de son Roy qu'il sçavoit estre, ou devoit estre comme le grand Theodose, qui remercia les deux evesques qui l'avoient adverti par leurs lettres du malheur de son gouvernement. On ne sçait ce que l'on ordonnera sur la temerité de ce Pere, dont quelques-uns blasment le procedé et la pluspart le louënt.

Le 21°, nous fusmes à Charenton y celebrer la sainte Cene, et y fusmes aussi longtemps que le vendredy, sans boire ni manger : et il faut advouër que le ieusne est une grande aide pour la pieté et pour la devotion.

Le reste du temps que nous fusmes à Paris, nous l'employasmes à nous preparer pour nostre voyage de Bourbon, à faire empacqueter nos hardes, tant celles que nous laissions à Paris, que celles que nous prenions avec nous, et à dire nos adieux : et ainsy la continuation et la suite de nos remarques ne se prendra que du iour de nostre depart. Aussy en ferons nous un volume à part à cause de cette petite interruption, ayant compris en celuy-cy tout ce que nous avons veu et apris de plus considerable pendant une année et demy de seiour à Paris.

APPENDICE

I

Lettre de M. Chanut au Cardinal.

De Paris, ce 20 septembre 1653.

Je supplie Votre Éminence de me permettre de lui dire que la presence de M. Brasset est absolument necessaire, au moins pour quelque temps, à quiconque servira en Hollande; et qu'estant incommodé et affligé par le deffaut de payement de ses appointements depuis plusieurs années, il assistera sans courage celuy qui sera envoyé et luy refusera peut estre les addresses et les lumières que ses longs services luy ont acquis, s'il ne luy porte la bonne nouvelle du payement de ses appointements pour une année. Je ne parle point de son merite; mais je manquerois fort de prevoyance si je m'imaginois de pouvoir réussir en un lieu, où il y a tant de testes à gouverner et tant de particularitez à sçavoir, sans le secours de l'ancien ministre qui a toutes les habitudes, ou si je me promettois qu'il prist grand soin de m'ayder de ses conseils et de m'empescher de faillir estant outré de mescontentement et delaissé sans assistance.

Lettre de M. Brasset, ministre de France à la Haye, à M. Servien, surintendant des finances.

La Haye, 9 octobre 1653.

MONSEIGNEUR,

C'est dans la derniere extremité que j'adjouste cette lettre aux continuelles et importunes sollicitations de mon fils. Les considérations du service du Roy et celles du deffaut de ma veüe par un long et penible travail, joinctes à la misère où je me trouve reduict sans plus avoir aucun moyen ny credit pour subsister, m'ont obligé de remonstrer à la Cour qu'un ambassadeur y seroit desormais tres necessaire. J'ay appris des lettres de Mr Chanut que cet employ luy est commis, et qu'en l'acceptant il a usé de cette justice et d'un office d'un homme d'honneur et vray amy, de joindre mes interestz avec les siens; et de plus, Monseigneur, que vous avez favorablement escouté ce qu'il vous en a dit, jusques à luy promettre quelque secours present et de pourvoir aux asseurances du surplus de ce qui m'est deu; mais quand il s'est expliqué avec moy du payement d'une seule année, permettez s'il vous plaît que je vous represente cela n'estre non plus pour un soulagement, qu'un verre d'eau dans la mer pour en addoucir la salure, vou l'accablement où je suis de debtes, apres avoir consumé le peu que j'avois d'effectif, par où cette famille se trouve sur le bord de sa derniere ruine, si vous n'estendez vostre main charitable pour son secours, surtout dans l'occasion de la prochaine et, s'il m'est permis de la nommer ainsy, precipitée venüe de mon dit Sr Chanut : car ayant à faire tost apres ma retraicte, ce ne sçauroit estre sans honte et scandale contre la dignité du Roy, et s'il continüe de prétendre que pour respect du mesme service de Sa Maiesté je reste encores icy quelque temps, ainsy que par sa lettre du troisieme il m'en conjure, j'aurois peine d'y satisfaire faute de quoy y subsister.

Ce sera de vous, Monseigneur, que dependra principalement le moyen de me garentir de passer pour un deserteur de la cause publique, pour laquelle je voudrois employer jusques à ma propre vie, et de manquer à un amy que j'honore parfaitement. Je vous supplie doncques en toute humilité de redoubler au moins vostre grâce par un comptant de deux années, et une bonne assignation pour le surplus sans qu'elle soit sujecte à diversion comme desia par quatre fois je m'y suis trouvé esludé. Je me tiendrois fort redevable à M^r l'ambassadeur Boreel de l'intercession qu'il vous a faite pour moy si je n'estois honteux et confus de le voir se rendre tesmoing de ma misere, et de celle dont je suis menacé par les gens de son pays dont il cognoist le naturel. Ce que vous avez eu la bonté de luy repartir là dessus pour ma consolation estant peu par deça, engage, si vous me permettez de le dire, en quelque sorte votre reputation, si mes creanciers n'en voyent quelque suite; ou bien ils croiront qu'estant satisfaict je les entretiens d'amusemens. Mais, Monseigneur, pour ne pas vous offenser comme si j'entrois en doute de vostre bonne volonté, je reduiray mes tres humbles instances dans l'espoir et l'attente d'un effect qui augmenteroit si elle n'estoit desia infinie la passion que j'ay tousiours eüe de meriter dans l'execution de vos commandemens la qualité,

  Monseigneur,

    De Vostre tres humble, tres obeissant et tres obligé serviteur.

Lettre de M. Servien, surintendant des finances, à M. Brasset.

21 novembre 1653.

Monsieur,

Je viens de recevoir présentement la lettre que vous m'avez escrite du 13ᵉ de ce mois, pour response à laquelle je suis obligé de vous dire qu'il n'estoit point necessaire que Mʳ Chanut me sollicitast de vous rendre justice, sachant qu'il n'y a personne dans le service à qui elle soit plus legitimement deüe ; et, quoyque sa recommandation pour ses interestz et pour ceux de ses amis me soit en une consideration particuliere, qu'elle sera tousjours inutile pour vous qui n'avez besoing que de vostre merite et vostre propre vertu pour vous faire considerer. Quand il en fauldra rendre tesmoignage public, je vous declare que je le feray plus sincerement que personne et que j'ay un regret indicible de n'avoir pas esté jusques icy en estat de donner meilleur ordre à vos affaires. Sitost que je le pourray et que l'ordre que nous taschons de retablir dans les finances nous le permettra, je vous asseure que je m'employray avec toute l'affection que vous sçauriez desirer pour vous tirer de peine et que je mettray tous mes soings pour vous procurer la satisfaction que vous avez tout sujet d'attendre d'une personne qui connoist vos services et qui est veritablement,

Monsieur,

Vostre bien humble et tres affectionné serviteur,

Signé : Servien.

(*De la main du ministre*) : Si j'avois un peu plus de loysir, je trouverois une particuliere satisfaction à vous entretenir par mes lettres. Il a fallu prendre un jour de medecine pour en avoir aujourd'huy le temps, et pour vous donner cette nouvelle asseurance que je n'auray point de repos jusqu'à ce que vous ayez esté satisfait. Cependant je salue de tout mon cœur madame Brasset et toute vostre chere famille.

Extrait d'une lettre de M. Brasset au Cardinal.

A la Haye, 1ᵉʳ janvier 1654.

. . . .

Je tiens à bonheur dans la miserable condition où je me trouve reduit, Monseigneur, d'avoir à passer quelque peu de temps pres mon lit sieur l'ambassadeur, qui faisant profession d'un tres particulier attachement au service de Vostre Eminence, pourra juger s'il y a rien en moi qui soit esloigné de ma premiere conduite, que par tant de fois et depuis si longtemps Vostre Eminence m'a fait l'honneur d'aggréer. Je me haste de luy donner tous les eclaircissements que j'ai pu acquerir dans la pratique des affaires de ce pays, afin que tant plustost je puisse faire ma retraicte et faire voir à Vostre Eminence, si elle me le permet, un homme tout blanchi et aveuglé dans un continuel travail depuis quarante ans, et qui n'en aura recueilly autre fruict, que celuy d'une satisfaction interieure d'y avoir agi avec honneur et probité, si la grace de Leurs Maiestez, esmeue par cette humeur bienfaisante et charitable qui vous est naturelle, ne s'estend sur une famille pour laquelle je ne demande que du pain.

Extrait d'une lettre de M. Brasset à M. Servien.

La Haye, 26 février 1654.

...... Monseigneur, mes langueurs et souffrances passées me font voir la face de l'advenir si hideuse, que je ne sçaurois la regarder sans trembler de peur ; car de qui desormais sçaurois-je esperer du soulagement, puisque dans la confiance que vous m'avez depuis un si long temps donné suject de prendre en l'honneur de vostre bienveillance et protection, je considere mon malheur si acharné contre moy qu'au milieu de la pleine puissance et autorité où vous estes dans les finances, vous n'ayez pas encores trouvé l'occasion de faire pour cette famille une partie du bien que vous luy avez toujours promis. J'en accuse ma seule mauvaise fortune qui me fera paroistre devant vous incontinent apres Pasques (ayant par le dernier ordinaire receu de la Cour toutes les expeditions requises pour ma retraicte), en l'estat le plus miserable où sçauroit tomber un homme de bien et d'honneur d'estre reduict à faire pitié.

II

Généalogie de MM. de Sommelrdick et de Villers.

Messire Corneille, *van Aerssen*, Sr de Sommelrdyck, Spyck, Bommel et Plaat, chevalier de Saint-Michel, colonel de cavalerie au service des Provinces-Unies et gouverneur de Nimegue, né en 1600, mort le 9 novembre

1662. — Fils de messire François van Aerssen, Sr de Sommelrdyck et Spyck, chevalier de Saint-Michel, ambassadeur des Provinces Unies à la Cour des Tuileries, et de Petronille Borre.

Il fut admis après la mort de son père comme membre du corps équestre de la province de Hollande.

Il épousa Lucie *van Walta*, fille de Pierre, député aux États-Généraux, et Frouck *van Juckema*.

Dont :

1° *François* Sr de Plaat. Né en 1630, il périt en mer le 14 novembre 1658.

2° *Corneille* Sr de Sommelrdyck et Spyck, gouverneur de Surinam, massacré en 1688.

Il épousa Marguerite *du Puy*, marquise de Saint-André Montbrun, fille d'Alexandre et de Marguerite *de la Fin* ; morte en 1693.

3° *Petronille*, qui épousa Jehan *van Weroort* S^r d'Ossenberg.

4° *Isabelle*, qui épousa Henri, comte *de Nassau*, sieur d'Ouwerkerck, feldmaréchal au service des Provinces-Unies, fils de Louis et Élisabeth, comtesse *de Hornes*.

5° *Henriette*, qui épousa François *Soete de Laeke* Sr de Potshoek, son cousin, *sine prole*.

6° *Anne*, 7° *Marie*, 8° *Lucie*, mortes célibataires.

9° *Pierre*, né en 1631, mort le 28 décembre 1651.

La sœur uterine de messire Corneille, nommée *Adrienne* van Aerssen, née à Paris le 20 septembre 1606, morte le 15 novembre 1677, fut mariée à Alexandre *Soete de Laeke* Sr de Villers, Sevender et Potshoek (né le 1er août 1603, mort à la Haye, le 30 août 1678), fils de Philippe Sr de Villers, Bosque, etc., gouverneur du Willemstad et du

Clundert, et Béatrice *van Tickelberg* dite *Hooftmans*.

Enfants d'Alexandre Soete de Laeke et d'Adrienne van Aerssen :

1° *Philippe*, Sr de Villers, Sevender et Potshoek, dépt au Conseil d'État des Provinces-Unies, membre du Corps équestre de la province de Hollande, né le 29 janvier 1636, † le 11 mars 1689. Ep. 28 déc. 1666, Anne *van der Does*, fille du Sr de Noortwyk.

2° *François*, Sr de Potshoek, né le 24 avril 1637, † *sine prole*. Ep. 1670, Henriette *van Aerssen*.

3° *Alexandre*, né le 4 août 1638, gros major de Maastricht, tué à la bataille de Seneffe, 11 août 1674.

4° *Guillaume-Corneille*, né 15 déc. 1640, tué à Seneffe.

5° *Béatrice-Maximilienne*, née 25 mai 1644, † 1er mai 1659.

Philibert *de Tuyl*, Sr de Serooskerke et Wulden membre du Corps équestre de la province d'Utrecht, † 7 janvier 1661, fils de Jérôme et Henriette *Oem van Wyngaerden*.

III

Lettre de M. le comte Servien à M. Chanut.

1654.

Monsieur,

Je n'auray point le bien de vous entretenir par cette depesche des affaires publiques ; je prendray seulement la liberté de vous dire que j'ay achepté la terre de Meudon où l'on peult aller par eau, et que pour perdre moins de temps lorsque je seray obligé d'y aller prendre l'air, je désire de faire venir un batteau de Hollande, de ceux dont on se sert dans le pays pour faire voyage sur les canaux. Je souhaite s'il est possible qu'il y ayt deux chambres où l'on puisse estre commodement et y marcher debout, affin qu'en travaillant dans l'une, mes amis qui viendront avec moy puissent jouer et se divertir dans l'autre. Il fault qu'il soit bien couvert, peinct et doré à la mode des plus beaux du pays. Je me promets de vostre amitié que vous vouldrez bien commander à quelqu'un des vostres de m'en achepter un, et le choisir de la forme qu'il vous plaira le prescrire pour me l'envoyer avec les premiers vaisseaux qui viendront pour entrer dans la riviere de Seine et aller à Rouen d'où je le feray venir icy. S'il ne s'en treuve pas de faict comme je le demande, il faudra en faire faire un promptement, car pour ne vous rien deguiser j'ay grande impatience d'en avoir bientost un. Il n'est pas que vous n'ayez espreuvé la challeur que l'on a dans les nouvelles acquisitions. Pardonnez s'il vous plaist à la liberté que je prens ; cognoissant vostre humeur obligeante, je suis asseuré que vous ne le treuverez pas mauvais. J'ai joint à cette depesche une lettre de credit pour payer le prix qui en aura esté faict, suivant les ordres qu'il vous plaira d'en donner. Je crois que vous me ferez la faveur de disposer de moy en toutes occasions avec la mesme liberté et de croire que je seray toujours avec toute l'affection qu'on peult avoir pour vos intérêts,

  Monsieur,

    Vostre tres humble et tres affectionné serviteur.

Monsieur, pardonnez à mon effronterie et à la passion

d'un homme qui est dans les premiers empressements d'une acquisition qu'il vient de faire à la campagne.

Lettre de M. Servien à M. Chanut.

Je suis si honteux de la peine que vous donne le soin que vous prenez de mon bateau que je n'ose presque vous en parler ni vous remercier du voyage que vous avez fait à Amsterdam pour cela. Je n'ay garde de vous dire mon advis touchant la forme dont il doit estre composé, estant asseuré que je ne vous sçaurois rien proposer de si bien que ce que vous en aurez ordonné. Je vous supplie seulement d'avoir agréable que je remercie M. Gentillot de la peine qu'il a prise de vous accompagner et de vous assister de son conseil.

J'attendray désormais avec impatience l'arrivée de cette maison flottante, qui fera souvent la communication de Paris et de Meudon et qui me donnera moyen de travailler en chemin faisant. Il ne me soucie pas fort qu'elle aille à la voille parce que mon dessein est de la faire tousjours tirer par un petit bateau où seront les rameurs, ou s'il est nécessaire par des chevaux en remontant.

Lettre de M. Chanut à M. Servien.

A Anvers, le 2ᵉ octobre 1654.

Monsieur,

J'ay donné à Mʳ de Gentillot la part qu'il vous a plu de luy faire au remerciement pour le soin que nous avons pris ensemble de vous servir d'une petite barque. Il l'a receu avec joye et respect : mais s'il vous avoit autant d'obligations que je vous en ay et s'il sçavoit combien vous meritez d'estre servi par ceux mesme qui n'y sont point engagez par bienfaits, il se seroit retiré bien loing comme je fais d'un compliment qui est au dessus de nous. Recevez, s'il vous plaist, Monsieur, mon obéissance en ces choses legeres comme une marque de ma soubmission et de la recognoissance que je fais que je vous la dois et que je vous la rendray en homme de bien en toutes celles dont je seray capable. Depuis que j'ai envoyé le blason de vos armes à Amsterdam, il m'est venu en la pensée que nous ferions mieux de laisser vuides les places où elles doivent estre taillées de sculpture, pour ce que ce bateau ne portant aucune marque de son maistre sera moings exposé aux risques des ennemis. J'estimerois pour plus grande seureté que nous ferions bien de prier le fils de M. l'ambassadeur Boreel qui est à la Haye de l'avouer comme l'envoyant à monsieur son pere, car je crains qu'une telle forme de bastiment ne passe pas aisement pour l'envoy d'un marchand à un autre. Je vous supplie Monsieur, de me donner vos ordres sur cela.

Lettre de M. Chanut à M. Servien.

La Haye, le 19 novembre 1654.

Dans le temps que je puis avoir response à cette lettre nostre petit vaisseau sera prest; mais il reste à régler la peinture, ce que je n'ose faire sans vous demander vos ordres. Notre bateau bien qu'assez plat de fonds, en sorte que tout chargé il ne tire pas plus d'un pied et demi d'eauë, garde pourtant la forme d'un navire par sa pouppe, sa proue et sa construction sur une quille non point couppée à plat comme les bateaux de la Seine. De la mesure d'Amsterdam, qui est plus petite que la nostre d'environ un septieme, il a dix toises de long et deux toises et demie de large : dans le milieu deux chambres de deux toises en quarré chacune et un espace de trois pieds entre deux dans lequel est menagée une cheminée enfoncée pour chaque chambre, une commodité, et un passage d'une chambre à l'autre. Sur la pouppe il y a une autre chambre plus elevée d'environ trois à quatre pieds, d'environ dix pieds quarrez. Le dehors de la pouppe est paré de sculptures belles pour le pais comme tous les fenestrages des chambres au dehors. Le long du bord il y a une ceinture de feuillages et la proue a une poulaine comme les navires aveq les façons ordinaires et un cheval marin sur le bout.

Nous avons icy un jeune homme brabançon qui a travaillé pour quelques autres personnes qui se louent de sa fidelité au travail. Ses ouvrages que j'ay veus sont beaux. Je l'ay envoyé voir nostre barque et luy ay dit que j'estois d'avis de n'en peindre les dehors que d'une belle grisaille bien menagée par le fort et le faible en couleur aveq de l'or où il en faudra, et quant aux trois platfonds des trois chambres, qu'il nous falloit une autre grisaille et bien melée d'or pour ce qu'estant fort proche de l'œil s'il y avoit quelque chose de grossier, il paroistroit fort rude. Il a veu l'ouvrage à loisir et après avoir faict son calcul au plus juste, il me demande pour le temps six semaines, et pour l'argent, au dernier mot, quatorze cent livres; prétendant qu'il luy coutera plus de huit cent livres en or qu'il faut mettre à double feuille, autrement il ne dureroit point en ouvrage à decouvert. Il m'a donné deux dessins pour les platfonds des deux chambres ; il en a un troisième pour la pouppe. Le prix qu'il demande me semble un peu haut ; et tant pour cela comme pour n'en retarder pas tant l'envoy et pour ce que je ne scay s'il seroit expedient que nostre barque soit si belle qu'elle fasse trop envie à ceux qui la rencontreront en mer, j'ay voulu attendre votre commandement. Cependant afin que l'eau ne gaste rien nous ferons donner deux couches de blanc à la sculpture, ce qui est toujours necessaire, et une couche de grisaille sur le tout.

Lettre de M. Chanut à M. Servien.

De la Haye, le 4 mars 1655.

Depuis huit ou dix jours que le grand froid est relasché et que nos canaux sont ouverts, nostre iacht est entre les mains du peintre qui l'a faict griser à Amsterdam afin qu'en le conduisant à la maison de Mr Boreel, où il le doit peindre et dorer, il ne reçoive point de dommage par la pluye. J'espere que la longueur du temps sera recompensée par la beauté de l'ouvrage. Pendant que l'on le peindra, nous aviserons à la seureté de son passage en France. La saison et les ouvriers ne m'ont pas permis de vous servir en cela aussi promptement que je le desirois.

Lettre de M. Chanut à M. Servien.

A la Haye, 8 juillet 1655.

Lorsque nous l'aurons, je vous envoyeray le iacht sous la conduite du capitaine de celuy de Mr de Bevrevert, qui est un fort bon homme, françois habitué de longue main en ce païs et fort capable de cette commission, au jugement de Mr Jean Eversen, vice admiral de Zélande, dont j'ay pris l'advis. Il n'y avoit aucune seureté pour le petit bastiment de le mettre au derriere d'un navire de guerre attaché avec un cable. Il auroit esté brisé en choquant le grand vaisseau, au lieu que descendant d'icy en Zélande entre les terres, il ira de là le long de la coste jusques au Havre d'où le mesme capitaine vous le conduira jusques soubz Meudon. Mr Bevrevert m'a tellement deconseillé d'y mettre du cuir doré à cause de la mauvaise odeur en un lieu si exposé à la chaleur, que je n'y en ay point encore fait mettre; mais s'il vous plaist qu'il y en ait, pour le peu qu'il en faut cela sera prest en un jour. Nous le choisirons bien assortissant en cette ville où le meilleur de Hollande s'y faict maintenant, s'il vous plaist de m'en donner l'ordre promptement, et nous attendrons la response à cette lettre auparavant que de le faire partir.

IV

Dépêches de M. de Thou au comte de Brienne.

De la Haye, ce 15 aoùt 1657.

...... Il ne me reste plus qu'à vous donner advis du rencontre que j'eus hier avec Monsieur l'ambassadeur d'Espagne, duquel vous trouverez une relation dans cette depesche à laquelle je n'ay rien à adjouster, sinon que le dit ambassadeur a tesmoigné en estre tres marri, et a fort protesté qu'il n'y avoit eu rien de premedité de sa part, et j'estime qu'il n'en cherchera pas l'occasion à l'advenir. Je ne puis aussi oublier de vous dire que M^r le resident de

Suède envoya toute sa famille en estat autour de mon carrosse et depuis m'est venu faire compliment la dessuz comme aussi le resident de Brandebourg. Tout le monde est demeuré d'accord que si les gens de l'ambassadeur d'Espagne eussent dit la moindre chose ou branslé, que nonobstant la garde de l'Estat, on eust fait main basse sur eux. Je pense que la chose s'est passée pour le mieux, pour ce que la violence ne pouvoit arriver sans la perte de plusieurs honnestes gens dont un seul seroit à regretter. Le baron de Langracht, fils de celuy qui a esté ambassadeur en France, mérite, outre le général, que je m'asseure que vous me donnerez ordre de faire à tous les officiers françois et à nos amis, un compliment particulier de la façon et manière dont il s'est comporté, car il ne se peut rien adjouster ny à sa chaleur, ny à son zèle, et c'est une personne qui vaut beaucoup.

Pour l'advenir, j'ay déclaré hautement que dans la promenade je prendrois toujours la main droitte de la barrière, c'est-à-dire que le cocher la mettroit toujours à main droitte. Je pense que Monsieur l'ambassadeur d'Espagne fera la mesme chose et ainsi nous ne nous rencontrerons jamais. Que s'il prend le chemin de se rencontrer, je luy feray quitter le pavé comme j'ay desia fait. C'est sur quoy j'attendray vos ordres, auxquelz je me conformerai comme je doibs. Il n'y a rien dans la relation que de vray et je l'ay faitte la plus modeste qu'il s'est peu ; et l'on ne peut icy assez estimer la retenüe et l'obéissance des François, et Messieurs les Estatz s'en sentent obligés. Les quatre personnes qui estoient dans mon carrosse sont le bon homme M. de Douchant, le sieur de La Vallée, un nepveu de M. de la Cour-Groullair, et le consul Janot.

   Je suis,

    Monsieur, etc.

De la Haye, ce dimanche 12 aoust 1657.

Il est arrivé ce soir un differend entre l'ambassadeur de France et celuy d'Espagne, qui a esté de grand esclat pour ce que, outre la qualité et dignité des personnes, il s'est rencontré en un jour de dimanche et sur les 6 heures, qui est l'heure que tous les carrosses et une grande partie des honnestes gens et du peuple sont à la promenade en un lieu qui s'appelle le Voor-hout. Ce lieu est une grande rue au plus bel endroit de la Haye, de la largeur de celle de Saint-Anthoine vers la Bastille à Paris, au milieu de laquelle il y a une grande allée d'arbres, environnée de barrières autour desquelles il se faict un cours de carrosses, et au dedans de l'allée on se promène à pied, et ordinairement plusieurs membres de l'Estat s'y trouvent, qui a esté cause que la chose s'est passée sans effusion de sang, comme il y en avoit grande apparence. Jusques icy lesdits S^{rs} ambassadeurs avoient vescu assez civilement, et l'ambassadeur de France, dernier arrivé, ayant appris que celuy d'Espagne avoit donné ordre à ses gens de saluer ceux du dict S^r ambassadeur, il donna aussitost le mesme ordre aux siens, et leurs personnes s'entresaluèrent aux rencontres avec beaucoup de civilité, et jusques alors l'ambassadeur d'Espagne, ou par bonheur ou par prudence, avoit évité la rencontre de noise, qui est arrivée ce soir, comme vous allez apprendre.

L'ambassadeur de France s'estoit allé promener à la maison de plaisance de madame la princesse douairière d'Orange qui est dans le bois, et à son retour, passant devant le Voor-hout estant encore haute heure, il fit commander à son postillon, pour ce qu'il estoit à six chevaux, de faire un tour du dict Voor-hout, et comme il fut advancé environ cent pas proche d'un tournant, il rencontra le carrosse de l'ambassadeur d'Espagne, à deux chevaux, dont le cocher affecta de se serrer et approcher contre la barrière, qui est le dessus et la place d'honneur de ce lieu là, ce qui ayant esté apperceu par les cochers de l'ambassadeur de France, ils se serrèrent aussi contre la dicte barrière et les carrosses demeurèrent ainsi arrestez l'un devant l'autre. L'ambassadeur de France n'avoit en son carrosse que quatre personnes, touts sans armes, et seulement cinq valets de pied, et deux petits pages qui estoient sur le derrière de son carrosse; l'ambassadeur d'Espagne avoit autour du sien une nombreuse livrée, qu'il avoit arborée depuis quelques jours, augmentée de la moitié de ce qu'il avoit accoustumé, ayant six grands pages au lieu de trois qu'il avoit d'ordinaire, ce qui fait croire qu'il pouvoit y avoir quelque dessein premedité. L'ambassadeur de France ayant veu son carrosse arresté, et le subject, feit commander à ses cochers, à peine de la vie, de tenir ferme et de ne s'escarter pas de la barrière, et envoya à son logis donner ordre à sa maison de se rendre en diligence auprès de sa personne, avec des armes; et incontinent les deux carrosses furent environnez de mille personnes de toute sorte de conditions, qui accoururent à la nouveauté d'un accident qui n'estoit pas encore arrivé, et dans ce nombre se trouvèrent quelques-uns des membres de M^{rs} les Estats generaux et de ceux de Hollande, qui ne furent pas peu surpris et en inquiétude de ce qui pouvoit arriver. Ils proposèrent plusieurs expédients que l'ambassadeur d'Espagne acceptoit touts, pour ce qu'ils alloient à conserver en quelque façon l'egalité, mais l'ambassadeur de France leur respondit qu'il ne s'agissoit point de conserver l'égalité entre deux personnes dont l'une estoit en possession de la preseance qu'il sçauroit bien maintenir; qu'il n'avoit point affecté ce rencontre, mais que l'ambassadeur d'Espagne l'ayant recherché, ou estant né par hazard, il falloit qu'il cedast ou de gré ou de force. Sur ce discours arrivèrent en grande diligence deux escouades de la garde qui entre tous les jours en la Cour de Hollande, qui en est assez proche, et se rangèrent en haye des deux costez.

Mrs de Bevrevert, de Withe, de Barendreck et de Beverning vindrent ensuitte, et dirent à l'ambassadeur de France qu'ilz avoient faict venir ces gens pour la dignité de l'Estat, et pour empescher le tumulte, mais qu'il ne leur estoit pas permis de decider un pareil differend entre deux grands roys. L'ambassadeur de France leur dist qu'il n'y avoit point de differend en une chose jugée, qu'à Rome, à Constantinople, à Venise, en Suisse, en Dennemarck, Suede et Pologne, et generallement partout, les ambassadeurs de France avoient la preseance qu'on ne leur avoit jamais osé contester; que l'ambassadeur d'Espagne n'avoit point d'ordre de la disputer, mais de rechercher seullement avec addresse l'egalité, et que ses ordres de luy estoient de maintenir la preseance au peril de sa vie, comme il le feroit; et qu'au reste cette preseance estoit une chose de justice, estant fondée sur le droit, sur la possession, et sur les exemples que le temps et le lieu ne permettoient pas d'expliquer. Pendant touts ces discours la maison de l'ambassadeur de France arriva et touts les officiers François de la Haye, avec mesme quelques officiers Suedois, Anglois, Escossois, et du pays, et toutte la suitte des amys, qui environnèrent le carrosse de l'ambassadeur de France, et il parut bien alors que le party de France n'estoit pas le plus foible ni le moins brave, touts les François n'estans armés que de leurs espées, et tres gais, et tres resoluz, et tout ce qui estoit autour du carrosse de l'ambassadeur d'Espagne, estant fort estonnés avec tous leurs mousquetons et toutes leurs armes à feu ; enfin l'ambassadeur de France, ennuyé de la longueur de ce procedé, dict à M^{rs} des Estats qui estoient là qu'il falloit que l'ambassadeur d'Espagne prist parti, et que jusques icy, par le respect qu'il leur avoit porté, il avoit empesché la violence, mais qu'il falloit que la chose finist. Sur cela le Sr de Beverning dist qu'il fallait trouver quelque trou pour faire passer l'ambassadeur d'Espagne ; que de la façon que l'ambassadeur de France parloit, il y avoit apparence qu'il ne se relascheroit pas et proposa de faire une ouverture à la barrière, par où l'ambassadeur d'Espagne entreroit dans l'allée et sortiroit par un autre passage, ce qui fut executé, l'ambassadeur de France ayant dit qu'il ne luy importoit par où il se retirast, pourveu qu'il luy cedast le chemin qu'il luy avoit voulu contester.

Ainsy se termina ce differend que l'on a esté bien aise de particulariser, affin qu'il n'y soit rien adjousté ni diminué. L'ambassadeur d'Espagne s'estant retiré par derrière le Viureberg à son logis avec quelque solitude et au trot, et l'ambassadeur de France ayant faict encore un tour de Voor-hout, se retira au petit pas accompagné de plus de mille personnes qui le suivirent jusques à son logis. Et il y avoit quelque justice et quelque fatalité que le mesme jour qu'on avoit receu le premier advis de la prise de Montmedy, l'Espagne receust encore cette mortification dans son injuste prétension. Et il estoit encore bien juste qu'en un lieu où les François ont si bien merité de l'Estat par le long et fidel service qu'ilz lui ont rendu, le peuple se declarast comme il a faict en faveur de leur ambassadeur dans une occasion d'honneur comme celle-cy, quoique dans ce pays là, leur esprit fust encore combattu de violents soupçons de rupture à cause des derniers placards qui deffendoient le commerce de France.

La Haye, ce 29 aoust 1657.

. . . . . Depuis ma precedente, il ne s'est rien passé que de civil entre nous l'ayant (l'ambassadeur d'Espagne) rencontré deux fois par les rues et ses gens ayant salué les miens, le salut leur a esté rendu, et les maistres en ont usé de mesme. Et comme il a sçu que mes cochers avoient ordre par les rues et chemins de prendre toujours à droicte, il a je pense donné le mesme ordre et ainsy il ne me rencontrera jamais, et j'ay aussi sceu qu'il avoit renvoyé au plustot des officiers de sa garnison de Gand qui l'estoient venu trouver sur la nouvelle du differend, lequel je pense n'ira pas plus avant. Mais neantmoins je ne laisseray pas d'estre toujours sur mes gardes afin que rien ne puisse corrompre le fruict de nostre advantage.

Dépêche de M. de Thou au Cardinal (extrait).

De la Haye, ce 21 aoust 1657.

Je sers icy le resident de Suede autant que je puis, pour ce que c'est un honeste homme et qui a beaucoup d'affection pour la France, et dans ce differend dernier avec l'ambassadeur d'Espagne on ne scauroit dire quelle chaleur touts ses domestiques ont tesmoignée et avec quelle diligence ils se rangerent autour de mon carrosse. Et sur ce subjet je suis obligé de dire à Vostre Eminence que ce qu'on a manqué à mettre dans la relation qui a esté envoyée est que le dict ambassadeur s'en retourna en son logis au grand trot; et passant par le marché, ses gens distribuerent des chelins aux enfants à condition de crier : Vive l'ambassadeur d'Espagne et la maison d'Orange ! De quoy Messieurs les Estats et les serviteurs et les amis de cette maison sont demeurez piquez et offensez ; et pour moy, je m'en revins au petit pas et puis asseurer Vostre Eminence n'avoir faict aucune despense ny pour m'accompagner ny pour faire crier ; et si je retournay au logis avec grande suite et grand bruit ; et quoy que depuis j'aye esté adverti de plusieurs endroits qu'il avoit envoyé querir des soldats à Gand dont il est gouverneur et qu'il avoit fait provision de pistolets et de mousquetons pour armer tous ses gens, j'ay dit à ceux qui me donnoient cet avis que je n'en croyois rien, mais que si cela estoit, c'est une marque qu'ils avoient grande peur, et que je ne les en pouvois pas guerir ; mais que j'estois si asseuré que l'on n'oseroit rien entreprendre contre moy dans la place que j'avois l'honneur de tenir, d'ambassadeur de Sa Majesté, que j'irois avec ma suite ordinaire, et que ceux qui m'accompagneroient ne seroient armés que de leurs espées, et que ma personne ne se devoit pas conserver par force mais par le respect que l'on devoit à la justice de la cause du Roy. Et de fait je fus hier faire une visite chez une dame qui demeure à quatre maisons au dessus de celle du dit ambassadeur, et je le rencontrai dans la ruë, qui sortoit, et aussitost que son cocher apperceut le mien il prit l'autre costé de la ruë, et ses gens commencerent à saluer les miens qui leur rendirent le salut, et luy me salua aussy et je luy rendis sa civilité : et ainsi je pense que la chose en demeurera là, et qu'il ne cherchera plus la noise. L'on m'avoit aussy donné avis qu'il avoit faict plainte à Messieurs les Estats de ce que les officiers françois qui estoient à leur service et à leur serment s'estoient rangez aupres de mon carrosse et ainsy declarez et pris party, ce qui ne se devoit pas; mais il a nié la chose jusques à donner un dementy à quiconque diroit cela : ce qui a esté cause que j'ay creu ne la debvoir pas relever. Et ce qui en est, c'est que veritablement il n'a pas presenté de memoire là dessus, ny parlé à l'audience mais je pense qu'il en parla au Pensionnaire auprès duquel il n'a pas trouvé son compte. Il desadvoue ce dessein et à dire le vray à Vostre Eminence nous ne pouvons pas avoir icy une personne qui soit moins dangereuse et c'est pourquoy je souhaitte qu'il demeure.

Dépêche du Cardinal à M. de Thou.

De Péronne, le 2 septembre 1657.

L'on m'a escrit de Bruscelles que Gamarra avoit chanté victoire de la rencontre qu'il avoit eue avec l'ambassadeur de France, contant la chose tout differemment de ce qui estoit arrivé ; et marque entre autres choses que non seulement il avoit eu advantage dans l'affaire mais que Dieu avoit permis que cela arrivast pour faire voir la haine que tout ce peuple a contre les François ; mais comme ce n'est pas d'aujourd'huy qu'il commence à mentir, et qu'il n'y a pas apparence qu'il veuille estre plus veritable dans l'employ des ambassades qu'il a esté dans ceux de la guerre, je ne suis nullement surpris de ses suppositions.

Je croy seulement d'estre obligé de vous dire en cette rencontre que Messieurs les Estats n'ont pas raison de ne se point vouloir declarer pour la prééminence de cette Couronne sur celle d'Espagne, veu que dans la Cour de Rome qui a tousjours servy d'exemple aux autres, à Venise et en Savoye, les ambassadeurs du Roy jouissent en tout et partout de cette prerogative laquelle ne leur pourroit estre disputée sans que le Pape, la Republique et le Duc leur donnassent toute assistance.

Extrait d'une dépéche de M. de Thou à M. le comte de Brienne.

De la Haye, le 2 octobre 1657.

. . . . . Pour faire voir en moindre chose à M⁵ l'ambassadeur d'Espagne que nostre preseance n'est pas doubteuse, mais bien establie, la bande des comediens françois qui jouent l'hyver à Bruscelles, ayant eu permission icy de jouer et un theatre se preparant pour ce subjet, j'ay fait marquer ma loge proche de celle de la reine de Boheme, qui est à main droitte, vis à vis de laquelle sera celle de madame la Princesse Royale, aupres de laquelle M⁵ l'ambassadeur d'Espagne pourra prendre la sienne, si bon luy semble, et aura la quatrieme loge : et ainsi les petits enfants seront sçavants comme partout nous sommes en possession de la main droitte, et que nous la sçavons prendre et maintenir.

V

Note sur les fonctions du Cardinal-Protecteur à Rome.

La France et quelques autres États catholiques étaient autrefois dans l'usage de confier la suite de leurs affaires ecclésiastiques à un cardinal résidant à Rome. Ces attributions n'avaient rien de commun avec les fonctions diplomatiques; mais il arrivait parfois que lorsque l'ambassadeur de France était cardinal, il était en même temps *protecteur* pour les affaires ecclésiastiques du royaume. Le cardinal de Bernis, par exemple, réunissait les deux fonctions.

Le *cardinal-protecteur* présentait au consistoire les évêques nommés par le roi, il sollicitait leur institution et il suivait auprès de la daterie l'expédition de leurs bulles. Il soumettait aussi au consistoire toutes les affaires relatives aux ordres monastiques et il coopérait à la rédaction des nouveaux statuts et règlements religieux. Le *cardinal-protecteur* était considéré en quelque sorte comme le défenseur naturel des libertés et des priviléges du royaume.

Les émoluments de ces fonctions s'élevaient environ à 23,000 francs; ils étaient le produit d'un droit appelé *propines*, qui se percevait sur l'expédition des bulles.

Quant à la nomination du *cardinal-protecteur* pour la France, elle avait lieu directement par le gouvernement du roi.

VI

7 octobre 1657.

Le soubz signé ambassadeur de France se treuve obligé par un ordre du Roy son maistre porté par sa lettre en date de 27ᵉ septembre, de Metz, de presenter une plainte à Leurs Seigneuries contre Mʳ Boreel, leur ambassadeur, lequel au prejudice de ce qui a tousjours esté pratiqué par les ambassadeurs qui l'ont precedé, et de ce qui est accoustumé et permis, faict prescher journellement dans son logis en langue françoise, et y fait celebrer des mariages avec un concours de peuple si grand et si affecté que cela a pensé causer plus d'une fois l'esmotion du menu peuple dont on peut juger quelles peuvent estre les suittes et consequences. Et quoiqu'il ayt esté cy devant adverty par Monsieur le comte de Brienne, et depuis peu de la part de Monsieur le chancellier, que telle chose se faisoit de sa part au prejudice et mespris de l'authorité du Roy, il s'est neanmoins declaré qu'il continueroit, ce qui a obligé Sa Majesté d'envoyer ses ordres au soubz signé ambassadeur pour en faire la plainte à Leurs Seigneuries, et leur faire instance d'envoyer des ordres precis à leur ambasssadeur de remettre les choses dans l'ancien ordre, en faisant prescher, et les prieres en sa langue, et d'user de la retenue et du respect que les ambassadeurs des souverains ont accoustumé de rendre à la dignité de l'Estat dans lequel ils font leur residence. Et comme Leurs Seigneuries voyent la ponctualité avec laquelle Sa Majesté a faict executer les choses qui ont esté convenues et promises et que ses ministres n'oublient rien de leur part pour y satisfaire, Elle se promet aussy, que non seulement en cette occasion, mais en toutes choses qu'Elle desirera d'eux avec justice et avec raison, il s'efforceront de luy donner le contentement et la satisfaction qui puisse produire le parfaict restablissement de l'ancienne amitié et correspondance qui sera si utile et si advantageuse à la France, et à cet estat.

Faict à la Haye, ce 7° octobre 1657.

Signé :

DE THOU.

Extrait des instructions au S⁻ de Thou.

9 mars 1657.

« On se sert d'un autre moyen pour l'aliener de la France luy faisant croire que nous avons la derniere aversion contre tous ceux qui professent la religion P. R., et que nous entretenons d'esperance de protection leurs catholiques pour faire un jour quelque soulevement dans leur Republique; il sera aysé au dit S⁻ de Thou de les desabuser de cette opinion que les reformez soient mal traittez; et sans tesmoigner affectation il prendra occasion de dire en plusieurs endroits (afin que cela se respande) avec combien de douceur et de liberté ils vivent parmi nous sans distinction des autres sujets du Roy.

« Et quant aux catholiques des Provinces-Unies il les recevra seulement au service divin dans sa maison à l'ordinaire sans passer publiquement aucune office en leur recommandation sans un ordre expres de Sa Majesté, non qu'elle ne soit dès à present entierement portée à leur procurer plus de liberté en l'exercice de la religion, mais pour ce qu'Elle sçait par l'epreuve de semblables offices hasardés hors de saison qu'ils seroient nuisibles aux catholiques et donneroient prises à nos ennemis pour nous exposer à la malveillance du peuple. »

En juin 1655, un ordre des États-Généraux renouvela « la défense aux catholiques d'aller au service divin chez les ministres des princes; » et l'on envoya notamment en la maison de l'ambassadeur d'Espagne deux conseillers de la cour de justice de Hollande pour lui déclarer cette interdiction. « Ce qui me semble fort injurieux, dit Mʳ Chanut, et je m'estonne que don Estruan de Gamarra ait entendu de tels comissaires et raisonné avec eux comme avec des desputez des Estats-Generaux. Ny l'Estat ny la province de Hollande ne m'a envoyé personne sur ce subject. » (Dépêche du 17 juin 1655.)

VII

Lettre de M. Chanut au Cardinal.

A la Haye, 11 décembre 1653.

MONSEIGNEUR,

Le vaisseau que la reine de Suede envoye en France ayant esté plusieurs jours travaillé de tourmentes entre Gottembourg et les costes de ces provinces, le Sʳ du Fresne, bibliothecaire de Sa Majesté, à qui elle a confié toutes les choses qui y sont embarquées, rencontrant un navire pescheur vers l'embouchure de Vlie, s'est fait porter à terre, ne pouvant plus souffrir le travail de la mer. Il s'en va au Havre en diligence pour y faire descharger le navire qui y doit arriver ; et me sachant icy il y a passé pour me dire plusieurs choses qu'il avoit ordre de me communiquer. La reine de Suede jugeant qu'elle ne pouvoit executer son projet sans prendre confiance en luy pour le transport des choses qu'elle vouloit tirer de Suede, luy a descouvert le dessein dont elle a donné part à

Vostre Eminence, dans lequel elle persiste aveq une resolution tellement ferme que ce seroit en vain que l'on essayeroit desormais de l'en dissuader. Les raisons que je luy representay de la part de Vostre Eminence, pour luy en faire aprehender les perilleuses suites, n'ont servy qu'a luy faire conoistre l'affection de Vostre Eminence, et ne l'en ont pu demouvoir. Elle a secretement fait embarquer les plus belles tapisseries de sa maison, le meilleur de sa bibliotheque et le plus pretieux de son cabinet dans ce navire, où sont aussy les manuscrits de la bibliotheque de Vostre Eminence que le dit Sr du Fresne a commandement de luy presenter. Le tout peut monter, à ce que m'a dit le dit sieur, à la valeur de cinq cent mille livres.

La reine de Suede vouloit faire mettre aussy dans ce vaisseau un Hercule de brontze, dont elle veut faire present à Vostre Eminence, et les marbres qu'elle destinoit pour le Roy ; mais s'appercevant que l'on commençoit à murmurer de ce qu'elle faisoit transporter tant de choses en France, elle a pensé qu'elle devoit differer et laisser partir le navire sans exciter plus de bruit. La statüe qu'elle donne à Mr de Servient y estoit embarquée des premieres.

L'ordre qu'elle veut tenir en l'execution est de se descharger du gouvernement aux prochains Estats qu'elle fait convoquer cet hyver où elle se fera assigner un revenu certain sur quelques provinces dont elle retiendra le gouvernement, et elle les prendra en situation commode pour estre libre de sortir quand il luy plaira. Mr Pimentel est participant de tout ce dessein et j'apprens que c'est le seul homme aupres d'elle qui soit capable de le conduire. Il luy promet que le roi d'Espaigne luy donnera quelques seigneuries d'un revenu considerable dans le royaume de Naples, et jusques icy c'est le plus solide de sa subsistance au lieu où elle destine sa demeure, car pour la vente des vaisseaux que Mr Bourdelot luy avoit mise dans l'esprit aveq la pretention de cette debte imaginaire, elle n'y pense plus à ce que m'a dit le dit Sr du Fresne. De son revenu de Suede et de la reconnoissance de M^r le Prince de Suede, son successeur, elle n'en veut pas faire estat, et elle pense en effect qu'elle n'en aura aucun secours ; mais sans le vouloir demander ny permettre qu'on le propose pour elle, la generosité de la Reine et de Vostre Eminence luy donne opinion qu'elle en pourra estre secourue de quelque revenu considerable en pensions sur des benefices, croyant que pour une occasion si extraordinaire à l'honneur de la religion, il n'y aura point d'inconvenient de l'assister de biens d'Église.

Mr Pimentel est en Suede et a eu ordre du roy d'Espagne d'y demeurer pour servir à l'execution de ce grand changement d'un esclat extraordinaire, d'où il pretend tirer un grand merite envers le Saint-Siege. Mais aussy en portera-t-il toute l'envie à l'egard de la Couronne de Suede, et comme l'on sçait publiquement que desja une fois nous avons destourné cette princesse du dessein de quitter l'administration de son Estat, et que si l'on trouve de mes lettres il se verra que Vostre Eminence n'a jamais approuvé le conseil d'abandonner le timon des affaires, toute la colere des peuples se tournera contre l'Espagne et Mr Pimentel, qui est desja extremement malvoulu et qui n'a d'habitude aveq aucun des ministres, sera seul accusé. Dez maintenant il est fort en peine du succez de l'affaire, ne trouvant pas que la reine de Suede y apporte les precautions qu'il desiroit.

Tout cecy est du rapport du Sr du Fresne et si conforme aux apparences et à ce que la reine de Suede m'a fait l'honneur de m'escrire que je le prens pour verité, et en suis soulagé des craintes que me donnoit le sejour de Mr Pimentel pour les interests d'Espagne. Mais à l'esgard de la reine de Suede, je ne puis penser sans deplaisir et sans frayeur aux terribles inconvenients où sa sortie de Suede et sa subsistance ailleurs seront exposées. Si le zele et la bonté de la Reine la porte à vouloir assister de quelque revenu cette princesse dans l'estat où elle se jette, et mesme si Vostre Eminence y vouloit contribuer dans une occasion si specieuse, il seroit peut-estre plus honneste et sans doute plus obligeant de luy promettre et luy faire sçavoir par avance, que d'attendre lorsque la compassion l'extorquera.

En cette conjoncture Mr d'Avaugour aimé de Mr le Prince de Suede et de tous les generaux sera tres-propre et tres-necessaire. Le dit Sr du Fresne m'a dit que le Sr Bourdelot est maintenant en tres grand mespris et aversion à la reine de Suede. Il n'y auroit pas de quoy s'estonner si elle ne luy avoit pas confié son secret. Je pense qu'il vaudroit mieux entretenir cet homme en l'opinion que sa maitresse feint de l'avoir oublié pour satisfaire le comte Magnus, afin qu'il espere toujours et ne s'emporte point jusques à descouvrir ce qu'il sçait.

VIII

Lettre de M. de Thou au Cardinal.

De la Haye, ce 7 mars 1654.

Monseigneur, je me trouve bienheureux d'avoir eslevé une personne dans notre maison, que Vostre Eminence aye jugé capable d'avoir la conduitte et gouvernement de la plus nombreuse bibliothèque de l'Europe en toutes sortes de langues et de sciences, et que Mʳ Boulliau soit celuy que Vostre Eminence a honoré d'un choix si glorieux et advantageux, et j'ose bien dire à Vostre Eminence qu'il n'y a qu'elle seule qui eust esté capable de luy pouvoir faire quitter le recueil de livres qui est dans la maison de son tres obeissant serviteur. Pour la cognoissance des livres et des langues, il en a certainement beaucoup, mais ce dont je pretends repondre à Vostre Eminence, c'est d'une tres constante et tres asseurée fidelité. Je ne puis aussi que je ne me resjouisse non seulement avec Vostre Eminence mais aussi avec le public de la belle pensée qu'elle a de faire bastir un college public pour y deposer cette fameuse bibliotheque, puisqu'elle ne peut rien faire qui contribue davantage à la gloire de son nom et de sa maison et je ne doubte pas que dans ce glorieux project elle ne songe à toutes les choses qui le peuvent rendre parfaict et accomply, en quoy je m'estimerois bien heureux de pouvoir contribuer de mes soins et de mes advis si j'en estois capable.

IX

Lettres de l'ambassadeur des Pays-Bas.

[A Paris, ce 17 janvier 1658.

Depuis le malheureux accident arrivé à Mʳ Becq, Mʳ de la Croix est mort et fust hyer enterré et deux autres sont encore en grand danger. J'attends la grâce du Roy que le corps de Mʳ Becq ne soit pas mis en publicq comme c'est la coustume ; et ceux qui ont reçeu le don de la confiscation par l'arrest de condemnation, prétendent qu'il est de droict. Mais auparavant que de rien faire, il faut que j'obtienne la dite grâce que son corps ne ne recoipve point la honte du publicq, affin que cela ne soit point prejudiciable à sa reputation ; et il seroit à propos de songer au reste, si Messieurs de la ville de Nimmeghen ont quelque privilege ou droict pour empescher cette ditte confiscation ; ou bien si L. H. P. veulent escrire au Roy en faveur de cette affaire, je supplie que cela soit faict au plus tost et que j'en puisse recevoir advis avec une diligence extraordinaire en cas qu'on estime cette affaire de mérite. Le corps de Mʳ Becq est encore dans la prison, quelques-uns disent et soutiennent contre la notoire vérité que le dict Mʳ Becq a esté massacré, et qu'il n'a point massacré, ce qui a besoin de temps pour s'en informer, cela est cause de la perte de la réputation d'un si grand homme. C'est le chevalier de Gramont qui a obtenu la confiscation.

A Paris, ce 25 janvier 1638.

Aujourd'hui a esté prononcé sentence que le corps de Mʳ Becq soit traisné par la ville, et après estre pendu à la jambe, ou d'estre payé aux parties civiles environ 30 mille florins ; pour le bastiment du chastelet, 10 mille florins, et payé les debtes, et les autres biens confisqués au proffit du Roy. De cette sentence du Chastelet on en a appellé au Parlement chambre de l'Edict, et je fais instance auprès du Roy affin que le corps du dict de Becq par grâce me soit donné, ce que j'espère d'obtenir, afin de prévenir ce publicq scandale qu'on fera autrement au corps. Il y a huit jours qu'on a mis en terre Mʳ David de la Croix et aujourd'huy M. Godefroy d'Heylensberg, advocat, et le troisième est en danger, qui ont tout trois tellement esté traictez par le dict de Becq.

A Paris, ce 6 febvrier 1658.

Messeigneurs,

Mʳ le Cardinal m'a envoyé un de ses secretaires qui m'a dict de la part de Son Éminence que le Roy avoit favorablement accordé sur ma demande et pièces qu'il avoit representées à Sa Majesté; qu'il avoit obtenu que par grâce me soit donné le corps de Mʳ Becq. Mais le Roy voulant que cette grâce soit donnée sans aucun préjudice du droit de la confiscation des biens que Becq a laissés dont Sa Majesté n'a point voulu ouyr parler, la Cour a dressé presentement un acte pour cet effect qu'on a ordonné qu'il me seroit communiqué pour prendre ensuite le dict corps mort. Je n'ay point encore veu le dict acte. Le dict corps mort demeure tousjours entre les mains de la justice. Recevant les lettres du 23 janvier dernier portant recommandation, j'ay treuvé nécessaire d'adresser cecy immédiatement à V. H. P. et de demander ordre, si j'accepteray la dicte grâce sans faire mention de la confiscation encores que le Roy fist mettre dans le dict acte que je ne parlerois plus de la dicte confiscation. J'ay ce jourd'huy receu les lettres de Messieurs les bourguemaistres de la ville de Nimmeghen, et quelques pieces pour eviter la dicte confiscation tant au regard des coustumes de la Duché de Gueldres que du testament du dict deffunct Sʳ Hœust, qui pourront servir aux parents et successeurs du dict Becq, lesquels pourront soustenir qu'en cet accident il n'y a point de confiscation à décréter à leur préjudice, puisqu'ils sont héritiers *fidéicommissaires*. Je me soumets en tout aux ordres de Vos Hautes Puissances.

ERRATA.

Page 60, ligne 15. Au lieu de : *qui l'a acheté*; lisez : *qu'il l'a acheté*.
Page 66, ligne 26. Au lieu de : *Cherchemidy*; lisez : *Chassemidy*.
Page 82, dans la note. Au lieu de : *n° I*; lisez : *n° II*.
Page 133, dans la note. Lisez : ... l'idée de l'héroïsme *ou du génie*.
Page 143, dans la note. Au lieu de : *n° II*; lisez : *n° III*.
Page 149, ligne 14. Au lieu de : *Craast*; lisez : *Craaft*.
Page 173, ligne 12. Au lieu de : *d'Offenberg*; lisez : *d'Ossenberg*.
Page 289, dans la note. Au lieu de : *Steany*; lisez : *Stenay*.
Page 379, dans la note (1). Au lieu de *n° VIII* : lisez : *n° IX*.
Page 424, dans la note. Au lieu de : *page 168*; lisez : *page 76*.

INDEX ALPHABÉTIQUE

DES

NOMS ET DES OBJETS PRINCIPAUX

A

Abrégé de l'histoire de France, cité p. 172.

Académie française (l') est visitée par la reine de Suède, p. 138.

ADOLPHE DE BOURGOGNE fait bâtir les murs de Flessingue, p. 7.

ADVOCAT (madame l'), femme d'un maistre aux comptes, p. 303.

AILLÉ (le sieur d'), ministre protestant, p. 54, 210, 212, 306.

AIX (le marquis des), p. 187.

AMERONGE (le sieur d'), ambassadeur de Hollande en Danemarck, p. 212, 251.

Amiens (nef d'), p. 24.

Amour malade (l'), ballet du Roi, p. 64.

Amours de la comtesse de Pembroeck, comédie, p. 185.

AMYR (le sieur l'), gentilhomme de la princesse de Nassau, p. 189.

Angleterre (la reine d') habite le Palais-Royal, p. 73.

ANJOU (le duc d'), frère de Louis XIV; détails et anecdotes, p. 117, 161, 166, 359, 368, 400, 453.

ANNAT (le Père), confesseur du Roi, p. 359.

ANNE D'AUTRICHE assiste au sermon à l'église des Jésuites, p. 42; — sa statue au bout du pont au Change, 44; — cherche à éviter le mal à la mode, 85; — reçoit l'ambassadeur de Hollande, 118; — son appartement d'hiver, 201; — son appartement d'été, 285; — sa répulsion contre la reine de Suède, 352; —

ce qu'elle dit de la richesse du Cardinal, 369 ; — veut nuire au comte de Guiche auprès du Roi, 397 ; — éloigne Chamarande, valet de chambre du Roi, 398 ; — ce qu'elle dit au duc d'Éper- non, 401 ; — aventure au sujet d'un soufflet, 402 ; — bal chez la reine, 428 ; — visite la princesse Louyse à Chaillot, 453.

ANTHOINE, cardinal, archevêque de Reims, p. 254, 275.

ARCE (le sieur d'), fabricant de pierreries fausses, p. 45.

Arcueil (maison de plaisance et aqueduc à), p. 173, 216.

ARGENCOURT (mademoiselle de Lamothe) danse avec le Roi, p. 387 ; le Roi en est amoureux, elle est mise au couvent de Chaillot, p. 396, 398 ; — sa rencontre avec la reine de Suède, p. 430.

ARMENVILLIERS (le sieur d'), officier français au service de Hollande, p. 36.

ARNOLFINI, directeur d'une académie d'équitation, p. 42 et *passim*.

Arsenal (description de l'), p. 51.

ARSILIÈRES (le baron d'), p. 424 et *passim*.

AUBIGNÉ (Théodore-Agrippa d'), son quatrain sur la parcimonie d'Henri IV, p. 343.

AUMONT (le maréchal d'), p. 20.

AVAUGOUR (le sieur d'), ambassadeur de France en Suède, p. 272.

B

BACHELLERIE (le sieur de la), gouverneur de la Bastille, p. 51, 94.

Ballet de M. de Guyse, p. 75 ; — du Roi, 64.

BALTHASAR, colonel, p. 100.

BARBEZIÈRES-CHEMERAUT enlève le sieur de Girardin, p. 264 ; — est exécuté en place de Grève, p. 289, 296.

BASINIÈRE (le sieur de la), trésorier de l'Épargne, p. 57 et *passim*.

Bastille (description de la), p. 51.

BATS (le sieur de), lieutenant des mousquetaires du Roi, p. 353.

BAUTRU, de l'Académie française. Son mot au Roi sur les portraits des infantes de Portugal et d'Espagne, p. 374.

BATS, lieutenant général, p. 284.

BEAUFORT (duc de), second fils du duc de Vendôme, p. 454.

BEAUVAIS (madame de), première femme de chambre de la Reine, p. 389, 398.

Beauvais (chœur de), p. 24.

BEAUREGARD (M. de), gendre de M. Brasset, p. 152, 180.

BECK, meurtrier et suicide, p. 378, 390, 399, 404.

BEERENDRECHT (le sieur de), commandant de la ville de l'Écluse, p. 7.

BELLANGREVILLE (la marquise de), p. 306.

BELLEBRUNE (marquis de), gouverneur de Hesdin, p. 424.

BELLEVAL (la marquise de), p. 304, 305, 344, 344.

BELLIÈVRE (Pompone de), premier président. Son éloge, p. 90, 133.

BENNINGHE, ambassadeur de Hollande en Suède, p. 447.

BENSERADE. Sa visite à la reine de Suède, p. 337.

BERETTA, ingénieur, p. 234.

BERINGHEN (le sieur de), premier écuyer du Roi, p. 36, 53, 63, 136, 250, 298, 404, 417, 427.

BÉTHUNE (comte de), p. 454.

BRURNONVILLE (duc de), p. 249.

BEVERNING (M. de), p. 480.

BEVREVERT ou BEVERWERT (le sieur de), fils du prince Maurice de Nassau, p. 224, 228, 476, 480.

BEVREVERT (madame de), p. 92.

Bicêtre (château de), description, p. 195.

BLAKE, amiral anglais, p. 275.

BLANCHE (le sieur), de Nimègue, p. 28 et *passim*.

BOREEL (le sieur), ambassadeur de Hollande en France, p. 53 et *passim*; — est reçu en audience publique par le Roi, 417; — est reçu par le cardinal, 438; — extraits de sa correspondance, 493.

BOUG (le sieur de), aumônier de l'évêque de Sisteron, p. 33 et 35.

BOUDON, capitaine de cavalerie, p. 35.

BOUILLEAU (le sieur), secrétaire de l'ambassade de France en Hollande, p. 86; — devient bibliothécaire de Mazarin, 493.

BOUILLON (duc de), p. 337.

BOUILLON (duchesse de), p. 202.

BOUILLON-LA-MARCK, p. 428.

Boulogne (Promenade au bois de), p. 103, 217; — vol singulier près du bois, 384.

BOURDELOT, tombé dans l'aversion de la reine de Suède, p. 492.

BOUTEVILLE, p. 244, 299.

BOYS (le Sieur du), conseiller de la grand'chambre, p. 304.

BRAGELONE (le sieur de), sa querelle avec Roquelaure, p. 49.

BRASSET, résident de France à la Haye, p. 37, 38 et *passim*; — lettres de M. Brasset, p. 464, 466.

BRASSET (mademoiselle), fille du précédent, p. 55, 66, 152.

BREDERODE (M. de), p. 106 et *passim*.

BREDERODE (madame de), p. 207.

BRET (le sieur du), écuyer de Mademoiselle, p. 277, 283.

BRETONVILLIER (le président), description de son hôtel, p. 414.

BREUIL (le sieur du), maître de danse, p. 304.

BRIENNE (comte de), ministre, p. 240, 404.

BRUNEL (le sieur de), p. 15 et *passim*.

C

CADILLAC (le marquis de), p. 292.

CAMPE (le sieur del), p. 239.

Canada (envoi des prostituées au), p. 214.

CANDALE (duc de), p. 123, 153, 159, 395, 400.

CARAVAS (le comte de), gendre du sieur de Ripperda, p. 123, 167, 171, 177, 340.

CARAVAS (madame de), p. 167, 170, 337, 340, 341.

CARDINAL-PROTECTEUR : quelles étaient ses fonctions, p. 495.

CARNAVALET, lieutenant des gardes, p. 63, 408.

Célestins (église des), tombeau des ducs d'Orléans, p. 120; — jardin du couvent, 121.

Chaillot (eaux minérales à), p. 100, 217, 379, 454.

CHAMARANDE, premier valet de chambre du Roi, p. 397.

CHAMBARANT (le sieur de), gentilhomme de Dauphiné, p. 147.

Chambre des comptes (description de la), p. 89.

CHAMPFLEURY (le sieur de), p. 315.

CHAMPS (le sieur des), employé à l'écurie du roi, p. 36, 62 ; va en Angleterre pour acheter des chevaux, p. 245.

CHANUT, ambassadeur, p. 60 et *passim* ;—lettres de M. Chanut, 163, 172, 173, 489.

Charenton (temple de), p. 54 et *passim*.

CHARLES (le comte), cadet de M. le Rhingrave, p. 169, 248, 431.

CHARLES II, roi d'Angleterre, retiré à Bruges, p. 9.

CHARLES-GUSTAVE, roi de Suède, p. 297.

CHARLES-QUINT. Importance qu'il attachait à la conservation de Flessingue, p. 6.

Charmes de Médée, comédie, p. 185.

CHAROST (le comte de), capitaine des gardes du corps, p. 17, 150, 166.

Chartres (cloches de), p. 25.

Chartreux (description du couvent des), p. 106.

CHASSAN (l'abbé de), p. 248, 289.

CHASTEAUNEUF (le marquis de), p. 294.

CHASTILLON (duc de), p. 343.

CHASTRE (comte de la), p. 72, 171.

CHENAILLES (le sieur de). Sa condamnation à un bannissement perpétuel, p. 97.

CHEVREUSE (duc de). Sa mort, p. 56.

CHRISTINE, reine de Suède. Détails divers la concernant, p. 163, 247, 274, 297 ; — donne une statue à M. Servien, 279 et 490 ;— elle ordonne et fait exécuter le meurtre de Monaldeschi, 321 et suiv.;— son entretien avec Benserade, 337 ; circonstances de son changement de religion, 339 ; — Anecdote caractéristique, 341 ; — le cardinal la reçoit à Petit-Bourg, 347, 351 ; — le Roi, la reine-mère et le cardinal ne se soucient pas qu'elle vienne à Paris, 352 ; — on publie un pamphlet contre elle, 353 ; — elle quitte Fontainebleau, 361, 363 ; — restitue à Mazarin les manuscrits qu'elle avait fait acheter à la vente de sa bibliothèque, 371 et 490 ; — Projets qu'on lui attribue sur Naples, 383, 404 ;

— son arrivée à Paris et son séjour au Louvre, 420, 423, 428, 429, 430; — description de sa personne, 432; — Visite l'Académie française, 438; — son jugement sur les Académiciens, 439; — fait transporter des objets précieux en France, 489.

CISUT (le sieur de), p. 188, 200, 214.

COASLIN (marquis de), petit-fils du chancelier Séguier, p. 412.

CODURE (le sieur de), p. 266, 289.

COMMINGES (Gaston, comte de), capitaine des gardes de la reine, p. 94; — son ambassade en Portugal, 125, 158, 214, 292.

COMMINGES (madame de), p. 387, 412.

Compiègne (départ de la cour pour), p. 151.

CONCRESSANT (la comtesse de), p. 300.

CONDÉ (le prince de), p. 93, 344; — sa maladie; le Roi, sur les instances de Mazarin, lui envoie son médecin; sonnet à ce sujet, 349, 367; — on négocie pour sa rentrée en France, 442; entretient un envoyé à Rome, 457.

CONTI (prince de), p. 350.

CONTI (princesse de), nièce de Mazarin, p. 344.

CONTY (Marco-Antonio). Son récit de la mort de Monaldeschi, p. 323.

CORNEILLE. Appréciation de son génie, p. 490.

COSNAC (Daniel de), évêque de Valence, p. 42.

COTENTIN (M. et madame), conseiller au grand conseil, p. 304.

Cours (promenade du), description, p. 102, 104, 126, 135.

COURTEBONNE (le sieur de), commandant à Calais, p. 17.

COURTIN (M.), secrétaire de l'ambassade de France à la Haye, p. 179.

COUTTURIER (madame), p. 304, 306, 315, 337.

CRAAST (milord), p. 149.

CRAMOISY (les frères), libraires, 287.

CRÉQUI (le duc de), p. 24.

Croix du Tiroir, place où l'on faisait les exécutions, p. 75, 421.

CROMWEL, p. 10, 54, 295, 330; son installation comme protecteur, 205.

CYRON, gouverneur de la Fère, p. 244.

D

Dalencé, chirurgien ordinaire du Roi, p. 350.
Dalone ou d'Alone, p. 245, 254, 263, 290.
Damet, petit-fils du duc de la Force, p. 170.
Danché ou Dauché, p. 165, 174.
Daunoy, p. 142.
Delft (tombe des princes d'Orange à), p. 4.
Dom Philippin Prince, comédie de Scarron, p. 199.
Dona (comte de), gouverneur d'Orange, p. 288.
Dona (madame de), p. 254, 302.
Don Juan, fils naturel de Philippe IV, p. 10, 296, 353.
Douchant, colonel français au service de Hollande, p. 84.
Drelincourt, prédicateur protestant, p. 104, 237, 242, 299.
Duels sévèrement interdits, p. 214.
Du Pont, artisan de tapisserie au Louvre, p. 285.

E

Édit de Nantes. Le Roi entend qu'il soit observé, p. 449, 457.
Édouard (le prince), p. 379, 458.
Élisabeth, reine d'Angleterre, p. 7.
Enghien (duc d'), fils du prince de Condé, p. 349.
Érasme. Sa statue à Rotterdam, p. 4.
Érouard, p. 158.
Escouville (le sieur d'), p. 292.
Esdiguières (duc de l'), p. 315, 387, 402.
Espernon (duc d'), gouverneur de la Guyenne, p. 450, 153, 247, 400.
Estrades (comte d'), maréchal de France, p. 135, 138.
Estrées (maréchal d'), p. 134.

Eugène (le prince), comte de Soissons, époux d'Olympe Mancini, p. 49, 75, 343, 365.

Everson (Jean), vice-amiral de Zélande, p. 475.

F

Fabrice, p. 378, 399.

Faget (l'abbé de), p. 274, 294.

Fargues (sieur de la), p. 424, 425, 437, 449.

Fayette (la marquise de la), p. 372.

Félix, trésorier de la généralité de Marseille, p. 298.

Ferdinand III, empereur d'Allemagne ; sa mort, p. 124.

Ferdinand, fils de François II, duc de Lorraine, p. 308.

Ferrand, p. 403.

Ferronnerie (rue de la), p. 27.

Ferté (M. de la), maréchal, p. 169, 179, 212, 220, 248, 447.

Fête-Dieu (description de la), p. 403.

Feuillade (comte de la), p. 130, 159.

Ficquefoord ou Wicquefort (Joachim de), envoyé du Landgrave de Hesse près les États-Généraux, p. 88 et *passim*.

Ficquefoord (madame de), p. 337.

Filous et vagabonds (arrestation de), p. 214.

Flessingue. Progrès et importance de ce port de mer, p. 6, 7.

Foire Saint-Germain, p. 69.

Foix (chevalier de), p. 253.

Fontaines (le sieur des), p. 449.

Fougeray (madame de), p. 306.

Fouillon (mademoiselle du), p. 387.

Fouquet, procureur général et surintendant, p. 140, 398.

Four (le sieur du), médecin de M. de Vendosme, p. 193, 233.

François, duc de Lorraine, p. 308.

Frédéric-Henri, prince d'Orange, p. 2, 36, 72.

Frédéric III, roi de Danemarck, p. 297.

Fresne (le sieur du), p. 489.

FRETTE (marquis de la), p. 232.

FRETTE (chevalier de la), p. 239.

Friperie (la) ou Marché aux habits, p. 80, 81.

FROMENTEAU (le sieur de), p. 169, 389.

FUENZELDAIGNE, p. 216.

G

GENTILLOT (le sieur de), lieutenant-colonel au service de Hollande, p. 222, 227, 230, 244.

GERMAIN (milord), p. 10.

GILLIEN (le sieur de), p. 149, 185, 239, 271.

GLARGES (le sieur de), p. 18.

GLOCESTER (duc de), p. 10.

GOBELEN, teinturiers fondateurs des Gobelins, p. 46.

Gobelins (description des), p. 46.

GRAMONT (le maréchal de), p. 177, 204, 412.

GRAMONT (le chevalier de), p. 57, 378, 391.

Grand Châtelet (détails sur le), p. 94.

Grippe. La grippe en 1657, p. 85.

GUÉMÉNÉ (prince de), fils du duc de Montbazon, p. 219.

GUENT (le baron de), membre des États-Généraux de Hollande, p. 60.

GUENAUD, médecin du prince de Condé, p. 349, 350.

GUICHE (comte de), son mariage avec mademoiselle de Sully, p. 395 ; — est reçu maître de camp du régiment des gardes, 406.

GUILLAUME, prince d'Orange, p. 4, 12, 36, 308.

GUILLAUME, prince de Nassau, gendre de la princesse douairière d'Orange, p. 99.

GUYSE (le duc de), p. 55, 60, 337, 364, 382, 394, 404, 415, 421.

GUY DE LA BROSSE, fondateur du jardin du Roi, p. 112.

H

Harcourt (prince de), gouverneur de Montreuil, p. 22, 131, 219, 231, 315.

Haro (don Luis de), premier ministre du roi d'Espagne, p. 356.

Haucourt (le sieur d'), p. 142, 220, 262, 309.

Haultain (sieur de), ancien gouverneur de l'Escluse, p. 8.

Hauterive (M. de), gouverneur de Breda, p. 62 et *passim*.

Heemvliedt (sieur de), intendant de la princesse d'Orange, p. 228, 254.

Heilsberch, 378, 399.

Henckefort, général, p. 231.

Henri IV, p. 28, 76, 343.

Herbert, p. 22 et *passim*.

Histoire byzantine, imprimée au Louvre, p. 287.

Hocquincourt, maréchal de France, p. 425, 428, 437, 450, 457.

Hocquincourt (marquis d'), fils du maréchal, gouverneur de Péronne, p. 450.

Horust, p. 378, 399.

Hospital (maréchal de l'), p. 194, 245, 408, 409.

Hôtel de ville de Paris (description de l'), p. 76.

Houwaert, écuyer de la princesse royale d'Orange, p. 260.

I

Ile Notre-Dame, p. 110.

Imprimerie royale (description de l'), p. 286.

Insequin fait enlever son fils de chez l'ambassadeur d'Angleterre, qui élève une réclamation à ce sujet, p. 272.

J

Jacques II, roi d'Angleterre, p. 10.

Janot, célèbre chirurgien de l'hôpital de la Charité, p. 233.

Jardin du roi (description du), p. 112.

Jarrige (Pierre), ancien Jésuite devenu protestant, p. 141.

Jean IV, roi de Portugal, p. 125.

Jésuites. Leur église de la rue Saint-Antoine, p. 42, 142, 255.

Jucundus (Jean), cordelier qui bâtit sous Louis XII le pont Notre-Dame, p. 44.

Justiniani, ambassadeur de Venise, p. 145.

K

Kœnigsmarck, général au service de Suède, p. 182.

L

Lalande (le chevalier de), commandant de deux vaisseaux pris par Ruyter, p. 110, 114.

Lambert, fameux musicien, beau-père de Lulli, p. 303.

Lannoy (le comte de), p. 22.

Laquais (désarmement des), p. 214.

Launay-Vivans (le sieur de), conseiller en la chambre de l'édict de Bordeaux, p. 139, 142.

Laval (le marquis de), p. 173.

Le Bon (le Père), de l'Oratoire, célèbre prédicateur, p. 96.

Le Gendre, p. 165.

Lemonon (le sieur de), médecin du duc de Longueville, p. 233, 336.

Leschot (madame de), p. 304, 306, 311.

Letellier (Michel), p. 398.

LINIÈRES, le poëte, p. 347.

LIONNE (Hugues de), ambassadeur et ministre, p. 139, 177, 204, 263.

LOCKARD, ambassadeur d'Angleterre à Paris, p. 94, 95, 96, 152, 180, 253, 271, 293, 444, 454.

LONDY, capitaine de cavalerie, est mis à la Bastille, p. 98.

LONDY (madame de), fille de M. de Ficquefoord, p. 88.

LONGCHAMPS, écuyer du duc d'Anjou, p. 168 et *passim*.

LONGCHAMPS (madame de), p. 87 et *passim*.

LONGUET (madame de), p. 302.

LONGUEVILLE (le duc de), p. 350.

LONGUEVILLE (mademoiselle de). Son mariage avec le duc de Nemours, p. 174.

LORME (le sieur et la dame de), p. 187 et *passim*.

LOUIS XIV assiste au sermon dans l'église des Jésuites, p. 42; — sa statue au bout du pont au Change, 44; — va au bal chez madame d'Argencourt, y rencontre mademoiselle de Marivaux, 49; — danse le ballet de *l'Amour malade*, 64; — fait faire l'exercice aux Mousquetaires, 103; — son portrait, 103; — va au bal chez le sieur de la Basinière, 114; — donne audience à l'ambassadeur de Hollande, 148; — va au Cours, 135; — court la bague, 142; — est à Sedan, 189; — achète l'hôtel de Longueville pour en faire sa petite écurie, 209; — sa rencontre avec Mademoiselle, 221; leçon qu'il donne au sieur de Gentillot pour un manque de respect, 227; — autre portrait de Sa Majesté, 294; — visite la reine de Suède à Fontainebleau, 340, 342; — envoie un médecin au prince de Condé, 349; — envoie Turenne à Mardick, 357; — fait enregistrer la déclaration contre les Jansénistes et recevoir la bulle du pape qui les condamne, 358; — chasse à Vincennes, 365; — fait visite à Mazarin, 374; — va au bal chez le duc de l'Esdiguières, 387; — est amoureux de mademoiselle d'Argencourt, on l'emmène à Vincennes, 396, 398; — va au bal chez le maréchal de l'Hospital, 408; — et chez le chancelier Séguier, 410, 411, 412; — danse un ballet au Louvre, 417; — reçoit les députés des églises réformées, 419; — danse devant la reine de Suède, 424; — va courir les bals, le mardi-gras, 428; — sa querelle avec son frère, 453; — va se promener au Cours, 454; — ce qu'il dit au sujet du pouvoir temporel du pape, 457.

Louvre (description du), p. 78, 362, 373, 397, 417, 424.

Louvre (la princesse) s'enfuit de la Haye et se retire à Chaillot, p. 369, 379, 386, 398, 455, 458.

Lude (comte du), p. 92.

Luxembourg : description du palais et du jardin, p. 67, 69, 86, 104, 254 ; — promenade au jardin, 434, 448.

M

Mademoiselle, fille de Gaston, duc d'Orléans, p. 134, 221, 268, 277, 283, 408, 410, 412.

Madrid au bois de Boulogne. Description, p. 103.

Magnus (comte), p. 492.

Manchini (madame de), sœur de Mazarin. Sa mort, p. 48 ; — rondeau sur son oraison funèbre, 265.

Manchini (M. de), capitaine des mousquetaires du Roi, p. 50, 355.

Manchini (l'abbé de) est grièvement blessé, p. 364 ; — sa mort, 374 ; — vers sur sa mort, 389.

Manchini (Laura), nièce de Mazarin, épouse du duc de Mercœur. Sa mort, 57 ; — Olympe, nièce de Mazarin, épouse du comte de Soissons, 75 ; — Marie-Anne, nièce de Mazarin, épouse du duc de Bouillon, 337 ; — Hortense, nièce de Mazarin, épouse du duc de la Meilleraye, 308.

Mansardt, p. 159.

Manse (le sieur de), contrôleur des gabelles, p. 34 et *passim*.

Marbé ou Marbay (le sieur de), p. 151 et *passim*.

Mardick. Opérations militaires dont ce port a été l'objet, p. 15 et *passim*.

Marie-Anne d'Autriche, reine d'Espagne, p. 355.

Marivaux (mademoiselle), p. 49, 66.

Marolles (M. et madame de), p. 259, 296.

Marqués (don), gouverneur de Gravelines, p. 16.

Marsillac (le prince de), fils du duc de La Rochefoucauld, p. 365.

Martigny (le sieur de), p. 259.

MASCLARY (M. et madame), p. 306.

MAULEVRIER (mademoiselle de), p. 209.

MAURICE (prince), p. 12.

MAZARIN (le cardinal) consent au renvoi des régiments écossais, irlandais et anglais, p. 54 ; — son affliction de la mort de madame de Mercœur, sa nièce, 57 ; — est malade de la pierre, 72 ; — refuse la grâce du sieur de Chenailles, 74 ; — ce qu'il dit à la réception de l'ambassadeur de Hollande, 117 ; — fait un présent au roi, 164 ; — entretient un troupeau de vaches à Vincennes, 175 ; — craint la présence du prince de Condé à la cour, 184 ; — donne une pension à la troupe de la Comédie italienne, 197 ; — ce qu'il dit à Mademoiselle, 224 ; — sa réponse ironique à des officiers des gardes, 252 ; — sa discussion avec l'ambassadeur d'Angleterre au sujet du siège de Dunkerque, 253 ; — épigramme sur le cardinal, 265 ; — description de son palais, 347 ; — va à Petit-Bourg visiter la reine de Suède, 347, 354 ; — ses instances auprès du Roi pour envoyer un médecin au prince de Condé, 349 ; — veut qu'on fasse des économies pour achever le Louvre, 362 ; — sonnet adressé au cardinal à l'occasion de la maladie du prince de Condé, 367 ; — fournit 50,000 livres pour une loterie, 369 ; — visite à sa bibliothèque et à son écurie, 370, 372 ; — visite à son appartement au Louvre, 373 ; — s'occupe de l'affaire de Naples, 382 ; — reproche au Roi la nomination du comte de Guiche comme maistre de camp des gardes, 395 ; — Caricature représentant le cardinal, MM. Fouquet et Servien, 398 ; — ses entretiens avec M. Servien, 406 ; — loge la reine Christine au Louvre dans son appartement, 424 ; — — feint d'être malade pour obliger la reine à quitter son appartement, 428 ; — fait un bon accueil aux députés de la religion protestante, 437 ; — donne audience à l'ambassadeur de Hollande, 438 et 444 ; — et ensuite à l'ambassadeur d'Angleterre, 444 ; — traite splendidement le Roi, la Reine, Monsieur et la reine d'Angleterre, 451 ; — fait une loterie de 60,000 escus en bijoux, détails intéressants, 452 ; — donne 100,000 escus à la république de Venise, 456.

MEILLERAYE (maréchal de la), p. 52, 424.

MÉLAC (le marquis), p. 185.

MELANDAL, gouverneur de Montmédy pour l'Espagne, p. 242.

MENJOT, médecin, p. 233, 237.

Menteur (le), comédie de Corneille, p. 188.

MERCŒUR (le duc de) p. 57, 394, 418, 424, 438, 454.

MEROODE (sieur de), p. 229.

MESSI (madame de), p. 300, 308.

MESTREZAT, prédicateur protestant, p. 39, 72, 75, 88, 144.

Métempsycose de la reyne Christine, écrit contre la reine de Suède, p. 384.

Meudon (château de), acheté par M. Servien. Description, p. 143, 277, 282, 471.

MEULE (le sieur de), officier de la Cour des aides, p. 269.

MINIÈRES (le sieur des), p. 385, 406, 443.

Minimes (couvent des), près de Vincennes, p. 176.

MOLENDIN (le sieur de), colonel des gardes des Suisses, p. 148.

MONALDESCHI. Circonstances de son exécution à Fontainebleau, p. 324 et suivantes.

MONDEJU (la comtesse de), p. 354, 358.

MONGLAS, aubergiste, p. 28.

MONSIEUR, Gaston d'Orléans, frère de Louis XIII, p. 59, 66, 134, 364, 412, 418, 428.

Monstre étrange, venu de Madagascar, p. 440.

MONTALT, gouverneur de Rocroy, p. 253.

MONTARNAUD (le baron de), lieutenant-colonel, p. 100.

MONTAUBAN (madame), p. 306.

MONTBAZON (duc et duchesse de), p. 218, 249 ; (Mademoiselle de), 452.

MONTBELLIARD (madame de), p. 344.

Montmédy. Siége et prise de cette ville, p. 212 et *passim*.

MONTMORENCY (mademoiselle de), p. 23.

MONTRÉSOR (comte de), p. 72, 143, 465, 340.

MORET (le comte de), p. 418, 425, 450.

MORLAYE (le Père), capucin célèbre prédicateur. Sermon qu'il fait au Louvre devant le Roi, p. 459.

MORTAIGNE (le sieur de), p. 192, et *passim*.

Mort de Pompée, tragédie de Corneille, p. 11.

Moaus, ministre protestant, p. 144, 366.

MOTHE-HOUDANCOURT (le maréchal de la), 26 ; sa mort, p. 94.

MOULINES ou MOLINES (sieur de), p. 180 et *passim*.

Mulet, fort bâti à Calais par Richelieu, p. 18.

Munster. Siége de cette ville, p. 308, 346.

N

NAVAILLES (sieur de), capitaine des gardes du corps, p. 150, 152, 267, 456. (Madame de), p. 387.

NEMOURS (duc et duchesse), p. 174.

NESMOND (M. de), président à mortier, p. 360.

NICOLE (la princesse), duchesse de Lorraine. Sa mort, p. 74.

NIEUPOORT (le sieur de), ambassadeur de Hollande en Angleterre, p. 386.

NINON DE LENCLOS. Ce que la reine de Suède en écrit au cardinal; — son esprit, p. 183.

NOCRET, peintre distingué, p. 373.

NOORTWEYCK (le sieur de), gouverneur du fort de Saint-Donaes, p. 8.

Notre-Dame (description de), p. 40, 158.

NOVION (la présidente de), p. 166.

O

OGER, résident d'Angleterre, p. 17.

OLONNE (comtesse d'), p. 159, 163, 357, 402.

OPDAM, amiral, p. 1, 164, 173, 248.

ORLÉANS (ducs d'), leur tombeau dans l'église des Célestins, p. 120.

OSSENBERG ou OFFENBERGH (M. et madame d'), p. 173, 268, 288, 458.

OSSON (madame d'), p. 309, 339.

OUDEYCK (le sieur d'), p. 57 et *passim*.

OXOLDER (la princesse d'), p. 369, 386, 399.

P

Paix signée entre la Suède et le Danemark : conditions, p. 445.

Palais-Royal. Description du palais et du jardin, p. 73, 176, 257.

Palais-de-Justice (description du), p. 89, 298.

PALME (le sieur de), p. 48, 172, 477.

Paris (description de), p. 39, 248.

PERSCHEVAL, p. 2.

Petit Arsenal, établissement pour les pauvres, p. 133.

Petit-Bourbon (le) où est la petite écurie. Les Italiens y ont leur théâtre, p. 79, 497, 309, 447.

Petit-Bourg, p. 347, 354.

Petits-Augustins, p. 108.

PHILIPPE IV, roi d'Espagne, p. 10.

Place Royale, (description de la), p. 77, 142.

PLATTE (sieur de la), p. 14 et *passim*.

POIGNY (le marquis de), p. 304.

POLFOUR (madame), p. 304, 310.

PONS (mademoiselle de). Sa fuite en Flandre, p. 56.

Pont au Change, p. 44; — *Neuf*, 43, 163, 197, 214, 267, 295, 297; — *Notre-Dame*, 44; — *Marie*, 44, 299; — est détruit par la crue des eaux, 422, 436; — *Rouge*, 63, 163; — *Saint-Michel*, 44; — *Des Tournelles*, 44.

Pont-de-Remy, bourg de Picardie, p. 24.

Porte Saint-Antoine (promenade au cours de la), p. 65.

Portugal. Différend entre le Portugal et la Hollande, p. 345, 354, 360, 443.

POURROY (le président), p. 307.

POTTERIE (le sieur de la), bibliothécaire du cardinal, p. 371.

Pratique de Piété, ouvrage cité, p. 101.

PRIEZAC (le sieur de), conseiller du roi, p. 465.

PRINCE D'ORANGE, p. 42, 295.

Prince d'Orange (auberge du), rue des Boucheries, p. 28.

PRINCESSE ROYALE, veuve de Guillaume de Nassau, prince d'Orange, p. 10, 250, 302.

PRINCESSE DOUAIRIÈRE, p. 99, 208, 302.

Procureurs enlevés près de Vincennes, p. 234.

R

RAVAILLAC, p. 27.

RÉAUX (madame des), p. 66, 318, 335, 341, 427.

Recette pour la gravelle et pour la pleurésie, p. 147; pour la pêche des truites, p. 256.

REEDE (le sieur de), envoyé de Messieurs les Estats auprès du roi d'Espagne, 293, 356, 388, 394, 408, 435.

REINE D'ANGLETERRE. Habite le Palais-Royal, p. 73, 246, 250. — Co... nt fondé par elle à Chaillot, 379.

REINE DE BOHÈME, p. 369, 386.

Reysbanck (le fort de), p. 18.

RHINGRAVE (M. le), p. 59 et *passim*.

RICHELIEU (le cardinal de), p. 18, 41, 73.

RIPPERDA (M. de), membre des États-Généraux de Hollande, p. 60, 170.

RIVIÈRE (le chevalier de) p. 76, 142, 165, 210, 424, 437, 449.

RIVIÈRE-BONŒIL (mademoiselle), p. 387, 430.

ROCHEFORT (le comte de), 165, 218, 454.

ROCQUE (la), capitaine des gardes du prince de Condé, p. 369.

RODET (le sieur de), p. 299, 304, 310, 337.

ROGER (madame), p. 106, 300, 308.

ROQUELAURE (le duc de), p. 49, 159, 161. (la duchesse de), 159, 163, 357.

ROSENBEAU (la marquise de), p. 306.

ROUTES (le sieur de), p. 187, 258, 263, 304.

ROZAIRE, ministre protestant, p. 144, 149.

RUYTER (l'amiral), s'empare de deux bâtiments français, p. 110, 114, 179.

RYSWICK (le sieur de), . 26 et *passim*.

S

Sablière (madame de la), p. 336.

Saint-Albin (madame), p. 306.

Saint-Ange (le sieur), p. 260.

Saint-Armant (madame de), p. 106, 173, 216, 324, 341, 343, 377.

Saint-Denis, p. 27, 294.

Sainte-Agathe, fils de l'ambassadeur de Hollande, p. 176 208.

Sainte-Cécile (Michel Mazarin, cardinal de), p. 32.

Sainte Chapelle (description de la), p. 93.

Saint-Géran (madame de). Son procès, 64, 261.

Saint-Honoré (rue), p. 28.

Saint-Innocent (cimetière de), p. 46.

Saint Jean (description du feu de la), p. 194.

Saint-Loup (madame de), p. 340.

Saint-Nicolas (le sieur de), p. 256, 264.

Saint-Omer, p. 16, 21.

Saint-Pater (sieur de), beau-frère de M. de Béringhen, p. 191.

Saint-Pont (madame de), p. 336.

Saint-Romain (le sieur de), 77, 131, 210, 398.

Saint-Simon (le duc de), p. 179.

Saint-Simon (la duchesse de), p. 345.

Saint-Victor (faubourg). Étoffes qu'on y fabrique, p. 147. — Abbaye Saint-Victor, 113.

Salleon (le sieur), p. 149, 185.

Salm (prince de), p. 308.

Samaritaine (pompe de la), p. 44.

Santinelli, p. 321.

Sarazin, médecin, p. 188, 197.

Sarcamanan (le sieur de), p. 174.

Sautereau (l'abbé de), p. 211.

Savonnerie (la), manufacture de tapis, p. 286.

SCHARAMOUCHE, p. 97.

SCHOMBERG (maréchal de), p. 115 et *passim*.

SÉGUIER (le chancelier), p. 409, 419, 439.

Seine traversée sur la glace, p. 416; — débordement extraordinaire, 422.

SERVIEN (le comte), surintendant des finances, fait faire un yacht en Hollande, p. 143, 471; — détails divers, 154, 159, 256, 262, 277, 398, 406; — lettres de M. Servien, 466, 470.

SEROOSKERKE (le sieur de), p. 157, 164, 288.

SÉVIGNÉ (madame de), p. 387.

SIMMEREN (duc de), prince de la maison Palatine, p. 189, 312.

Sœurs jalouses (les), comédie de Lambert, p. 126.

SOISSONS (comte de), p. 75, 343, 365.

SOISSONS (comtesse de), p. 159, 357, 368, 387, 414.

SOMMELRDYCK (M. de), p. 44, 82, 165, 208, 221, 308, 310, 348; sa généalogie, 468.

Sorbonne (la), p. 44.

SPEYCK (le sieur de), p. 27 et *passim*.

SOUBARANT, chirurgien, p. 235.

SOUBDIS (marquis de), p. 171, 337.

STANHOP (madame), femme de M. de Heemveliedt, p. 228.

STERRENBOURG (le sieur de), colonel dans l'armée de Hollande, p. 145.

STROZZI (comte), gouverneur de Bruges, p. 12.

STUPPA, capitaine suisse, p. 184, 220, 287.

SULLY (mademoiselle de), p. 395,

SUZE (comtesse de la), p. 314.

T

TALON est envoyé auprès de Cromwell, p. 274.

TALLEMANT DES RÉAUX, p. 299.

TALLEMANT (madame), p. 336.

TARENTE (la princesse de), p. 189.

INDEX ALPHABÉTIQUE.

TASSIN (le sieur), avocat, p. 109, 157, 165.

TELLIER (mademoiselle le), p. 282.

Temple (description du), p. 45, 140.

THEIL (sieur du), p. 105, 109, 198.

Théodore, reine de Hongrie, tragi-comédie de Boisrobert, p. 190.

THIBAUT (les sieurs), p. 143, 157, 172,

THOU (M. de), ambassadeur de France près les États-Généraux, détails divers, p. 72, 85, 144, 154, 184, 222, 230, 316, 345, 369, 407, 444 ; — sa harangue aux États-Généraux, 453 ; — ses dépêches à M. de Brienne et à Mazarin, 476 et suiv. ; — sa note aux États-Généraux, 486 ; — extrait de ses instructions, 488 ; — sa querelle avec l'ambassadeur d'Espagne, 229, 476.

TORSTENSON, général suédois, p. 446.

TOUCHEPIÉS, parent de M. Servien, p. 151.

TRIVOLINO, p. 197.

Tuileries (description du palais et du jardin), 79, 104, 134, 267, 298.

TURENNE (maréchal de), p. 189 et *passim*.

V

VALERIEN (le Père). Son secret pour guérir les maladies, p. 108.

VALLOT (le sieur), premier médecin du roi, p. 443.

VAN DER NOOT. Son tombeau à l'Escluse, p. 8.

VARDES (marquis et marquise de), p. 403, 410.

VENDOSME (duc de), fils naturel de Henri IV, p. 149, 150, 172, 193, 297.

VENDY, gouverneur de Montmédy, p. 220.

Verkier, sorte de jeu de trictrac, p. 187.

VERRUE (comte de). Madame de Savoie l'envoie en France, p. 443.

VIEUVILLE (sieur de la), lieutenant-colonel, puis évêque de Rennes, p. 84, 143, 165, 209, 434.

VIEUX-MAISON (le sieur de), p. 296.

VILLE (le marquis), p. 231.

VILLERS (les sieurs de), p. 82, 140 ; — leur généalogie, 468.

VILLOMER (le sieur de la), p. 254.

Vincennes, p. 70 et *passim* ; — visite au château, 175 ; — procureurs enlevés près de Vincennes, p. 231.

VIOLE (le président), un des chefs de la Fronde, p. 74.

Volière du roy, p. 135.

W

WINBERGE (le sieur de), colonel et gouverneur de Bois-le-Duc, p. 295.

WITTE (le pensionnaire de), p. 229, 480.

Y

YORK (duc d'), capitaine des gardes écossaises, p. 10, 54, 199, 317.

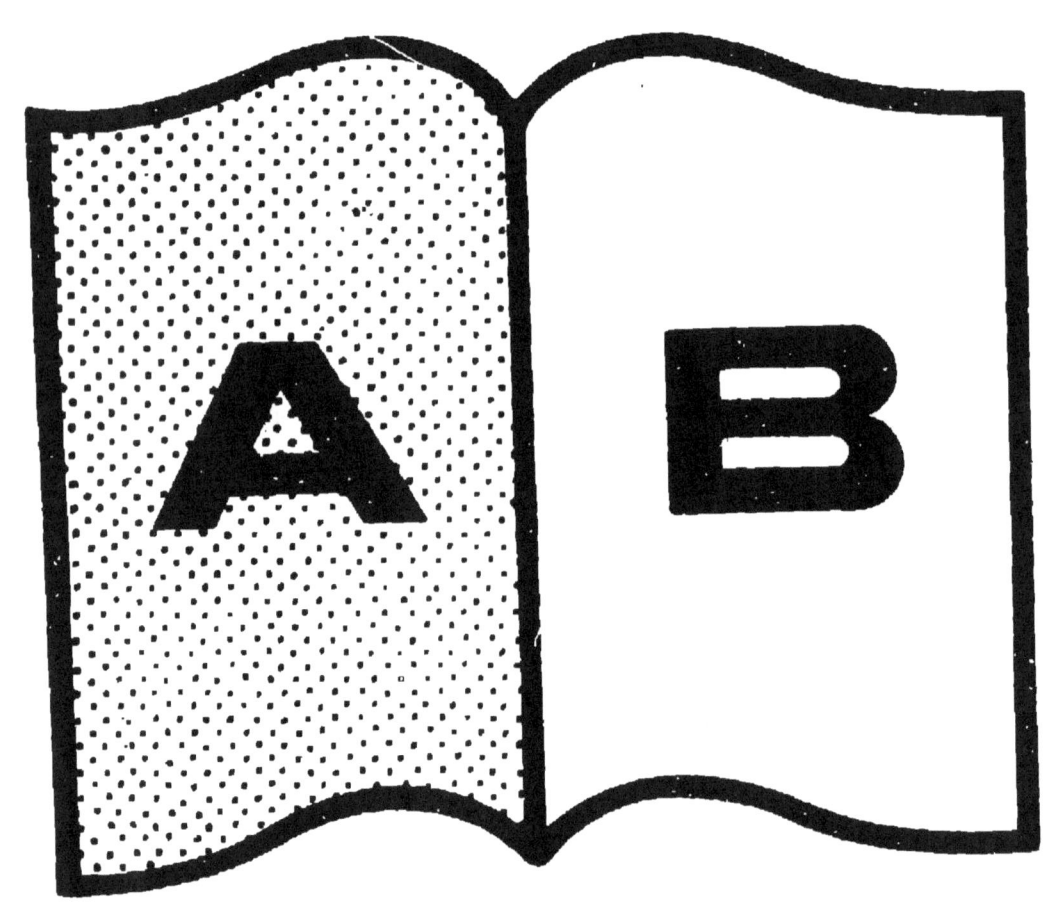

Contraste insuffisant

NF Z 43-120-14

www.ingramcontent.com/pod-product-compliance
Lightning Source LLC
Chambersburg PA
CBHW051400230426
43669CB00011B/1707